隋唐王言の研究

中村裕一　著

汲古叢書48

汲古書院

はじめに

隋唐の公文書（王言と官文書を総称して公文書という）は、隋唐王朝の統治構造を解明する上で重要な指針を提供する。それゆえ、隋唐の公文書研究は歴史学の補助学問としての古文書学研究に止まるものではなく、優れて隋唐の皇帝制度や官人制度の研究でもあり、隋唐王朝の律令的統治制度研究の根幹をなす史料であるといってよい。

従来の隋唐史研究において、古文書を利用した研究は低調であった。これは現存する隋唐文書が少なく、編纂文献による研究が主流を占めてきたということも原因する。また中国史研究全体が古文書学を補助学問として採用しなかったことにも起因する。編纂文献による隋唐史研究が限界に近い段階に達した現在においては、敦煌や吐魯番から発見・出土する隋唐文書を取り入れ、古文書学的手法を採用することも必要なことである。

隋唐王朝は官人制を基盤とする文書主義による統治を行い、公式令に規定した文書様式に則して命令を出し統治を具現した。それゆえ、敦煌や吐魯番から公文書が発見・出土すれば、それは敦煌や吐魯番に向け発信された、その地方独自の公文書ではないのである。発信先を他の諸州に置き換えれば、他州に発信された公文書も復元できるのである。その意味において、敦煌や吐魯番からの隋唐公文書は高い価値を有する。

敦煌から発見された公式令残巻六条（伯二八一九背）を除いて、公式令は散逸しているのが現状である。隋唐公文書研究といっても、公式令の文書様式の復元と兼ね合わせての研究ということになる。隋唐公文書研究は、明確でない唐公式令の復元と官人制の解明に寄与するものである。

1　はじめに

隋唐の官人制は『大唐六典』や『通典』職官典、また両唐書の職官志や百官志等によって、官人制の構造は判明しており、官人制は高度に整備されていたと推定される。しかし、現在の時点において、官人制の理解は平面的であるという感がある。この原因は記録の在りかたに起因するものであろう。すなわち、隋唐官人制に関する全記録が現存しているのではなく、『大唐六典』等の編纂文献に、「官品令」以下の官人制に関する唐令がすべて所収されることがなく、また、「官品令」以下の唐令が残存しなかったことによる。加えて、「令」の施行細則を規定した「式」が、ほとんど残存しなかったことによって、隋唐官人制の理解はたち遅れた状況に置かれることとなった。このような官人制研究を打破して、隋唐官人制の運用面にまで理解を深化するためには、官人制と不可分の関係にある公文書の活用が不可避となる。これによって、官品令的また職員令的官人制研究とは異なった展望が開けて来るであろう。

公文書研究は単に公式令の条文復元に止まるものではない。復元された条文は他の唐令条文と異なり、制勅や官文書の様式である。それは制勅の定立や伝達公布の具体的方法を如実に示したものであり、隋唐王朝の統治の実体や官人制の特徴を把握することが可能となる。王言の定立には所定の文書手続を必要とし、その手続を経て初めて、王朝国家の意志として有効となる。中でも最も重要なものは制書（詔書）や発日勅である。文書様式の復元は「所定の文書手続」を具体的に解き明かすことと同じである。この「所定の文書手続」を知ることによって、隋唐の皇帝権能や官人制の全般を理解でき、隋唐王朝の基本的性格が明らかとなる。

本書は『唐代制勅研究』（汲古書院　一九九〇）の改訂版である。『唐代制勅研究』の出版以来、多くの貴重な助言を頂いた。私も改定を考え、『唐代公文書研究』（汲古書院　一九九六）の「文書行政」において、一部改訂を加えた。金子修一先生には「法制史研究」四二号において『唐代制勅研究』の書評をしていただき、また池田温先生には「法制史研究」四七号において『唐代公文書研究』の書評を賜り、多くのことを御教授していただいた。先年、大阪において復旦大学の韓昇教授にお会いする機会があったとき、「簡便な」唐代制勅研究の出版を要望された。私自身も訂正しておきたい箇所、書き加えたい箇所もあったから、改訂版を出すことに意を決した次第である。改訂箇所は「本書のまとめ」に述べている。

本書は隋代の王言を加え、隋唐王朝の王言を統一的に理解し、隋唐王朝の王言が基本的には同一であることを論証しようと意図している。旧著を改訂し、書き加え、より深化した部分もあるから、旧著とまったく同じ内容ではない。『唐代制勅研究』や『唐代公文書研究』のときと同じように、大方より苦言や助言を願ってやまない。

目次

図版目次

凡　例

（1）本書は基本的には常用漢字を使用するが、一部は旧漢字を使用する場合がある。

（2）本書において使用する文献の版本に関しては、巻末の「引用文献」に示す。

（3）敦煌文献を引用する場合に使用する略号、伯は Pelliot Collection、斯は Stein Collection の略称であり、背は紙背の意味である。

（4）本書で引用する研究文献のうちで、論文が著書に再録されている場合は、その著書を示す。

（5）引用史料のうち、穆宗皇帝の年号を「太和」と表記する文献があるが、本書は「大和」に統一して表記する。

（6）本書の引用史料において使用する記号のうち、［ ］は補字を示し、（ ）内はその上字の説明か、訂正文字を示す。たとえば、「［開元］三年（七一五）」「太和（大和）」のようである。

（7）釈円照が不空三蔵の関係文書を編集した『代宗朝贈司空大弁正広智三蔵和上表制集』は『表制集』、張九齢の『唐丞相曲江張先生文集』は『曲江集』、白居易の『白氏長慶集』は『白氏文集』と表記する。

（8）仁井田陞著・池田温編集代表『唐令拾遺補』（東京大学出版会　一九九七）は、『唐令拾遺補』と略記する。

隋唐王言の研究

序説　王言の種類と「制勅」字

隋唐王言の種類と用途を知るには、公式令を検討することが最善である。しかし、公式令は敦煌文献に残巻として残存するのみで、全容は伝わらない。唐代の王言の種類と用途に関しては、諸文献に見える王言を整理するという、基本的な部分から研究作業を開始しなければならない。

唐初において、「制書」は「詔書」というのが正式名称であった。途中に名称変更があったにも拘らず、文献には「詔書」の語が使用され、「制書」を考察する上で混乱した様相を呈している。また、制書と発日勅とは、文書様式と用途が明確に規定され、別個の王言であるにも拘らず、両者は同一用途に用いられ、題名において「制」を「勅」とし、「勅」を「制」とし、同一の王言と見なしている。このようなことは何故生じたのであろうか。制書と詔書、制書と発日勅が混用されている事実をまず把握し、制勅の個別研究に進まなければならない。

一　公式令残巻の書写年次

公式令は公文書の様式や施行上の規定、官人の服務に関する法規である。唐公式令の全容は現在伝わらない。敦煌文献の中には、公式令残巻（伯二八一九背）が存し、唐代の公文書に関して貴重な資料を提供している。[1]この残巻に

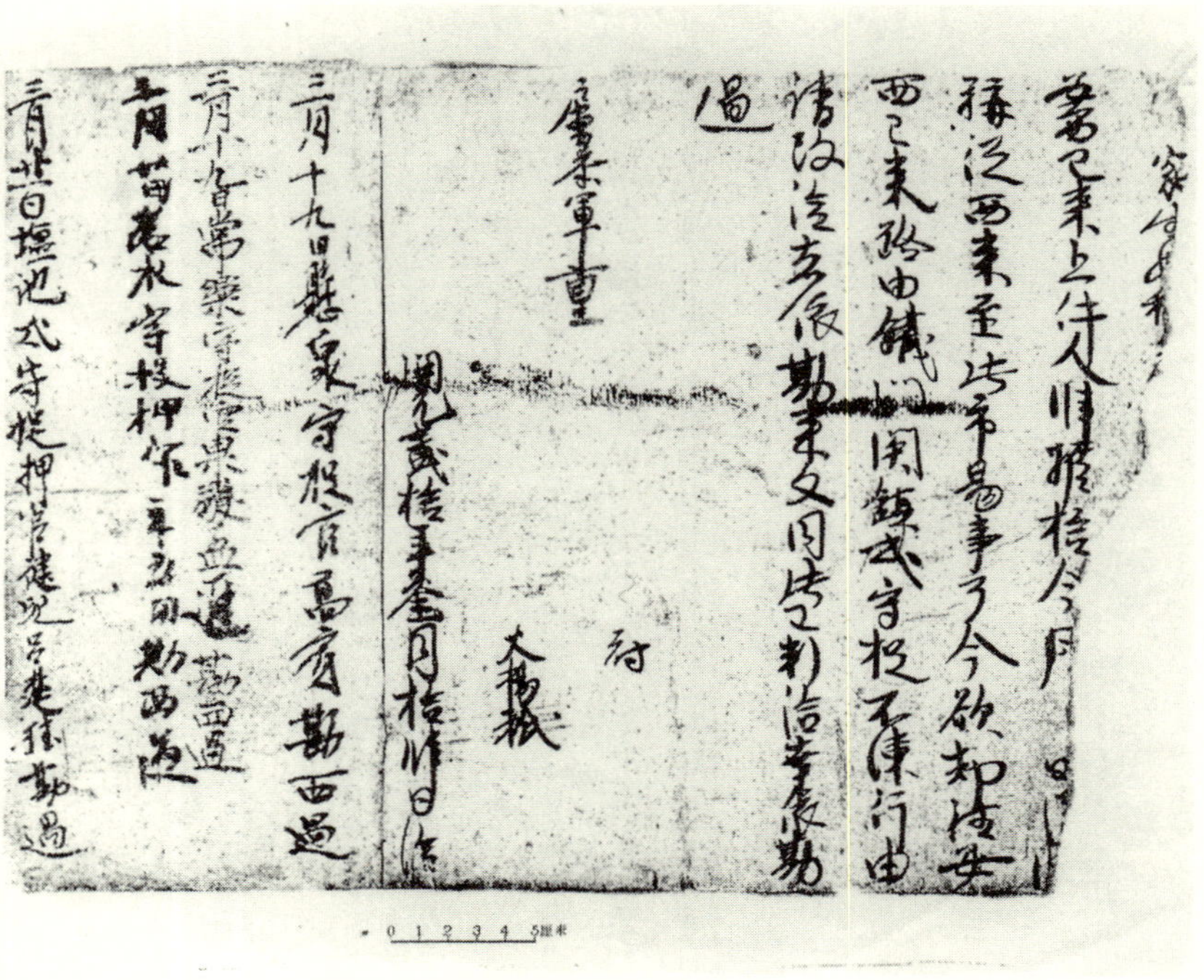

図版１　開元20年（732）石染典過所

は移式・関式・牒式・符式・制授告身式・奏授告身式（尾闕）の文書様式が残存している。『大唐六典』によれば、唐公式令は上下二巻から構成され、上巻に公文書様式が規定され、下巻に一般の公式令の条文が規定されていたと想定されるから、敦煌発見の残巻は「公式令」上巻の中間部分と考えられる。[2]

この残巻は紙縫が五箇所あり、縫背印として「涼州都督府印」がある。[3]この縫背印によって、残巻は涼州都督府が管内の沙州に頒布された「令」であることが判明する。この残巻は何年度の公式令であろうか。残巻に見える官名は、開元七年度と開元二五年度の官制に共通する。『元和郡県図志』巻四〇涼州の条によれば、涼州は天宝元年（七四二）、「州」が「郡」と改称されたのに伴って武威郡となり、乾元元年（七五八）に再び涼州となり、五年後の広徳元年（七六三）には吐蕃領となった。したがって、「涼州都督府印」を有する公式令残巻の書写された時期は、開元七年（七一九）から開元二九年までの間と、乾元元年（七五八）から広徳元年（七六三）の間の、二つの時期をおいて他にはない。この二つの時期に編纂された唐令は、開元七年令と開元二五年令である。

吐魯番出土の開元二〇年（七三二）の記年をもつ石染典過所には「瓜州都督府之印」がある[4]（新版『吐魯番出土文書』四冊二七五頁）。『資治通鑑』によれば、瓜州都督府は開元一五年一〇月に設置された。涼州と沙州の位置関係は、東から涼州・瓜州・沙州の順となる。涼州の西に位置する瓜州に都督府が設置されていた事実は、開元二〇年当時、沙州は涼州都督府の管轄下ではなく、瓜州都督府管内の一州であったことを示すものであり、この行政区画は開元二五年ころにおいても同じであったと考えられる。開元二五年令が頒布されるなら、瓜州都督府から沙州に頒布され、その縫背印は「瓜州都督府之印」でなければならない。公式令残巻に「涼州都督府印」があることによって、涼州都督府から沙州へ頒布できる「唐令」は、開元一五年以前の令、すなわち、開元七年令ということになる。

二　王言の種類

『大唐六典』巻一尚書都省・左右司郎中員外郎職掌の条に、唐代の王言として制・勅・冊があることをいう。

凡上之所以逮下、其制有六。曰制勅冊令教符。天子曰制、曰勅、曰冊。皇太子曰令。親王公主曰教。尚書省下於州、州下於県、県下於郷、皆曰符。

凡そ上の以て下に逮ぶ所、その制に六有り。曰く制・勅・冊・令・教・符なり。天子は制と曰い、勅と曰い、冊と曰う。皇太子は令と曰う。親王・公主は教と曰う。尚書省の州に下し、州の県に下し、県の郷に下すは、皆な符と曰う。

右の記事は王言のすべてを伝えるものではない。『大唐六典』巻九中書省・中書令職掌の条の「凡王言之制有七」には、制・勅・冊を更に細分して、次の七種類の王言と用途を伝えている。(5)

一曰冊書。立后建嫡、封樹藩屏、寵命尊賢、臨軒備礼則用之。

二曰制書。行大賞罰、授大官爵、釐革旧政、赦宥降慮則用之。

三曰慰労制書。褒賛賢能、勧勉勤労則用之。

四曰発日勅。謂後御画発日勅也。増減官員、廃置州県、徴発兵馬、除免官爵、授[散官]六品已下[守職事五品已上及視品五品已上]官、処流已上罪、用庫物五百段銭二百千倉糧五百石奴婢二十人馬五十疋牛五十頭羊五百口已上則用之。

五曰勅旨。謂百司承旨、而為程式、奏事請施行者[則用之]。

六曰論事勅書。慰諭公卿、誡約臣下則用之。

七曰勅牒。随事承旨、不易旧典則用之。

皆宣署申覆、而施行焉。

一に冊書と曰う。后を立て嫡を建て、藩屏を封樹し、尊賢を寵命し、臨軒して備礼するは則ち之を用う。

二に制書と曰う。大賞罰を行い、大官爵を授け、旧政を釐革し、赦宥・降慮するは則ち之を用う。

三に慰労制書と曰う。賢能を褒賛し、勤労を勧勉するは則ちこれを用う。

四に発日勅と曰う。謂うこころは、発日を御画する勅なり。官員を増減し、州県を廃置し、兵馬を徴発し、官爵を除免し、散官六品已下守職事五品已上及び視品五品已上の官を授け、流已上の罪を処し、庫物五百段・銭二百千・倉糧五百石・奴婢二〇人・馬五〇疋・牛五〇頭・羊五百口已上を用いるは則ち之を用う。

五に勅旨と曰う。謂うこころは、百司旨を承けて程式を為り、奏事して施行を請うものは則ちこれを用う。

六に論事勅書と曰う。公卿を慰諭し、臣下を誡約するは則ち之を用う。

七に勅牒と曰う。事に随い旨を承け、旧典を易ざるは則ち之を用う。

皆な宣署申覆して施行す。

また、右の記事の原註には、開元年間（七一三～七四一）頃の王言の発信に用いる料紙を伝えて次のようにある。[6]

今冊書用簡、制書労慰制書発日勅用黄麻紙、勅旨論事勅[書]及勅牒用黄籐紙、其赦書頒下諸州用絹。

今、冊書は簡を用い、制書・慰労制書・発日勅は黄麻紙を用い、勅旨・論事勅書及び勅牒は黄籐紙を用い、其れ赦書、諸州に頒下するは絹を用う。

王言のうち、制書・慰労制書・発日勅には黄麻紙、勅旨・論事勅書・勅牒には黄籐紙が用いられ、諸州に頒布する赦書には絹布が用いられた。王言の料紙は時代とともに変化したようであり、右は料紙の一端を伝えたものである。

この他に、唐代文献には赦書と徳音《とくいん》が見える。両者は用途からの王言名称であり、本来の正式な王言名称は制書であり、発日勅である。『文苑英華』と『白氏文集』には中書制誥と翰林制詔という王言分類が見えるが、中書制誥・翰林制詔という特別な王言が存在するわけではなく、王言起草者の便宜的命名である。

唐代文献には「王言之制」以外に多くの王言名が登場する。璽書・手詔・手制・優詔・優制・墨詔・墨制・詔旨・書詔・墨勅・手勅・口勅・御札・勅旨・勅意・書意・宣・聖旨・恩勅・進止というのがそれである。無制限・無原則に王言が存在しては、官人制が機能せず、文書主義による統治は実現できないから、右に列記した王言は独立した王言とは考えられない。文献に見える王言は、大別して公的な王言（「王言之制」）・私的な王言・臨時的な王言・慣用的表現としての王言に分類可能である。右の璽書以下の王言は慣用的表現としての王言名であり、これら王言のうち、あるものは「王言之制」七種の別表現であり、慣用的表現である場合があり、どの王言が七種の王言の別表現であり慣用的表現であるか、いちいち検討整理して、初めて唐代王言の全容を体系化できるのである。公的王言と私的王言の区別が明確となれば、唐代の皇帝権の性格を窺い知ることが可能となる。

また臨時的で例外的な王言として詰書・致書・鉄券がある。この三種の王言は王朝の権力が不安定な時期に発せられるもので、これらの王言が頻繁に発せられると、王朝の命運は尽きたと見てよい。鉄券は臣下に一〇死を赦す特権を与える王言であり、「詰書」は太上皇・太上皇帝の発する王言である。

加えて、隋代と五代には皇帝が発する「致書」という王言がある。この王言は冊・制・勅とはまったく次元を異にする王言である。冊・制・勅はすべて臣僚に対して発する皇帝の文書であるが、致書は一般に対等の関係にある個人間において往復される書簡の一様式である。中国歴代王朝は皇帝と対等な存在を想定していない。想定しないが、現実には対等の関係が生じる場合がある。そのとき、窮餘の策として対等の個人間に用いる書簡を国家間の交換文書として用いるのである。唐王朝も創業当初の一時期、突厥に「致書」を発信した形跡がある。「致書」を考究することによって、隋唐王朝の対外関係に興味深い事実を提起できる。

三　詔から制へ

唐初、「制書」は「詔書」というのが正式名称であった。則天武后の治世に「制書」と改称された。『旧唐書』巻六則天武后紀・載初元年の条に、名称変更の事情を次のように伝える。

載初元年春正月、神皇親享明堂、大赦天下。依周制建子為正月、改永昌元年十一月為載初元年正月、十二月為臘月、改旧正月為一月、大酺三日。神皇自以曌為名、遂改詔書為制書。

載初元年春正月、神皇親ら明堂を享《まつ》り、天下に大赦す。周制に依り建子を正月と為し、永昌元年一一月を改め載初元年正月と為し、一二月を臘月と為し、旧《もと》の正月を改め一月と為し、大酺すること三日。神皇自ら曌を以て名と為し、遂に詔書を改め制書と為す。

則天武后の名である「照」は、『釈名』巻六釈藝典に「詔書。詔照也」とあるように、「照」と音通であり、同意の「詔」を改め、「制」としたのである。『資治通鑑』巻二〇四天授元年（六九〇）の条には次のようにある。

十一月庚辰朔、日南至。太后享萬象神宮、赦天下。始用周正、改永昌元年十一月為載初元年正月、以十二月為臘月、夏正月為一月。以周漢之後為二王後、舜禹成湯之後為三恪、周隋之嗣同列国。鳳閣侍郎河東宗秦客改造天地等十二字以献。丁亥、行之。太后自名曌、改詔曰制。

一一月庚辰朔、日南至す。太后、萬象神宮を享《まつ》り、天下に赦す。始めて周正を用い、永昌元年（六八九）一一月を改めて載初元年正月と為し、一二月を以て臘月と為し、夏《か》の正月を一月と為す。周漢の後を以て二王の後と為し、舜・禹・成湯の後を三恪と為し、周・隋の嗣は列国と同じくす。鳳閣侍郎・河東の宗秦客、天地等一二字を改造し以て献ず。丁亥（八日）、之を行う。太后自ら曌と名づけ、詔を改め制と曰う。

「詔」を「制」と改称したのは『旧唐書』に従えば、載初元年正月一日（本来の六八九年一一月一日）の改元大赦の詔書であり、『資治通鑑』に従えば、正月一日の改元大赦以降のある時期である。この点、『唐大詔令集』巻四には「改元載初赦」が所収されており、そこには「朕宜以曌為名」「特創制一十二字」とあるが、改名や則天文字創字のことは明記されているが、「詔」から「制」への言及はない。したがって、「改元載初赦」で改名と則天文字創設を宣言し、若干遅れて「制」への改称が行われたと考えられ、『資治通鑑』の記事が正しいとするべきである。

「制」への改称時期を『旧唐書』は載初元年正月（六八九年一一月）とし、『資治通鑑』は天授元年としていた。『大唐六典』巻九中書省・中書令職掌の条所載の「凡王言之制有七」の原註にも天授元年とする。

自魏晋已後因循、有冊書詔勅、総名曰詔。皇朝因隋不改。天后天授元年、以避諱改詔為制。

魏晋より已後因循し、冊書・詔・勅有り、総名して詔と曰う。皇朝は隋により改めず。天后の天授元年、避諱を以て詔を改め制と為す。

永昌元年一一月に載初元年と改元され、載初年九月に再び「天授」と改元された。「制」と改称された年を、その年の最後の改元年号である「天授」に従って、天授元年とするのは誤りではない。しかし、注意しなければならないのは、天授元年は六八九年から六九〇年の両年にかかることである。すなわち、永昌元年（六八九）一一月一日は載初元年正月朔とし、観念上の作為を行っているのである。このことを十分承知しているならよいが、『大唐六典』の記事を表面的に理解して、天授元年（六九〇）とすることも予想され、「制」への改称時期を、天授元年と表記するのは誤解を生じる恐れがあり、「制」への改称時期を表記する場合は、載初元年とするのが最も妥当であろう。

四　「制」字の採用

「詔」字に替わる字として「制」字を何故に採用したのであろうか。この疑問に答えるには、秦漢の王言に「制詔。云云」があることを想起しておく必要がある。「制詔す。云云」と読み、「制は詔なり」と理解するしかないから、この場合は制と詔は同じ意味である。この秦漢の事例にならって、載初元年（六八九）正月に「詔」字をやめたとき、「制」字を採用したとも考えられる。

しかし、「制」字の採用を遠く秦漢の事例に求めなくともよい。それは、隋代や唐初において「制」字が頻用されている事実が存在するからである。「詔」字と同義語として「制」字が使用されるのは、『隋書』に多くの事例をみることができる。隋代や唐初において、制は詔と同じ意味において使用されていたのであり、「詔」字をやめるとき、それに替わる文字として「制」字が採用されたのである。(7)

五　則天文字の廃止と「制」字

神龍元年（七〇五）正月、中宗は皇帝に復位し、二月に即位大赦を公布し、諸制度の永淳元年（六八二）以前への復旧を宣言した。『唐大詔令集』巻二所収の「中宗即位赦」がそれである。その一節には則天文字の廃止も明言する。(8)

門下。天地盈虚、四時有消息之度、皇王興替、五運有遷革之期。……（中略）……。可改大周為唐。社稷宗廟陵寝郊祀礼楽行運（行軍）旗幟服色天地等字台閣官名一事已上、並依永淳已前故事。

門下。天地盈虚し、四時消息の度有り、皇王興替し、五運遷革の期有り。……（中略）……。大周を改め唐と為すべし。社稷・宗廟・陵寝・郊祀・礼楽・行軍・旗幟・服色・天地等の字・台閣・官名一事已上、並びに永淳已前の故事に依れ。

この則天文字の廃止と関連して、「制」字はどのようになったのであろうか。この点に関して『旧唐書』等の唐代文献は何も伝えるところがない。神龍元年（七〇五）神龍令が刪定されたが、神龍令において「制」字はどのようになったであろうか。『北京図書館蔵中国歴代石刻拓本滙編』（中州古籍出版社　一九八九）第一一冊には次のような神龍元年の文書断片を所載し、また『匋斎蔵石記』巻二一にも「門下行尚書省文刻石」と題して所収する。この石刻文書は尚書省官人の連署があるから、所謂制書ではなく、制授告身の断片である。

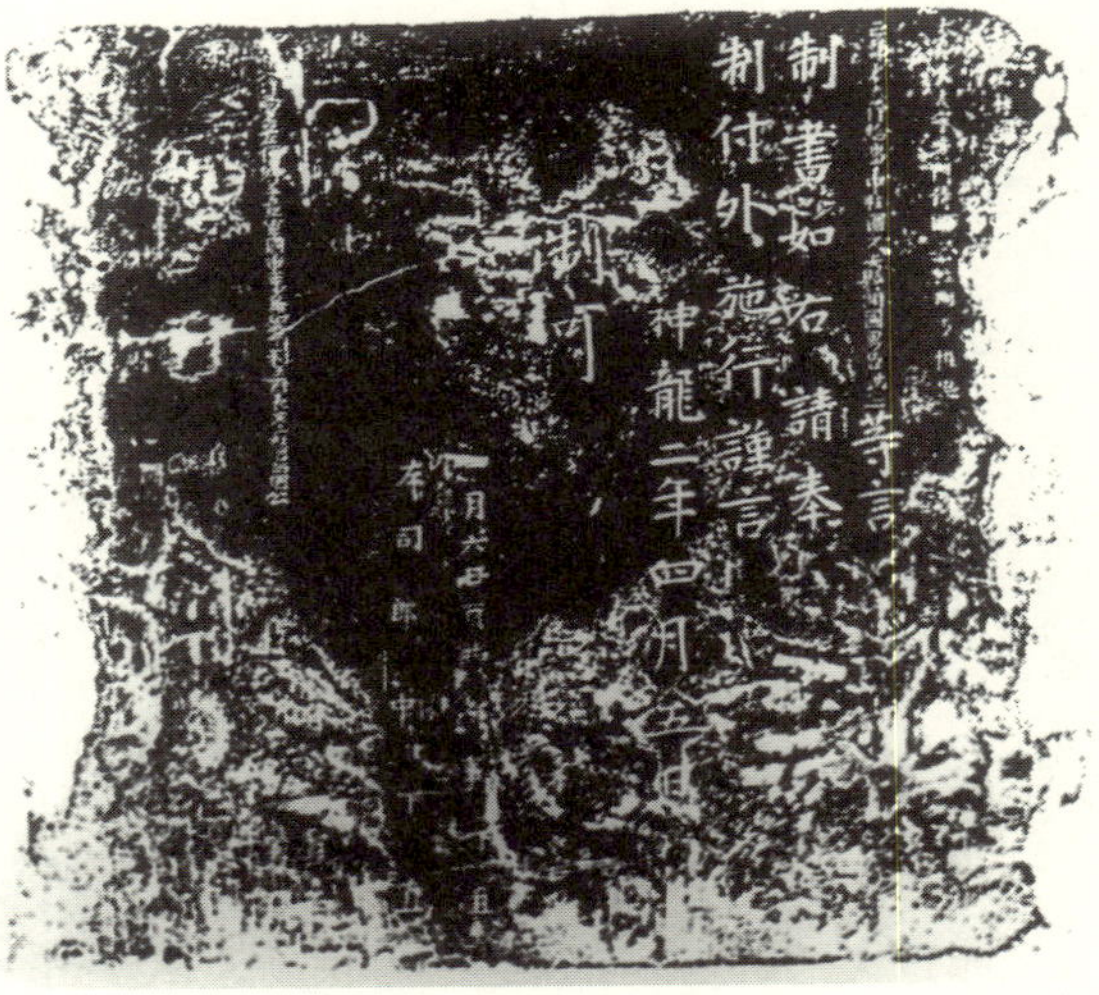

図版 2　神龍元年（705）制授告身

……………………………………（前闕）………

侍中上柱国（下闕）

太中大夫守黄門侍郎上柱国臣　惟忠

正議大夫行給事中柱国文安県開国男臣　訥　等言。

制書如右。請奉

制付外施行。謹言。

　　　神龍二年四月五日

　制可

　　　　四月六日酉時都事　下直

　　　　左司郎中　下直

特進尚書左僕射平章軍国重事兼知安国相王府長史上柱国芮国公

尚書右僕射　闕

……………………………………（後闕）………

この文書において「制書如右。請奉制付外施行。謹言」とあるから、神龍二年（七〇六）四月においては「制」字が使用されていたのであり、則天文字は神龍元年二月に廃止されたが、「制」字は「詔」字へ復旧することなく、「制」字のままであったことが判明する。

六　詔と制の混用

載初元年正月（六八九年一一月）、「詔」は「制」と改称された。したがって、載初元年以降、「詔」は「制」と表記されなければならない。公式令に規定する文書において「詔」と表記した例は見い出せないが、別集や『文苑英華』所収の表や状、『旧唐書』本紀等においては、「詔」と表記する例がある。たとえば、『劉賓客文集』巻一二に所収する劉禹錫が淮南節度使の杜佑に代わって書いた「謝濠泗両州割属淮南表」には「詔書」の文字がある。

臣某言。伏奉十一月二十九日詔書、其濠泗両州令臣依前収管。臣謬承寵光、作鎮淮海。

臣某言う。伏して一一月二九日の詔書を奉ずるに、其れ濠・泗両州は臣をして前に依り収管せしむ。臣は謬りて寵光を承け、鎮を淮海に作《おこ》す。

右の表は唐代後半期の劉禹錫が書いたものである。唐代後半期は「制」字が使用されるべきである。この表によって、唐代文献の「制」とあるべき箇所に「詔」とあるのは、史官の改変の結果ではないことが判明する。「制」とあるべきなのに、「詔」字が使用されているのは、「制」と「詔」が混用されたことを示すものである。

前掲した『大唐六典』巻九の「凡王言之制有七」の原註には、「制」字の採用は避諱によるものとする。

天后天授元年、以避諱改詔為制。

天后の天授元年、避諱を以て詔を改め制と為す。

避諱であれば、「詔」字は避諱しなければならない。ところが、『劉賓客文集』に見るように「詔」字を使用しているのである。例示したのは一例のみであるが、他にも「詔」字を使用している例は多くある。『大唐六典』が避諱であるというのを否定するものではないが、この避諱は武周王朝の避諱であり、中宗皇帝の復位によって唐王朝が復活したのであるから、武周王朝の避諱は無効となったが故に、「詔」字が使用されるのであろうと想定できる。

七　制と勅の混用

唐代、制と勅（発日勅）は文書様式も異なり、用途が明確に区分された別の王言である。にも拘らず、制は勅と混用された。『唐大詔令集』に所収する制勅において、題名には「某勅」とあるのに、本文は「門下。云云」で始まるものがある。「親祭九宮壇大赦天下勅」（巻七四）、「大中元年積慶皇后寝疾不聴政勅」（巻七六）等がそれである。題名に「某制」と表記するのに、本文は「勅。云云」で始まるものがある。「晋王誼荆襄江西等道兵馬都元帥制」（巻三六）、「停河南淮南等道副元帥制」（巻一〇二）等がそれである。この他に本文は勅書であるのに、巻首題名が「某制」となっているものは約四〇例近くある。

『白氏文集』巻四八以下の「中書制誥」には、白居易が起草した勅授告身の勅詞が所収されている。それらの勅詞に付された題名はすべて「某制」とある。同書巻五四以下所収の「翰林制詔」には、題名と本文が一致しないものがある。『白氏文集』の編集は白居易の存命中に開始された。したがって、白居易の作品に題名を付したのは唐人《とうひと》であり、その唐人が制と勅を混用しているのであるから、『唐大詔令集』において、制と勅の混用があったとしても無理はない。唐人は日常的には制と勅を厳密に区別せず、一に皇帝の命令として「詔」「制」と呼んでいたのである。『表制集』も同様である。題名には「某制一首」とあるが、その王言の実体は勅旨であり勅牒である。『表制集』は唐代の沙門・円照の編集したものであり、後代の命名ではない。

翻訳仏典に「奉詔撰」とするものがある。『般若心経』もその一であり、「玄奘奉詔撰」とある。仏典を漢訳するときは、皇帝が詔書によって翻訳を命令するのではなく、翻訳申請を提出し、勅許を受けるのである。勅許は勅旨か勅牒にという王言によるから、厳密にいえば「奉勅撰」というべきである。それを「奉勅撰」といわないで「奉詔撰」とするのは、勅と詔は同じとする意識があったためである。

では、何故に制と勅が混用されたのであろうか。「王言之制」においては、制書と勅書の用途を明確に区分し、両者の用途に干渉するところはない。ところが、『唐大詔令集』によって両者の用途を検証してみると、「改元建中勅」（巻五）は「勅」で始まり、「粛宗遺詔」（巻一一）と「文宗遺詔」（巻一二）は「勅」で始まり、「順宗皇太子勾当軍国勅」（巻三〇）「穆宗命皇太子検校軍国勅」（巻三〇）は、いずれも「勅」で始まる王言である。王朝国家の重大事である改元や遺詔や監国の発布に、制書より一等軽い発日勅を用いる規定はないのであり、これらは本来、制書によって布告されるべきものであったが、現実には勅書によって布告されているのである。これは制書と発日勅が同一視されていることを示すものである。

一方、『唐大詔令集』巻九九「建易州県」所収の「置乾封明堂県制」は「東台」（門下省のこと）で始まり、「置鴻宜鼎稷等州制」は「鸞台」（門下省のこと）で始まり、いずれも制書によって州県が設置されている。「廃置州県」は発日勅で布告することは「王言之制」に明記するところであり、制書によって布告するべきものでない。制書と勅書は、本来的には用途を別にするものであるが、制書と勅書は同一の用途に用いられたのである。ここから、両者が同義語のようになった。皇帝の意志を「詔勅」と熟し、同じ王言とするのは、両者の混用に原因がある。この混用は、後述するが、すでに隋代に始まっていた。

八　まとめ

唐王朝の王言を理解する上で最良の文献である公式令は、現在では断片として敦煌文献に残っている。それは開元七年（七一九）公式令である。唐代文献には多くの王言名が登場するが、基本となるのは「王言之制」に規定する制書・慰労制書・発日勅・勅旨・論事勅書・勅牒という七種類の王言である。文献に見える多くの王言は、臨時的また例外的王言を除いて「王言之制」に規定する七種類の王言の別称と理解してよい。

唐初、「詔」は詔であった。則天武后の姓名が武照であることにより「制」と変更された。則天武后以降、諸制度は旧制に復したが、「制」は復旧することはなかった。「詔」字は六八九年一一月以降に使用禁止のはずであるが、上表や上奏において使用されている事実がある。また、「制（詔）」と「勅」は文書様式や用途が明確に異なるにも拘らず、同一の王言として混用されている事実がある。これは「制（詔）」と「勅」は、ともに皇帝の命令と認識されたためである。加えて、本来は制書によって公布するべき内容が発日勅によって公布される事態が生じ、両者の区別がなくなったためである。したがって、唐代文献に「制」とあっても、それは「勅」である可能性もあり、文書様式が明確でないときは、唐代文献に見える文書名をそのまま信用することはできない。

註

（1）「公式令」残巻に残された六種類の具体的文書様式に関しては、『唐令拾遺』（東方文化学院東京研究所　一九三三、東京大学出版会　一九六四復刻第一版、一九八三第二版）公式令、山本達郎・池田温・岡野誠編著の Tun-hung and Turfan

Documents I（東洋文庫　一九七八）、また劉俊文『敦煌吐魯番唐代法制文書考釈』（中華書局　一九八九）二二一頁以下に移録されたもの、『唐令拾遺補』公式令を参照。

（2）開元七年令に関しては『大唐六典』巻六尚書刑部・刑部郎中員外郎職掌の条には「凡令二十有七、分為三十巻」とあり、二七篇目三〇巻からなり、公式令は「一七曰公式、分為上下」とある。

（3）仁井田陞「ペリオ敦煌発見唐令の再吟味　とくに公式令断簡」（『唐令拾遺補』所収）。

（4）新版『吐魯番出土文書』四冊二七五頁に所載する「唐開元二十年瓜州都督府給西州百姓遊撃将軍石染典過所」の録文の説明では、「瓜州都督府之印」は五顆あるとするが、図版では見えない。図版は『新疆出土文物』（文物出版社　一九九〇）六一頁にもあるが同様に印影を確認することはできない。

（5）発日勅の原註の補字は、『通典』巻一五選挙典「大唐」の条に「六品以下守五品以上及視五品以上、皆勅授」とあるのによる。「散官」「職事」は意を以て補字した。

（6）「労慰制書」は「慰労制書」の倒置である。

（7）隋唐時代の「制」字の使用に関しては、中村裕一『唐代公文書研究』（汲古書院　一九九六）四九九頁以下を参照。

（8）『旧唐書』巻七中宗紀・神龍元年二月甲寅（四日）の条に中宗即位赦の節略文を所載しており、『唐大詔令集』の「天地等字」に対応するものとして「天地日月寺宇」とあるが、「寺宇」は「等字」の誤りであろう。『資治通鑑』巻二〇八神龍元年二月の条にも中宗即位赦の節略文を所載し、即位赦の公布を二月甲寅（四日）とする。『唐大詔令集』の中宗即位赦の末尾には「二月五日」とあり、即位赦の公布に関して二月四日と五日の両説があるが、『唐大詔令集』がいう二月五日は天下に公布された日付であり、二月四日は即位赦が制書として定立された日付と理解される。

第一章　王言之制

本章は『大唐六典』の「王言之制」にいう冊書・制書・慰労制書・発日勅・勅旨・論事勅書・勅牒に関して考察を行う。唐代の王言は政務に用いる公的王言、内廷における私的王言、臨時的王言の三種類に分類可能である。このうち、中核を形成する王言は政務に用いる公的王言・七種類である。

唐代文献には多くの王言名が登場するが、私的王言と臨時的王言を除けば、七種類の公的王言の異名・別称であることが多い。たとえば、慰労制書と論事勅書という文書名は絶えて登場しない。これは異名・別称が使用されているためである。異名・別称の王言と公的王言を同定するためには、公的王言を確定する必要がある。「王言之制」にいう公的王言は、現在では文書様式が不明となっており、文書様式の復元から開始しなければならない。公的王言の文書様式が復元されて、初めて異名・別称の王言との同定が可能となり、唐代王言の体系化が可能となる。

王言の体系化は唐代文書学の進展に寄与するだけではない。王言は唐王朝の支配とも関連するものであるから、唐王朝の支配と支配理念を窺い知ることにもなる。本章においては、「王言之制」に規定する七種類の王言の文書様式の復元を行い、七種類の公的王言に相当する隋代の王言に関しても、できうる限り言及する。この試みは、隋唐両王朝の公的王言を比較することによって、両王朝の基本的性格を王言という側面から解明しようとするものである。隋唐王朝は「律令」による支配を行った。しかし、その実体は漠然としている。王言の文書様式が判明すれば、律令文配の実体が少しは判明するであろう。

第一節　冊書

一　問題の所在

冊書は「王言之制」の冒頭に位置し、形式的には最も重要な王言であった。冊書は「后を立て嫡を建て、藩屏を封樹し、尊賢を寵命する」ときに用いる。『新唐書』巻四七百官志二中書省・中書令の条には次のようにいう。

一曰冊書。立皇后皇太子、封諸王、臨軒冊命則用之。

一は冊書と曰う。皇后・皇太子を立て、諸王を封じ、臨軒冊命は則ち之を用う。

『大唐六典』や『新唐書』は即位冊や尊号冊等をいわない。右は立冊と封冊を説明したものであって、冊書の種類と用途のすべてを述べたものではない。また『新唐書』は立后・立太子・封王の場合に冊書を用いると伝えるが、本来、職事官正三品以上と文武散官二品以上の官は冊授であり、『新唐書』は冊書の用途の一端を述べたものに過ぎない。このように、『大唐六典』や『新唐書』の記述は、唐代の冊書に関して説明が充分ではないのである。

二　冊書の種類

『大唐六典』は唐代冊書の用途の一部を述べたものにすぎない。そのことは『唐大詔令集』巻一「帝王」所収の「即位冊文」や、『文苑英華』巻八三五以下に所収する、皇帝と皇后の謚冊や哀冊の存在を指摘するだけで十分であろう。唐代冊書の種類は文献によって確認して行くことが必要となる。唐代の冊書の種類を知る上で好都合な文献は『唐大詔令集』である。同書所収の、すべての冊書を例示することは煩雑となるので、ここでは冊書の種類を示す。

(1)即位冊　(2)尊号冊　(3)謚冊　(4)哀冊　(5)加号冊　(6)立冊　(7)封冊　(8)出降冊　(9)祭冊（祝冊）

右のうち、尊号冊は臣僚が皇帝に上るものであって、冊文は上表の様式を採るから、この冊書の様式は後述する冊書式によって起草されたものではない。

三　冊書の材料

北斉王朝の冊授に用いる冊は竹簡が用いられ、文字は篆書が使用され、哀冊・贈冊も同様であるという（『隋書』巻四礼儀志）。唐代の冊文を作成する材料に関しては、『大唐六典』巻九中書省・中書令職掌の条「王言之制有七」の原註に「今、冊書用簡」とあり、『通典』巻一五選挙典三「大唐」の条に見える冊授記事の原註の一節に「冊用竹簡、書用漆」とあるから、冊書は竹簡を材料とし、漆で文字を書いた。

『旧唐書』巻一二徳宗紀・大暦一四年（七七九）七月戊辰朔の条には玉冊の存在をいう。

礼儀使吏部尚書顔真卿奏、列聖諡号、文字繁多、請以初諡為定。兵部侍郎袁傪議云、陵廟玉冊已刻、不可軽改。罷傪妄奏。不知玉冊皆刻初諡而已。

礼儀使・吏部尚書の顔真卿奏す、「列聖の諡号、文字繁多なり、請うらくは初諡を以て定と為さん」と。兵部侍郎袁傪議して云う、「陵廟の玉冊已に刻せば、軽々しく改むべからず」と。傪の妄奏を罷む。玉冊は皆な初諡を刻すを知らざるのみ。

唐代の皇帝の諡冊は玉冊であった。「玉冊」の語は両唐書や『唐大詔令集』に見える。『唐会要』巻六雑録は、和蕃公主の出降の際には玉冊を用いるとする。

貞元二年四月二十九日、太常卿董晋奏、公主出降蕃国、請加玉冊。制曰可。

貞元二年（七八六）四月二九日、太常卿董晋奏す、「公主蕃国に出降するは、玉冊を加えんことを請う」と。制して曰く可。

『通典』巻四三礼典三吉礼二郊天下「大唐」貞元元年の記事の原註には、祭祀冊には木簡の使用をいう(1)。

広徳二年、礼儀使杜鴻漸奏、郊廟大礼祝文、自今以後、請依唐礼板上墨書、玉簡金字者、一切停廃。如允臣請、望編為恒式。勅旨。宜用竹簡。

広徳二年（七六四）、礼儀使杜鴻漸奏す、「郊廟大礼の祝文、今より以後、唐礼に依り板上に墨書し、玉簡金字は一切停廃せんことを請う。如し臣の請を允《ゆる》せば、望むらくは編みて恒式と為せ」と。勅旨す。宜しく竹簡を用うべし。

この場合の冊書は南郊等の儀礼に用いる祝冊を述べたものであって、礼儀使の杜鴻漸は『大唐開元礼』の規定に従って、祝冊の材料を木板とし、玉簡金字を廃止せんと建議したが、彼の意見は採用されず、竹簡の採用となった。彼の

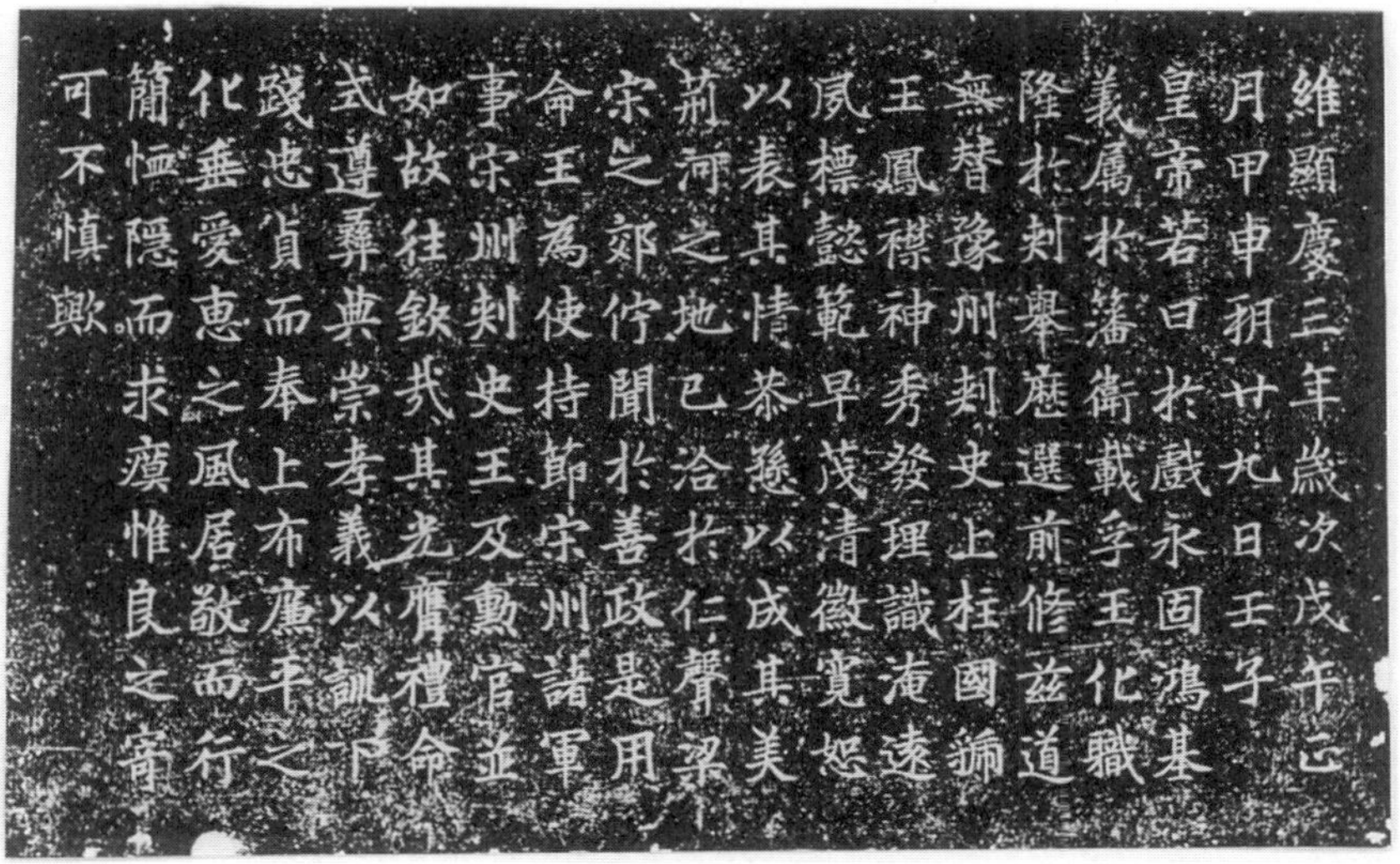

図版３　顕慶３年（658）李鳳封宋州刺史冊書

上奏によれば、開元・天宝期の祝冊には玉簡金字を使用することがあったようである。

四　冊書の出土例

唐代冊書の出土例は、「考古」一九七七年第五期所載の「唐李鳳墓発掘簡報」に、唐の高祖皇帝の第一五子・虢王李鳳の墓から出土した石刻冊書五通（李鳳の冊書四通、李鳳の妻・虢王妃冊書一通）の拓本が発表された。この石刻冊書は墓葬用に作成された謄本冊書であるが、唐代の実物封冊が存しない現在においては、唐代の封冊を知る上で貴重な史料である。

南京博物院編著『南唐二陵』（文物出版社　一九五七）は、南唐の皇帝である李昇と李璟の陵の発掘報告書である。この報告書には二陵から出土した玉製哀冊の断片が報告されている。唐代の哀冊を理解する参考史料となる。

台湾の故宮博物院には、開元一三年（七二五）一一月、玄宗が泰山で封禅を挙行したときの祀皇地祇に用いた玉冊一五軸が展示されている。この玉冊は強いて分類すれば、郊祀祭享に用いる祝冊に属するが、封禅は稀にしか挙行されないから、例外に属する冊書というべきかも知れない。一一月一〇日の昊天上帝を祀る文は『冊府元亀』巻三六帝王部封禅二開元一三年一一月の条と『唐大詔令集』巻六六に「開元玉牒文」と題して所収されている。文献に見える文の実物が故宮博物院に所蔵されている玉冊である。この玉冊は一九二七年に泰山蒿里山上で北宋の大中祥符元年（一〇〇八）の祀皇地祇玉冊とともに出土し、一九七一年に故宮博物院の所有となったものである。故宮博物院には一五軸の玉冊を納める玉匱とともに展示されている。玄宗の封禅資料として極めて貴重である。

「唐洛陽宮城出土哀帝玉冊」（「考古」一九九〇年第一二期）に発表された哀帝（唐王朝最後の皇帝）の即位玉冊は、洛陽の唐代応天門遺跡から、他の玉冊とともに出土した。唐代の即位冊の実物として貴重である。

一九九五年、陝西省富平県にある節愍太子（李重俊　中宗皇帝の子）墓から「節愍太子」を謚する謚冊断簡五枚（大理石　長さ二六・九㎝〜二八・〇㎝　幅二・八㎝〜三・〇㎝）が出土している。謚冊の全文は『唐大詔令集』巻三二に「節愍太子謚冊文」があり、全文は一六六字である。断簡五枚の全文は「子重俊業隆、継体才膺」「宜加寵号、用旌不朽兮。冊謚曰節愍太子」「魂而有霊、嘉茲茂典。嗚呼哀哉」であり、一枚九字で書かれているから、本来の冊は一八枚から構成されていたと推定される。出土した謚冊は謚冊の全文と比較するとあまりにも短いから、節愍太子墓は盗掘されており、盗掘漏れとなった謚冊が出土したものである。(2)

五　文武官の冊授

唐代の冊書は多くの種類がある。最も一般的な冊書は官を叙任する封冊である。冊授されるのは文武官と内外命婦

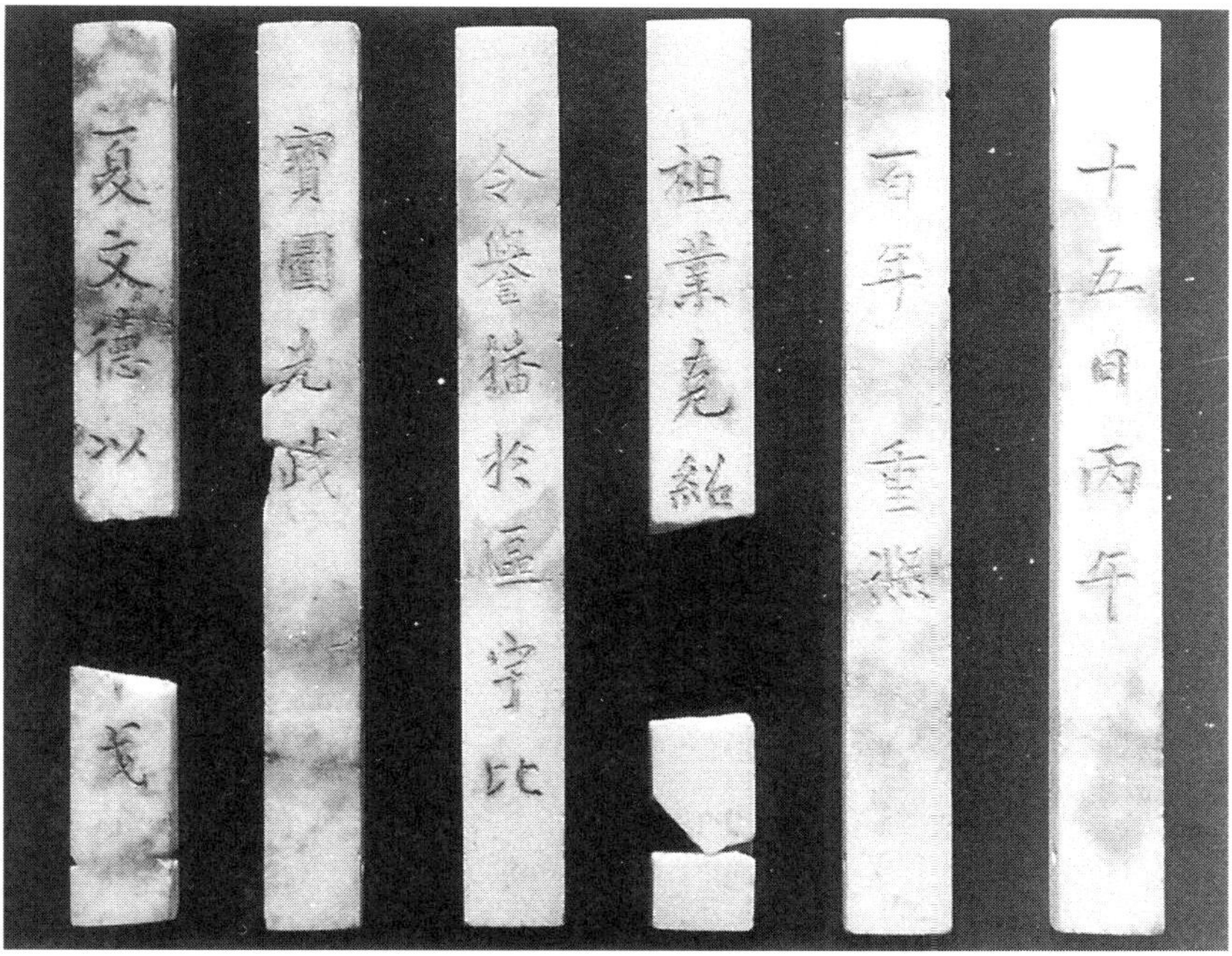

図版 4　天祐元年（904）哀帝即位冊書

である。『通典』巻一五選挙典三「大唐」の条は冊授される文武官の範囲を次のように述べる。

凡諸王及職事正三品以上、若文武散官二品以上及都督都護上州刺史之在京師者冊授。諸王及職事二品以上、若文武散官一品、並臨軒冊授。其職事正三品、散官二品以上及都督都護上州刺史、並朝堂冊。訖、皆拝廟。冊用竹簡、書用漆。

凡そ諸王及び職事正三品以上、文武散官二品以上及び都督・都護・上州刺史にして京師に在る者若きは冊授す。諸王及び職事二品以上、文武散官一品若きは並びに臨軒冊授す。其の職事正三品、散官二品以上及び都督・都護・上州刺史は並びに朝堂に冊す。訖れば皆な廟を拝す。冊は竹簡を用い、書くに漆を用う。

冊授の対象官は諸王と文武職事官三品以上、文武散官二品以上と都督・都護・上州刺史の在京者である。冊授には臨軒冊授と朝堂冊授の別があるが、この詳細は『大唐開元礼』巻一〇八嘉礼「臨軒冊命諸王大臣」と「朝堂冊命諸臣」に冊命の詳細な式次第がある。臨軒冊命とは、太極殿（大明宮の場合は宣政殿）において、皇帝が臨御し、百官を招集して行われる冊命で、中書令が冊書を宣読する。朝堂冊命とは、皇帝と百官の参加なしに朝堂において挙行される冊命で、中書舎人が冊書を宣読し、臨軒冊命より簡略な冊命である。

六　冊授の廃止

唐代中期以降、冊授は行われなくなる。冊授の廃止に関して、南宋の洪邁は『容斎随筆』巻一〇「冊礼不講」に次のように述べる。

唐封拝后妃王公及贈官、皆行冊礼。文宗大和四年、以裴度守司徒平章重事、度上表辞冊命、其言云、臣此官已三度受冊、有靦面目。従之。然則唐世以為常儀、辞者蓋鮮。唯国朝以此礼為重、自皇后太子之外、雖王公之貴、率一章乞免即止、典礼益以不講、良為可惜。

唐の封拝、后妃・王公及び贈官は、皆な冊礼を行う。文宗の大和四年（八三〇）、裴度を以て守司徒平章重事たらんとするに、度は表を上り冊命を辞し、其の言に云う、「臣、此の官已に三度受冊す、靦《てん》たる面目有り」と。之に従う。然れど則ち唐世以て常儀と為し、辞す者蓋し鮮《すくな》し。唯だ国朝此の礼を以て重と為し、皇后・太子の外より、王公の貴と雖も、率ね一章もて免を乞えば即ち止み、典礼益ます以て講ぜず、良《まこと》に惜むべきと為す。

洪邁は立冊と封冊を混同している。また唐代では封冊を辞退する者は少数であったと述べているが、以下に述べるように、唐初を除いて封冊は廃止される傾向にあるのが現実であり、洪邁は唐代の冊授に関して誤解している。

『唐会要』巻二六「冊譲」には次の記事があり、光宅元年（六八四）に一度、封冊は停止されたと伝える。

貞観八年、勅。拝三師三公親王尚書令雍州牧開府儀同三司驃騎大将軍左右僕射、並臨軒冊授。太子三少侍中中書令六尚書諸衛大将軍特進鎮国大将軍光禄大夫太子詹事九卿都督及上州刺史在京者、朝堂受冊。至光宅元年、並停。

貞観八年（六三四）、勅す。三師三公・親王・尚書令・雍州牧・開府儀同三司・驃騎大将軍・左右僕射を拝すは、並びに臨軒して冊授す。太子三少・侍中・中書令・六尚書・諸衛大将軍・特進・鎮国大将軍・光禄大夫・太子詹事・九卿、都督及び上州刺史の京に在る者は、朝堂に冊を受く。光宅元年（六八四）に至り、並びに停《や》む。

『旧唐書』巻四二職官志一の官品による任命方法を述べたところに、「三品已上、徳高委重者、亦有臨軒冊授。自神龍之後、冊礼廃而不用、朝廷命官、制勅而已」とあって、神龍年間（七〇五～七〇七）以後において冊礼はなかったとある。『唐会要』巻二六「冊譲」大暦一四年の条に、郭子儀の冊授の記事があり(3)、冊授は廃止される傾向にあり、開元・天宝年間において封冊は行われず、天宝末年に楊国忠が司空を拝したとき以来、大暦一四年（七七九）五月に郭子儀が尚父を拝するまで封冊は挙行されなかったと伝える。

大暦一四年五月、臨軒冊尚父子儀於宣政殿。自開元已来、冊礼久廃、惟天宝末、冊楊国忠為司空、至是復行。

大暦一四年（七七九）五月、臨軒して尚父の子儀を宣政殿に冊す。開元より已来、冊礼久しく廃し、惟だ天宝末、楊国忠を冊して司空と為すのみにして、是に至り復た行わる。

同条には李晟の冊授を伝える(4)。

貞元三年三月、御宣政殿、備礼冊拝李晟為太尉。晟受冊訖、具羽儀乗輅謁太廟、遂赴任於尚書省。故事、臨軒冊拝三公、中書令読冊、侍中奏礼畢。如闕、即宰相摂之。時宰相張延賞欲軽其礼、始奏令兵部尚書崔漢衡摂中書令、読冊。左散騎常侍劉滋摂侍中、奏礼畢。臨軒冊命、宰臣不親行事、自此始也。延賞与晟有隙、至是故特降減其礼、欲以軽之也。

貞元三年（七八七）三月、宣政殿に御し、礼を備え李晟を冊拝して太尉と為す。晟受冊し訖り、羽儀乗輅を具して太廟に謁し、遂に尚書省に赴任す。故事、臨軒して三公を冊拝せば、中書令は冊を読み、侍中は「礼畢る」を奏す。如し闕ければ、即ち宰相之を摂す。時に宰相の張延賞、其の礼を軽んぜんと欲し、始めて奏して兵部尚書崔漢衡をして中書令を摂し、冊を読ましめ、左散騎常侍劉滋、侍中を摂し、「礼畢る」と奏せしむ。臨軒冊命に、宰臣親ら事を行わせざるは、此れより始まるなり。延賞、晟と隙有り、是こに至り故さらに特に降して其の礼を減ずるは、以て之を軽んぜんと欲するなり。

李晟が太尉を冊拝したとき略式の冊授が行われたとある。これは宰相・張延賞の李晟に対する私怨から発したものであるが、封冊が有名無実になっていることも、略式冊授が実施される背景にはある。洪邁が一例として挙げた裴度の冊命辞退は、冊命が日常化したものではなく、裴度が卓越した人物と評価されたため異例の冊授となり、それを辞退したのである。このように、冊授は八世紀以降、廃止される傾向にあり、それに代わる王言は制授告身であった。冊書は「王言之制」の最初に位置し、王言の中で最も荘重な王言であるが、唐初を除いては形骸化していたのであり、実質上は制書が最重要王言であった。

七　冊書の定立と冊書式

『大唐六典』巻九中書省中書舎人職掌の条に、冊書の起草をいう。

凡詔旨制勅及璽書冊命、皆按典故起草進、画既下、則署而行之。

凡そ詔旨・制・勅及び璽書・冊命は皆な典故を按じ起草し進め、画既に下れば、則ち署して之を行う。

冊書は制勅と同様に中書舎人が起草し、唐代後半期には翰林学士も起草した。問題は冊書の定立過程である。起草には料紙が用いられ、竹簡に清書されて授冊人に伝達されるのである。冊書は中書舎人が料紙に起草し、皇帝が起草案に同意すれば定立し、直ちに竹簡に謄写され伝達されると考えてよいものであろうか。中書省が関与することなく、定立し伝達されるものであろうか。冊書は儀礼的王言とはいえ、王言の中で最重要の王言である。料紙に起草したとき、慰労制書や論事勅書と同じように中書省の三官が定立のための行為、すなわち、「宣奉行」を行ったと考えるべきではないか。でなければ、国政を預かる宰相の関知しないところで、最重要の王言が定立されることになってしまい、臨軒冊命の場合、中書令がまったく関知しない冊書を中書令が宣読する事態となる。

冊書の定立に中書省が関与することを言及する文献はない。しかし、乾寧四年（八九七）の銭鏐に与えた鉄券が、中書省の関与を予想させる。(5) 鉄券の末尾には「中書侍郎兼戸部尚書平章事臣　崔胤　宣奉」とある。崔胤は銭鏐鉄券の起草官ではない。鉄券に起草官の中書舎人だけが関与するのであれば、銭鏐鉄券に崔胤の署位と「宣奉」は必要ない。崔胤の具官封臣姓名と「宣奉」があるのは、鉄券に中書令・中書侍郎・中書舎人の連署と「宣奉行」が存在した痕跡であり、中書省が冊書の定立に関与したことを示すものであろう。

鉄券は冊書と同じ文書様式で書かれ、死罪を無効にする特権を与える王言であり、永久に保存する意味を込めて鉄に刻んだものである。その鉄券に中書令以下が関与していることは、冊書の定立過程においても、中書令以下が関与するとしてもよいであろう。したがって、冊書式は次のように想定できる。

維元号某年、歳次干支、某月干支朔、御画日干支、皇帝若曰、咨爾云云。

中書令具官封　姓名　宣

中書侍郎具官封　姓名　奉
中書舎人具官封　姓名　行

右のような過程を経て定立した冊書は、冊書本文が竹簡に謄写され伝達されるのである。鉄券に中書省三官の具官封姓名と「宣奉行」があるとしながら、竹簡に謄写される冊書は冊書本文のみとしたのは、現在出土している冊書に中書省三官の署名した痕跡が認められないからであり、今後において冊授史料が新出土すれば、訂正を要することになる可能性も十分ありえる。

冊授は諸王と文武職事官三品以上、文武散官二品以上と都督・都護・上州刺史の在京の者に対して行われた。冊授において、門下省が関与する餘地はなく、門下省が叙任に反対する封還はなく、皇帝の意志が門下省の反対を受けることなく、そのまま具現したのである。冊授が廃止されるようになると、冊授官は四品五品官と同じく制授告身によって叙任されるようになる。それに伴って、本来の冊授官も門下省の封還の対象になったのではないだろう。本来は冊授官であるから、叙任の形式は制授であるが、門下省の掣肘を受けることがなかったと思われるのである。

なお、右の冊書式は尊号冊には適応できない。尊号冊は臣下が皇帝に上《たてまつ》る冊書であるからである。

門下省が制書案に対する封還権（制書案に対して拒否する権限）を有していることが、唐代貴族制と関係があるといわれている。貴族が制書案に対する封還権を有することによって、貴族は皇帝権力と対峙すると理解するのであり、この見解は常識として日本の中国史研究では人口に膾炙している。もし貴族が存在するとしても、施政に関する制書案について、貴族が異論を唱えることはないであろうから、貴族が封還権を使用するとすれば、それは人事に関する制書案に関してであろう。

ところで、制書によって叙任されるのは、原則的には四品五品官であって、三省六部の次官以下の官である。文武職事官三品以上は冊書によって授官する。冊封が実施されなくなって、便宜的に五品官以上はすべて制授となったが、叙任の基本的理念は四品五品官と三品官の間において厳然たる差異がある。四品五品官の次官級以下の叙任に封還を行い拒否権を行使しても、それは貴族の利益を保護したことになるものであろうか、と思考するのであり、封還から唐代の貴族制を説明するのは如何なものであろうか。

八　まとめ

唐代冊書の種類は『文体明弁序説』の「冊」に分類された種類とほぼ同じである。冊書の材料は竹簡（封冊）・木版（祝冊）・玉（即位冊・哀冊・謚冊・封禅冊・公主冊）があり、出土している実例としては、唐初の虢王・李鳳とその王妃・劉氏の石刻封冊五種がある。この五種の封冊は本来竹簡であったが、葬送用に石に再刻されたものである。これに加えて、開元一三年（七二五）の封禅時の祀皇地祇玉冊と五代・南唐皇帝の李昪と李璟二陵から出土した玉製哀冊断片があり、新出土の冊として哀帝の即位冊と節愍太子の謚冊がある。

冊書の中でも封冊は、唐初においては単なる儀礼用ではなく高官を任命するため使用された。しかし、唐初以降においても封冊は徐々に行用されなくなり、制授告身がそれに代わった。封冊は廃止されたが、皇后・皇太子・皇太子妃の冊命は、それらが官身分でないため制授告身で代用できず、有唐一代、立冊は用いられた。冊書の定立に関しては、史料が不足していて詳細は不明としなければならないが、鉄券の定立と同じく中書省三官が関与し、門下省は関与しないと推定した。

註

(1) 広徳二年の礼儀使杜鴻漸の奏文は『旧唐書』巻二一礼儀志一にも「広徳二年正月十六日、礼儀使杜鴻漸奏、郊大廟、大礼、其祝文自今已後、請依唐礼、板上墨書。其玉簡金字者、一切停廃。如允臣所奏、望編為常式。勅曰、宜行用竹簡」とあるが、『通典』の記事と少し文字の異同がある。

(2) 節愍太子冊は一九九八年から一九九九年にかけて、日本各地において開催された『唐の女帝・則天武后とその時代展』に出品された。その図録番号一〇〇に「節愍太子冊」がある。冊文に「宜加寵号、用旌不朽兮。冊謚曰節愍太子」とあるにも拘らず、解説を見ると「節愍太子哀冊」と題されている。節愍太子哀冊は『唐大詔令集』巻三二に「節愍太子哀冊文」があり、出土した文字とまったく一致せず、「節愍太子謚冊文」と一致するから、『唐の女帝・則天武后とその時代展』の題名は誤りで、「節愍太子謚冊」とするのが正しい。

(3) 『旧唐書』巻一一徳宗紀大暦一四年五月の条にも「甲午、冊太尉子儀。自開元以来、冊礼多廃、天宝中楊国忠冊司空、至是行子儀之冊」とある。『玉海』巻七二「唐臨軒冊三公」に引用された『唐会要』には「自開元以来」の部分が「自神龍以来」となっている。

(4) 『旧唐書』巻一二九張延賞伝にも「拝晟太尉兼中書令、奉朝請而已。是年五月、吐蕃果背約以劫渾瑊。及冊晟太尉、故事、臨軒冊拝三公、中書令読冊、侍中奉礼、如闕、即以宰相摂之。延賞欲軽其礼、始令兵部尚書崔漢衡摂中書令読冊、時議非之」とある。

(5) 鉄券の定立に関しては、本書第三章第三節「鉄券」を参照。

第二節 制書

一　問題の所在

唐代において、「王言之制」の筆頭に位置するのは冊書である。しかし、冊書は多分に儀礼として用いられ、冊授も廃止される傾向にあった。唐王朝が天下に号令する王言は制書であり、制書こそは最も重要な王言である。制書の用途は「行大賞罰、授大官爵、釐革旧政、赦宥降慮則用之」とする。『大唐六典』は開元一〇年（七二二）に編纂の勅命が下り、開元二六年（七三八）に完成した書で、そこに引用される法令は、開元七年（七一九）度のものが中心となっている。それゆえ、制書の用途を伝えた右の史料も、開元七年度の制度を伝えるものとしてよい。

右の用途のうち、「行大官爵」とは四品官と五品官を制書で授けることであり、具体的には制授告身を指している。四品官と五品官の叙官は最重要の人事でなかった。しかし、実際には制授告身によって三品以上の官や宰相の叙任が行われている。本来は三品以上の叙官には、冊書を用いる規定であった。ところが、則天武后朝以後に冊授が廃止傾向にあり、三品以上の叙任も便宜的に制授告身を使用するようになったのである。

「釐革旧政」とは字義のように、旧政の改革を行い、諸制度の変更を行う場合に、制書によって布告することをいう。「赦宥降慮」とは、罪を犯した未結・已結の者に対し一律に刑の執行を全免し、已結の者に対し一律に刑を減免し、また慮囚を行う場合に制書を使用するのである。残るのは「行大賞罰」となる。これは簡単に説明するのは至難であり、本章第九節「赦と徳音」において詳論する。「行大官爵」「釐革旧政」「行大賞罰」は個々に布告されることもあるが、「赦宥降慮」を行う場合の大赦は、時として制書の用途のすべてを含んでいる場合があり、大赦は制書の用途のうちで最も大規模なものであるといってよい。

門下。云云。主者施行。
年月日
中書令具官封臣姓名　宣
中書侍郎具官封臣姓名　奉
中書舎人具官封臣姓名　行
侍中具官封臣名
黄門侍郎具官封臣名
給事中具官封臣名　等言。
制書右如。請奉
制付外施行。謹言。

仁井田氏復元の制書式

『大唐六典』と『新唐書』の制書の用途を述べた箇所に言及するところがないが、皇帝の遺言であり、次期皇帝の指名を行う「遺詔（遺制）」も制書である。『唐大詔令集』巻一一と巻一二には、則天武后・中宗皇帝・敬宗皇帝・哀帝を除く、一六通の遺詔や遺誥を所収している。冒頭文言が「勅」字で始まる遺詔は「粛宗遺詔」（巻一一）、「穆宗遺詔」（巻一一）、「文宗遺詔」（巻一二）があり、冒頭文言が「門下」で始まる遺詔に「僖宗遺詔」（巻一二）がある。この他の遺詔は冒頭文言が省略されている。遺詔という以上、冒頭文言は「門下」で始まらなければならない。「勅」字で始まっているものを遺詔とするのは、詔と勅との混用の結果であり、「勅」字で始まるものは、正確には「遺勅」というべきである。

制書式は「公式令」上巻の巻首部分にあったと推定されるが、制書式は敦煌発見の公式令には闕落している。それゆえ、まず制書式を確定する作業が必要となる。仁井田陞氏は『唐令拾遺』公式令第一条に制書式を復元された。[1] 復元は制授告身の実例、公式令残巻に存する制授告身式の制書部分、『唐大詔令集』巻三〇所収の「粛宗命皇太子監国制」、日本の養老公式令詔書式を参考史料としている。仁井田氏の復元制書式は完全なものではないと考える。以下においては、仁井田氏の復元に対し補足すべき諸点を述べ、制書式のより完全なる復元を試みたい。

二　制授告身式の制書式

敦煌発見の公式令残巻（伯二八一九背）に制授告身式が残存する。その告身式の制書式部分は、唐代の制書式を復元する上で極めて重要な史料である。以下に制書式部分を移録して制書式復元の参考史料とする。

門下。具官封姓名。応不称姓者、依別制、冊書亦准此。徳行庸勲、云云。可某官。若有勲官封及別兼帯者、云某官及勲官封如故。其非貶責、漏不言勲封者、同銜授法。主者施行。若制授人数多者、並於制書之前、名歴名件授。

年　月　日

中書令具官封臣　姓名　宣

中書侍郎具官封臣　姓名　奉

中書舎人具官封臣　姓名　行

侍中具官封臣　名

黄門侍郎具官封臣　名

給事中具官封臣　名　等言。

制書如右。請奉

制付外施行。謹言。

年月日

制可

門下。具官封姓名。応に姓を称わざる者、別制に依り、冊書亦た此に准ず。徳行庸勲、云云。某官を可とす。勲官封及び別に兼帯有るが若きは、「某官及び勲官封故の如し」と云う。其の貶責に非ず、漏れて勲封を言わざるは、銜授法に同じ。主者施行せよ。若し制授の人数多きは、並びに制書の前に於いて、名歴名件し授けよ。

三　上元三年（七六二）の監国制書

仁井田氏は制書式を復元するに際して、『唐大詔令集』巻三〇所収の「粛宗命皇太子監国制」を参考史料として利用された。この制書は唐代の制書式を復元する上で重要な史料である。制書の本文は『文苑英華』巻四三二翰林制詔一三に「宝応元年皇太子監国頒天下赦文」と題して所収され、また『冊府元亀』巻二五九儲宮部監国に制書の前半部が存し、後半部は同書巻八七帝王部赦宥六にある。この制書が布告される背景は、粛宗皇帝の病状悪化があった。『旧唐書』巻一〇粛宗紀・上元三年（七六二）建巳月（四月）甲寅（五日）の条に次のようにいう。

太上至道聖皇天帝崩於西内神龍殿。上自仲春不豫、聞上皇登遐、不勝哀悸、因茲大漸。

太上至道聖皇天帝、西内の神龍殿において崩ず。上は仲春より不豫にして、上皇の登遐を聞き、哀悸するに勝《た》えず、茲に因りて大漸たり。

監国制書は玄宗太上皇の崩御、粛宗皇帝の病状悪化という状況下で発せられた制書である。(2) 以下に行論に関係ある主要部分を示す。

門下。天下之本、属於元良、四方之明、資其継照。是有伝帰之義、必膺監撫之重、克広前烈、与人守邦。非君父之独親、俾生霊之同戴。……（中略）……。其元年宜改為宝応元年、建巳月改為四月、其餘月並依常数。仍旧以正月一日為歳首。受茲福応、佇以升平、因日月之重光、布雲雷之渥沢。[可大赦天下]。其天下見禁囚徒、罪無軽重、并已発覚未発覚已結正未結正、四月十五日昧爽以前、一切放免。左降官[已量移者]、宜即量移近処。流人即一切放回。有司更不得輒有類例条件。其楚州刺史并出宝県官及進宝官等、量与進改、随進宝官典傔等、各量与一官。宣示中外、咸知朕意。主者施行。

[元年建巳月十五日]

司徒兼中書令　[在使]

戸部侍郎同中書門下平章事兼知中書事臣　元載　[宣]

宣徳郎検校中書舎人臣　楊綰　奉行

特進行侍中上柱国韓国公臣　晋卿

銀青光禄大夫行黄門侍郎同中書門下平章事臣　遵慶

朝請大夫守給事中臣　液　等言。

臣聞明両作離、所以照天下、洊雷為震、所以貞萬邦。故書美元良、易昭匕鬯。伏惟皇帝陛下、玄徳広被、仁風大洽。匡復宗社、弘済艱難。孝道純深、聖懐罔極。居憂致毀、恭默何言。伏惟皇太子、承累聖之資、稟自天之訓。問安有礼、無闕三朝。保大成功、已申七徳。是命守邦之重、允彰知子之明、況神其告符、天不秘宝、克昌景命、必静妖氛、豈謝金縢啓翌日之期、玄符告彝倫之叙。是故紀元立極、復旧惟新、因瑞以表年、順人而定嗣。宥過無大、囹圄皆空、俾人遷善、遐荒必被。休徴昭其霊貺、官吏沐其鴻私。臣等叨侍軒墀、恭承典礼、感戴之極、倍萬恒情、無任懇款之至。[謹奉]

[制書如右]。請奉

制付外施行。謹言。

[元年建巳月十五日]

[可]

門下。天下の本は元良に属し、四方の明は其の継照を資く。是に伝帰の義有り、必ず監撫の重を膺《う》け、克《よ》く前烈を広め、人のために邦を守る。君父の独り親しむのみに非ず、生霊の同《とも》に戴くに俾《したが》う。……（中略）……。其れ元年は宜しく改めて宝応元年と為し、建巳月は改めて四月と為し、其の餘の月は並びに常数に依るべし。仍ち旧の正月一日を以て歳首と為せ。茲に福応を受け、佇《ま》つに升平を以てし、日月の重光に因り、雲雷の渥沢を布べ、天下に大赦すべし。其れ天下の見禁の囚徒、罪軽重、并びに已発覚未発覚・已結正未結正と無く、四月一五日昧爽以前、一切放免す。左降官の已に量移する者、宜しく即ち近処に量移し、流人は即ち一切放回すべし。有司更に輒《みだり》に類例条件有るを得ざれ。其れ楚州刺史并びに出宝の県官及び進宝官等、量りて進改を与え、進宝官に随う典傔等、各おの量りて一官を与えよ。中外に宣示し、咸な朕が意を知れ。主者施行せよ。

臣聞くならく明両《ふた》たび作《おこ》るは離なり、天下を照らす所以なり、洊《しき》りに雷あるは、震を為す、萬邦を貞《ただ》す所以なり。故に「書」に「元良美《ほ》め」、「易」に「匕鬯《ひちょう》明らかにす」と。伏して惟うに皇帝陛下、玄徳広く被《およ》び、仁風大いに洽《あまね》し。宗社を匡復し、弘く艱難を済《すく》う。孝道純深に、聖懐極むる罔《な》し。居憂毀を致し、恭黙して何をか言わんや。伏して惟うに皇太子、累聖の資を承け、天よりの訓を稟く。安を問いて礼有ること、三朝に闕くる無し。大いなる成功を保ち、已に七徳を申ぬ。是れ守邦の重に命ずれば、允に子を知るの明を彰《あきらか》にせん、況んや神其れ告符し、天は宝を秘せず、克《よ》く景命を昌んにし、必ず妖氛を静む、豈に金縢に謝し翌日の期を啓き、玄符もて彝倫の叙を告げんや。是の故に紀元立極し、旧を復すること惟れ新に、瑞に因り以て年を表わし、人に順いて嗣を定む。過ち宥すこと無大なれば、囹圄皆な空にして、人をして善に遷《したが》わしめ、遐荒必ず被《およぼ》す。休徴は其の霊貺を昭《あきら》かにし、官吏、其の鴻私に沐す。臣等　叨《かたじけな》くも軒墀に侍し、恭しく典礼を承り、感戴の極、恒情に倍萬し、懇款の至りに任《たう》る無し。謹んで制書を奉ずること右の如し。請うらくは制を奉じ外に付し施行せんことを。謹んで言う。

「可大赦天下」と「已量移者」の語は『文苑英華』により補う。『唐大詔令集』は門下省覆奏の日付を脱落しているが、制書に「四月十五日昧爽以前」の「已発覚未発覚・已結正未結正」の罪を一切放免すると明記しているから、この制書が起草されたのは、元年建巳月甲子（宝応元年四月一五日）と断定してよく(3)、同日発信であったと想定される。『資治通鑑』巻二二二宝応元年建巳月には同日施行を伝える記事がある。

　甲子、制改元。復以建寅為正月、月数皆如其旧、赦天下。

甲子（一五日）、制して改元す。復た建寅を以て正月と為し、月数は皆な其の旧《もと》の如し、天下に赦す。

「無任懇款之至」の下には、『唐大詔令集』の「武宗改名詔」（巻五所収）と「誅王涯鄭注後徳音」（巻一二五所収）から「謹奉」の二字が補われる。「請奉」の上には制授告身式の制書によって「制書如右」の四字と制書の結句である「主者施行」の次行に「年月日」を補うべきであり、「元年建巳月十五日」の語が補われよう。

　復元制書式は制授告身式を参考にしている。制授告身式と制授告身には門下省が覆奏を行った「年月日」があり、また日本の養老公式令詔書式の当該箇所にも太政官覆奏の「年月日」があるから、復元制書式は門下省の覆奏のあとに「年月日」を復元するべきである。

四　制書式の「可」字

前掲した仁井田氏の復元制書式では、皇帝の裁可の文字を復元しない。現存する唐代の制授告身のすべてに、皇帝の裁可として「制可」とあり、養老公式令詔書式にも、天皇の裁可として「可　御画」とあるから、門下省の覆奏に対する皇帝の裁可の文字を補足するべきである。制書案を門下省に送付し、その可否を審議して、異議がなければ覆奏して施行を請うのである。復元制書式は制書案が門下省に送付され、施行を請う覆奏文が起草された段階であり、文書手続き上は制書として正式には定立されていない不完全な状態にある。したがって、復元制書式は覆奏の日付と覆奏に対する皇帝の裁可の文字を補足しない限り、それは制書案であって、王朝国家の意志になり得ないことは制授告身式や制授告身の実例、養老公式令詔書式から明白である。

では、門下省の覆奏に対して皇帝はどのような語で裁可を行うのであろうか。制授告身式や制授告身の実例は、すべて裁可を「制可」としていた。これらの事実から裁可を「制可」と決定して妥当であろうか。この点、結論から先に述べれば、「制可」ではなく「可」である。『大唐六典』巻八門下省・侍中職掌の条に「凡下之通于上、其制有六」の原註に次のよう記事がある。

覆奏画可訖、留門下省為案。更写一通、侍中注制可、印縫署、送尚書省施行。

覆奏し「可」を画き訖れば、門下省に留め案と為せ。更に一通を写し、侍中は「制可」を注し、縫に印し署し、尚書省に送り施行せよ。

制授告身式とその実例において、皇帝の裁可の語が「可」ではなく「制可」とあるのは、「可」と裁可を得た制書は原本がそのまま施行されるのではなく、原本は門下省に留め置かれ、謄本が作成されて尚書省に送付される。門下省において謄本制書が作成されるとき、「可」の部分は侍中が「制可」と書き改めるのである。したがって、制授告身式は制書を含むものではあるが、その制書は謄写を経た制書であるために「制可」とあるのである。

五　御画日

復元制書式は制書本文の次行に位置する年月日を、単に「年月日」とする。『唐令拾遺』公式令制書式の註において、『令集解』公式令詔書式「年月御画日」に「古記云、問、年月日、未知誰筆。答、御所記録年月日耳。何知者、以本令云御画日故」とある記事を引用し、次のように述べて、「年月御画日」と復元しない(4)。

尚、古記に見える「御画日」は或は唐六典巻九に所謂発日勅の規定の断文であろうかと考へる。

また、内藤乾吉氏も「中書舎人が起草し進画した制書の案文に対して天子が何の字を画するかはなお研究を要する」と述べて、「年月御画日」と復元しない(5)。

制授告身式はその一部に制書式を含むが、制書式と同じでないことを想起しなければならない。それゆえ、制書告身式の制書部分に「年月日」とあっても、それが直ちに制書式においても、「年月日」とあったと即断してはならない。養老公式令詔書式や延喜詔書式においては「年月御画日」とある。これらの御画日は起草された詔書案を太政官へ付す前に天皇に上呈し、天皇が日付を記入することを意味し、詔書案に天皇が同意を与えたと理解される。したがって、制書式においても制詞の次行に位置する日付は、単に「年月日」と復元するのではなく、日本の詔書式と同様に「年月御画日」であったとする方がよい。復元制書式が「年月日」と復元したのは、制授告身式に「年月日」とあ

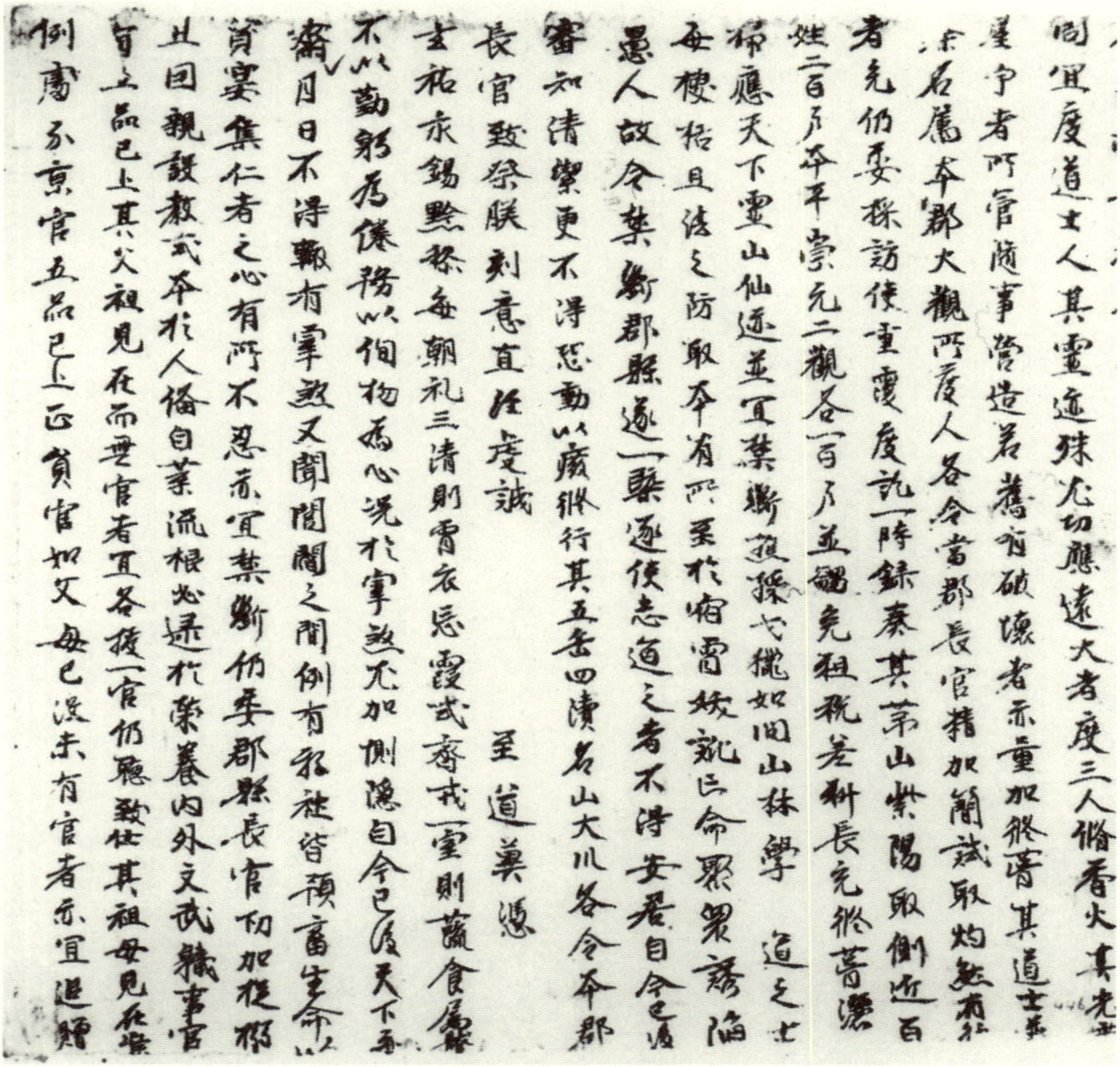
闕宜度道士人其靈迹殊尤切應遠大者度三人脩香火其老君
崖字者所管隨事營造若舊有破壞者亦量加修葺其道士並
名馬本郡大觀所度人各令當郡長官精加簡試取灼然有經
者充仍委採訪使重覆度訖一時錄奏其茅山紫陽觀取側近百
姓二百戶太平崇元二觀各一百戶並蠲免租稅差科長充修葺灑
掃應天下靈山仙迹並宜禁斷採捕弋獵如同山林學道之士
每樓栖且法之防取本有所至於宿霄妓就匠命聚衆誘諭
愚人故令禁斷郡縣遂一緊遂使志道之者不得安居自今已後
審知清潔更不得恐動以應徽行其五岳四瀆名山大川各令本郡
長官致祭朕刻意真經度誠　至道冀憑
玄祐亦錫黔黎每朝礼三清則霄衣忌霞式齊戒一室則蔬食屏
不以勤躬為儀務以佃物為心況於宰殺尤加惻隱自今已後天下每
齋月日不得輒有宰殺又聞閭閻之間例有私社皆殺畜生命以
資宴集仁者之心有所不忍亦宜禁斷仍委郡縣長官切加捉搦
且因親設教式本於人倫自業流根必遠於榮養內外文武職事官
有五品已上其父祖見在而無官者宜各授一官仍聽致仕其祖母見在無
例處分京官五品已上正員官如父母已沒未有官者亦宜追贈

図版5　天宝7載（748）　冊尊号赦書（斯446）部分
『唐大詔令集』巻9に「天宝7載冊尊号赦」として所収

ることに依拠した結果である。制授告身式の制書部分と制書式は類似しているけれども、差異のあることに留意しなければならない。制授告身式の制書式部分は、定立された制書が何度か転写された後の文書様式を伝えているのである。

右のことを具体例に説明しよう。制書式における皇帝の裁可は「可」であるのに、制授告身式においては「制可」と変化する点に、その差異が端的に表われている。「制可」は先に述べたように、皇帝が「可」と裁可したのに対して、謄本を作成して尚書都省に送付するとき、侍中が謄本制書に記入する語である。制授告身は制書の様式を以て授官が法制化されたとしても、それが施行される際には謄本が作成され、尚書某部の符式で各個人に授官を通達する。敦煌発見の騎都尉秦元□の告身（斯三三九二）が終始一筆で書かれていることが、このことを如実に示している。[6]

唐代の制書式において、制詞の次に位置する年月日は、「年月御画日」であったことを立証する史料として『大唐六典』がある。巻九中書省・中書令職掌の条所載の「凡王言之制」に発日勅を説明して次のようにある。

四曰発日勅。謂御画発日勅也。

四に発日勅と曰う。謂うこころは発日を御画する勅なり。

右の記事は、いま問題にしている制書式の制詞の次に位置する年月日が、日本の詔書式と同様であったことを示す有力な史料である。制書は王朝国家の大事に際して布告される文書であり、発日勅は制書に比較して小事の場合に使用される文書である。この発日勅において「謂御画発日勅也」とあるのは、発日勅式において具体的にどの部分をいうのであろうか。皇帝が「発日を御画する」とは、門下省の同意を得て国家意志として定立し、天下に施行する部分の年月日を御画するのではない。本章第五節に復元する発日勅式において、そのような箇所は存在しないのである。とすれば、「御画発日」とは勅詞の次行に位置する「年月日」の箇所でなければならない。前掲した中書令職掌の条に「謂御画発日勅也」とあるのは、勅詞の次行に位置する「年月日」の部分、すなわち、「年月御画日」とあったものを文章で表現したものに他ならない。

以上に述べた諸点を、開元七年（七一九）の官制に準拠し、文書式に表わせば次のようになる。

門下。云云。主者施行。

年月御画日

中書令具官封臣　姓名　　宣
中書侍郎具官封臣　姓名　奉
中書舎人具官封臣　姓名　行

侍中具官封臣　名
黄門侍郎具官封臣　名
給事中具官封　名　　等言。
制書如右。請奉
制付外施行。謹言。
年月日

可　御画

中書令若不在、即於侍郎下注宣、舎人姓名下注奉行。
中書令若し在らざれば、即ち侍郎の下に「宣」を注し、舎人姓名の下に「奉行」を注す。

通則部分の「宣奉行」の記入方法の復元に関しては、紅葉山文庫本『令義解』詔書式の条の書き込みによる。

大輔下有姓名両字、而本条無、以之可為正本。何者、案唐令云、紫微令若不在、即於侍郎下注宣、舎人姓名下注奉行之故也。

大輔の下「姓名」の両字有り、而して本条無し、之を以て正本と為す可し。何となれば、「唐令」を案ずるに云う、紫微令若し在らざれば、即ち侍郎の下に「宣」を注し、舎人姓名の下に「奉行」を注すの故なり。

この唐令逸文は紫微令（中書令）という官名からみて、開元三年（七一五）公式令制書式通則部分の逸文である可能性が高く、紫微省（中書省）三官の在不在による「宣奉行」の記入方法が判明するのは貴重である。

六　門下省の覆奏と大事の制書式

右の復元によって、制書式は完全になったのではない。それは右に復元した制書式と「粛宗命皇太子監国制」を比較するとき、「監国制」の門下省の覆奏は長文である。この長文の覆奏は例外的なものではない。『唐大詔令集』を点検して、「監国制」の他に、原形を留める制書二通を検出することができた。それは巻五所収の「武宗改名詔」と巻一二五所収の「誅王涯鄭注後徳音」である。以下には「武宗改名詔」を引用する[7]。

武宗改名詔（『冊府元亀』巻三帝王部「名諱」にも所収）

門下。王者昭臨萬寓、名豈尚於難知、敬順五行、理宜避於刑剋。徵諸前史、義実炳然。昔大漢之興、洛旁去水、所都名号、猶乃避之、況我国家、運昌土徳、豈可常以王気、勝於君名。所以憲宗皇帝継明之初、実以捨水、必有冥数、叶於貞祥。漢宣帝柔服北夷、恢弘祖業。功徳之盛、侔於周宣。御暦十年、乃復美称。朕遠推漢主之事、近稟聖祖之謨、爰択佳名、式遵令典、庶承天意、永保鴻休。宜改名為炎。仍令所司択日、分命宰臣、告天地宗廟。其旧名中外表章、不得更有廻避。布告遠邇、咸使聞知。主者施行。

会昌六年三月十二日

[中書令具官封臣　姓名　宣]

[中書侍郎具官封臣　姓名　奉]

[中書舎人具官封臣　姓名　行]

[侍中具官封臣　名]

[門下侍郎具官封臣　名]

[給事中具官封臣　名　　等言。]

臣聞運行之道、実本於惟新、称謂之尊、必資於前兆。□（此?）天人相与之際、明歴数陰隲之祥。恭惟烈光、布在方冊、伏為仁聖文武章天成功神徳明道皇帝陛下、仁深九有、道冠三無。紹列聖而垂休、奄百王而邁徳。六気雖序、重之以調均、五音雖和、資之以損益。使刑剋自消於聖歴、陰陽永遂於洪鑪。亦由周楽去金、以享卜年之兆。漢都罷水、用興継代之光。此皆九廟之霊、兆人之慶。臣等官叨近密、職奉絲綸。抃躍之誠、倍萬常品。謹奉

制[書]如右。請奉

制付外施行。[謹言]。

　　[会昌六年三月日]

[可]

門下。王者は萬寓に昭臨し、名は豈に難知を尚《たっと》ばんや、敬んで五行に順い、理は宜しく刑剋を避くべし。諸《これ》を前史に徴するに、義は実に炳然たり。昔、大漢の興るや、「洛」の旁「水」を去る。都とする所の名号すら、猶お乃ち之を避く、況んや我が国家、運は土徳に昌《さか》んにして、豈に常に王気を以て君名より勝るべけんや。所以《ゆえ》に憲宗皇帝継明の初め、実に以て水を捨て、必ず冥数有り、貞祥に叶うなり。漢の宣帝北夷を柔服し、祖業を恢弘す。功徳の盛、周宣に侔《ひと》し。御暦すること一〇年、乃ち美称を復す。朕遠くは漢主の事を推し、近くは聖祖の謨を稟け、爰《ここ》に佳名を択び、令典に式遵し、庶くば天意を承け、永く鴻休を保たん。宜しく改名して炎と為すべし。仍ち所司をして日を択び、分かちて宰臣に命じ、天地宗廟に告げしめん。其れ旧名は中外の表章、更に廻避有るを

得ず。遠邇に布告し、咸な聞知しめよ。主者施行せよ。

臣聞くならく、運行の道、実に惟新に本づき、称謂の尊、必ず前兆より資《と》る。此れ天人相与の際、歴数陰隲の祥を明らかにす。恭しく惟うに烈光、布べて方冊に在り、伏して為《おも》うに仁聖文武章天成功神徳明道皇帝陛下、仁は九有に深く、道は三無に冠たり。列聖を紹《つ》ぎて休を垂れ、百王を奄いて徳に邁う。六気序すと雖も、之を重じるに調均を以てし、五音和すと雖も、之を資くるに損益を以てす。刑剋をして自ら聖歴に消し、陰陽永く洪鑪に遂がしめん。亦た周楽に由り金を去り、以て卜年の兆を享く。漢都水を罷め、用て継代の光を興す。此れ皆な九廟の霊、兆人の慶なり。臣等、官は近密を叨《かたじ》けなくし、職は絲綸を奉る。抃躍の誠、常品に倍萬す。謹んで制書を奉ずること右の如し。制を奉じ外に付し施行せんことを請う。謹んで言う。

右に示した史料は、偶然にも首尾をかなりよく残したものである。この史料によって、「粛宗命皇太子監国制」の覆奏文が長文であるのは、例外ではないことが明らかになる。制授告身を除く制書は、長文の覆奏文があるのが普通だったのである。右の史料と「粛宗命皇太子監国制」とに共通する点は、「給事中臣某　等言」の後に「臣聞云云」の文言があることであり、この文言は制授告身式には規定されず、また当然であるが制授告身の実例に一例もない。制書の様式で授官する場合に一例も長文の覆奏文がなく、制授告身以外の制書にのみ、長文の覆奏文が存することは、制書と制授告身の基本的相違を示すものとして極めて重要である。

　制書の覆奏文を理解する上で、『大唐六典』巻八門下省・給事中職掌の条にある次の記事は重要である。(8)

　凡制勅（勅字は衍字）宣行、大事則称揚徳沢、褒美功業、覆奏而請施行、小事則署而頒之。

　凡そ制の宣行、大事は則ち徳沢を称揚し、功業を褒美し、覆奏して施行を請い、小事は則ち署して之を頒つ。

『新唐書』巻四七百官志二門下省・給事中の条にも、制書の施行について「大事覆奏、小事署而頒之」とある。制書は唐王朝の最も重要な意志決定に用いる王言であるが、右に示した『大唐六典』と『新唐書』の記事によれば、制書は大事と小事に区分され、大事の制書は門下省が制書案を審議して、異議がなければ皇帝の徳沢を称揚し、功業を褒美して、制書の施行を請い、小事の制書は施行を請うのみの覆奏であると述べる。「称揚徳沢、褒美功業、覆奏而請施行」を、具体的に制書式において示せば、「給事中具官封臣名　等言」の次に「臣聞云云」で始まる覆奏文が入ることをいうのであり、小事の制書はこの覆奏文がなく、施行を請う文言が直ちに始まるのである。

小事に関する制書式は、制授告身に見る制書式であり、先に復元した制書式である。現存する制授告身と制授告身式は小事の制書式と完全に一致する。五品以上の授官が小事とされたのは、五品以上の人事が日常的人事であることによる。五品以上の人事は流内文武五品以上だけが対象ではない。視五品以上も制授の対象であった。敦煌発見の戸籍等に勲官・上柱国（視正二品）を有する者が多数存在することを考えれば、制授告身は毎年膨大な数に上ったと推測される。[9]『唐会要』巻五七尚書省諸司上・尚書省の条には、告身の発給数に関して次のようにある。

［貞元］十一年十月、罷吏部司封司勲写急書告身官九十一員。自天宝以来、征伐多事、毎年以軍功官授官十萬数、皆有司写官告送本道。兵部因置写官告官六十員、給糧、経五年後、酬以官。無何、吏部司封司勲兵部、各置十員。大暦已後、諸道多自写官告、急書官無事、但為諸曹役使、故宰臣請罷之。

貞元一一年（七九五）一〇月、吏部・司封・司勲の写急書告身官九一員を罷む。天宝より以来、征伐多事、毎年軍功官の授官は一〇萬を以て数え、皆な有司官告を写し本道に送る。兵部因りて写官告官六〇員を置き、糧を給し、五年を経るの後、酬ゆるに官を以てす。何《いくばく》もなく、吏部・司封・司勲・兵部各おの一〇員を置く。大暦已後、諸道多く自ら官告を写し、急書官は事無く、但だ諸曹の役使と為る、故に宰臣之を罷めんと請う。

天宝年間（七四二〜七五六）以来、軍功による授官は毎年一〇萬人であったと伝え、勲官授与を主流とする制授告身の発給が大量であった。この日常的人事に関し、いちいち制書に「称揚徳沢、褒美功業」することは煩雑であり、制授告身に用いる制書は小事とされ、最も簡単な文言で施行を請うたのである。

制授告身の発給が膨大な数であるから、人事に関する制書が小事とされたのではない。制授告身は小事の制書を用いる規定であった。重要な宰相人事が制書の小事に属するのは、本来的な制授告身の用途から逸脱している。本来、制授告身で授官するのは四品官と五品官である。三品官以上は原則的には冊授である。三品官以上が制授されているのは、冊授が唐初以降に徐々に行われなくなったため、代用の措置として制授告身が使用されたためである。

三品官以上は本来は冊授であることを想起すれば、三品以上の重要官が、制書の小事に関する様式で任用されている事実が理解できよう。三品以上の官が制授告身式で授官するのは本来的用法ではないのである。制書には門下省の給事中が封還する権限が付与されていた。これは本来的には四品官と五品官に対する封還権であって、便宜的に制授される三品以上の官に対して封還する権限はなかった。この封還を以て貴族制を云云するのは大いなる誤解である。

これに対して、「粛宗命皇太子監国制」に加え、前掲「武宗改名詔」は非日常的制書である。『大唐六典』が国家の大事に関する制書には「徳沢を称揚し、功業を褒美し、覆奏し施行を請う」というのは、この非日常的制書のことをいっているのである。これらの制書は、大事に使用する制書の様式を伝えた貴重な史料である。制授告身以外の制書は、すべて「粛宗命皇太子監国制」や「武宗改名詔」のような文書様式であったと結論してよい。

唐公式令の上巻に規定されていた制書式は、大小いずれの様式であったのであろうか。小事の制書式は制授告身にのみ使用し、制授告身式以外に使用しないから、巻首部分に小事の制書式を規定する必要はないことになる。したがって、公式令巻首部分に規定されていた制書式は、大事の場合に用いる制書式であると結論される。以上によって、大事の制書式を開元七年（七一九）の官制に準拠して復元すれば次のようになる。

門下。云云。主者施行。

年月御画日

中書令具官封臣　姓名　宣

中書侍郎具官封臣　姓名　奉

中書舎人具官封臣　姓名　行

侍中具官封臣　名

黄門侍郎具官封臣　名

給事中具官封臣　名　等言。

臣聞云云。臣等云云。無任云云之至。謹奉

制書如右。請奉

制付外施行。謹言。

年月日

可　御画

制勅（「勅」字は衍字）宣行、大事則称揚徳沢、褒美功業、覆奏而請施行、小事則署而頒之。覆奏画可訖、留門下省為案。更写一通、侍中注制可、印縫署、送尚書省施行。中書令若不在、即於侍郎下注宣、舎人姓名下注奉行。

制の宣行、大事は則ち徳沢を称揚し、功業を褒美し、覆奏して施行を請い、小事は則ち署して之を頒つ。中書令若し在らざれば、即ち侍郎の下「宣」を注し、舎人姓名の下「奉行」を注す。

制書には王朝国家の大事に用いる制書と、小事に用いる制書が存在することが明らかとなった。小事に用いる制書は四品・五品の授官の場合であり、それは制授告身に用いる制書である。他はすべて大事の制書が使用されたと結論してよいであろう。

右の復元制書式のうち、「臣聞云云。臣等云云。無任云云之至。謹奉」に関して、『唐令拾遺補』（七〇六頁以下）は、右の表現通りに制書式に存在したかは疑問とする。たしかに指摘の通りであるが、右に類する文言が存在したことは疑いない。

七　まとめ

仁井田陞氏が『唐令拾遺』において復元された制書式に疑問を呈し、制書式の復元を試論した。最も重要なことは、制書式には大事と小事の二式があることを指摘したことである。小事の制書式は制授告身に限定して用いるものである。制授告身以外の制書式のすべては、皇帝の徳沢を称揚し功業を褒美して施行を請う覆奏文を伴うものである。公式令の冒頭に規定されていたであろう制書式は、大事と小事の両方の制書式ではない。小事の制書式は制授告身式に規定されているから、制書式として規定されていたのは大事の制書式である。大事の制書式を指摘することができたのは制書研究の収穫である。

註

（1）仁井田陞『唐令拾遺』（東方文化学院東京研究所　一九三三、東京大学出版会　一九六四復刻第一版、同会復刻一九八三第二版）五四二頁。

（2）「司徒兼中書令」の下に「以下闕」と註記がある。「司徒兼中書令」の下部は破落していたのであろう。闕員官が兼任することはないから「司徒兼中書令」は闕員ではない。『新唐書』巻六二宰相表によれば、「司徒兼中書令」は郭子儀である。中書令は制書の定立において「宣」という行為を行う。「以下闕」の部分を「司徒兼中書令　在使」と補字しておく。

（3）「某年某月昧爽以前」とあれば、その日付が制書の起草された日付を示す。

（4）仁井田陞『唐令拾遺』五四二頁。

（5）内藤乾吉『中国法制史考証』（有斐閣　一九六三）二三頁補註3。

（6）敦煌発見の秦元□告身（斯三三九二）に関しては、内藤乾吉「敦煌出土の騎都尉秦元告身」（『中国法制史考証』所収　有斐閣　一九六三）、仁井田陞『唐宋法律文書の研究』（東方文化学院東京研究所　一九三三）第三篇第一章「告身」、大庭脩「唐告身の古文書学的研究」（『西域文化研究』三所収　法蔵館　一九六〇）を参照。斯三三九二を内藤氏は「騎都尉秦元告身」と命名するが、告身の闕落部分を考慮すれば、「秦元□告身」とするべきである。

（7）『旧唐書』巻一八上武宗紀・会昌六年（八四六）三月の条に、「壬寅（一日）、上不豫、制改御名炎」とあり、「炎」と改名したのは三月一日とし、『唐大詔令集』と日付が一致しない。

（8）『大唐六典』巻八門下省・給事中職掌の条に「凡制勅宣行、大事則称揚徳沢、褒美功業、覆奏而請施行、小事則署而頒之」とあるうち、「制勅宣行」の「勅」は衍字である。勅書において、給事中が徳沢を称揚し、功業を褒美し、覆奏し施行を請うことはないし、またそのような箇所もない。加えて勅書には大事・小事の別はないから、「勅」字は衍字とするべきである。

（9）その一斑は「唐天宝年代敦煌郡敦煌県差科簿」によっても明白な事実である。この差科簿の録文は、池田温『中国古代籍帳研究』（東京大学東洋文化研究所　一九七九）二六三頁以下を参照。

第三節　制書式の起源

一　問題の所在

開元七年（七一九）の官制に準拠して復元した大事の制書式は、唐代後半期の制授告身と比較して、門下省の覆奏部分以外は何ら相違するところがない。したがって、開元七年以降、制書式は官名の変更を除いて、変化なかったことが確認できる。では、その起源は何時に求めることができるであろうか。制授告身から制書式を復元できるなら、唐初の詔授告身から詔授告身式と小事の詔書式が確定でき、大事の詔書式も類推可能となる。本節では制書式の起源を探り、開元七年以前の制書式と隋王朝の詔書式を検討する。

二　貞観公式令詔書式

神龍公式令制書式に関しては、「序説」に示した神龍二年の制授告身断片がある。この制書は復元制書式と同一文書様式であり、神龍公式令制書式は開元七年や開元二五年公式令制書式と同じであったとしてよい。吐魯番出土の開元四年の記年を有する李慈藝制授告身（原本）も復元制書式と同一様式であるから、開元前令の制書式も開元七年令と同じとしてよいであろう(1)。

神龍公式令制書式から貞観公式令詔書式に至る間は、この間の制授（詔授）告身の制書部分を検討すれば相違は明らかとなる。この期間の発見・出土した詔授告身・制授告身は次のものがある。

乾封二年（六六七）郭毡醜詔授告身（新版『吐魯番出土文書』三冊二六〇頁　謄本）

乾封二年（六六七）氾文開詔授告身（伯三七一四背　首尾闕　謄本）

長寿二年（六九三）張懐寂制授告身（龍谷大学蔵　首闕　謄本）

延載元年（六九四）氾徳達制授告身（新版『吐魯番出土文書』三冊四〇六頁　謄本）

これらの告身に内包される制書（詔書）は小事の制書式であり、この制書式（詔書式）は開元七年公式令制授告身式と同じであることが確認され、開元七年以前の大事の制書式（詔書式）は、開元七年公式令制書式と同じであったと想定することができるのである。

貞観公式令詔書式を確定する史料は、臨川公主に関する告身二通（臨川郡公主告身と臨川郡長公主告身）である。この二通の告身は「唐臨川公主墓出土的墓志和詔書」（『文物』一九七七年第一〇期）に紹介されている。二通の告身は同じ文書様式である。以下には「臨川郡公主告身」の詔書部分を示す。

門下。第十二女、幼挺幽閑、地惟

懿戚。錫以湯沐、抑有旧章。可封

臨川郡公主、食邑三千戸。主者

施行。

貞観十五年正月十九日

中書令駙馬都尉安徳郡開国公臣　楊師道　宣
兼中書侍郎江陵県開国子臣　岑文本　奉
朝散大夫守中書舎人臣　馬周　行
侍中　闕
兼黄門侍郎清苑県開国男臣　洎
朝請大夫守給事中臣　行成　等言。
詔書如右。請奉
詔付外施行。謹言。
貞観十五年正月廿日
制可
門下。第一二女、幼くして幽閑に挺《ぬきん》で、地は懿戚を惟《もっ》てす。錫うに湯沐を以てするは、抑《そもそも》旧章有り。臨川郡公主に封じ、食邑三千戸を可とすべし。主者施行せよ。

右の告身の詔書部分は、貞観一一年（六三七）に制定された貞観公式令詔授告身式に準拠している。この告身は乾封二年（六六七）の郭毛醜詔授告身ならびに氾文開詔授告身と一致するから、乾封公式令詔授告身式と同じということになり、両者の間に位置する永徽公式令詔授告身式も貞観令詔授告身式と同じであったと想定することができる。また開元七年（七一九）の制授告身式とも一致するから、開元七年令制授告身式の起源を貞観令詔授告身式まで確実に遡及できることになる。詔授告身式の詔書部分は小事の詔書式である。小事の詔書式と大事の詔書式は類似し、門下省の覆奏部分を大事の詔書式に改変すれば、大事の詔書式は復元できる。開元七年公式令制書式の、「制可」以外

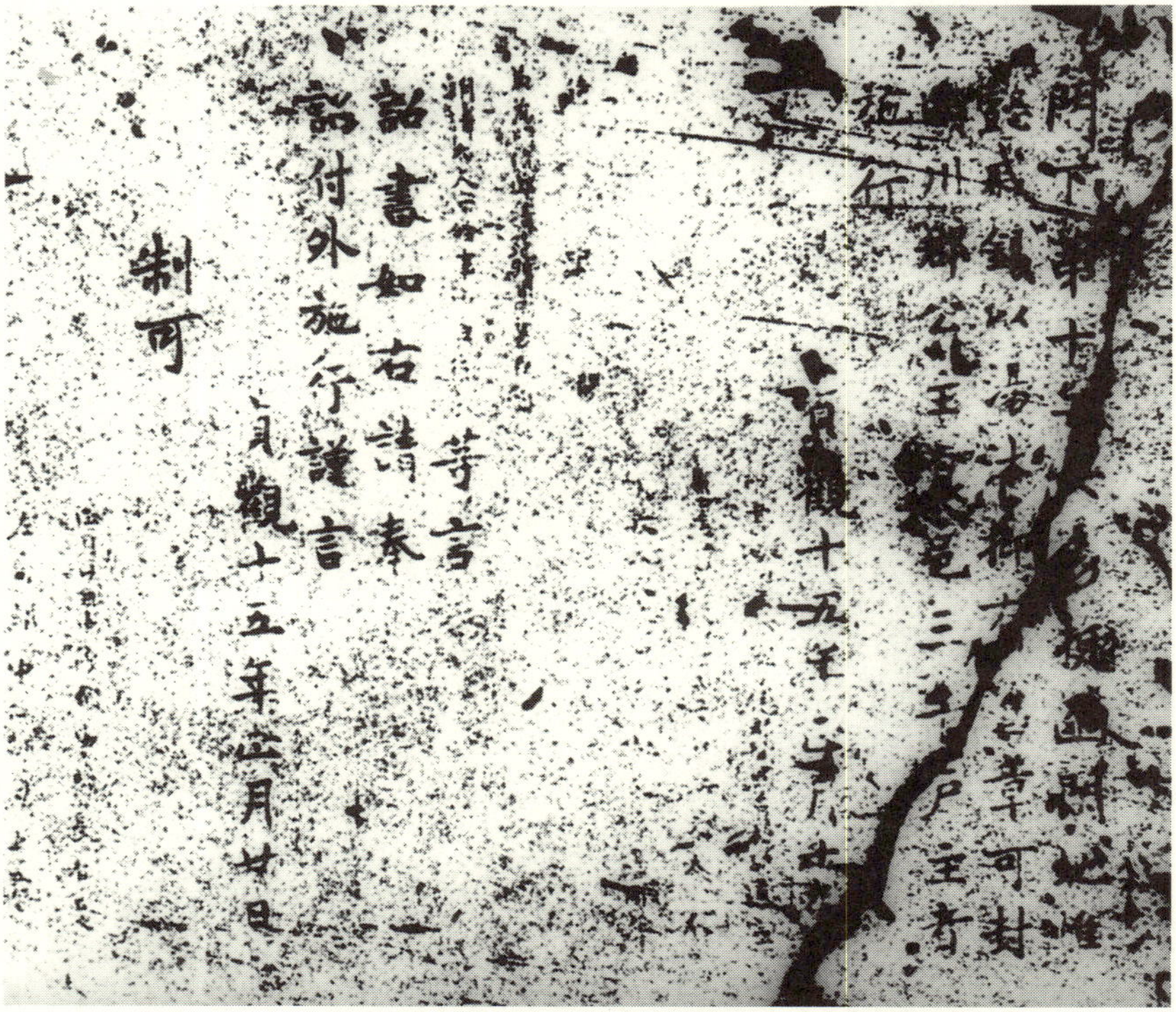

図版6　貞観15年（641）　臨川公主詔授告身首部

の「制」字を「詔」字に置き換えるだけで、貞観公式令詔書式は復元できる。すなわち、貞観公式令詔書式は開元七年公式令制書式と基本的には同一であったとしてよい。

三　武徳公式令詔書式

武徳七年（六二四）公布の武徳公式令詔書式は史料不足のため不明である。唐代編纂文献は、詔書の首尾を省略するのを通例としており、この課題の解決に当たって、多くは期待することはできない。また武徳令に準拠した詔授告身の発見や出土もない。『広弘明集』巻二八「於行陣所立七寺詔」（貞観三年　六二九）の冒頭には「門下。至人虚己、忘彼我於胸襟。釈教慈心、均異同於平等」とある。同書同巻所収の「捨旧宅造興聖寺詔」（貞観三年）の尾部には「宜捨為尼寺、仍以興聖為名。庶神道無方、微仲凱風之思。主者施行」とあるから、武徳令の詔書本文の首尾は「門下。云云。主者施行」であったことは確認できる。武徳令詔書式の全容を伝えた史料はないが、貞観令詔書式が判明し、それが隋の詔書式と同一の様式であれば、その中間に位置する武徳公式令詔書式は自然に確定されよう。

四　大業令詔書式

大業令（編目は不詳）は大業三年（六〇七）四月に施行された。大業令詔書式の首尾は「門下。云云。主者施行」であった。『文館詞林』巻六六九詔三九赦宥五「随煬帝平遼東大赦詔一首」に「門下。天地施化、生育之徳既弘」とある。結句に関しては、後掲する武徳四年（六二一）の詔授告身の結句に「主者施行」とあり、また次項に述べる開皇令に準拠する詔書の首尾が「門下。云云。主者施行」とあることに依る。武徳四年の詔授告身は武徳七年令以前であるから、武徳令詔書式ではなく、直前の大業令詔書式を踏襲したものと考えられ、武徳令と開皇令の詔書式がともに「門下。云云。主者施行」であれば、その中間に位置する大業令詔書式の首尾も同様であることになる。

大業令詔書式を考察する上で重要なのは給事郎である。給事郎（唐代の給事中）は、大業三年の定令時に設置された官で、『通典』巻二一職官典三門下省・給事中の条には次のようにある。

隋初無、至開皇六年、始詔吏部置給事郎。煬帝乃移吏部給事郎為門下之職、位次黄門下、置員四人、以省読奏案。
大唐武徳三年、改給事郎為給事中、後定為四員。

隋初無し、開皇六年に至り、始めて詔して吏部に給事郎を置く。煬帝乃ち吏部の給事郎を移して門下の職と為し、位は黄門の下に次ぎ、員四人を置き、以て奏案を省読す。大唐武徳三年（六二〇）、給事郎を改め給事中と為し、後《のち》定めて四員と為す。

『通典』は、唐代の給事中は開皇六年（五八六）、吏部に設置された給事郎に、その直接の起源があり、煬帝のとき門下省に移し、給事黄門侍郎の下位の官としたのが、唐代の給事中の起源であるとする。

『隋書』巻二八百官志下では、大業令制定時の改定事項の一として、門下省給事郎の創設をいう。

門下省減給事黄門侍郎員、置二人、去給事之名、移吏部給事郎名為門下之職、位次黄門下。置四人、従五品、省読奏案。

門下省、給事黄門侍郎の員を減じ、二人を置き、給事の名を去り、吏部の給事郎の名を移して門下の職と為し、位は黄門の下に次ぐ。四人を置き、従五品、奏案を省読す。

『通典』と『隋書』百官志によって、開皇年間には唐代的な給事中は存在せず、煬帝の大業令によって出現することは明白な事実として認めてよい。『唐会要』巻五四省号上・給事中の条に「武徳元年、因隋旧制、為給事郎。三年三月十日、改為給事中」とあるように、大業令の門下省給事郎が唐代の給事中となるのである。以上によって、給事郎の成立の経緯はほぼ明らかとなったであろう。大業三年の定令時に給事郎（定員四人。従五品）が新設されたとき、従来の給事黄門侍郎の職掌の一部が給事郎の職掌となったのである。

では、新設の給事郎は封還・駁正の権限を本当に有していたのであろうか。『通典』巻二一職官典三給事中の条の末尾の部分において、撰者の杜佑は次のように述べている。

前代雖有給事中之名、非今任也。今之給事中、蓋因秦之名、用隋之職。

前代、給事中の名ありと雖も、今の任に非ざるなり。今の給事中、蓋し秦の名に因り、隋の職を用う。

杜佑は「前代に給事中の官はあったが、今（唐王朝）の給事中とは職掌は異なっている。今の給事中は秦の給事中の官名を用いているが、その職掌は隋の給事郎のそれである」と述べている。隋の給事中は大業三年に新設されたものである。この杜佑の言によって、隋唐の給事郎・給事中の職掌は同一であり、唐代給事中の原形は大業令において設置された給事郎にあるといってよい。

大業三年における門下省給事郎の新設は、隋代の詔書式に大きな変化を与えた。開皇令制下にあっては、給事郎の官は存在しなかったのであるから、開皇公式令詔書式においては給事郎の連署は存在しなかったのであり、唐代の詔書式にみられる給事中の署名は、大業令詔書式に初めて登場するのであり、唐代の制書式に最も近い詔書式は、大業令詔書式であるという結論に達する。このことは、隋令に規定されていた奏抄式・奏弾式・露布式の各式に関しても、同様のことがいえるのであり、これらの各文書様式に給事郎の署名が入るのは大業令以降のことである。

大業令詔書式を復元する上で重要な史料は、「唐高祖封越国公詔」に見える詔授告身の詔書部分である。[2]

門下。汪華、往因離乱、保拠州郷。鎮静□隅、以待寧晏。識機慕化、遠送款誠。宜従褒寵、授以方牧。可使持節総管歙宣杭睦婺饒六州諸軍事歙州刺史上柱国、封越国公食邑三千戸。主者施行。

武徳四年九月二十二日

中書舎人臣　顔師古　行

門下。汪華、往《むかし》離乱に因り、保ちて州郷に拠る。□隅を鎮静し、以て寧晏を待つ。慕化を識機し、遠く款誠を送る。宜しく褒寵に従い、授くるに方牧を以てすべし。使持節総管・歙宣杭睦婺饒六州諸軍事・歙州刺史・上柱国とし越国公食邑三千戸に封ずべし。主者施行せよ。

右の詔書断片は武徳四年（六二一）のものであり、武徳七年制定の武徳令詔書式に基づく詔書ではない。この詔書断

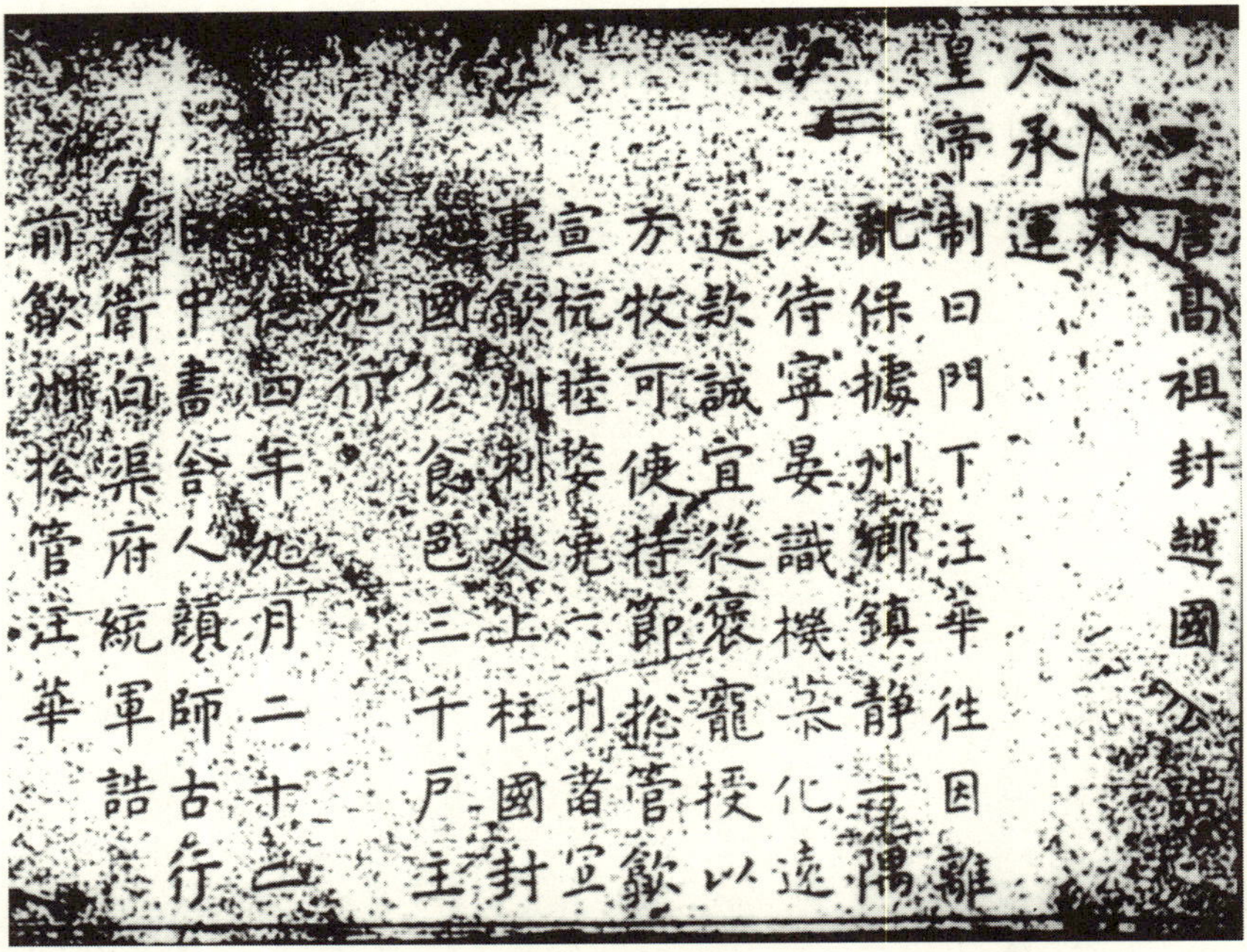

図版７　唐高祖武徳４年（621）　封越国公詔授告身

片に「中書舎人臣顔師古　行」とあるのは貴重である。右の詔書断片は明の正統年間（一四三六～一四四九）以降の重刻であり、そのとき、消えかけた細字のうち、顔師古が著名であるため、明人《みんひと》の目にとまり、詔書本文に付随して顔師古の部分のみが意図的に刻石されたと考えられる。

　詔書の定立には中書令と侍郎も関与する。「中書舎人臣顔師古　行」の一行があることによって、中書令と侍郎の具官封臣姓名が脱落していることが予想できる。それは五項に示す開皇令による詔書に「内史令豫章王暕　宣」とあり、また五項に示す開皇一三年（五九三）の慰労詔書に内史省（中書省）三官が関与しているからである。詔書は内史令の「宣」という行為のみによって定立するものではなく、開皇一三年の慰労詔書のように、内史省三官が関与して定立するものである。大業令詔授告身の詔書部分が貞観令詔授告身の詔書部分と類似することは、大業令詔書式は唐代の詔書式や制書式と同じであったことを強く予想させるものである。

唐王朝は開皇の旧制に準拠し、大業令制を継承しないと一般的には理解されている。王朝が交替したといっても、制度が一五年前に逆行できるものであろうか。確かに一部においては、開皇の旧制に準拠したところはあったであろうが、大部分においては大業令を継承していると考えるのが現実的理解であろう。それゆえ、武徳四年の汪華に発した詔授告身は、開皇詔授告身式に準拠しているとするよりは、大業令詔授告身式に準拠した詔書と理解するべきであろう。

五　開皇公式令詔書式

開皇令の編目は『大唐六典』巻六尚書刑部・刑部郎中職掌の原註にあり、「公式令」という篇目はあった。開皇公式令に依って公布された詔書のうちで、その首尾をよく残存しているものは、『広弘明集』巻一七所収の「隋国立舎利塔詔　隋文帝。自注一十六州等」である。（［　］内の字は詔書の後にある王邵の「舎利感応記」からの補字である）

岐州鳳泉寺　雍州仙遊寺　嵩州嵩岳寺　泰州岱岳寺　華州思覚寺　衡州衡岳寺　定州恒岳寺　廓州連雲岳寺　牟州巨神山寺　呉州会稽山寺　同州大興国寺　蒲州栖巌寺　蘇州虎丘山寺　涇州大興国寺　并州無量寿寺　隋州［智門寺］　益州［法聚寺］　秦州［静念寺］　揚州［西寺］　鄭州［定慧寺］　青州［勝福寺］　亳州［開寂寺］　汝州［興世寺］　瓜州［崇教寺］　番州［霊鷲寺］　桂州［縁化寺］　交州［禅衆寺］　相州大慈寺　襄州大興国寺　蒋州［栖霞寺］

門下。抑惟正覚、大慈大悲、救護群生、津梁庶品。朕帰依三宝、重興聖教、思与四海之内、一切人民、倶発菩提、共修福業。使当今見在、爰及来世、永作善因、同登妙果。宜請沙門三十人、諳解法相、兼堪宣導者、各将侍者二人并散官各一人薫陸香一百二十斤馬五疋、分道送舎利、往前件諸州起塔。其未注寺者、就有山水寺、所起塔依前山、旧無山者、於当州内、清静寺処、建立其塔。所司造様、送往当州。僧多者三百六十人、其次二百四十人、其次一百二十人、若僧少者、尽見僧。為朕皇后太子広諸王子孫等及内外官人一切民庶幽顕生霊、各七日行道、并懺悔。起行道日打刹、莫問同州異州、任人布施、銭限止十文已下、不得過十文。所施之銭、以供営塔。若少不充、役正丁及用庫物。率土諸州僧尼、普為舎利設斎、限十月十五日午時、同下入石函。総管刺史已下県尉已上、自非軍機、停常務七日、専検校行道及打刹等事、務尽誠敬、副朕意焉。主者施行。

仁寿元年六月十三日

内史令豫章王臣　暕　宣

岐州鳳泉寺　雍州仙遊寺　嵩州嵩岳寺　泰州岱岳寺　華州思覚寺　衡州衡岳寺　定州恒岳寺　廓州連雲岳寺　牟州巨神山寺　呉州会稽山寺　同州大興国寺　蒲州栖巌寺　蘇州虎丘山寺　涇州大興国寺　并州無量寿寺　隋州智門寺　益州法聚寺　秦州静念寺　揚州西寺　鄭州定慧寺　青州勝福寺　亳州開寂寺　汝州興世寺　瓜州崇教寺　番州霊鷲寺　桂州縁化寺　交州禅衆寺　相州大慈寺　襄州大興国寺　蔣州栖霞寺

門下。抑《そもそも》惟うに正覚は、大慈大悲にして、群生を救護し、庶品を津梁す。朕は三宝に帰依し、重ねて聖教を興し、四海の内、一切の人民と、倶に菩提を発し、共に福業を修めんと思う。当今現在をして、爰《ひ》いては来世に及んで、永く善因を作し、同《とも》に妙果に登らん。宜しく沙門三〇人、法相を諳解し、兼ねて宣導に堪《た》うる者に請い、各おの侍者二人并せて散官各おの一人・薫陸香一二〇斤・馬五疋を将て、分道して舎利を送り、前件の諸州に往き塔を起すべし。其れ未だ寺を注せざるは、山水有る寺に就き、起す所の塔は前山に依り、旧《もと》より山無きは、当州内、清静なる寺処に於いて、其の塔を建立せよ。所司の造様、送りて当州に往く。僧多きは三六〇人、其の次は二四〇人、其の次は一二〇人、若し僧少なければ、見僧を尽せ。朕・皇后・太子の広・諸王子孫等及び内外官人・一切の民庶・幽顕生霊の為に、各おの七日行道し、并せて懺悔す。行道を起す日に打刹し、同州異州を問う無く、人の布施するを任《ゆる》し、銭は一〇文已下に限止し、一〇文を過ぐるを得ず。施す所の銭、以て営塔に供せ。若し少なくして充てざれば、正丁に役し及び庫物を用いよ。率土諸州の僧尼、普《あま》く舎利の為に斎を設け、一〇月一五日午時を限り、同《ひとし》く下し石函に入れよ。総管・刺史已下県尉已上、自ら軍機に非ざれば、常務七日を停め、専ら行道及び打刹等事を検校し、務めて誠敬を尽し、朕が意に副え。主者施行せよ。

右によって、開皇公式令の詔書式の首尾は「門下。云云。主者施行」であることが判明する。また尾部に「内史令豫章王暕　宣」とあることによって、開皇公式令詔書式は、その定立において内史省（唐代の中書省）官人の連署と「宣奉行」の行為があったことを示す。右の詔書においては「奉」「行」の行為を行う内史侍郎（唐代の中書侍郎）と内史舎人（唐代の中書舎人）の部分が闕落しているが、これは二官の連署部分が省略されて著録されたためである。

隋の沙門・灌頂の編纂した『国清百録』巻二「文皇帝勅給荊州玉泉寺額書第四四」は次のような王言である。

皇帝敬問修禅寺智顗禅師。省書具至。意孟秋餘熱、道体何如。熏修禅悦、有以怡慰。所須寺名額、今依来請。智邃師還。指宣往意。

開皇十三年七月二十三日

兼内史令蜀王臣　秀　宣

内史侍郎武安子臣　李元惨　奉

内史舎人長担男臣　鄭子良　行

皇帝敬んで修禅寺智顗禅師に問う。省書具に至る。意《おもう》に孟秋にして餘熱あれば、道体何如や。禅悦を熏修し、以て怡慰有り。須《もと》むる所の寺の名額、いま来請に依れ。智邃師還る。指は往意を宣ぶ。

この慰労詔書は、内史令（中書令）以下三官の連署と「宣奉行」が付いている。慰労詔書の定立に内史省の三官が関与して、詔書の定立に関与しないとするのは不自然である。唐代の冊書・慰労制書・発日勅・勅旨・論事勅書の定立には、すべて中書省の三官が関与している。このことを想起すれば、隋代の詔書の場合も同様に関与すると想定するのが自然であろう。以上によって、開皇令詔書式は唐代のそれと同じであったと想定され、「隋国立舎利塔詔」から詔書の定立には、内史省の三官が関与したことが、高い確率で推定可能なのである。

詔書において門下省は如何に関与したであろうか。『隋書』巻四七柳雄亮伝に駁正を伝える。

及還、会高祖受禅、拝尚書考功侍郎、尋遷給事黄門侍郎。尚書省凡有奏事、雄亮多所駁正、深為公卿所憚。俄以本官検校太子左庶子、進爵為伯。

還るに及んで、会《たま》たま高祖受禅し、尚書考功侍郎を拝し、尋いで給事黄門侍郎に遷る。尚書省凡そ奏事有れば、雄亮駁正する所多く、深く公卿の憚る所と為る。俄に本官を以て太子左庶子を検校し、爵を進められて伯と為る。

唐代の例では「封駁」は「封」と「駁」に分けられる。「封」とは「封還」のことで、制書案・発日勅案・勅旨案の内容に対して異義を唱え、王言案を却下することである。「駁」とは「駁正」であり、尚書各部の奏抄案・露布案や御史台の奏弾案を却下することである。奏抄案の駁正や詔（制）勅案の封還は、唐代においては給事中の職掌の一である。隋の開皇年間において、給事中ではなく給事黄門侍郎が駁正を行っている。これは開皇職員令において給事中は、まだ設置されていない官であるが故に、給事黄門侍郎（唐代の門下侍郎）が駁正を行ったのである。

駁正を行うには、奏抄式が存在しなければならない。『大唐六典』巻八門下省侍中職掌の条の「凡下之通于上、其制有六」の原註に、奏抄について次のようにいう。

　隋令有奏抄奏弾露布等、皇朝因之。

　隋令に奏抄・奏弾・露布等有り、皇朝之に因る。

右の記事によって、隋令に奏抄式が規定されていたことは確実である。そして、開皇初年には柳雄亮が駁正を行っているのであるから、奏抄式は開皇令に規定されていたとしてよい。駁正の記事は開皇初年だけと限定する必要になく、開皇年間（五八一～六〇〇）を通じて存在したと想定できる。奏抄式が開皇年間に存在したことが傍証できることは、奏抄式をその文書様式の一部に含む、奏授告身式も開皇年間に存在していたことを示すものである。

　このように、開皇公式令に奏授告身式・奏弾式・露布式があり、それを唐王朝が継承したのであれば、開皇公式令詔書式も唐王朝に継承されたと想定してもよい。唐の公式令制書式の基本形は、開皇公式令詔書式に適用してよい。

次に推定される開皇令と大業令の詔書式を示す。

〔開皇令詔書式〕

門下。云云。主者施行。

　　年月御画日

　　　内史令具官封臣姓名　宣

　　　内史侍郎具官封臣姓名　奉

　　　内史舎人具官封臣姓名　行

納言具官封臣名

給事黄門侍郎具官封臣名　等言。

〔大業令詔書式〕

門下。云云。主者施行。

　　年月御画日

　　　内史令具官封臣姓名　宣

　　　内史侍郎具官封臣姓名　奉

　　　内史舎人具官封臣姓名　行

納言具官封臣名

黄門侍郎具官封臣名

臣聞云云。臣等云云。無任云云之至。謹奉
詔書如右。請奉
詔付外施行。謹言。
年月日
可　御画

給事郎具官封臣名　等言。
臣聞云云。臣等云云。無任云云之至。謹奉
詔書如右。請奉
詔付外施行。謹言。
年月日
可　御画

六　詔授と奏授の開始

隋の詔書式が確定すると、詔書によって授官する詔授の起源も類推可能となる。馬鑑（五代・前蜀の人）が撰した『続事始』の「中書除官」に、詔授に関して注目すべき記事がある。

旧制、内外［官］皆吏部啓奏授之。自隋以降、五品以上、中書門下訪択聞奏、然後下制。

旧制、内外官皆な吏部啓奏し之を授く。隋より以降、五品以上は中書門下、訪択聞奏し、然るのち制を下す。

馬鑑は唐代においては五品以上の官は中書門下で擬定して、それを皇帝に奏聞し許可を得れば、制書（詔書）で授官するが、その起源は隋代にあると述べている。換言すれば、制授の起源は隋代にあるというのである。この馬鑑の言は、隋唐時代の告身だけでなく、隋唐時代の詔書の用途を考察する上で、極めて重要な史料である。

『旧唐書』巻四二職官志一に、『続事始』と同様な記事がある。

五品已上、旧制、吏部尚書進用。自隋已後、則中書門下知政事官訪択聞奏、然後下制授之。三品已上、徳高委重者、亦有臨軒冊授。自神龍之後、冊礼廃而不用、朝廷命官、制勅而已。六品已下、吏部選擬録奏、画旨授之。

五品已上、旧制、吏部尚書進用す。隋より已後、則ち中書門下知政事官、訪択聞奏し、然る後《のち》制を下し之を授く。三品已上、徳高く委重き者、亦た臨軒冊授有り。神龍よりの後、冊礼廃して用いず、朝廷の官を命ずるは制勅のみ。六品已下、吏部選擬録奏し、旨を画き之を授く。

これによって、前掲した馬鑑の言が信頭に値することが判明する。『陸宣公翰苑集』巻一七所収の「請許台省長官挙薦属吏状」の一節にも次のようにある。

国朝之制、庶官五品已上、制勅命之。六品已下、則並旨授。制勅所命者、蓋宰相商議、奏可而除拝之也。旨授者、蓋吏部銓材署職、然後上言。詔旨但画聞、以従之、而不可否者也。

国朝の制、庶官五品已上、制勅もて之を命ず。六品已下、則ち並びに旨授す。制勅もて命ずる所は、蓋し宰相商議し、奏して可なれば之を除拝するなり。旨授は蓋し吏部、材を銓《えら》び職に署し、然る後《のち》上言す。詔旨は但だ「聞」を画き、以て之に従うのみにて、否《いな》むべからざるものなり。

隋代以前の授官に関して、『続事始』は「旧制、内外官皆な吏部啓奏し之を授く」といい、『旧唐書』職官志は「旧制、吏部尚書進用す」とあったから、吏部尚書が授官を司っていたのである。『続事始』や『旧唐書』職官志は、五品以上の官の詔授は隋代に始まったと伝えるから、五品以上の詔授は隋代に開始されたとしてよい。隋代には開皇令（開皇二年施行）と大業令（大業三年施行）とがある。詔授はいずれの令において開始されたものであろうか。

『旧唐書』巻七二李百薬伝は、仁寿四年（六〇四）以前に奏授があったことを伝える。

左僕射楊素吏部尚書牛弘雅愛其才、奏授礼部員外郎。

左僕射の楊素・吏部尚書の牛弘、其の才を雅愛し、礼部員外郎に奏授さる。

牛弘が吏部尚書の任にあったのは、開皇末年であるから、右の話もそのころのものであろう。隋代の尚書六部員外郎に関しては『隋書』巻二八百官志下に「[開皇]六年、尚書省二四司、各置員外郎一人、以司其曹之籍帳。侍郎闕、則釐其曹事」とあり、開皇六年（五八六）に設置されたものであり、二四曹侍郎（唐代の郎中）が正六品階であるから、員外郎はそれより上階であることはなく、李百薬は礼部員外郎に奏授されたと考えても、当時の状況と時期・品階ともに矛盾するものではない。開皇令施行下における奏授例は、李百薬の例しか隋代文献から見い出し得ないが、李百薬の例を以て開皇令制下において奏授が行われたと判断してよく、詔授と奏授の起源は開皇令にあり、唐代の宰相府の起源も同様に開皇年間にあると考えてよいだろう。『通典』巻一五選挙典三歴代制下「大唐」の条にも次の記事がある。

　其選授之法、亦同循前代。

　其の選授の法は、亦た同じく前代に循う。

右の記事によっても、詔授と奏授は隋代から開始されたと考えてよい。唐代制書の用途の一に「行大官爵」とあり、制書を官・爵の授与に用いるというのは、開皇公式令詔書式に規定されていたことも推定可能となるのである。

七　まとめ

　開元七年の制書式は、開元七年以降、唐代後半期においても同一の制書式であった。この制書式の起源を求めると隋の開皇令まで、ほぼ同じ文書式であることが確認できる。開皇令によって、唐の詔書（制書）式が創設されたわけではないから、制書式（詔書式）の起源は隋より古い時代にある。漢代の王言は唐代とは明確に異なるから、漢唐の間の時代、すなわち、隋唐の詔書式は南北朝時代に形成されたものであろう。隋唐の詔書式において重要なのは、大業令詔書式である。詔書案の審査に給事郎が参加するようになったのは大業令からである。したがって、唐代の制書式は大業令詔書式を直接に継承し、有唐一代、その文書式を保持したことになる。

註

（1）李慈藝告身に関しては、大庭脩「唐代告身の古文書学的研究」（『西域文化研究』三所収　法蔵館　一九六〇）の第二章第一節「制授告身」に詳しい。

（2）『北京図書館所蔵中国歴代石刻拓本滙編』（中州古籍出版社　一九八九）一一冊所収。唐初に歙州に拠った群雄・汪華に関する石刻文書の一である。

第四節　慰労制書

一　問題の所在

唐代の制書には制書と慰労制書の二種類がある。慰労制書の用途に関して『大唐六典』の「王言之制」には「褒賛賢能、勧勉勤労則用之」と述べる。唐代文献には「王言之制」の箇所以外に慰労制書を説明する記事はなく、また

「王言之制」以外の箇所に「慰労詔書」「慰労制書」の語は見えない。これは慰労制書が使用されなかったためではなく、別の王言名が使用されていることに依るものである。慰労制書は一般の国政に用いるものではなく、皇帝が臣僚個人に発する王言であり、皇帝の公的書簡ともいうべき王言と類推できる。慰労制書と同じ用途を持つ王言に論事勅書がある。両者の相違を明確にするためにも慰労制書の確定は必須の作業となる。慰労制書は周辺諸国に対しても発信されたから、唐王朝の世界観を理解する上でも重要な王言である。

二　日本の慰労詔書

『大唐六典』の慰労制書の記事は短く漠然としていて、『大唐六典』の記事から慰労制書の実体を究明することはできない。また慰労制書に直接言及する唐代文献もない。それゆえ、ここでは日本の慰労詔書式とその実例を検討し、唐代の慰労制書を解明する基礎としたい(1)。

『延喜式』巻一二中務省の条には次のような慰労詔書式を規定する。

天皇敬問云云。大蕃国云天皇敬問、小蕃国云天皇問。

年月御画日

中務卿位臣姓名　宣

中務大輔位臣姓名　奉

中務少輔位臣姓名　行

日本の慰労詔書式は外国王に発する国書に限定して使用された。『延喜式』の進撰された延長五年（九二七）に初めて慰労詔書が制定されたのではない。『続日本紀』には次のような慰労詔書の実例がある。

金儒吉等還蕃、賜其王勅書曰、天皇敬問新羅王。使人一吉飡金儒吉薩飡金今古等至、所献調物並具之。王有国以還、多歴年歳、所貢無虧、行李相属。欵誠既著、嘉尚無已。春首猶寒、比無恙也。国境之内、当並平安。使人今還、指宣往意、并寄土物如別。（慶雲三年正月丁亥）

○金儒吉等蕃に還るに、其の王に勅書を賜いて曰う、「天皇敬みて新羅王に問う。使人の一吉飡金儒吉・薩飡金今古等至り、献ずる所の調物並びに之を具す。王、国を有ってより以還《このかた》、多く年歳を歴し、貢する所虧くことなく、行李相い属す。欵誠既に著われ、嘉尚已むことなし。春首猶お寒し、比ごろ恙がなきや。国境の内、当に並びに平安なるべし。使人いま還る、指は往意を宣ぶ、并せて土物を寄すること別の如し」と。

[高]斉徳等八人、各賜綵帛綾綿有差。仍賜其王璽書曰、天皇敬問渤海郡王。省啓具知。恢復旧壌、聿修曩好、朕以嘉之。宜佩義懐仁監撫有境。滄波雖隔、不断往来。便因首領高斉徳等還次、付書并信物綵帛一十疋綾一十疋絁廿疋絲一百絇綿二百屯、仍差送使、発遣帰郷。漸熱、想平安好。（神亀五年四月壬午）

○高斉徳等八人、各おの綵帛・綾綿を賜うこと差有り。仍て其の王に璽書を賜いて曰く、「天皇敬みて渤海郡王に問う。啓を省み具に知る。旧壌を恢復し、聿《つい》に曩好を修むは、朕以て之を嘉す。宜しく義を佩び仁を懐き有境を監撫すべし。滄波隔つと雖も、往来断たず。便ち首領の高斉徳等の還次に因り、書并びに信物の綵帛一〇疋・綾一〇疋・絁廿疋・絲一百絇・綿二百屯を付し、仍って送使を差《つかわ》し、発遣して帰郷せしむ。漸いに熱し、想うに平安にして好からん」と。

右の史料は新羅王と渤海王に対する、『延喜式』成立以前の慰労詔書である。両国に対する慰労詔書は右の史料だけではない。[2] ともかく、右の史料によって、『延喜式』以前においても慰労詔書が存在したことは明らかである。延喜慰労詔書式には結句の定形をいわない。『延喜式』以前の慰労詔書において、結句が一定形化しないのは延喜慰労詔書と共通し、慰労詔書の文書式は延喜式以前と同一であったと考えてよい。日本の慰労詔書は外国王に天皇の意志を伝達する文書であり、相手国によって詔書の冒頭文言は「天皇敬問某」「天皇問某」と変化し、結句は一定しない。慰労詔書の定立には『延喜式』が明記するように、中務省の三官が関与した。

三　慰労制書に関する史料

唐代の慰労制書を確定するためには、日本の「天皇敬問某」に対応する「皇帝敬問某」で始まる史料を指摘し、その内容が『大唐六典』等に記す慰労制書の用途と整合すれば、それは慰労制書と断定してよい。『文館詞林』巻六六四詔三四撫辺「貞観年中撫慰百済王詔一首」は、いま提起する課題に関連する史料である。

皇帝問柱国帯方郡王百済王扶餘義慈。朕祗膺霊睠、君臨区宇。憂勤四海、憐養萬姓。天地之所覆載、日月之所照臨、咸被愷沢、致之仁寿。……（中略）……。首春猶寒、想比無恙。国境之内、当並平（当並平安）。履新之慶、与王及率士同之。康信今還、指申往意、并寄王物如別。

皇帝、柱国・帯方郡王・百済王扶餘義慈に問う。朕は祗《つつし》みて霊睠を膺《う》け、区宇に君臨す。四海を憂勤し、萬姓を憐養す。天地の覆載する所、日月の照臨する所、咸な愷沢を被り、之に仁寿を致す。……（中略）……。首春猶お寒し、想うに比ごろ恙無きや。国境の内、当に並びに平安たるべし。履新の慶、王及び率士と之を同じくす。康信今還り、指は往意を申ぶ、并せて王に物を寄すこと別の如し。

この王言は太宗皇帝が柱国・帯方郡王・百済王の扶餘義慈に発信したもので、この王言は「貞観年中」とあり、詔書の時候の語から貞観一九年（六四五）正月上旬に発信されたものと考えられる。

『文館詞林』千巻は顕慶三年（六五八）に成立した書物であり、その分類や題名は唐人《とうひと》の作業になり信憑性がある。その『文館詞林』において、「皇帝問某」で始まる王言を「詔」と分類する事実は、この王言が唐代の「詔」の範疇に入るからである。『唐文粋』巻二一「唐衛尉卿洪州都督張公遺愛碑頌并序　崔祐甫撰」に「皇帝敬問之詔」の句があり、『王右丞集』巻二一「京兆尹張公徳政碑」に「若夫皇帝敬問之詔、御札自書」の句がある。「皇帝問某」は詔書の一なのである。唐代の詔書（制書）は冒頭が「門下」で始まる、所謂、詔書（制書）と慰労詔書（慰労制書）の二種類があるが、「皇帝問某」で始まる王言が詔書（制書）であるなら、それは慰労詔書（慰労制書）以外にはない。

「唐李鳳墓発掘簡報」（「考古」一九七七年第五期所収）に紹介された、李鳳（高祖皇帝の第一五子）墓誌銘の一節に、龍朔三年（六六三）以降、上元元年（六七四）以前のこととして、「降璽書曰」とあり、続けて次の記事がある。

皇帝敬問青州刺史［虢王鳳］。皇甫公義至、所推勘劉整等事者。愚人無識、不憚刑科、扇惑郷閭、軽有聚結。王情勤家国、糾察多方、推鞫罪人、咸無隠漏、部内清粛、深可嘉尚。春絶已暄、王此何如也。今故遣書、指無所悉。

皇帝敬んで青州刺史・虢王鳳に問う。皇甫公義至り、「劉整等を推勘する所なり」と。愚人識無く、刑科を憚らず、郷閭を扇惑し、軽がるしく聚結有り。王の情、家国に勤め、多方を糾察し、罪人を推鞫し、咸な隠漏無く、部内清粛なるは、深く嘉尚すべし。春絶にして已に暄《あたた》か、王此ごろ何如や。今故《ことさら》に書を遣わすも、指は悉す所無し。

この史料も前掲した「撫慰百済王詔」と同一の様式である。また『金石萃編』巻六八と、『北京図書館蔵中国歴代石刻拓本滙編』（中州古籍出版社　一九八九）第二〇冊に所載する「盧正道勅」は次のようである。この史料を「盧正道勅」と題するのは厳密にいえば誤りであり、「賜盧正道尉労制書」というべきであろう。

皇帝問洛州滎陽県令盧正
道。卿才行早著、清白有聞。夙
夜在公、課最居首。使車昇奨、
朕甚嘉之。今増卿禄秩、以褒
善政。勉勗終始、無替嘉声。

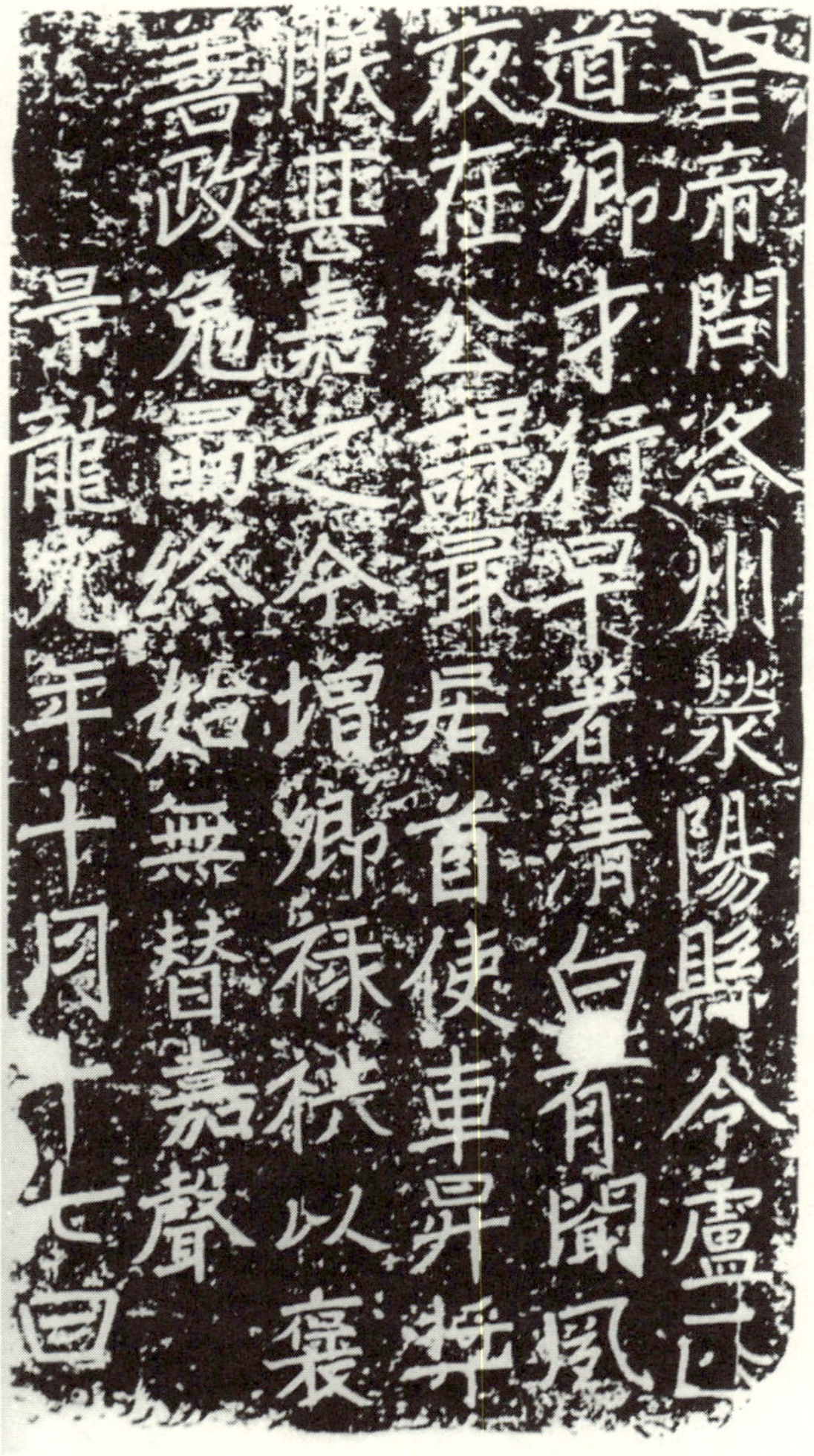

図版８　景龍元年（707）賜盧正道慰労制書

景龍元年十月十七日

皇帝、洛州滎陽県令盧正道に問う。卿の才行早に著れ、清白聞く有り。夙夜公に在り、課最は首に居る。使車して昇奨し、朕甚だ之を嘉す。今卿の禄秩を増し、以て善政を褒む。勉励終始し、嘉声を替うるなかれ。

右の慰労制書に発信年月日が残存するのは、慰労制書の定立と公布を考察する上において重要である。

四　別集に見える慰労制書

唐代の慰労制書の外形的様式は確定された。次の課題は慰労制書の定立過程である。慰労制書は「王言之制」に規定される王言であり、「公式令」もしくは「式」に規定されていたことは、日本の慰労詔書の例から考えて疑う余地はない。定立過程を考察するに当たっては、より一般的な唐代文献に慰労制書の史料を求めたいと考える。

『曲江集』巻八以下には「勅」と題して、百通近い王言が収められている。その中で「皇帝問某」の様式を有する文書は七通（巻一一～巻一二）あり、それはすべて吐蕃王に発信したものである。この様式を有する王言が張九齢の文集に所収され、「勅」（厳密には「制勅」というべきである）と分類されるのは、これらの王言を張九齢が起草したためである。彼は開元年間（七一三～七四一）に制勅起草官である中書舎人や知制誥を歴任している[3]。

同じことは『陸宣公翰苑集』にも指摘することができる。「与回紇可汗書」と題する王言は次のようである。

皇帝敬問可汗弟。両国和好、積有歳年。中之以昏姻、約之以兄弟。誠信至重、情義至深。……（中略）……。安西北庭使人入奏、並却帰本道、至彼宜差人送過、令其速達。弟所寄馬並到、深愧厚意。（巻一〇「制詔」）

皇帝敬んで可汗弟に問う。両国の和好、積みて歳年有り。之を申《かさ》ねるに昏姻を以てし、之を約するに兄弟を以てす。誠信至重にして、情義至深なり。……（中略）……。安西・北庭の使人入りて奏し、並びに本道に帰却す、彼に至り宜しく差人送過し、其れ速達せしむべし。弟寄《よす》る所の馬並びに到り、深く厚意を愧ず。

作成年代は、貞元三年（七八七）八月ころとしてよい。岑仲勉氏の「翰林学士壁記注補」によれば、貞元三年ころ陸贄は中書舎人兼翰林学士の任にあり、「与回紇可汗書」は陸贄が制勅起草官にあって起草したものである。(4)

『白氏文集』巻五七翰林制詔四に所収する「与迴鶻可汗書」も、この王言の起草を考える上で重要である。

皇帝敬問迴鶻可汗。夏熱、想比佳適。可汗有雄武之姿、英果之略。統制諸部、君長一方。纂承前修、継守旧好。故得邑落蕃盛、士馬精強。連控西戎、永藩中夏。……（中略）……。今賜少物、具如別録。内外宰相及判官摩尼師等、並各有賜物、至宜准数分付、内外宰相官吏師僧等並存問之。遺書、指不多及。

皇帝敬んで廻鶻可汗に問う。夏熱し、想うに比ごろ佳適なるや。可汗雄武の姿、英果の略有り。諸部を統制し、一方に君長たり。前修を纂承し、旧好を継守す。故に邑落蕃盛にして、士馬精強なるを得。連ねて西戎を控き、永く中夏に藩たり。……（中略）……。今少物を賜う、具すること別録の如し。内外宰相及び判官・摩尼師等、並びに各おの賜物有り、至らば宜しく数に准じ分付すべし、内外宰相・官吏・師僧等並びに之を存問す。書を遣わすも、指は多きに及ばず。

この慰労制書の制作年代は、元和三年（八〇八）であり、そのとき白居易は翰林学士の任にあった。(5)

以上、慰労制書の起草者を検討した。その結果、慰労制書は制勅の起草官である中書舎人・知制誥・翰林学士が起草する王言であることが明らかとなった。『文苑英華』巻四六八翰林制詔四九以下に所収される「蕃書」（唐王朝が周辺諸国の国王・宰相に与えた慰労制書等の王言）を見ても、その起草者は王言起草官である。

五　隋代の慰労詔書

隋代文献には、慰労詔書を説明する史料も「慰労詔書」の語も見えない。したがって、隋代文献に慰労詔書があっても、現存する隋代文献のみを見ている限りにおいては、その史料が慰労詔書であると気付くことはない。しかし、延喜慰労詔書式や唐代の慰労制書に関する知見を基礎に、隋代文献を通覧すれば新しい展望が開ける。

隋の沙門・灌頂の編纂した『国清百録』巻三「至尊勅第八三」には次のような王言がある。

皇帝敬問括州天台寺沙門智越師等。餘寒、道体如宜也。僧使智璪至、得書具意。

大業元年正月十三日

柱国内史令莒国公臣　未上

大都督兼内史侍郎臣　虞世基　[宣]

兼内史舎人臣　封徳彝　[奉行]

皇帝敬んで括州天台寺沙門智越師等に問う。餘寒たり、道体宜に如《し》くや。僧使の智璪至り、書を得て意を具す。

『続高僧伝』にも同類の王言がある（巻九・巻一七・巻一八）。これらの王言は開皇令に準拠したものである。大業令に準拠するものとしては、『日本書紀』の推古天皇一六年（六〇八）八月壬子の条に引用された次のものがある。

皇帝問倭皇（王？）。使人長吏大礼蘇因高等至、具懐。朕欽承宝命、臨仰区宇、思弘徳化覃被含霊、愛育之情、無隔遐邇。知皇（王？）介居海表、撫寧民庶、境内安楽、風俗融和、深気至誠、遠脩朝貢。丹款之美、朕有嘉焉。稍暄。比如常也。故遣鴻臚寺掌客裴世清等、稍宣往意。并送物如別。

皇帝倭王に問う。使人の長吏大礼・蘇因高等至り、懐を具す。朕は宝命を欽承し、区宇に臨仰し、徳化を弘め含霊に覃被せんことを思い、愛育の情、遐邇に隔無し。王、海表に介居し、民庶を撫寧し、境内安楽に、風俗融和し、深気至誠にして、遠く朝貢を脩むことを知る。丹款の美、朕は嘉する有り。稍《よう》よう暄なり。比ごろ常の如きや。故に鴻臚寺掌客の裴世清等を遣わし、稍よう往意を宣ぶ。并て送物別の如し。

もう一例は『全隋文』巻一九薛徳音の条に引用される「為越王侗別与李密書」である。

皇帝敬問太尉尚書令東道行軍元帥上柱国魏国公。司農卿李倹等至、覧表具之。……（後略）……。

皇帝敬んで太尉尚書令東道行軍元帥上柱国魏国公に問う。司農卿李倹等至り、表を覧るに之に具す。

「皇帝敬問某」で始まる王言は隋代に存在したのである。これらの王言は『隋書』においては「勅」とか「書」と表現されている。『隋書』の「勅」という語に拘泥する必要はない。延喜慰労詔書式や唐代の慰労制書と同じ王言であるから、正式には慰労詔書という王言である。隋代の慰労詔書に関しては、右のように考えてよいであろう。

『隋書』巻七二田徳懋伝には次のような史料があり、右に述べた慰労詔書とは異なる。

田徳懋、観国公仁恭之子也。少以孝友著名。開皇初、以父軍功、賜爵平原郡公、授太子千牛備身。丁父艱、哀毀骨立、廬於墓側、負土成墳。上聞而嘉之、遣員外散騎侍郎元志就吊（弔）焉。復降璽書曰、皇帝謝田徳懋。知在窮疾、哀毀過礼、倚廬墓所、負土成墳。朕孝理天下、思弘名教。復与汝通家、情義素重。有聞孝感、嘉歎兼深。春日暄和、気力何似。宜自抑割、以礼自存也。并賜縑二百匹米百石、復下詔表其門閭。

田徳懋、観国公仁恭の子なり。少くして孝友を以て名を著わす。開皇の初め、父の軍功を以て、爵平原郡公を賜い、太子千牛備身を授けらる。父の艱に丁《あた》り、哀毀骨立し、墓側に廬し、土を負いて墳を成す。上聞きて之を嘉し、員外散騎侍郎の元志を遣わし弔に就かしむ。復た璽書を降して曰く、「皇帝田徳懋に謝《と》う。窮疾在り、哀毀

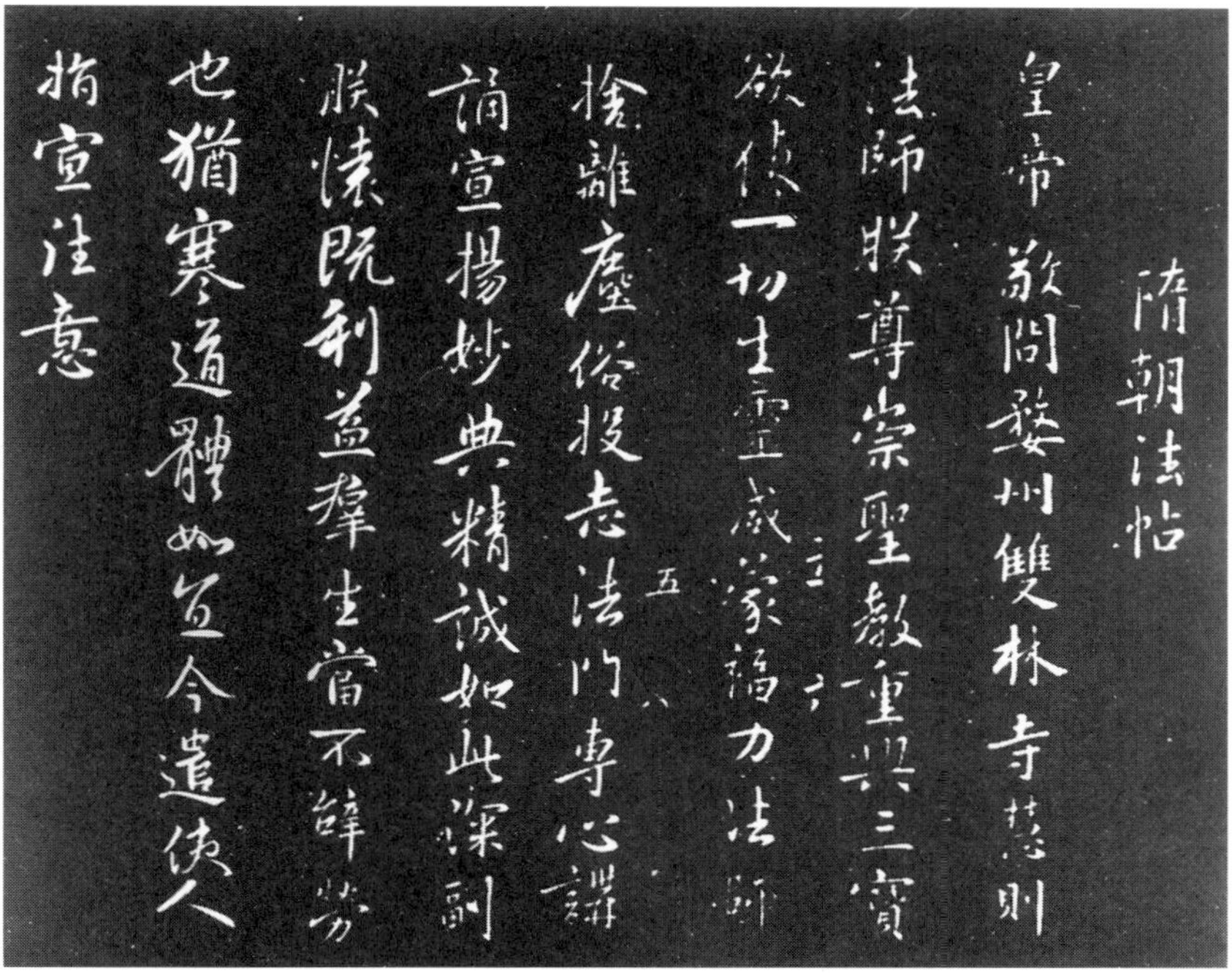

図版9　隋　慰労詔書（「淳化閣帖」第5所収）

礼にして、廬を墓所に倚し、土を負いて墳を成すを知る。朕孝もて天下を理め、名教を弘めんと思う。復た汝と家を通じ、情義素より重し。孝感を聞く有り、嘉歎兼ねて深し。春日暄和、気力何ぞ似《たぐい》せんや。宜しく自ら抑割し、礼を以て自ら存するべきなり」と。并せて縑二百匹・米百石を賜い、復た詔を下して其の門閭を表す。

すなわち、「皇帝謝某」という様式の王言があるのである。この王言は慰労詔書に類似しているが、「皇帝問某」とはない。璽書である右の王言は何であろうか。「皇帝謝田徳懋。云云」は慰労詔書である。「謝」は「問」と同じであり、「問う」という意味である。「皇帝問某」が「皇帝謝某」に変化しただけのことである。

六　漢代の「皇帝問某」

慰労制書は隋代に初めて創設された王言ではない。古く漢代から用いられた王言であり、南北朝においても頻用されている。『漢書』巻六九趙充国伝に「皇帝問某」の句が見える。神爵元年（前六一）以降、趙充国が後将軍として羌虜対策のために、金城郡に赴任したときの献言に対する皇帝の回答である。

皇帝問後将軍。言欲罷騎兵萬人留田、即如将軍之計、虜当何時伏誅、兵当何時得決。孰計其便、復奏。

皇帝、後将軍に問う。騎兵萬人を罷め田を留めんと欲するを言う、即し将軍の計の如くんば、虜当に何れの時か誅に伏すべき、兵当に何れの時か決を得べきや。孰れか其の便を計り、復奏せよ。

趙充国伝は、右の文書を「書勅」「璽書」と表現する。趙充国伝に「六月戊申、奏、七月甲寅、璽書報従充国計焉」とあるのがその一例である。璽書の内容は省略されていて不明であるが、趙充国の奏文の内容は陳兵利害であり、その奏文に対して「璽書もて報じ充国の計に従う」とあるから、この場合の璽書は「皇帝問後将軍。云云」という様式の文書であったに相違ない。漢代では「皇帝問某」という様式の文書を「璽書」「書勅」と表現していたのである。

漢代の「皇帝問某」という文書は、漢の周辺諸国王にも発信された。「普天の下、王土に非ざるなく、率土の浜、王臣に非ざるなし」とする、中国固有の天下観からすれば当然の帰結であろう。『漢書』巻九四上匈奴伝には、冒頓単于が文帝に送った書の冒頭を次のように伝える。

天所立匈奴大単于敬問皇帝。無恙。前時皇帝言和親事、称書意合驩。……（後略）……。

天の立つる所の匈奴大単于敬んで皇帝に問う。恙無きか。前の時、皇帝和親の事を言い、書の意に称い驩を合す。

文帝の前六年（前一七四）の冒頓単于に対する次のような返書の冒頭を伝えている。

皇帝敬問匈奴大単于。無恙。使係虖浅遺朕書、云。……（後略）……。（『漢書』巻九四上匈奴伝）

皇帝敬んで匈奴大単于に問う。恙無きか。係虖浅をして朕に書を遺らしめ、云う。

また、文帝の後元二年（前一六二）にも、老上単于に次のような「書」を送っている。

皇帝敬問匈奴大単于。無恙。使当戸且渠雕渠難郎中韓遼遺朕馬二匹、已至敬受。……（後略）……。（『漢書』巻九四上匈奴伝）

皇帝敬んで匈奴大単于に問う。恙無きか。使の当戸且渠雕渠難・郎中韓遼をして朕に馬二匹を遺らしむ、已に至り敬んで受く。

以上の諸例によって、漢代においても「皇帝敬問某」という文書は、周辺諸国王に対して用いられたことが判明する。したがって、「皇帝敬問某」という文書が、内外を問わず使用されたのは、漢代以来ということが確認される。

翻って、「皇帝問某」という漢代の文書から考察するとき、この文書は常に皇帝が臣僚に対して発信する下行文書であって、対等な関係において用いる文書様式ではないのである。そのことは趙充国伝から明白であろう。漢王朝と匈奴の国力が拮抗しているとき、何故に「皇帝敬問某」が両国間で使用されたかといえば、それは拮抗しているがゆえに、相手に対し臣礼を執れないことに原因する。漢王朝にとって、漢王朝と対等な存在は観念上も存在しなかったのであり、「皇帝敬問某」は漢王朝を唯一絶対の支配者として、発信したに相違ないのである。匈奴は漢王朝の皇帝を「皇帝」もしくは「漢皇帝」と表現していたが、これは漢の皇帝観念を認め、それを受容して「皇帝」と表現したのではなく、漢王朝の統治者が自らを皇帝と呼んでいるから、「皇帝」と表現したまでのことで、中国王という程度の認識であろう。『漢書』匈奴伝にみえた「皇帝敬問某」という文書は、対等な関係を示すものではない。

七　慰労制書式の復元

唐代の慰労制書は確定された。次に課題となるのは慰労制書式の復元である。この課題の解決に、日本の延喜慰労詔書式や隋の慰労詔書が大いに参考になる。隋の慰労詔書は内史省三官の連署と「宣奉行」があった。これは延喜慰労詔書式も同じである。延喜慰労詔書式は隋の慰労詔書式を継承したとするより、唐の慰労制書式を継承したと考えるのが自然である。隋の慰労詔書式を唐が継承し、それを日本が模倣したとするのが妥当であろう。そうすれば、唐の慰労制書式には中書省三官の連署と「宣奉行」があったのである。

開元七年（七一九）の官制を準拠にして、予想される唐代の慰労制書式を復元すれば次のようである。(6)

皇帝敬問某。云云。（「敬」字はない場合もある）

年月御画日

中書令具官封臣　姓名　宣

中書侍郎具官封臣　姓名　奉

中書舎人具官封臣　姓名　行

『延喜式』巻一二には次のような中務式を規定する。

凡奉詔書者、使内豎喚省輔。輔称唯入閤門、進就版位、即奉勅執詔書筥退出。事見儀式。別写一通、印署送太政官。慰労詔書、不在此限。

凡そ詔書を奉ずる者、内豎をして省輔を喚ぶ。輔は唯だ「閤門に入る」と称うのみ、進みて版位に就き、即ち勅を奉ず詔書筥を執り、退出す。事は「儀式」に見ゆ。別に一通を写し、印署して太政官に送る。慰労詔書は此の限りに在らず。

すなわち、一般の詔書は詔書案を中務省が受領して謄本を作成し、その謄本に中務省が印署し、それを太政官に送付するが、慰労詔書の場合は慰労詔書案の太政官送付はなかった。慰労詔書は詔書のように太政官の覆奏とそれに対する天皇の裁可の語「可」を必要とせず定立したのである。この事実から、唐代の慰労制書も日本と同じく、門下省の審査を必要としないで定立する制書と想定される。

八　公布する慰労制書

別集所収の慰労制書は別にして、唐代文献に見える慰労制書や日本の慰労詔書は定立過程のある王言ではなく、謄写され発信された王言である。文献に見える慰労制書は、その本文のみが移録されていたが、発信された制書は本文のみが謄写されたものであろうか。前掲した『金石萃編』巻六八所収の盧正道に発信された慰労制書は、本文に加えて年月日があったから、発信年月日が謄写されることは確実である。この点が判明することにおいて、盧正道に対する慰労制書は貴重である。

文献に著録される慰労制書は、年月日だけが脱落したものかというと、どうもそうではないようである。それは隋代の慰労詔書に内史令・内史侍郎・内史舎人の「具官封姓名」と「宣奉行」があったことによる。『国清百録』に所載される慰労詔書は、隋の内史省の保管庫にあった慰労詔書原本を移録したものではない。天台山国清寺に到来した慰労詔書を『国清百録』を編纂するとき移録したものである。到来した慰労詔書に内史省三官の「具官封姓名」と

「宣奉行」があったから、それを移録したのであり、謄写して発信する慰労詔書は慰労詔書式全体を謄写するとしなければ、『国清百録』の慰労詔書は理解することができない。そうだとすると、煬帝が倭国に発信した「皇帝問倭王」という慰労詔書も詔書本文のみを移録したものということになる。

慰労詔書式全体を謄写するのは、隋代の慰労詔書の場合であって、唐代の慰労制書に関しては明証がないと反論があるかも知れない。しかし、貞元一一年（七九五）、南詔国清平官の尹輔酋が来朝したときのことを、『旧唐書』巻一九七南蛮西南蛮伝の南詔蛮の条は次のように伝える。

授尹輔酋検校太子詹事兼御史中丞、餘亦差次授官。又降勅書賜異牟尋及子閣勧清平官鄭回尹仇寛等各一書、書左列中書三官宣奉行、復旧制也。

尹輔酋に検校太子詹事兼御史中丞を授け、餘は亦た差次して官を授く。又た勅書を降し異牟尋及び子の閣勧・清平官の鄭回・尹仇寛らに各おの一書を賜い、書左に中書三官の「宣奉行」を列するは旧制に復するなり。

尹輔酋の帰国に際して、南詔国王等に勅書が与えられたが、勅書の書左には、旧制に準拠して中書省三官（中書令・侍郎・舎人）の連署と「宣奉行」を復活させたという。

ここにいう勅書とは、慰労制書と同じ用途を有する論事勅書のことである。貞元一一年（七九五）より以前の旧制において、発信するため謄写される論事勅書は、論事勅書式全体が謄写され発信されていたのである。貞元一一年より以前の旧制とは概略、天宝一五載（七五六）以前としてよい。唐代前半期の論事勅書と隋代の慰労詔書は、文書様式全体が謄写され発信されていたのであるから、唐代の慰労制書も同様に文書様式全体が謄写され発信されたと想定することができるだろう。

本章第七節「論事勅書」に示す、景雲二年（七一一）の実物論事勅書には、「年月日」の上に「中書省之印」が押印してあるから、慰労制書も「中書省之印」が「年月日」の上に押印されて発信された可能性が高い。

慰労制書の文書様式全体が謄写され発信されたことを示す、もう一の史料は『翰林学士院旧規』にある「答蕃書并使紙及宝函等事例」の記事である。

南詔驃信書、頭云。皇帝舅敬問驃信外甥。尾与回鶻書一般。至不多及後、具四相名銜。

南詔驃信の書、頭に云う。「皇帝舅敬んで驃信外甥に問う」と。尾は回鶻書一般に与《したが》う。「不多及」の後に至りては、四相の名銜を具す。

唐末、南詔に発信する王言の末尾には四宰相の具官封と名を記載したとある。慰労制書の定立において宰相が関与することはない。これは定立した慰労制書の制詞部分を謄写し、中書省三官の部分に四宰相の具官封を記入したのである。これによって、慰労制書は発信においては謄写されることが判る。唐末に南詔に対して発信した例は、唐代の慰労制書全般をいうものではなく、唐末の例外的事例を伝えるものであろう。

九　まとめ

以上、不明な点が多い唐代の慰労制書を、日本の延喜慰労詔書式と隋の慰労詔書の実例から試論した。その結果を要約すると次のようである。唐代の慰労制書の基本的様式は、延喜慰労詔書式や『国清百録』所載の慰労制書と同一としてよく、中書令以下の官がその定立に関与し、門下省の同意を必要としないで定立した。

『国清百録』の慰労詔書から考えれば、公布される慰労制書は定立の年月日と定立に関与した中書令・中書侍郎・中書舎人までの全文が謄写され発信された。このように理解しないと『国清百録』所載の慰労制書に内史令以下の署名が残存していることが説明できない。盧正道に対する慰労制書は定立に関与した官人を省略した石刻文書である。

慰労制書は「璽書」とも別称された。璽書を管理するのは門下省であるから、門下省は慰労制書の発信において関与したのである。日本の慰労詔書が唐の慰労制書と同じく、璽書という別称を有するのは、唐王朝の影響を受けたものである。本節で明らかにしたのは、慰労制書の文書様式であって、この制書の性格を解明するうえで残された課題は多い。慰労制書の起源、墨詔・手制との関連等々の課題がそれである。また、この制書と同一の性格を有する論事勅書との関係も明らかにする必要がある。

註

（1）石母田正『日本古代国家論』（岩波書店　一九七一）は、日本の慰労詔書の起源が中国にあることをいう（三三五頁以下）。

（2）『古事類苑』外交部の新羅と渤海の条参照。

（3）張九齢の知制誥に関しては『旧唐書』巻九九張九齢伝を参照。

（4）岑仲勉「翰林学士院壁記注補」（『中央研究院歴史語言研究所集刊』一五）

（5）花房秀樹『白氏文集の批判的研究』（彙文堂　一九六〇）第三部「作品表と篇目索引」を参照。

（6）復元した慰労制書式において「年月御画日」としたのは、日本の慰労詔書式に依るが、『大唐六典』巻九中書省・中書舎人職掌の条に「凡詔旨制勅及璽書冊命、皆按典故起草進、画既下、則署而行之」とあり、起草の終った原案は皇帝に進め、御画が終れば施行するとあるから、この画とは皇帝の御画を指す。中書省段階において、皇帝が御画を加える餘地があるのは日付をおいて他にないから、「画」とは御画日を得る行為を指すと考えてよい。慰労制書も御画を必要とするのであるから、「年月御画日」と復元して誤りないものと考える。

第五節　発日勅

一　問題の所在

発日勅の用途は『大唐六典』にいう「王言之制」によれば、(1)官人の定員を増減するとき、(2)州県の廃置を行うとき、(3)官爵を除免するとき、(4)六品以下の官を叙任するとき、(5)流刑以上を断罪するとき、(6)官物を規定額以上に支出するときに用いる王言である。右の用途において注意が必要なのは、(4)の「六品以下の官を叙任するとき」である。

六品官以下の叙任は奏授（旨授）告身式で行われた。『大唐六典』巻八門下省・侍中職掌の条に明文がある。

凡下之通于上、其制有六。一曰奏抄。謂祭祀支度国用授六品已下官断流已上罪及除免官当者、並為奏抄。

凡そ下の上に通ずるは、其の制六有り。一に奏抄と曰う。謂うこころは、祭祀、国用を支度し、六品已下の官を授け、断流已上の罪及び除免官当は、並びに奏抄に為る。

奏授告身式は敦煌発見の公式令残巻にあり、その様式で書かれた実例奏授告身として景雲二年（七一一）張君義告身、上元二年（七六一）容城県太君告身、建中元年（七八〇）朱巨川告身がある。[1]『大唐六典』の記事によれば、六品官以下の授官に関して、発日勅と奏抄による二通りの叙任方法があることになる。これは実に奇妙なことである。

六品官以下の授官に発日勅を使用するとする『大唐六典』の記事は文字の脱落があるようである。『通典』巻一五選挙典「大唐」の条に、制授・勅授・旨授を説明した記事がある。

五品以上皆制授。［散官］六品以下守［職事］五品以上及視五品以上、皆勅授。凡制勅授及冊拝、皆宰司進擬。自六品以下旨授。其視品及流外官、皆判補之。凡旨授官、悉由於尚書。文官属吏部、武官属兵部、謂之銓選。唯員外郎御史及供奉之官、則否。供奉官、若起居補闕拾遺之類、雖是六品以下官、而皆勅授、不属選司。開元四年、始有此制。

五品以上は皆な制授す。六品以下守五品以上及び視五品以上は皆な勅授す。凡そ制勅授及び冊拝は、皆な宰司進擬す。六品より以下は旨授す。其の視品及び流外官は皆な之を判補す。凡そ旨授官は悉く尚書に由り、文官は吏部に属し、武官は兵部に属し、之を銓選と謂う。唯だ員外郎・御史及び供奉の官、則ち否せず。供奉官とは起居・補闕・拾遺の類の若し、是れ六品以下の官と雖も、皆な勅授し、選司に属せず。開元四年、始めて此の制有り。

右の記事によって、六品以下の官を発日勅で任命するというのは、散官（本品）六品以下であって、五品以上の職事官に就任する場合と、視品五品以上の官に叙任する場合に発日勅が使用されるのであり、開元四年（七一六）以後は、員外郎・御史・起居舎人・左右補闕・左右拾遺等の供奉官が発日勅で任命される対象官になった。(2) いずれにせよ、発日勅で任命されるのは、五品官以上は制授、六品官以下は奏授と定められた叙任方式の中間的な所に位置する場合の特殊な場合といってよい。この特殊さゆえに公式令に勅授告身式の規定がないのである。

二 「発日勅」について

「序説」に示した『大唐六典』巻九中書省・中書令職掌の条の「凡王言之制有七」には「四曰発日勅」とあった。『職官分紀』巻七中書令の条に『大唐六典』の「王言之制有七」を引用して「発日勅」とある。『翰林志』にも「王命之制有七」を述べて「四曰発白勅」とあるが、「白」は「日」の誤記で「発日勅」とあるべきであろう。『唐会要』巻五四省号上「中書省」にも「凡王言之制有七」を引用し、「発日勅」とする。

四曰発日勅、謂御画発〔日〕勅也。増減官員、廃置州県、徴発兵馬、除免官爵、授六品以下官、処流以下（以上）罪、用庫物五百段銭二百千倉糧五百石奴婢五十人馬五十疋牛五十頭羊五百口以上則用之。

四に曰く発日勅、謂いうこころは発日を御画する勅なり。官員を増減し、州県を廃置し、兵馬を徴発し、官爵を除免し、六品以下の官を授け、流以上の罪を処し、庫物五百段・銭二百千・倉糧五百石・奴婢五十人・馬五十疋・牛五十頭・羊五百口以上を用いるは則ち之を用う。

右の史料の発日勅という所以を説明した箇所に「発勅」とあるが、これは「日」字を捕字しないと意味をなさない。発日勅を「発勅」と表記する文献もある。『旧唐書』職官志であり『新唐書』百官志である。

○凡王言之制有七。一曰冊書、二曰制書、三曰慰労制書、四曰発勅、五曰勅旨、六曰論事勅書、七曰勅牒。皆宣署申覆而施行之。（『旧唐書』巻四三職官志二中書省）

凡そ王言の制七有り。一に曰く冊書、二に曰く制書、三に曰く慰労制書、四に曰く発勅、五に曰く勅旨、六に曰く論事勅書、七に曰く勅牒。皆な宣署し申覆して之を施行す。

○凡王言之制有七。一曰冊書、立皇后皇太子、封諸王、臨軒冊命則用之。……（中略）……。四曰発勅、廃置州県、増減官吏、発兵、除免官爵、授六品以上（以下）官則用之。……（後略）……（『新唐書』巻四七百官志二中書省）

凡そ王言の制七有り。一に曰く冊書、皇后・皇太子を立て、諸王を封じ、臨軒して冊命するに則ち之を用う。……（中略）……。四に曰く発勅、州県を廃置し、官吏を増減し、兵を発し、官爵を除免し、六品以下の官を授けるに則ち之を用う。

勅四種類の中で、発日を御画する勅であるから、「発日勅」というとする『大唐六典』の「王言之制」、また前掲した『唐会要』の「王言之制」にいう発日勅の註記からすれば、発日を御画するから発日勅というのであるから、「発勅」では意味をなさない。両唐書にいう「発勅」は「日」字を脱した表記であると判断される。

発日勅は発日勅書と表記するべきかという問題がある。『大唐六典』や『唐会要』にいう発日勅は「書」が脱落したものかどうかである。第二節「制書」において示したように、制書はすべて「奉制書如右」と表記されている。これは制書の正式名称を表記していると考えられるから、「制書」というのが正式名称であったとするべきであろう。第六節「勅旨」において示すように、勅旨は「奉勅旨如右」と表記される。また勅牒に関しては、『表制集』巻一所収の「降誕日請度七僧祠部勅牒一首」(広徳二年一〇月)の一節に次のようにあり、勅牒と明記される。

　尚書祠部牒三蔵不空

　牒。奉中書門下勅牒如右。牒至准勅。故牒。

「奉云云」とある場合、王言の正式名称が表記されるのである。

では、発日勅はどのような表記となっているであろうか。次項に示す勅授告身は発日勅による告身であるが、「奉勅如右」とあり、現在判明している勅授告身もすべて「奉勅如右」となっている。『吐魯番出土文書』三冊四四九頁(旧版七冊三一六頁)の「唐麟徳二年(六六六)東都中台下西州都督府符」は、改元乾封大赦の勅書を西州都督府へ符によって通知した文書の末尾である可能性がある。

……………………………(前闕)……………

　［東都］中台

西州都督府主者、件奉勅如前。州宜

准　勅訖申。符到奉行。

主事　陳詮

□部郎中具官封名　令史

書令史

麟徳三年〔正月□日下〕

右の文書が勅旨であれば、「奉勅旨如右」とか「奉勅旨連写如右」となる。この文書には単に「勅」とあるから、麟徳三年の勅は勅旨ではない。この「勅」は発日勅である。すなわち、発日勅は「発日勅書」とは表記しないのである。「発日勅書」が正式文書名称であれば、「奉勅書如右」と表記されるはずである。「発日勅」というのが正式文書名称である。『唐代制勅研究』や『唐代公文書研究』においては、『大唐六典』の「王言之制」の発日勅に「書」字を補字し、「発日勅書」としたのは蛇足であった。訂正しておきたい。

三　発日勅式の復元

制書式の復元に制授告身や制授告身式が基本になることを考えれば、発日勅式の復元には発日勅を内包する勅授告身が参考になる。現存し、また文献に著録される唐代の勅授告身は一二通ある。このうち、伝世した実物告身で、徐浩の筆と伝える大暦三年（七六八）の朱巨川勅授告身を示すと次のようである。(3)

睦州録事参軍朱巨川

右可試大理評

事兼豪州鍾離
県令
勅。左衛兵曹参軍荘若
訥等、気質端和、藝理優
暢。早階秀茂、倶列士林。
或見義為勇、或登高能
賦。擢居品位、咸副才名。
宜棶乃官、允茲良選。可
依前件。
大暦三年八月四日
中書令　使
中書侍郎平章事臣　元載　宣
知制誥臣　郗昂　奉行
奉
勅如右。牒到奉行。
大暦三年八月　日
侍中　使
門下侍郎平章事　鴻漸

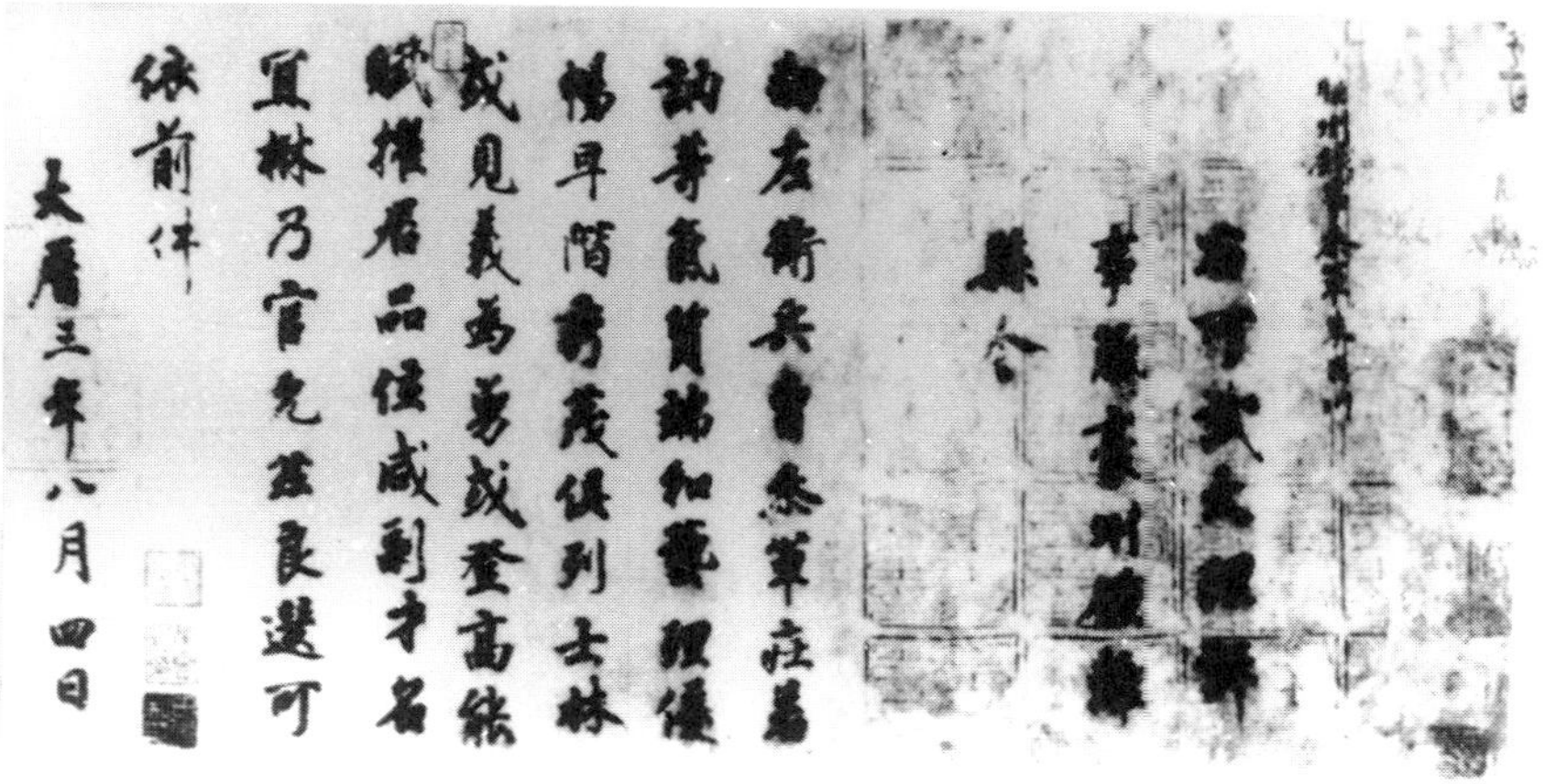
勅左衛兵曹参軍荘若
訥等氣質端和藝理優
暢早階秀茂俱列士林
或見義為勇或登高能
賦擢居品位咸副才名
宜楙乃官允茲良選可
依前件
大暦三年八月四日

図版10　大暦３年（768）　朱巨川勅授告身（首部）

給事中　察

八月　日　時　都事

左司郎中

金紫光禄大夫吏部尚書　遵慶

銀青光禄大夫行吏部侍郎　延昌

朝議大夫守吏部侍郎　綰

尚書左丞上柱国　渙

告試大理評事兼豪州

鐘離県令朱巨川。奉

勅如右。符到奉行。

主事　仙

郎中　亜　令史　袁琳

書令史

大暦三年八月　日下

勅す。左衛兵曹参軍荘若訥等、気質端和、藝理優暢なり。早く秀茂に階し、倶に士林に列す。或いは義を見て勇と為し、或いは登高して能く賦す。擢《ぬきん》でて品位に居らしめ、咸な才名に副《そ》わしむ。宜しく乃官を楙《か》え、茲の良選を允すべし。前件に依るべし。

発日勅は小事に用いる王言であり、制書のように大事と小事の区別はない。小事の王言であるから門下省の覆奏もないのである。開元七年（七一九）の官制に準拠して、勅授告身から次のような発日勅式が復元できる。

勅。云云。

年月御画日

中書令具官封臣　姓名　宣

中書侍郎具官封臣　姓名　奉

中書舎人具官封臣　姓名　行

奉　勅如右。牒到奉行。

年月日

侍中具官封　名

黄門侍郎具官封　名

給事中具官封　名

右、増減官員、廃置州県、徴発兵馬、除免官爵、授［散官］六品已下［守職事五品已上及視五品已上］、処流已上罪、用庫物五百段銭二百千倉糧五百石奴婢二十人馬五十疋牛五十頭羊五百口已上則用之。

右、官員を増減し、州県を廃置し、兵馬を徴発し、官爵を除免し、散官六品已下の職事五品已上を守し及び視品五品以已上を授け、流已上の罪に処し、庫物五百段・銭二百千・倉糧五百石・奴婢二〇人・馬五〇匹・牛五〇頭・羊五百口已上を用いるは則ち之を用う。

右の発日勅式において、「年月御画日」と復元したのは、『大唐六典』に「御画発日勅也」とあるのに依っている。「右、云云」と発日勅の通則部分を補ったのは、養老公式令では、各文書の用途と文書作成の細則が各文書式の後に「右、云云」という形で存在する。これは唐公式令の書式を踏襲したものである。このことは敦煌発見の公式令残巻中の文書様式と、それに対応する養老公式令の各文書様式を比較するとき、その通則部分において、一致する通則部分が見い出されることによっても明らかである。いま補った発日勅式の通則は絶対のものではない。

四　発日勅式と制書式

発日勅式を制書式と比較するとき次のような相違点が指摘できる。制書式においては、制書案の発日に皇帝が御画を加え、門下省の施行を請う覆奏に対し「可」と御画し、制書として正式に定立して行く手順をとり、皇帝が二度の御画を要することが特徴なのに対し、発日勅式においては発日を御画するだけで、皇帝の意思表示が完了し、発日勅式の方がはるかに簡略化された形態であるといってよい。この簡略化は制書を用いる命令の内容と、発日勅を用いるそれが異なることに起因するであろう。

『新唐書』巻四七百官志二門下省・給事中の条に「塗帰」の説明がある。

凡百司奏抄、侍中既審、則駁正違失。詔勅不便者、塗竄而奏還、謂之塗帰。

凡そ百司の奏抄、侍中既に審《つまび》らかにすれば、則ち違失を駁正す。詔勅の便ならざるは、塗竄して奏還す、之を塗帰と謂う。

発日勅は制書と同じように門下省の審議を要し、もし施行に「便ならざる」と判断された場合は、無効となることがあるのである。制詞や勅詞の部分は皇帝の私的意志であり、それが王朝国家の意思として定立されるためには門下省の同意が必要である。門下省の制案・勅案に不同意の行為を塗帰または封還という。

発日勅が封還される事実は、発日の御画が勅書案の施行において、絶対的意味を有するものではないことを示している。発日を御画することによって、発日勅は正式に皇帝の命令として定立するのではないから、発日の御画は皇帝の旨を受けて中書舎人等が起草した発日勅案に皇帝が同意し、内廷から外廷へ送付して審議を受けることを承認したことを示すものであると理解しなければならない。発日を御画するのは発日勅の施行においては絶対的意味を持たないが、発日勅が定立される過程においては重要な意味を有する。発日勅案を起草するのは中書舎人等の官人である。皇帝は発日勅の内容の要点を示すだけで、これを受けて起草官が典故をふまえて成文化するのである。しかし、成文に際して想定される危険性は起草官の誤解である。起草官は皇帝の旨を誤解して、皇帝の旨に沿わない発日勅を起草する可能性がないとはいえない。御画箇所が存しなかったら、皇帝の旨に反する発日勅案が、皇帝の関与しえない所で、定立して施行されることもあり得るのである。この危険を防止し、皇帝は自己の意志が正しく勅書案に反映しているかどうか点検するために、発日を御画するように想定されているのである。

五　発日勅の定立

発日勅は原則として皇帝の発意によって起草する。皇帝自らが起草することも稀には存したであろうが、大多数は宰相会議の決議事項を皇帝に具申し、発日勅の範囲に入るものは勅書として、皇帝の名において発意し起草された。勅書の起草は原則として中書舎人や翰林学士である。勅書案が完成すれば中書省に回付する。皇帝は施行することを承認する意味で日付を皇帝自ら記入し、次に中書令以下が「宣奉行」と勅案の内容確認を行う。これが終了すれば、中書省において謄本を作り、謄本を門下省に送付する。養老公式令勅旨式の通則には次のようにあり、日本の勅旨式は天皇の御画を必要としない。この点が日唐勅書の相違点である。

右、受勅人、宣送中務省。中務覆奏、訖依式取署、留為案、更写一通、送太政官。少弁以上、依式連署、留為案、更写一通施行。（『令義解』公式令勅旨式）

右、受勅の人、中務省に宣送す。中務覆奏し、訖れば式に依り署を取り、留めて案と為し、更に一通を写し、太政官に送る。少弁以上、式に依り連署し、留めて案と為し、更に一通を写して施行せよ。

門下省に送付された勅書案は、施行するか封還するかの審議を行う。復元した発日勅式には「奉勅如右。牒到奉行」とあり、侍中以下の署名を行うようになっているが、発日勅式の「奉勅如右。牒到奉行」の文言も門下省で記入する。中書省から送付された勅書案は、侍中以下が審議を行い、施行することが妥当と認められた勅書案に「奉勅如右。牒到奉行」という文言を記入し、侍中以下が署名して発日勅として正式に定立すると考えなければ、門下省のもつ制勅の審議は有名無実なものとなってしまう。

発日勅において、門下省が記入する文言の書き止めは「牒到奉行」であり、日本のそれは「符到奉行」であり、「牒」と「符」は基本的に文書様式を異にし、日唐間の大きな相違点といえる。しかし、日本の場合、この文言を記入するのは太政官弁官局であることを考えれば、根本的相違点とはいえない。つまり、太政官は門下省と律令官制上において機能する性格が異なり、議政機関であると同時に八省を統括する機関である。太政官が王言を奉じて、その施行を命令する文書は、所管から被管に出す文書様式であり、符式にならなければならない。したがって、日唐間に見られる「牒」と「符」の語は政治形態から生じる相違であって、根本的相違ではないといえよう。

六　唐初の発日勅

『文館詞林』巻六九一「勅上」に「房玄齢検校礼部尚書勅一首」と題する勅書がある。

勅。中書令邢国公玄齢、勲高情旧、望重寄深。文昌政本、参賛攸属。可検校礼部尚書事。

勅す。中書令邢国公玄齢、勲は高く情は旧く、望は重く寄は深し。文昌は政の本、参賛攸属す。検校礼部尚書事を可とす。

『旧唐書』巻六六房玄齢伝によれば、貞観元年（六二七）に中書令となり、同三年に摂太子詹事兼礼部尚書になっているから、この勅書は貞観元年から三年までのものである。この勅書は明らかに房玄齢を検校礼部尚書に叙任する発日勅である。同巻には「貞観年中授杜如晦等別検校官勅一首」と題する発日勅も所収されている。この勅書は杜如晦を検校侍中とし、李薬師（李靖）を検校中書令とするものである。杜如晦と李薬師の任官時期に関して、『旧唐書』巻六六杜如晦伝と巻六七李薬師伝によれば、貞観初年（元年は六二七）である。この二史料によって、武徳七年（六二四）に制定された武徳令に、発日勅式が存在したことは明らかである。右の二史料は高官を任命するものであり、『大唐六典』に伝える発日勅の用途とは異なる。これは制書と勅書の用途が混用されたことに起因するものであり、その混用は唐初の武徳令制下において、すでに始まっていたのである。

武徳令の発日勅は、どのような過程を経て発日勅として定立されるか一切不明である。しかし、本章第三節「制書式の起源」で明らかにしたように、唐代制書式の直接的起源は開皇令や大業令に求められ、本章第四節「慰労制書」で述べたように、慰労制書式の起源が開皇年間に明確に求めることができるという点から、本節に復元した様式と官名の変更や官の増設という違いを除いて、ほぼ同一様式であったと推定することはできる。

七　隋の発日勅

『隋書』巻七一張須陀伝に隋末における飢饉の開倉賑給をいう。

大業中、為斉郡丞。会興遼東之役、百姓失業、又属歳饑、穀米踊貴。須陀将開倉賑給、官属咸曰、須待詔勅、不可擅与。須陀曰、今帝在遠、遣使往来、必淹歳序。百姓有倒懸之急、如待報至、当委溝壑矣。吾若以此獲罪、死無所恨。先開倉而後上状。帝知之而不責也。

大業中、斉郡の丞と為る。会たま遼東の役興り、百姓業を失い、又た歳饑に属し、穀米踊貴す。須陀将に倉を開き賑給せんとするに、官属咸な曰く、「須らく詔勅を待つべし、擅《みだ》りに与うべからず」と。須陀曰く、「今、帝遠きに在り、遣使往来せば、必ず歳序を淹《へ》ん。百姓、倒懸の急有り、如し報の至るを待てば、当に溝壑に委ぬべし。吾れ若し此れを以て罪を獲るも、死すとも恨む所無し。先ず倉を開き而る後《のち》上状せん」と。帝之を知りて責めざるなり。

右の文中に「須待詔勅」とある。この「勅」が勅書であれば発日勅を指す。前掲した唐代の発日勅の用途の一に「用庫物五百段・銭二百千・倉糧五百石」とあった。張須陀伝の勅書が発日勅であれば、唐代と同じく、隋代の勅書にも、官庫の財物を支出する場合に用いる規定があったことが推定される。

『隋書』には「勅。云云」とある記事は多くあるが、その勅書の実体は推定の域を出ない場合が多い。たとえば、『隋書』巻五一長孫晟伝に仁寿末年（六〇四）のこととして次のようにある。

遇楊諒作逆、勅以本官為相州刺史、発山東兵馬、与李雄等共経略之。

遇たま楊諒逆を作し、勅して本官を以て相州刺史と為し、山東の兵馬を発して、李雄等と共に之を経略せしむ。

この史料は勅書で相州刺史に叙任したものである。隋代において詔書ではなく、勅書によって刺史を叙任することがあるのだろうか。唐代の勅授告身による授官は特殊であり、例外的であるため公式令に勅授告身式を規定しない。特殊性が薄れ、勅授が一般化するのは唐代後半期である。にもかかわらず、勅授が隋代にある。これは『隋書』の編纂者が詔勅を混用し、本来「詔」とするべき字を、「勅」としたのではないかと疑うものである。

このような中にあって、『文館詞林』巻六九一「勅上　黜免」に文帝の発した勅書三通を所収しているのは、隋代の勅書を考察する上で重要な知見を提供し、また長孫晟伝の記事が、詔勅混用の結果でないことを証明する。三通のうち、「随文帝解石孝義等官勅一首」は長文であるので、短文の勅書二首を例示する。

随文帝免常明官爵勅一首（李徳林撰）

勅。儀同三司平原県開国公常明、稟性凡愚、庶事無取。昔在周代、濫務朝行、無以容茲、不肖仍穢纓冕。可解儀同県公。

勅す。儀同三司・平原県開国公の常明、稟性凡愚にして、庶事取る無し。昔、周代に在りて、朝行を濫務し、以て茲れを容るる無く、不肖にして仍お纓冕を穢す。儀同・県公を解くべし。

随文帝免馬仲任官爵勅一首（李徳林撰）

勅。上開府儀同三司太平公馬仲任、闈門之内、惟薄無弁、同気之倫、行均鳥獣、宜応潜形忍愧、遠避人間、而来謁殿庭。理外求請、人而無礼。固以要君、有穢朝行、宜除官爵。

勅す。上開府儀同三司・太平公・馬仲任、闈門の内、惟れ薄《あさは》かにして弁《わか》つ無く、同気の倫、行いは鳥獣に均しく、宜しく応に形を潜め愧を忍び、遠く人間を避くべきに、而も来りて殿庭に謁す。理外に請を求め、人にして礼無し。固より要君を以て、朝行を穢す有り、宜しく官爵を除くべし。

「随文帝免常明官爵勅一首」の発布時期に関しては、『隋書』巻二五刑法志に開皇元年（五八一）の新律更定官の一人として「大理前少卿平源県公常明」とあるから、開皇元年以降であろう。

右の勅書は「儀同三司平原県開国公常明に勅す」「上開府儀同三司太平公馬仲任に勅す」と読むべきではなく、「勅す。儀同三司平原県開国公常明」「勅す。上開府儀同三司太平公馬仲任」と読むべきである。なぜならば、「某に勅す」と読むならば、この勅書は論事勅書となる。この勅書は「黜免」の勅書であって論事勅書ではない。論事勅書は唐代では「公卿を慰諭し、臣下を誡約する」場合に使用する勅書であって、前掲した勅書二通は冒頭部分だけを見ると論事勅書と良く似ているが、似て非なるものである。右の勅書は「黜免」のために発せられたものである。

右の勅書の正式文書名は不明である。唐代において「黜免」に際して使用される王言は発日勅である。右の勅書はまさしく「除免官爵」であって、隋代の発日勅は唐代のそれと同じ文書様式であったと推定可能である。というのは、すでに詔書・慰労詔書・論事勅書が隋唐では同じであるという結果が得られているのであり、この結果から発日勅のみが隋代と唐代とでは異なるというのは不自然である。右の勅書は唐代の発日勅と同じ文書様式と用途であるから、唐代の発日勅に相当する勅書と結論してよい。隋代の勅書を継承したのが唐代の発日勅となるのである。唐代の発日勅に相当する勅書が、隋代にすでに存在することによって、勅授は隋代にあってもよいことになる。したがって、長孫晟が勅書によって相州刺史を授官したと伝える史料は、詔勅の混用の結果ではないことになる。

大業令において、初めて給事郎（唐代の給事中）は詔書の可否審査に参加するようになった。それ以前の開皇令においては、給事黄門侍郎が審査していた。給事郎の王言への参加は、勅書においても当然生じたはずである。それを文書上に示せば次のようになる。唐代の発日勅に最も近似する隋代の勅書は大業令勅式ということになる。

〔開皇令発日勅式〕

勅。云云。

　　年月御画日

　　　内史令具官封臣　姓名　宣

　　　内史侍郎具官封臣　姓名　奉

　　　内史舎人具官封臣　姓名　行

奉　勅如右。牒到奉行。

　　年月日

納言具官封　名

給事黄門侍郎具官封　名

〔大業令発日勅式〕

勅。云云。

　　年月御画日

　　　内史令具官封臣　姓名　宣

　　　内史侍郎具官封臣　姓名　奉

　　　内史舎人具官封臣　姓名　行

奉　勅如右。牒到奉行。

　　年月日

納言具官封　名

黄門侍郎具官封　名

給事郎具官封　名

八　まとめ

制授告身が制書式を復元する上で重要な史料であるように、勅授告身は発日勅式を復元する上で重要である。勅授告身の勅詞部分から発日勅式が復元できる。制書との相違点は、制書が「御画日」と「可」の二段階を経て定立されたのに対して、発日勅は「御画日」だけで定立し、明らかにその定立過程において制書より簡便である。勅書は小事に使用される王言として設定されていることが、その文書式から看取することができる。

しかし、皇帝が発議して用いる王言である点において両者は同じである。制書は発日勅に比較して、その定立過程が煩雑であり、制書の小事に属する制授告身を除いて、門下省は制書の内容に異議がなければ、施行を請う長文の覆奏を付し、施行を請う必要があった。この点、発日勅は覆奏を必要とせず、その定立過程が簡単であった。そして、皇帝文書としての効力に差異はない。とすれば、文書手続の簡単な発日勅が、多用されるのは自然の理であり、唐代後半期において、発日勅は一般的な王言となり、制書は特別重要な王命に使用されることになる。

隋代の勅書は史料不足のため不明な点が多い。『文館詞林』巻六九一「随文帝免常明官爵勅一首」等は、隋代の勅書を解明する重要な史料である。『文館詞林』所収の勅書から、隋代に、すでに発日勅に相当する勅書が存在することを指摘できた。また、大業令において給事郎が新設されたことによって、大業令勅式は唐代の発日勅式と近似すると推定可能なのは、隋唐王言研究において大きな収穫である。

勅授告身は公式令に規定されない例外的告身と考えられる傾向にあるが、唐初の例や長孫晟の例を見れば、七世紀初頭から規定以外の使用が行われていたことが判明したのも、授官を考察する上において新知見である。

註

（1）奏授告身式の録文は、仁井田陞『唐令拾遺』五六三頁以下を参照。内藤乾吉「敦煌出土の唐騎都尉秦元告身」（『中国法制史考証』所収　有斐閣　一九六三）にも録文がある。奏授告身の研究は大庭脩「唐告身の古文書学的研究」（『西域文化研究』三　法蔵館　一九六〇）を参照。

（2）この解釈に関しては、大庭氏前掲書二八三頁以下を参照。『通典』選挙典の記事では、開元四年（七一六）以後、員外郎・

監察御史が勅授対象官となったとするが、『唐会要』巻七四選部上論選事には「自貞観以後、員外郎乃制授之。又至則天朝、以吏部権軽、監察亦制授之」とあり、員外郎は唐初より制授官であったとする史料もある。

（3）『故宮歴代中国法書全集』（台湾故宮博物院　一九七七）第二冊所収。

第六節　勅　旨

一　問題の所在

唐代文献には「勅旨」の語が散見する。勅旨の意味は多岐に亘り、発日勅・勅授告身・論事勅書・批答の別称として使用される場合がある。ここに論究しようとする勅旨は「王言之制」に規定する勅旨である。「王言之制」によれば、勅旨は官府や官人が奏請して施行を請うとき、「勅旨。云云」と皇帝の意志が示される王言であり、奏請と一組になる王言であると予想される。

加えて『茅山志』巻二には冒頭が「勅旨」で始まる史料がある。

勅旨。潤州太平観道士、宜準七寺等例、度満七七人。如後有缺、随即簡度訖申。調露二年二月一十五日

勅旨す。潤州太平観道士、宜しく七等の例に準じ、度して七七人を満すべし。如し後に缺有らば、随即に簡度し訖れば申せ。

右の史料は奏請がなく、直ちに「勅旨」で始まっている。右の史料は奏請が省略されているか、奏請に対する勅旨に加えて、皇帝が発する勅旨があることを予想させる史料である。

二　養老公式令勅旨式

日本の養老公式令には「勅旨式」という文書式を規定する。

勅旨。云云。

年月日

中務卿位　姓名

大輔位　姓名

少輔位　姓名

奉　勅旨如右。符到奉行。

年月日　　　史位　姓名

大弁位　姓名

中弁位　姓名

少弁位　姓名

右受勅人、宣送中務省。中務覆奏、訖依式取署、留為案、更写一通、送太政官。少弁以上、依式連署、留為案、更写一通施行。其勅処分五衛及兵庫事者、本司覆奏。皇太子監国、亦准此式、以令代勅。

右、受勅の人、宣し中務省に送れ。中務覆奏し、訖れば式に依り署を取り、留めて案と為し、更に一通を写し、太政官に送れ。少弁以上、式に依り連署し、留めて案と為し、更に一通を写し施行せよ。其れ勅もて五衛及び兵庫の事を処分するは、本司覆奏せよ。皇太子の監国、亦た此の式に准じ、令を以て勅に代えよ。

この勅旨は天皇が一方的に発する文書様式であり、皇帝が一方的に発する唐代の勅旨と類似することを予想させる。内閣文庫所蔵の『令義解』公式令勅旨式には、平安時代の明法家が書いた註記がある。

唐令此式、侍中下、署一［門下］録事［名］、給事中下、署一主事［名］。

唐令の此の式、侍中の下、一門下録事名を署し、給事中の下、一主事名を署す。

この註記によって、日本の勅旨式に相当する文書式が唐公式令に存在したことは明白である。「王言之制」においては、官府や官人の奏請を承けて勅旨が出るとするが、これは勅旨の一面を説明したものに過ぎないことが判明する。前掲した『茅山志』巻二の記事は、勅旨の前に奏請文が省略されているのではない。

三　石刻史料に見える勅旨文書

文書研究を行う場合、編纂文献には限界があり、多くを期待できない。文書研究に貴重な史料を提供するのは、石刻史料や西域から発見出土した、比較的忠実に原形を残す第一次史料である。『北京図書館蔵中国歴代石刻拓本滙編』（中州古籍出版社　一九八九）第二二冊所載の「老子孔子顔子讃」（『金石続編』巻六にも所収）と題する碑には、次のような勅旨文書を所載している（碑の上部にある讃は省略し、勅旨部分のみを示す）。

孔子讃　老子讃

図版11　開元10年（722）　老子孔子顔子讃

右、修書副使太子右賛善大夫麗正殿
学士張悱奏称。先奉恩勅、令臣検校搭
御書
睿宗大聖真皇帝集。臣伏見集中具載
前件讃文。又見孔子廟堂、猶未刊勒。臣
竊以為、尊儒重道、褒賢紀功、本於王庭、
以及天下。一則崇先師之徳、一則紀
先聖之文。其兖州孔子旧宅、益州文翁
講堂、経今千有餘載、皆未題頌。臣特望
搭御書讃文、及陛下所製顔回讃、并百
官撰七十二弟子及廿二賢讃。令東都
及天下諸州孔子廟堂、精加繕写。御製
望令刻石、百官作望令題壁。陛下孝理
天下、義冠古今。使海内蒼生欣逢　聖造。
冀敦勧風俗、光闡帝猷。
勅旨。依奏。

開元十年六月十日

右、修書副使太子右賛善大夫麗正殿学士張愢奏して称う。先の恩勅を奉ずるに、臣をして御書の「睿宗大聖真皇帝集」を搭《うつ》すことを検校せしむ。臣伏して見るに「集」中、具に前件の讃文を載せ、又た孔子の廟堂を見るに、猶お未だ刊勒せず。臣窃かに以為えらく、儒を尊び道を重じ、賢を褒め功を紀すは、王庭より本《はじま》り、以て天下に及ぶ。一は則ち先師の徳を崇び、一は則ち先聖の文を紀す。其れ兗州孔子の旧宅、益州文翁の講堂、今千有餘載を経て、皆な未だ頌を題せず。臣特に御書の讃文、及び陛下の製る所の顔回の讃并びに百官撰する七二弟子及び二二賢の讃を搭《うつ》さんことを望む。東都及び天下諸州の孔子廟堂をして、精に繕写を加えしめよ。御製は望むらくは石に刻ましめ、百官作して望むらくは壁に題せしめよ。陛下の孝は天下を理め、義は古今に冠たり。海内の蒼生をして聖造に欣逢す。敦く風俗を勧め、帝猷を光闡せんことを冀う。

勅旨す。奏に依れ。

この石刻文書は「王言之制」にいう官人の奏請を承けて出された勅旨である。この勅旨は、麗正殿学士の張愢が睿宗皇帝御製の孔子讃等を刻石せんことを奏請したことに対し許可を与えたものである。玄宗皇帝の勅旨は上奏人の張愢だけでなく、諸州の教育機関にも伝達され、右の碑文が残ったのである。

四　『表制集』所載の勅旨文書

「老子孔子顔子讃並奏勅」は、勅旨として定立に必要な官人の連署部分がなく、勅旨本文のみを刻石している。「老子孔子顔子讃並奏勅」と同じ様式の文書は、『表制集』巻一所収の「制許翻訳経論祠部告牒一首」である。(1)

陀羅尼教（経）金剛頂瑜伽経等八十部、大小乗経論二十部、計一千二百巻。

右、大興善寺三蔵沙門不空奏。不空聞纘帝尭（業）者紹帝位、受仏嘱者伝仏教。省茲格言、曾不改易。流興萬代、散葉千枝。不空杖錫摯瓶、行邁天竺。尋歴川谷、跋渉邦方。凡遇聖蹤、投請礼敬、輒聞経教、罄竭哀祈。捜求精微、窮博深密、丹誠攸嘱、願言弘宣。遂得前件経論、自到中京、竟未翻訳。既闕書写、又乖授持。特望寵慈許令翻訳、庶得法筵重敷。更雪住持之路、仏日再挙、弥増演暢之功。天恩允許、請宣付所司。

勅旨。依奏。

乾元元年六月十一日

中書令　闕

中書侍郎同中書門下平章事賜紫金魚袋　王璵　宣

朝散大夫中書舎人兼礼部侍郎上柱国姑臧県開国公　李揆　奉行

奉勅旨如右。牒到奉行。

乾元元年六月十六日

特進行侍中弘文館大学士知太清宮事監修国史上柱国韓国公　晋卿

黄門侍郎　闕

通議大夫行給事中賜紫金魚袋開国男　休

尚書祠部　[牒]　大興善寺三蔵沙門不空

牒。奉勅[旨]　如右。牒至准勅。故牒。

乾元元年六月十八日　令史門貴　牒

員外郎韋少遊　主事唐国興

陀羅尼経金剛頂瑜伽経等八〇部、大小乗経論二〇部、計一二〇〇巻
右、大興善寺三藏沙門不空奏す。不空聞くならく「帝業を纉《つ》ぐ者帝位を紹ぎ、仏嘱を受くる者仏教を伝う」と。茲の格言を省みるに、曾て改易せず、萬代に流興し、千枝に散葉するなり。不空は錫を杖にし瓶を挈り、天竺に行邁す。尋いで川谷を歴し、邦方を跋渉す。凡そ聖蹤に遇えば、投じて礼敬を請い、輒ち経教を聞き、衷祈を罄竭す。精微を捜求し、窮めて深密を博《ひろ》くし、丹誠攸嘱し、言の弘宣するを願う。遂に前件の経論を得て、自ら中京に到るも、竟に未だ翻訳せず。既に書写を闕けば、また授持に乖く。特に望むらくは寵慈、翻訳せしむるを許し、法筵の重敷を得んことを庶《こいねが》う。更に住持の路を雪《すす》いで、仏日再挙し、弥いよ演暢の功を増さん。天恩允許して、所司に宣付せんことを請う。
勅旨す。奏に依れ

右の文書は陀羅尼教（経）・金剛頂瑜伽経等に関する不空三蔵の奏請を勅旨によって許可し、それを僧尼道冠の所管官府である尚書祠部から「牒」の文書様式で不空三蔵に伝達したものである。前掲した「老子孔子顔子讃並奏勅」は、奏請があって「勅旨。云云」とあるから基本的には、この文書と同じ文書様式であったと想定される。「老子孔子顔子讃並奏勅」は碑面の関係から文書の全体を刻石していない。『表制集』の史料によって、官府や官人の奏請を承けて公布される勅旨の様式は判明する。

五　吐魯番出土の勅旨文書

次の課題は奏請がない勅旨、つまり、日本の勅旨式に類似する勅旨文書を指摘することである。これに関しては極

めて重要な史料が吐魯番から出土している。『吐魯番出土文書』三冊三〇三頁（文物出版社　一九九六。旧版七冊三頁以下）に「唐貞観廿二年安西都護府承勅下交河県符為処分三衛犯私罪納課違番事」と題して紹介された史料がそれである。この史料は唐代の勅旨と王言の伝達を具体的に理解する史料としても重要である。この文書は官印がないが、紙縫部分の紙背に貞観末年ころの西州交河県令と考えられる「□景弘」の「弘」字があり、官用文書と考えられる。以下には『吐魯番出土文書』三冊によって録文の一部を示す。録文の一部は筆者が補字した。

勅旨。有蔭及承別恩者、方霑宿衛、鈎陳近侍、親
□非軽。故立考第、量能進叙、有労必録、庶不遺材。
□□□□□之徒、情乖奉上、仮託事故、方便解免。比循
□□□□□□。[自]今以後、三衛犯私罪、応除免官。□□□□□
□□□□□□□□□須解官、推勘弁定。□□□□□□
□□□□□□□□[本]罪、軽□□□□□□□□□□□□□
□□依法徴納。所有考□□□□□□□□□□□□□□
□起応叙年考校、比来□□□□□□□□□□□□□□
其違番応配西[州]、□□□□□□□□□□□□□□□□

貞観廿二年二月□□日

[司徒検校中書令趙国公臣　無忌　宣]（この一行、原文書は脱行する）

中書侍郎臣　崔[仁師　奉]

朝議郎守中書舎人臣　[柳奭　行]

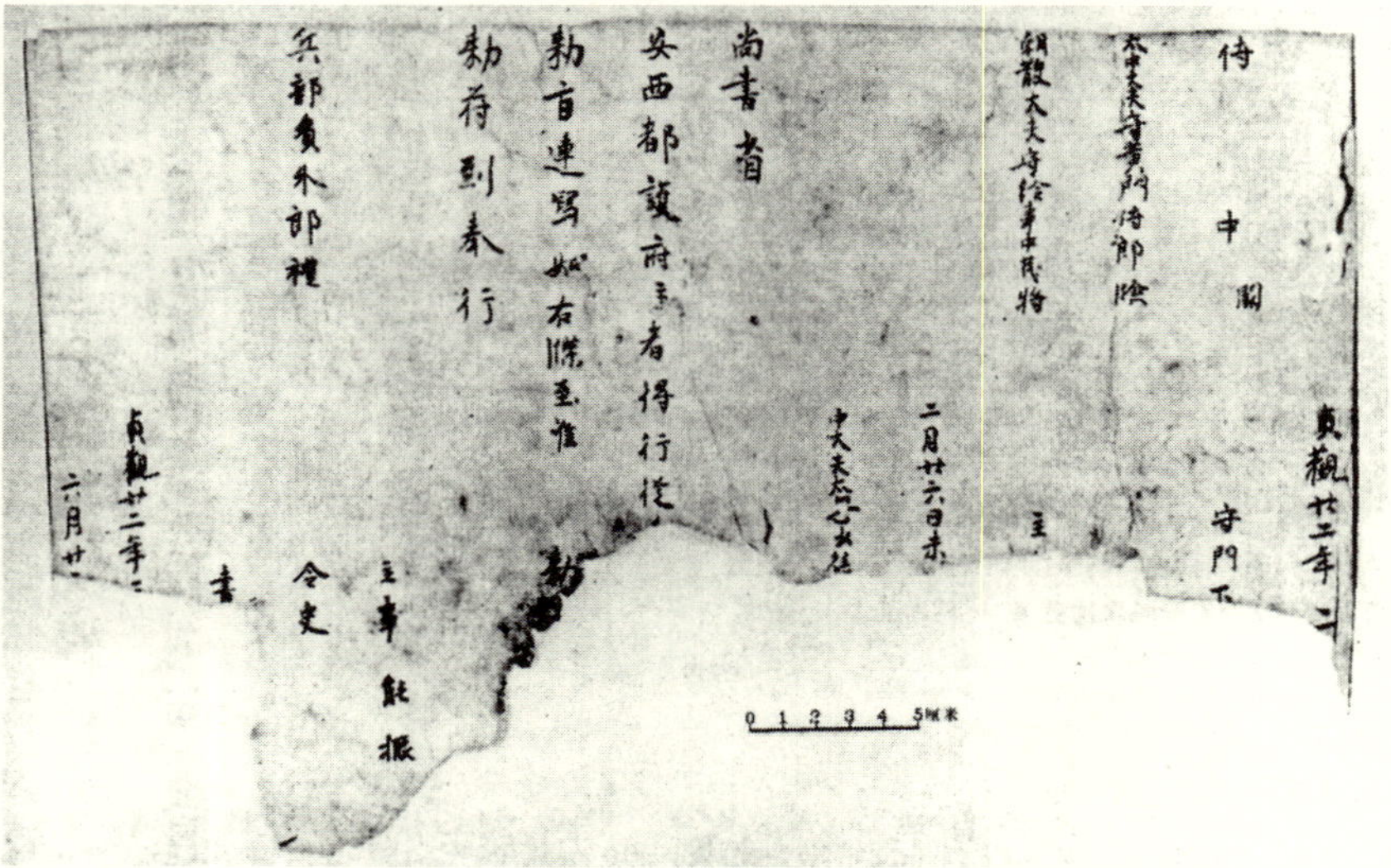

図版12　貞観22年（648）　勅旨（１）

奉
勅旨如右。牒到奉行。
…………………………（紙縫。紙背に「弘」字の署名）…………
貞観廿二年二[月□□日]
侍中　闕　　　　守門下[録事名]
太中大夫守黄門侍郎　臨
朝散大夫守給事中　茂将　　主[事名]
二月廿六日未[時都事姓名受]
中大夫太子少保[□□付兵部]
尚書省
安西都護府主者。得行従[□□□□□、奉]
勅旨連写如右。牒至准　勅[者。府宜准]
勅。符到奉行。
主事　能振
兵部員外郎　礼　　令史
書令史□□
貞観廿二年三[月□□日　下]
六月廿[□日時録事姓名受]

参軍判[録事参軍姓名付兵曹]

都護府

交河県主者。被符奉　勅旨連写如右。牒至准

勅者。県宜准　勅。符到奉行。

府

[史姓名]

法曹参軍判兵曹事　弘建

[貞観廿二年七月□日　下]

この王言は「得行従□□□□□奉」とあるから、行在宮から発信されたものである。『旧唐書』巻三太宗紀・貞観二二年（六四八）二月の条に「乙亥（二四日）、幸玉華宮」とあるから、具体的には長安近郊の坊州宜君県にある玉華宮から発信された勅旨を受け、長安の尚書省が符によって、全国に下達したものの一通であり、全国の各県にも同様な様式によって、下達されたと想定される。

発日勅の場合は「奉勅」の部分が「奉勅如右」となる。この文書には「奉勅旨如右」とあるから、この文書は発日勅でなく勅旨と確認される。そして、この文書の録文担当者は「勅旨。云云」の前に闕文があるとはいわない。勅旨は料紙の途中から始まるものではなく、闕落のない料紙の最初から「勅旨。云云」と始まっているのである。勅旨は主旨から考えて、官府・官人の奏請を承けて公布されたものでない。この勅旨は、前に検討を加えた『表制集』の文書の場合と異なって、奏請に対する勅旨ではなく、皇帝の名において直接公布する勅旨であり、奏請に対する勅旨に加えて、皇帝の側から一方的に出される勅旨も存在したと想到せざるを得ない。

図版13　貞観22年　勅旨（２）

六　勅旨式の復元

『表制集』と貞観二二年の勅旨によって、「老子孔子顔子讃並奏勅」は勅旨を考察する上において、不完全な史料であることが明らかとなった。勅旨は官府や官人から奏請に対する勅旨（『表制集』の勅旨）と、皇帝の名において発する勅旨（貞観二二年勅旨）がある。『表制集』と貞観二二年勅旨から勅旨式を復元することは可能であろう。

『唐律疏議』賊盗律(26)「盗制書」の疏議には、勅旨には御画がないという。

諸盗制書者、徒二年。官文書、杖一百。重害文書、加一等。紙券又加一等。（註文略）
疏議曰、盗制書徒二年、勅及奏抄亦同。勅旨無御画、奏抄即有御画、不可以御画奏抄軽於勅旨、各与盗制書罪同。官文書、謂在司尋常施行文書、有印無印等。重害文書、加一等、合徒一年。

諸て制書を盗む者は、徒二年。官文書は、杖一百。重害の文書は一等を加う。紙券は又た一等を加う。

疏議して曰く、制書を盗めば徒二年、勅及び奏抄も亦た同じ。勅旨は御画無し、奏抄即ち御画有り、御画の奏抄を以て勅旨より軽んずべからざれば、各おの「盗制書」と罪同じ。官文書とは、司に在りて尋常施行する文書を謂い、有印・無印等し。重害の文書は一等を加え、合《まさ》に徒一年たるべし。

勅旨に「御画がない」とは、御画日がないことをいうのである。

予想される開元七年（七一九）の官制に準拠した勅旨式は次のようである。侍中と給事中の下に「門下録事名」と「主事名」を補足したのは、内閣文庫所蔵の『令義解』公式令勅旨式の条に「唐令此式、侍中下、署一［門下］録事［名］、給事中下、署一主事［名］（唐令の此の式、侍中の下、一門下録事・名を署し、給事中の下、一主事・名を署す）」とある、平安時代の明法家の書き込みと、貞観二二年の勅旨に依っている。しかし、『表制集』の勅旨は「門下録事名」と「主事名」がない。『表制集』は唐後半期の史料であり、内閣文庫の『令義解』に書き込みをした人が見た唐代前半期の公式令と異なっていた可能性も考えられる。この点に関しては軽々に判断することはできない。

勅旨。云云。

年月日

中書令具官封臣　姓名　宣

中書侍郎具官封臣　姓名　奉

中書舎人具官封臣　姓名　行

奉

勅旨如右。牒到奉行。

年月日

侍中具官封　名　　　　　門下録事名

黄門侍郎具官封　名

給事中具官封　名　　　　主事名

復元した勅旨式から明らかなように、勅旨は奏請があって、それに対し皇帝が何らかの意思表示を行えば、勅旨として定立するものではなかった。「勅旨。云云」以後の部分は、発日勅の定立過程とまったく同一の様式を採って、勅旨となるのである。奏請があって、それに対し皇帝が全面的にしろ、部分的にしろ同意を与えても、それはまだ国家意志ではない。皇帝の意志は中書省の「宣奉行」と門下省の審査を経ないと国家意志として定立しないのである。その転換手続の過程が「中書令」以下「給事中」までの部分である。中書省三官が連署と「宣奉行」の行為を行い、門下省三官が連署を行えば、勅旨として定立することになるが、門下省三官は所定の箇所に機械的に連署を行うのではない。勅旨の内容に異論のない場合のみ、署名が行われ定立するのである。勅旨に対し門下省が異論を唱えれば、勅旨は定立しない。門下省は勅旨を審査する権限を有しており、勅旨は機械的に事務処理されて定立に至るのではない。勅旨は制書や発日勅書と同様に、門下省の封還対象に入る王言であったことに留意しなければならない(2)。

石刻史料も含めて前掲した勅旨文書の奏請には、すべて「年月日」がなかった。状はすべて末尾に状の日付と奏請者の具官封臣姓名がある。『白氏文集』巻六〇所収の「挙人自代状」は、唐代の「状」様式を完全に残す史料である。

中書省朝議郎権知尚書兵部郎中騎都尉楊嗣復

右、臣伏准建中元年正月五日勅、文武常参官上後三日、挙一人自代者。伏以前件官、有弁政之学、有体要之文。

文可以掌王言、学可以待顧問。名実相副、輩流所推。選備侍臣、参知制命。酌其宜称、誠合在先。臣既諳詳、輒挙自代。謹具聞薦、伏聴勅旨。

長慶元年正月四日　新授朝議郎守尚書主客郎中知制誥臣白居易状奏

右、臣伏して建中元年正月五日の勅に准じるに、文武常参官は上りて後《のち》三日にして、一人を挙げて自代するものなり。伏して以うに前件の官は、政を弁ずるの学有り、要を体するの文有り。文は以て王言を掌るべく、学は以て顧問に待すべし。名実相い副い、輩流推す所なり。選んで侍臣に備え、制命を参知せしめよ。其の宜しく称すを酌み、誠に合に先に在るべし。臣既に諳詳し、輒ち自代を挙ぐ。謹んで具し聞薦す、伏して勅旨を聴かん。

しかし、勅旨の前文にある奏文には、日付も上奏者の姓名もないのである。これは如何に理解すればよいであろうか。加えて、奏請に対する勅旨は「某事／右、某官某姓名奏」のように、事書と奏請者名が奏請の文頭に位置するのを通例とする。これは本来の状による奏請と勅旨の前文にある奏請が同一の奏請でないことを示している。官府・官人は何か奏請がある場合は皇帝に状を提出する。状が上呈されたなら、それに対し皇帝は何らかの意志表示を行うが、その意志は皇帝の私的意志であって、「勅旨」として定立されるためには、中書省を経由して門下省の同意を得ることを必要とする。その勅旨として定立される文書手続上において、本来の状はそのまま皇帝の元に留めておかれ、状の取意文が作成され、その取意文に対し、「勅旨。云云」と皇帝の意志が示されて、中書省に送付されることになるのである。したがって、勅旨は状様式による奏請があり、それに続けて「勅旨。云云」以下の文書様式が存するのではなく、状はあくまで皇帝個人に上呈するものであって、上呈すれば状の文書としての役割は終るのである。

状に対して皇帝が何らかの意志表示を行う。その意志が勅旨となるためには、中書・門下両省を経由することが必要であり、「勅旨。依奏」だけでは、どのような奏請なのか不明であるから、状の取意文が「勅旨」の前文として付されるのである。故に官府・官人の状による奏請と、勅旨の前文をなす奏文は異なるのである。状の取意文を作成する官府に関しては、状の上呈官府が中書省であり、また中書舎人は制勅原案の作成官であることを想起すれば、中書省が状取意文の作成官府であるとしてよいであろう。

七　『唐会要』に見える勅旨

勅旨式は解明された。次は『唐会要』に「年月日、某奏、云云。勅旨。云云」とある史料の解明である。官府・官人の奏請は状様式によって行われる。状において、状の起草年月日と上状人の署名は、文書頭に位置することはない。ところが、『唐会要』に所載される勅旨はともに文書頭に位置している。『唐会要』の史料は勅旨と関連するが、勅旨式の順序と異なる。『唐会要』と勅旨式の相違は何故に生じるのであろうか。

「勅旨。宜依」とある例

［開成］五年三月、戸部侍郎崔蠡奏、天下州府応合管係戸部諸色斛斗、自今以後、刺史観察使除授、到任交割後、並須分析聞奏。勅旨。宜依。（巻五八戸部侍郎）

開成五年（八四〇）三月、戸部侍郎崔蠡奏す、「天下州府応合《まさ》に戸部諸色に管係する斛斗、今より以後、刺史・観察使除授し、任に到り交割の後、並びに分析を須ちて聞奏すべし」と。勅旨す。宜しく依るべし。

「勅旨。依奏」とある例

［元和］八年八月、吏部奏、請差定文武官告紙軸之色物。五品已上、用大花異紋綾紙紫羅裏檀木軸。六品［已］下朝官、装写大花綾紙及小花綾裏檀木軸。命婦邑号、許用五色牋小花諸雑色錦褾紅牙碧牙軸。其他独窠綾褾金銀花牋紅牙発鏤軸鈿等、除恩賜外、請並禁断。勅旨。依奏。（巻七五選部雑処置）

元和八年（八一三）八月、吏部奏す、文武官の告紙・軸の色物を差定せんことを請う。五品已上、大花異紋綾紙・紫羅裏・檀木軸を用う。六品已下の朝官、大花綾紙及び小花綾裏・檀木軸を装写す。命婦の邑号、五色牋・小花諸雑色の錦褾・紅牙・碧牙の軸を用うを許す。其の他、独窠綾褾・金銀花牋・紅牙発鏤の軸鈿等、恩賜を除くの外、並びに禁断を請う。勅旨す。「奏に依れ」と。

「勅旨。云云」とある例

［大中］四年七月、大理寺卿劉濛奏、准文明元年四月勅、律令格式、為政之先、有類準縄、不可乖越。如聞内外官寮、多不習律、退食之暇、各宜尋覧。仍以当司格式、書于庁之壁、俯仰観瞻、免使遺忘。今以年代遐曠、屋壁改移、文字不脩、瞻仰無所。就中大理寺評断之司、尤為要切。臣已于本寺庁粉壁、重写律令格式。勅旨。尚書省郎官亦委都省検勘、依旧抄撮要、即写於庁壁。（巻六六大理寺）

大中四年（八五〇）七月、大理寺卿劉濛奏す、「文明元年四月の勅に准じるに、律令格式、為政の先、準縄に類する有り、乖越すべからず。聞くが如くんば内外官寮、多く律を習わず、退食の暇、各おの宜しく尋覧すべし。仍て当司の格式を以て、庁の壁に書き、俯仰観瞻し、遺忘せしむるを免る。今、年代遐曠を以て、屋壁改移し、文字脩めず、瞻仰に所無し。就中、大理寺は評断の司、尤も要切と為す。臣已に本寺庁の粉壁に于いて、重ねて律令格式を写す」と。勅旨す。「尚書省郎官も亦た都省に委ね検勘し、旧に依り要を抄撮し、即く庁壁に写せ」と。

「勅旨。従之」とある例

[元和]十五年閏正月、翰林院奏、学士及中書待詔共九人、毎日各給雑買銭一百文、以戸部見銭充。毎月共米四石麪五石、令司農供。勅旨。従之。翰林院加給、自此始也。(巻五七翰林院)

元和一五年(八二〇)閏正月、翰林院奏す、「学士及び中書待詔共せて九人、毎日各おの雑買銭一百文を給し、戸部の見銭を以て充てん。毎月共せて米四石・麪五石、司農をして供せしめん」と。勅旨す。「之に従れ」と。翰林院の加給、此れより始まるなり。

「勅旨。云云。餘依奏」とある例

[開元]二十七年五月二十八日勅(勅字は衍字)。祠部奏、諸州県行道散斎観寺、准式、以同華等八十一州郭下僧尼道士女冠等、国忌日各就龍興寺観行道散斎、復請改就開元観寺。勅旨。京兆河南府宜依旧観寺為定、唯千秋節及三元行道設斎、宜就開元観寺、餘依。(巻五〇雑記)

開元二七年(七三九)五月二八日、祠部奏す。「諸州県行道散斎の観寺、式に准じ、同華等八一州郭下の僧尼道士女冠等を以て、国忌の日各おの龍興寺観に就き行道散斎し、復た改めて開元観寺に就かんことを請う」と。勅旨す。「京兆河南府宜しく旧に依り観寺を定と為すべし、唯だ千秋節及び三元行道の設斎は、宜しく開元観寺に就くべし、餘は依れ」と。

以上に示した史料において、「勅旨。従之」とあるのは、上奏を全面的に承認したものであり、本来の文書においては「勅旨。依奏」「勅旨。宜奏」「勅旨。宜依」等とあったものが、編纂過程において改変されたものである。

右の諸史料が勅旨と深い関係にあることは了解できるであろう。これらの史料は勅旨文書が編纂史料となるとき、改変されて右のような史料形態になったのである。そのことは元結の上奏の例から明白となる。元結に関する記事は後述する「勅牒」において示すが、元結の上奏が採用されて勅牒となり、その勅牒が編纂史料となり、『唐会要』にも採用されており、原文書が如何に改変されるかを知る絶好の史料である。

八　隋代の勅旨

隋代の勅旨に関しては史料が少ない。『隋書』巻五恭帝紀・義寧二年（六一八）五月戊午の詔書に上奏のことをいう。

　仍勅有司。凡有表奏、皆不得以聞。

　仍《な》お有司に勅す。凡そ表奏有るも、皆な以て聞するを得ざれ。

上奏があるからには、上奏の回答があるはずである。上奏の回答は唐代では勅旨か勅牒である。前掲した貞観二二年の勅旨から明らかなように、唐初の貞観公式令に勅旨式の規定は存在した。隋から遠くない貞観令に勅旨式があるから、隋令にも勅旨式が存在したとしてもよいが、確たる明証がないのである。

　隋の費長房の撰した『歴代三宝紀』巻第一二に、「勅旨」と題する王言を所収する。

　開皇三年、降勅旨云。好生悪殺、王政之本。仏道垂教、善業可憑。稟気含霊、唯命為重、宜勧励天下同心救護。其京城及諸州官立寺之所、毎年正月五月九月、恒起八日至十五日、当寺行道。其行道之日、遠近民庶、凡是有生之類、悉不得殺。

　開皇三年（五八三）、勅旨を降して云う。生を好み殺を悪むは王政の本。仏道教を垂れ、善業憑るべし。稟気の含霊、唯だ命のみを重と為し、宜しく天下に勧励し同心して救護すべし。其れ京城及び諸州官立寺の所、毎年正月・五月・九月、恒に八日より一五日に至り、当寺行道せよ。其の行道の日、遠近の民庶、凡そ是れ有生の類、悉く殺すことを得ざれ。

この殺生禁止の王言は、発日勅によって公布されたが、それを勅旨と表現している可能性もある。ただ、王言の内容は詔書や発日勅でもって公布するべき重事ではないから、勅旨によって公布されたと考えて不自然ではない。しかし、この史料によって隋代に勅旨があったとすることはできない。

隋代の勅旨に関連して北斉の勅旨に言及する。『文館詞林』巻六九一「勅上」の貢挙と除授に、冒頭に「勅旨」とある王言を所収している。一例として「北斉後主除僧恵肇冀州沙門都維那勅一首　随李徳林」を示す。

勅旨。趙州劉滔寺僧恵肇、夙持戒律、弘済為心。往在東楚、時逢辺寇。藩鎮相望、卸駅為梗。而冒渉険塗、屢通音信。忠誠之義、深以嘉之。可冀州沙門都維那。

勅旨す。趙州劉滔寺僧恵肇、夙《つと》に戒律を持し、弘済を心と為す。往きて東楚に在り、時に辺寇に逢う。藩鎮相い望み、駅に卸りるを梗と為す。而して険塗を冒渉し、屢しば音信を通ず。忠誠の義、深く以て之を嘉す。冀州沙門都維那を可とす。

これによって、勅旨という王言はすでに北斉時代に存在することが判る。しかし、北斉の勅旨は叙任文書として用いられ、唐代の勅旨とは性格が異なる。北斉に勅旨があることによって、隋に勅旨という王言は規定があったと想定することは可能である。問題は文書様式である。この点に関して、隋代の勅旨は詳細な史料がない。唐初の貞観令に勅旨式があるから、唐代の勅旨式に類似した勅旨があったと推定はできる。しかし、これはあくまでも推定である。

九　まとめ

唐代の勅旨は、臣僚からの奏請があるときと、皇帝が一方的に発する場合の二通りがある。奏請に対して示された皇帝、また皇帝が一方的に示した意志を国家意志として定立する王言である。勅旨史料は石刻史料にあるが、より完全な史料は『表制集』と吐魯番出土の貞観二二年勅旨文書である。これらの史料から勅旨式を復元することは可能である。内閣文庫所蔵の『令義解』公式令勅旨式の条に「唐令此式、侍中下、署一門下録事名、給事中下、署一主事名」とあるから、勅旨式は唐代前半期の公式令に規定があったのである。

その一般式は発日勅の定立過程に類似する。「勅旨。云云」と示された皇帝の意志に異議があれば、門下省の封還があり、勅旨案は無効となった。門下省を通過し国家意志として定立された勅旨は、符式や牒式によって公布された。吐魯番出土の貞観二二年勅旨によって、勅旨式はすでに貞観公式令に規定されていたことが判明する。

貞観二二年勅旨文書と『表制集』所収の勅旨文書を比較するとき、『表制集』の文書には「侍中」の下に「門下録事名」、「給事中」の下に「主事名」がない。『大唐貞元続開元釈教録』巻中所収の貞元五年七月の勅旨文書にも「門下録事名」と「主事名」がない。これは『表制集』等の脱落であることも考えられ、また、唐代後半期の勅旨式は改訂され、「門下録事名」と「主事名」が省略されたことも考えられる。この点は、今後の検討課題である。

勅旨式が確定したことによって、『唐会要』に「年月日、某奏、云云。勅旨。云云」とある記事の原形が判明する。『唐会要』の記事は、本来は勅旨文書であり、これが編纂史料となるとき、裁可の年月日が冒頭に移動し、『唐会要』に見る形となったものである。

隋代の勅旨に関しては不明である。隋代は詔書や発日勅によって、上から一方的に命令したのではないことは自明である。とすれば、政治に対する臣僚の奏請があることは充分に予想することができ、唐代の勅旨や勅牒に類する王言があったことを想定することは可能である。しかし、唐代の勅旨や勅牒に類する王言は残存していない。

註

（1）「乾元元年六月十一日」は原文書において「勅旨。依奏」の前にあるが、意を以て「勅旨。依奏」の後に移動した。
（2）勅旨案が封還されたことは、中村裕一『唐代制勅研究』（汲古書院　一九九〇）一九九頁以下を参照。

第七節　論事勅書

一　問題の所在

論事勅書は「王言之制」によれば、「公卿を慰諭し、臣下を誡約」するのに用いる王言であり、通常の国政に用いる王言ではない。同じような用途をもつ王言として慰労制書がある。制書が大事に、発日勅が小事に用いられるように、大事に際しては慰労制書、小事には論事勅書が使用されるのである。近年、大英図書館の敦煌文献中より、景雲二年（七一一）の実物の論事勅書（斯一一二八七）が発見され、論事勅書研究に重要な史料が加わることになった。

論事勅書は慰労制書と同様に、一般の唐代文献には王言名が登場せず、「王言之制」を説明した箇所のみに見える。これは論事勅書が使用されなかったためではない。使用されたが、別称が使用されているためである。論事勅書は一般の国政に使用する王言でないから、周辺諸国にも多用され、唐代の対外関係を考える上でも重要な王言である。

二　論事勅書の史料

唐代の論事勅書に関して、初めて言及したのは神田喜一郎氏である。神田氏は次に示す「唐玄宗賜益州長史張敬忠勅」を論事勅書とされた(1)。この勅書は『北京図書館蔵中国歴代石刻拓本滙編』（中州古籍出版社　一九八九）第二二冊に「賜張敬忠勅」として所載し、『金石続編』巻七に「青城山常道観勅并陰」と題し収録する。碑は四川省青城山にあり、碑の高さは四尺二寸、幅二尺であり、一行二六字から二八字の不等である(2)。

大唐開元神武皇帝書　　常道観主甘遺栄勒字及題　　晋原　呉光遠刻

勅益州長史張敬忠。頃者、西南阻化、徭役殷繁。山川既接於夷戎、県道有
労於転輸。自卿鎮撫、百姓咸安、革弊遷訛、良多慰沃。歳陰寒極、比平
安好。今賜卿衣一副、至領之。蜀州清城、先有常道観。其観所置、元在
青城山中。聞有飛赴寺僧、奪以為寺。州既在卿節度、検校勿令相侵。
観還道家、寺依山外旧所、使道仏両家、各有区分。今使内品官毛懐景
道士王仙卿、往蜀川等州。故此遺書、指不多及。

勅（飛白）

開元十二年歳次甲子、閏拾貳月十壹日下。十三年正月一日
十一日　至益州、二日至蜀州。専検校移寺官節度使判官彭州
司倉参軍楊璹蜀州刺史平嗣先青城県令沈従簡

益州長史張敬忠に勅す。頃ごろ、西南化を阻み、徭役殷繁なり。山川、夷戎に既接し、県道、転輸に労する有り。卿の鎮撫するより、百姓咸な安んじ、弊を革め訛を遷し、良に慰沃多し。歳陰寒極、比ごろ平安にして好からん。今、卿に衣一副を賜う、至れば之を領せ。蜀州清城、先に常道観有り。其の観置く所は、元もと青城山中に在り。聞くならく飛赴寺の僧有り、奪いて以て寺と為す。州既に卿の節度に在り、検校して相い侵さしむること勿れ。観は道家に還し、寺は山外の旧所に依り、道仏両家をして各おの区分有らしめよ。今、内品官の毛懐景・道士の王仙卿をして、蜀川等の州に往かしむ。此の故に書を遣わすも、指は多きに及ばず。

右の史料に加えて、論事勅書を考察する上で重要なのは敦煌石窟の第一七窟にある石刻史料である。この史料は大中五年（八五一）、敦煌僧の洪䛒《べん》に与えた勅授告身と勅書と賜物目録からなる。この史料を紹介したのは斯坦因である。Serindia 巻四に図版が示され（Pletes CLXXV）、Serindia 巻三に彼の通訳と助手を務めた蔣孝琬の釈文とChavannesの仏蘭西語訳が所収されており、伯希和（Paul Pelliot）の『敦煌図録』(Mission Pelliot. Les Grottes de Touen-Huang) 第六冊図版三六三にも拓本の写真を収める。また、羅振玉の『西陲石刻録』に「賜沙州僧政勅」として、洪䛒に対する勅授告身・論事勅書・賜物目録を移録し、陳萬里の『西行日記』に「賜沙州僧政勅」の校記があり、張惟纂の『隴右金石録』「唐」の項に「賜僧䛒勅碑」として、勅授告身・論事勅書・賜物目録を著録する。日本においても、石浜純太郎・大庭脩・竺沙雅章の研究がある。(3)

詔書本

勅洪晉。師所遣弟子僧悟真上表事、具悉。師中華良裔、西土律儀、修行而不失戒珠、調御而深蔵慧剣。而又遠懐故国、願被皇風、専遣僧徒、備申懇切。今則達郷閭之的信、攄祖父之沈寃。惟孝与忠、斯謂兼美。宜率思唐之侶、終成帰化之心。勉遵令図、以就休烈。今授師京城内外臨壇供奉大徳、仍賜紫衣、依前充河西釈門都僧統知沙州僧政法律三学教主、兼賜勅牒。僧悟真亦授京城臨壇大徳、仍賜紫衣、兼給勅牒。錫茲寵渥、慰爾忠勤。当竭素誠、用答殊遇。

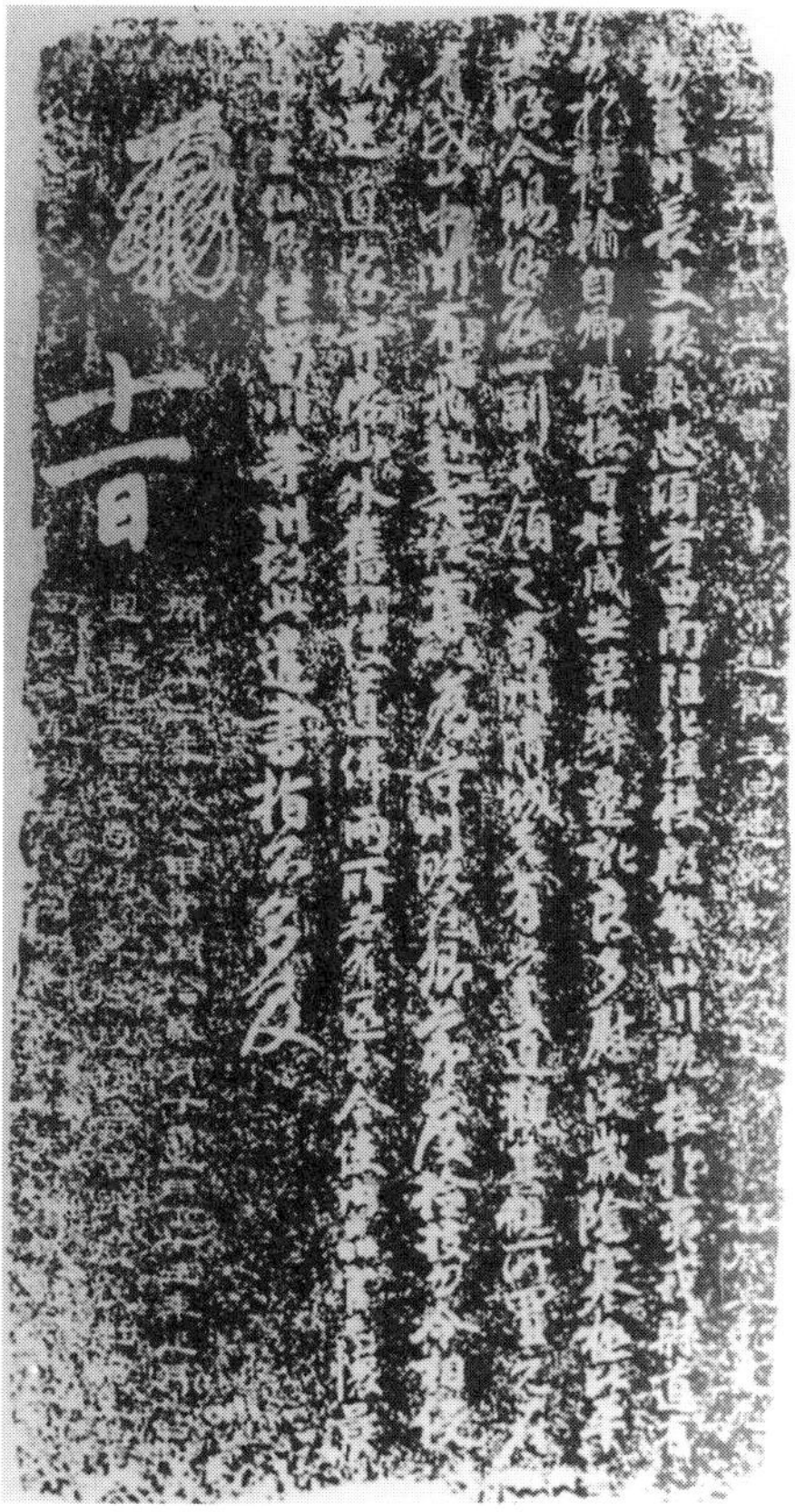

図版14　開元12年（724）
賜益州長史張敬忠論事勅書

図版15　大中５年（851）賜洪𧮪論事勅書

師等所上陳情表、請依往日風俗、大行仏法者。朕精心釈教、否拾修持。師所陳論、深愜本意。允依来奏。其崇恩等師、宜並存問之。今賜師及崇恩等五人少信物。其如別録。並師家書廻報、並賜往至、宜領之。餘別具所賜議潮勅書処分。想当知悉。夏熱、師比好否。遣書、指不多及。

一日

洪𧮪に勅す。師遣わす所の弟子僧・悟真上表の事、具に悉す。師は中華の良裔にして、西土の律儀、修行して戒珠を失わず、調御して深く慧剣を蔵す。而して又た遠く故国を懐い、皇風を被るを願い、僧徒を専遣し、備さに申すこと懇切なり。今則ち郷閭の的信を達し、祖父の沈寃を攄《の》べる。惟れ孝と忠と、斯れ兼美を謂う。宜しく思唐の侶を率い、終いに帰化の心を成すべし。勉めて令図に遵い、以て休烈に就け。今、師に京城内外臨壇供奉大徳を授け、仍《よっ》て紫衣を賜い、前に依り河西釈門都僧統・知沙州僧政・

法律三学教主に充て、兼ねて、仍お勅牒を賜う。僧の悟真、亦た京城臨壇大徳を授け、仍《よっ》て紫衣を賜い、兼ねて勅牒を給す。茲の寵渥を錫い、爾の忠勤を慰む。当に素誠を竭し、用て殊遇に答うべし。師等上る所の陳情の表、往日の風俗に依り、大いに仏法を行わんことを請うものなり。朕は釈教に精心し、否《しか》ざれば修持を拾《おさ》む。師の陳論する所、深く本意に惬《かな》う。来奏に依るを允す。其の崇恩等師、宜しく並びに之を存問すべし。今、師及び崇恩等五人に少信物を賜う。其れ別録の如し。並びに師家に書廻り報ず、並びに賜往きて至れば宜しく之を領すべし。餘は別に議潮に賜う所の勅書の処分に具す。想うに当に知悉すべし。夏熱ければ、師比ごろ好きや否や。書を遣わすも、指は多きに及ばず。

勅書の最後に「一日」とあるのは、大中五年（八五一）五月一日である。前掲した謄本勅書において言及しておくべきことは、最後の「一日」の上に「勅」字が無いことである。文書は宣宗皇帝より賜わったものであり、彼の一族が、その事実を記念し、後世に伝えようとして忠実に刻石したものである。この勅書において日付の上に「勅」字が無いのは、原本に「勅」字が無かったからと推定される。

ところが、「賜白雲先生書詩並禁山勅碑」（『金石続編』巻一一）所収の勅書は次のようであり、洪礬と同じ文書様式の勅書であるが、日付の上に「勅」字がある。(4)

開元神武皇帝書并詩（詩は省略）

勅司馬練師。以吐納餘暇、琴書自娯、瀟灑白雲、超馳玄圃。高徳可重、暫違蘿薜之情。雅志難留、敬順喬松之意。音塵一間、俄帰葛氏之天台。道術斯成、頃縮長房之地脈。善自珍愛、以保童顔。志之所之、略陳鄙什。既叙前離之意、仍懐別後之資。故遣此書、指不多及。

勅　十五日（開元一五年某月一五日）

司馬練師に勅す。吐納の餘暇を以て、琴書自ら娯み、瀟灑たる白雲、超えて玄圃に馳る。高徳重んずべし、蹔《しばら》く蘿薜の情に違う。雅志留め難し、敬んで喬松の意に順う。音塵一間、俄に葛氏の天台に帰る。道術斯に成り、頃ごろ長房の地脈を縮む。善く自ら珍愛し、以て童顔を保つ。志の之《ゆ》く所、鄙什を略陳す。既に前離の意を叙べ、仍《よ》って別後の資を懐く。故に此の書を遣わす、指は多きに及ばず。

この種の勅書においては、最後の日付の上に「勅」字があるものと、無いものがあることが判る。両者の相違に関しては後で詳論する。唐代の勅は四種類がある。右の勅書は明らかに発日勅ではないし、勅旨でもない。勅牒は牒式を文書のどこかに有していると予想されるから、勅牒でもない。したがって、首尾が「勅某。云云。指不多及」とする勅書は、論事勅書であると結論せざるを得ない。

三　別集所載の論事勅書

冒頭に「勅某。云云」とある勅書は別集に所収されている。たとえば、『曲江集』巻八以下に「勅書」として九五通の王言が所収されている。そのうち八八首は「勅某。云云。遣書、指不多及」である。同様な勅書は『陸宣公翰苑集』巻一〇「制誥」に「慰問四鎮北庭将吏勅書」「賜吐蕃将書」「賜吐蕃宰相尚結賛」「賜尚結賛第二書」「賜尚結賛第三書」の五首がある。『白氏文集』の「翰林制詔」にも重畳として論事勅書があり、また、『李文饒集』巻五以下にも『白氏文集』所収の勅書と同様な勅書がある。他の論事勅書例については、史料を列挙することはしない。周辺諸国に出された論事勅書については、『文苑英華』巻四六八「翰林制詔　蕃書」に一括して史料がある。

論事勅書は唐人《とうひと》の別集に所収される勅書であることが肯首されたであろう。論事勅書が別集に所収されているのは、この王言は起草官によって作成されたからである。別集から帰納される論事勅書は、石刻史料の検討を通して得た性格と基本的にはまったく同一である。ただ一点、異なるのは、別集所収の論事勅書は起草段階に属する勅書であり、石刻史料の勅書は受信者に伝達されたものであることである。この両者間の相違は外形的文書様式からみれば、勅書の最後の部分に、「勅」字や日付が入っているかどうかの相違となる。

四　唐代最古の論事勅書

『文館詞林』巻六九一と巻次未詳の残巻には論事勅書を所載する。巻次未詳残巻の勅書は、一は首闕であるが、内容から貞観二年（六二八）の勅書であり、一は貞観五年（六三一）に高州都督の馮盎に発信したものである。巻六九一の勅書は巻首題名には「貞観年中与李玄明勅一首」と「貞観年中与于乾長勅一首」とある。前者の勅書本文には「勅交州都督府長史李玄明」とのみあり、以後は闕落となっている。これらの勅書は現存する唐代最古の論事勅書として貴重な史料である。次に「貞観年中与于乾長勅一首」を示す。

勅交州都督府司馬于乾長。交州重鎮、控馭夷夏。二佐之任、不易其人。遂安公寿、雖是宗室近親、未経職務、須相匡弼、共行善道。聞卿乃背公向私、唯存諂媚、非理之事、動必贊成、奉法之人、即共排毀。彼都督府長史李玄明、居官清慎、毎存正直。卿与都督疾之若讎、計卿此情難可容恕。但以遠道察訪、恐未詳審、所以不即加罪。更令委訪卿、宜自勉励、改往修来。若此行不除、必無縦捨之理。宜知。

交州都督府司馬于乾長に勅す。交州は重鎮にして、夷夏を控馭す。二佐の任、其の人を易えず。遂安公の寿、是れ宗室の近親と雖も、未だ職務を経ざれば、須らく相い匡弼し、共に善道を行わしむべし。聞くならく卿乃ち公に背き私に向かい、唯だに諂媚に存し、非理の事、動《やや》もすれば必ず賛成し、奉法の人は即ち共に排毀す。彼の都督府長史の李玄明、官に居りて清慎、毎に正直に存す。卿、都督と之を疾《にく》むこと讎の若し、卿の此の情を計るに容恕すべきに難し。但だ遠道を以て察訪すれば、未だ詳審せざるを恐れ、即ち罪を加えざる所以なり。更に委ねて卿をして訪わしむれば、宜しく自ら勉励し、往を改め来るを修むべし。若し此の行い除かざれば、必ず縦捨の理無し。宜しく知るべし。

右の勅書の発信時期に関して、『資治通鑑』巻一九三貞観二年（六二八）一〇月の条に関連記事があり、貞観二年に発信された論事勅書であるとしてよい。

交州都督遂安公[李]寿以貪得罪。上以瀛州勅史盧祖尚才兼文武、廉平公直、徴入朝、諭以交趾久不得人、須卿鎮撫。祖尚拝謝而出、既而悔之、辞以旧疾。

交州都督遂安公の李寿、貪を以て罪を得。上は瀛州勅史の盧祖尚、才文武を兼ね、廉平公直なる以て、徴して入朝せしめ、諭すに「交趾久しく人を得ざるを以て、卿が鎮撫を須《ま》たん」を以てす。祖尚拝謝して出で、既にして之を悔い、辞するに旧疾を以てす。

唐初の貞観令は貞観一〇年（六三六）に公布された。右の論事勅書は貞観二年のものであるから、武徳七年令（六二四）施行下のものであり、武徳七年の王言に論事勅書の規定が存在したことは確実である。

五　論事勅書と関連する『旧唐書』南詔蛮の記事

論事勅書の定立過程、すなわち文書式の確定が次の課題となる。文書様式を考察する場合は、別集に所収された起草段階の論事勅書は史料にならない。起草と定立は別の作業である。論事勅書は「王言之制」に規定する王言であり、中書舎人や翰林学士が起草する。別集に論事勅書が所収されるのはこのためである。慰労制書が中書令・中書侍郎・中書舎人の「宣奉行」を経て、定立した王言であることを想起すれば、論事勅書は一等小事に用いる王言ではあるが、慰労制書と同様な定立過程を経ることは充分に予想できる。

貞元一一年（七九五）、南詔の尹輔酋が唐王朝の遣南詔使の袁滋に従い来朝したときの様子を伝える『旧唐書』巻一九七南蛮西南蛮伝の南詔蛮の記事は、論事勅書の定立と、定立に関与する官府と官人を知る上で重要である。

授尹輔酋検校太子詹事兼御史中丞、餘亦差次授官。又降勅書賜異牟尋及子閣勧清平官鄭回尹仇寛等各一書、書左列中書三官宣奉行、復旧制也。

尹輔酋に検校太子詹事兼御史中丞を授け、餘は亦た差次して官を授く。又た勅書を降し異牟尋及び子の閣勧・清平官の鄭回・尹仇寛らに各おの一書を賜い、書左に中書三官の「宣奉行」を列《つら》ぬるは旧制に復するなり。

右の記事は『旧唐書』巻一三徳宗紀・貞元一一年四月の条にもある。

甲子、賜南詔勅書、始列中書三官奉宣《ママ》行（宣奉行）、復旧制也。

甲子（二七日）、南詔に勅書を賜うに、始めて中書三官の「宣奉行」を列《つら》ぬるは、旧制に復するなり。

四月、尹輔酋の帰国に際して、南詔王等に勅書が与えられたが、勅書の書左に中書省三官（令・侍郎・舎人）の連署と「宣奉行」を復活させた。この中書省三官の連署は旧制に準拠したものであった。

勅書は南詔王等の個人に宛てたものであるから論事勅書である。右の記事によって、発信する論事勅書には中書省三官の連署があることが判明する。この発信する論事勅書に中書省三官の連署があるのは、定立過程に中書省三官が関与したからである。南詔王等に与えた論事勅書は、旧制に準拠して中書省三官の連署を残した。であれば、新制に

図版16　景雲２年（711）　賜沙州刺史能昌仁論事勅書

おいて発信した論事勅書は中書省三官の連署はなかったということになる。

新制において中書省三官の連署がない論事勅書が発信されたことは、新制においては、勅書本文のみが謄写され、連署部分が省略された謄本が作成されていたことになる。旧制に準拠した貞元一一年の論事勅書は、中書省三官の連署を復活したが、これは定立時の原文書を発信したという意味ではない。勅書全体を謄写して発信したのである。制書や発日勅は皇帝の御画のある原本は止め置かれ、謄本が作成されて施行される。論事勅書だけ原本を公布したと考えのは理に合わない。

『旧唐書』にいう「旧制」とは何時の制度であろうか。貞元一一年（七九五）四月から旧制に復帰したから、新制は貞元一一年以前の制度であることは動かない。新制の開始時期に関して明証があるわけではないが、安史の乱以降であり、貞元一一年までが新制の施行期間と想定できる。この想定が正解だとすれば、旧制とは安史の乱以前の唐代前半期の制度と考えられる。『表制集』に不空三蔵が代宗皇帝より賜与された論事勅書が数通所収されているが、この論事勅書は新制によって公布されたものであり、中書省三官の連署がない論事勅書であった可能性が高い。

六　景雲二年の論事勅書

敦煌文献の斯一一二八七は景雲二年（七一一）に沙州刺史の能昌仁に発信した論事勅書で、現存する唯一の実物勅書で、年月日の上に「中書省之印」の朱印がある。[5] この朱印の存在は、論事勅書が中書省のみが関与し、定立することを明確に立証する。中書・門下両省が関与するなら「中書省之印」は押印されるはずはない。また中書令以下が一筆で書かれているから謄写された論事勅書であると看取され、文書中央にある睿宗皇帝の「勅」字は真筆ではない。

勅沙州刺史能昌仁。使人主父
童至、省表。所奏額外支兵者、
別有処分。使人今還、指不多
及。

勅

景雲二年七月九日　開府儀同三司中書令兼太子左庶子監修国史上柱国郇国［公臣　韋安石　宣］
正議大夫行中書侍郎上柱［国臣　姓名　奉］
朝請大夫中書舎人内供奉上柱国臣［　姓名　行］

沙州刺史能昌仁に勅す。使人の主父童至り、表を省《み》る。奏する所の額外の支兵は別に処分有り。使人今還り、指は多きに及ばず。

（後闕）

この勅書は実物であるという点において、論事勅書を解明する上で史料的価値は極めて大きい。この勅書には中書令以下が連署し「宣奉行」があったことを予想させる。これによって、論事勅書は中書省が関与して定立する王言であることが確認できる。

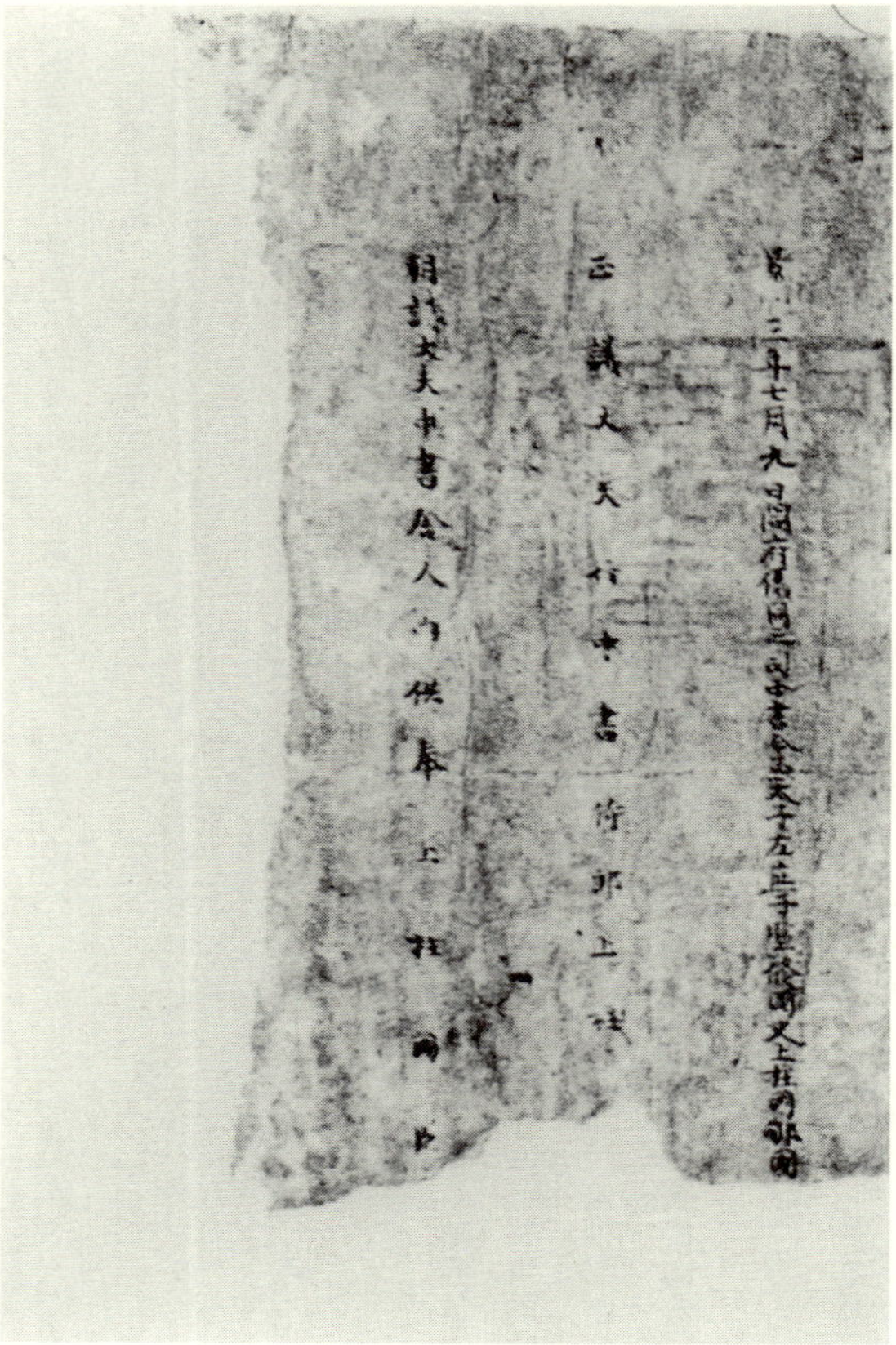

図版17　景雲２年（711）　賜沙州刺史能昌仁論事勅書（尾部）

この勅書は尾闕となっており、文書全体を窺い知ることはできない。慰労制書が門下省の関与がなく定立される王言であったことを想起すれば、慰労制書より小事に用いられる論事勅書は門下省の関与はないと想定される。「中書省之印」があることも、右の推定を裏付ける。門下省が関与するのであれば、「中書省之印」だけが押印されることはないからである。論事勅書の文書様式を復元において、尾部の闕落部分は無視してよい。斯一一二八七は論事勅書の全容をほぼ残していると考えてよいであろう。

この勅書には大字で「勅」字がある。この大字の「勅」字があることによって、論事勅書は勅書案の提示があり、皇帝は異論がなければ「勅」字を御画し、中書省三官が宣奉行を行う順で定立されることが理解できる。何故ならば、勅書本文と中書令以下の署名位置の間隔が狭ければ、皇帝が御画する「勅」字は小さくなってしまう。ところが、この勅書は大字の「勅」字があり、「勅」字と重なり合うことなく中書省三官が宣奉行を行っている。これは「勅」字が御画され、それに続いて中書令以下が署名したことを示すものである。このことが判明すると、制書・慰労制書・発日勅の定立順序においても、皇帝が日付を御画し、その後で中書令以下が署名したことになる。

この勅書は「勅」字が大きいこともあって、睿宗皇帝の真筆「勅」字ではないかと考える向きがないわけではない。しかし、これは謄本論事勅書であり、「勅」字は睿宗皇帝の真筆ではない。制書の場合、皇帝の真筆のある制書原本は門下省に保管され、謄本が作成され施行されることを考えれば、原本が施行されるはずはないのである。前掲した『旧唐書』南詔蛮の条に、「書左に中書三官の宣奉行を列《つら》ぬるは旧制に復するなり」とあり、旧制以降、すなわち、新制においてに発信された論事勅書には中書令以下の連署と「宣奉行」がなかったという。論事勅書の原本には中書令以下の連署と「宣奉行」が必ず存在するから、これは謄本の論事勅書が発信されたことを意味する。

旧制に復活したから、論事勅書は原本勅書が発信されたことにはならない。旧制においても、また謄本勅書が発信されたのである。景雲二年の勅書に関していえば、中書令以下の具官封の部分が一筆で書かれ、字間と行間を考えて書かれていることが、謄本であることを雄弁に物語っている。原本文書においては、中書令以下は各自で具官封臣姓名を記入するのであり、字体に各人の特徴が出る。しかし、この勅書は一筆で書かれているから、発信用の謄本勅書であり、「勅」字も謄写官の字であると結論される。

七　論事勅書式の復元

論事勅書の文書様式の復元は『唐代制勅研究』（六一一頁）に試論し、『唐代公文書研究』（六二八頁）には、次のような補正した論事勅書式を示した。この時、すでに景雲二年（七一一）の論事勅書（斯一一二八七）の存在を承知していたが、唐代後半期の論事勅書を説明することに主眼があり、景雲二年の勅書の大字「勅」を無視する復元となった。

勅某。云云。指不多及。

年月御画日（『唐代公文書研究』の論事勅書式に「年日月」とし、「御画」がないのは誤校によるものである）

中書令具官封臣　姓名　宣

中書侍郎具官封臣　姓名　奉

中書舎人具官封臣　姓名　行

景雲二年（七一一）の論事勅書（斯一一二八七）を参考にし、また雷聞氏の「従S一一二八七看唐代論事勅書成立過程」（「唐研究」一一）の見解を採用して、『唐令拾遺補』には次のような論事勅書式を復元している（七三一頁）。

勅某。云云。

勅　御画　　年月御画日

中書令具官封臣　姓名　宣

中書侍郎具官封臣　姓名　奉

中書舍人具官封臣　姓名　行

『唐代公文書研究』の論事勅書式に従えば、唐代後半期の論事勅書はすべて説明することが可能であるが、「勅」字を伴う前半期の論事勅書が説明できない。『唐令拾遺補』の論事勅書式に従えば、「勅」字のない唐代後半期の論事勅書が説明できない難点がある。論事勅書式は唐代の前半期と後半期では文書式に変更があった、と想定すれば解決するが、論事勅書式以外の王言の文書式に唐代を通じて変更の兆候は認められないから、論事勅書式のみ変更があったとすることはできない。論事勅書式の復元はまことに面倒な問題を内包しているといわなければならない。

『唐令拾遺補』は論事勅書の御画箇所を二箇所とする。すなわち、「勅御画」と「年月御画日」である。大事に用いる慰労制書において、皇帝の御画は一回であり、発日勅においても一回であるのに、小事に用いる論事勅書に御画が二回あるとするのは、用途の軽重から勘案して不自然である。『唐令拾遺補』の御画箇所には賛同し難いものがある。また『唐令拾遺補』は「勅御画」と「年月御画日」を同一行に納めるが、これも疑問である。

では、「勅」字のある唐代前半期の論事勅書を説明するためには、次の文書式が提示できるのではないかと考える。

勅某。云云。時候。指不多及。

勅　御画

年月日

中書令具官封臣　姓名　宣

中書侍郎具官封臣　姓名　奉

中書舍人具官封臣　姓名　行

『唐令拾遺補』の論事勅書の項（七三一頁）では、『唐代制勅研究』と『唐代公文書研究』において復元した論事勅書式のうち、「遺書、指不多及」や「指不多及」は、令文に規定された文言ではないとし、削除する。たしかに、この文言が令文の一部であるという明証はない。しかし、唐初より論事勅書の結句には「指不多及」もしくはこれに類する語がある。前掲した「貞観年中与于乾長勅一首」には、この結句がないから『唐令拾遺補』の指摘する通りであるかも知れない。この論事勅書においては、この結句が省略されている可能性も否定できないのであり、「時候」と「指不多及」を論事勅書の復元文書様式に加えておく。

「年月御画日」ではなく、単に「年月日」と復元したのは、『大唐六典』巻九中書省・中書令職掌の条の「凡王言之制有七」には、発日勅を説明して、次のようにあることに依る。

四曰発日勅。謂後（御）画発日勅也。

四曰に発日勅と曰う。謂うこころは、発日を御画する勅なり。

発日勅は勅書四種類（発日勅・勅旨・論事勅書・勅牒）の中において、唯一「発日」を御画する勅であり、それゆえ、発日勅というのである。そうであれば、他の三種類の勅に皇帝は発日を御画しなかった、すなわち発日を御画する箇所はなかったことになる。たしかに、勅旨や勅牒に御画箇所はない。唯一「発日」を御画する勅であるがゆえに、発日勅と命名する、という理解が正解であれば、論事勅書の「御画日」はあり得ないことになる。前掲した開元一五年（七二七）の張敬忠に対する論事勅書において、「勅」字は飛白書体で書かれ、「日」字は通常書体であったのは、「勅」字だけが玄宗皇帝の御画であることを示すものであろう。『大唐六典』とは三五年以上のつき合いになるが、「発日を御画する勅なり」の意味は、今まで理解できなかった。論事勅書は「年月御画日」であると予断したため、「発日を御画する勅なり」とは一体、何をいっているのかと思ったのである。まことに不覚であった。右の復元論事勅書式に従えば、景雲二年（七一一）の実物論事勅書はよどむことなく理解可能となる。

右の復元論事勅書式に従えば、唐代後半期の発信された論事勅書は説明できない。後半期の発信された論事勅書には「勅」がないのである。しかし、発信された論事勅書は謄本であるから、「勅」字が省略されて、謄本が作成された可能性もあり、原本論事勅書や論事勅書式に「勅」字がなかったことにはならない。

論事勅書式全体が発信されれば、景雲二年の実物論事勅書のように文書式の全体が残るが、現在見ることのできる論事勅書は、勅書の本文を謄写したものである。その謄本勅書には「勅　某日」「某日」が付随している。

勅某。云云。時候。指不多及。

勅　某日（「某日」のみのものもある）

「某日」は「勅」という御画を得た日であり、本来は「勅」字の下部にあるべき文字ではなく、「年月日」の一部として「勅」字の次行にあるべき文字である。それが、独立して「勅」字の下部に「某日」とあり、単独で「某日」とあるのは、謄本作成時に御画日を示すために、特に抜き書きして大字にしたものである。大字の「某日」がある論事勅書はすべて謄本であり、論事勅書の本文と「日」を抜き書きした論事勅書であることを示している。唐代後半期の論事勅書に「勅」字がないのは、「勅」字を謄本に書かない文書習慣が後半期にあったためではないかと考える。

雷聞氏は「従S一一二八七看唐代論事勅書成立過程」（『唐研究』一）において、論事勅書の定立に門下省が関与することを想定する。斯一一二八七は、ほぼ完全な論事勅書であり、門下省の関与した部分の闕落は認められないこと、また「中書省之印」の押印があること、前掲した『旧唐書』南詔蛮の記事、『延喜式』に規定する日本の慰労制書式から、雷氏の仮説は容認することはできない。

八　隋代の論事勅書

慰労制書（慰労詔書）は隋代に事例がある。同様の用途を有する論事勅書の起源を隋代に求めることも可能であろう。『文館詞林』巻六九一「勅上」所収の「随文帝令山東三十四州刺史挙人勅一首」と題する勅は、隋代に論事勅書が存在したことを知る上できわめて重要な史料である。

勅某官某甲。君臨天下、所須者材。苟不求材、何以為化。自周平東夏、毎遣捜揚彼州俊人、多未応赴。或以東西旧隔、情猶自疎、或以道路懸遠、慮有困乏。仮為辞記不肯入朝。如能仕者、皆得栄位。況伏草菜、尚為萌伍、此則恋目下之利、忘久長之策。刺史守令典取人情、未思此理、任而不返。朕受天命、四海為家。関東関西、本無差異、必有材用、来即銓叙。虚心待之、猶飢思食。彼州如有仕斉七品已上官及州郡懸（県）郷望県功曹已上、不問在任下代。材幹優長、堪時事者、仰精選挙之。縦未経仕官、材望灼然、雖郷望不高、人材卓異、悉在挙限。或旧有声績、今実老病、或経犯贓貨枉法之罪、並不在挙例。凡所挙者、分為三番、具録官歴家状戸属姓名、送尚書吏部曹。第一番二月二五日、仰身到洛陽、受河南道行台吏部曹進止。第二番待装束備弁、令向京師、受吏部曹処分、並仰正職、主簿将典送之。第三番且使在家、別聴約勅。今令挙送、宜存心簡選。送名之後、朕別遣訪問、若使被挙之人、有不及不挙者、罪帰於公等、更不干餘等官司。公等宜将朕此勅、宣示於人、令知朕意。此事専委於公等、必不得濫薦、復勿使失材也。旨宣此懐、不復多及。

某官某甲に勅す。天下に君臨すれば須《もと》むる所は材なり。苟《いやし》くも材を求めずんば、何を以て化を為さんや。周の東夏を平げるより、毎に彼の州の俊人を捜揚せしむるに、未だ赴くに応せざるもの多し。或いは東西旧《もと》隔たるを以て、情猶お自ら疎く、或いは道路懸遠なるを以て、困乏有るを慮る。仮りに辞記を為し入朝を肯んぜず、如し能く仕うれば、皆な栄位を得ん。況んや草莱に伏し、尚お萌伍と為るは、此れ則ち目下の利を恋い、久長の策を忘る。刺史・守令、人情を典取し、未だ此の理を思わざれば、任じて返さず。朕、天命を受け、四海を家と為す。関東・関西、本より差異無し、必ず材の用うる有り、来らば即ち銓叙せん。虚心に之を待すること、猶お飢えて食を思うがごとし。彼の州に如《も》し、斉に仕えて七品已上の官及び州郡県の郷望・県の功曹已上のものに有らば、在任の下代を問わず。材幹優長にして、時事に堪える者、仰して精選し之を挙げしむ。縦《たとい》い未だ仕官を経ずとも、材望灼然とし、郷望高からずと雖も、人材卓異なれば、悉く挙限に在り。或いは旧に声績有るも、今、実は老病、或いは経《かつ》て贓貨・枉法の罪を犯すは並びに挙例に在らず。凡そ挙ぐる所は、分かちて三番と為し、具に官歴・家状・戸属・姓名を録し、尚書吏部曹に送れ。第一番は二月二五日、仰身して洛陽に至り、河南道行台吏部曹の進止を受けしむ。第二番は装束備弁するを待ち、京師に向かわしめ、吏部曹の処分を受け、並びに正職を仰せ、主簿将て之を典送す。第三番は且《しば》らく家に在らしめ、別に約勅を聴す。今、挙送せしむるに、宜しく存心簡選すべし。送名の後、朕別に訪問せしめ、若使《もし》、挙げらるるの人、不及不挙なる者有れば、罪は公等帰し、更に餘等の官司に干《あずか》らず。公等宜しく朕の此の勅を将て、人に宣示し、朕が意を知らしむべし。此の事専ら公等に委ぬれば、必ず濫薦するを得ず、復た材を失わしむる勿れ。旨は此の懐を宣べ、復た多きに及ばず。

この勅書は文帝治世に（五八一～六〇四）に発せられた勅書である。勅書が旧北斉支配地域の官吏の任用をいい、勅書中の「河南道行台」は開皇三年（五八三）一〇月に廃止されている（『隋書』巻一高祖紀・開皇三年）事実から推定すれば、この勅書は開皇三年一〇月以前の公布と想定できる。

この勅書は一人の刺史に発せられたものではなく、同文の勅書が山東三四州の刺史に発せられた。勅書の冒頭部分が「勅某官某甲」とあって、特定の官名・人名をいわないのは、このためである。この勅書は草稿の勅書から『文館詞林』に採録されたことを示すものであろう。この勅書の内容は旧北斉支配地方において、官人として任用に堪える者を推挙せよ、任用に堪える者があって推挙しない場合の責任は刺史にあるというものである。一見すると勅書の内容は一般政務に関するもののようであるが、この勅書は山東三四州の刺史を誡約するものである。

この勅書は「勅某」で始まっている。「勅す。某官某甲」と読むべきでなく、「某官某甲に勅す」と読むべきである。「勅す。云云」と読むのは発日勅である。また結句は「不復多及」であり、唐代の論事勅書の結句と類似する。「勅某。云云。不復多及」の様式を有する勅書は、唐代では論事勅書という。隋から遠くない唐の武徳令制下において、前掲したように論事勅書が存在したことや勅書の内容を勘案すれば、右の勅書は唐代の論事勅書に相当する勅書と断言してよく、唐代の論事勅書の直接的起源は隋の開皇公式令にあるとしてよい。

九　ま　と　め

論事勅書の文書式を説明する文献はない。唐代の勅書は四種類である。そこから発日勅・勅旨の順に消去していけば、「勅某。云云。指不多及」の形を有する勅書は論事勅書と結論される。この勅書は唐初に規定され、さらに早く隋代に王言の一として規定されていたことが、『文館詞林』巻六八九一所載の勅書から判明する。敦煌発見の景雲二年の記年を持つ実物論事勅書から、新しい事実が判明し、論事勅書式が復元できたのは成果である。

註

(1) 神田喜一郎「唐玄宗賜益州長史張敬勅」(『神田喜一郎全集』第一巻所収　同朋舎　一九八一)。
(2) 沈□□を「沈従簡」としたのは、『金石続編』巻七所収「青成山常道観勅并陰」の碑陰に示された文字による。
(3) 石浜純太郎「敦煌雑考（続）」(『支那学』第五巻二号)、大庭脩「唐告身の古文書学的研究」(『西域文化研究』三所収　法蔵館　一九六〇) 三三九頁以下、竺沙雅章「敦煌の僧官制度」(『中国仏教社会史研究』所収　同朋舎　一九八二) がある。
(4) この論事勅書は『全唐文』巻三六に「賜司馬承禎勅」と題して所収する。
(5) 沙州刺史の能昌仁に関しては『千唐誌斎蔵誌』一〇二三「唐故朝散大夫光禄寺丞譙郡能府君墓誌銘并序」(長慶三年　八二三) にある人物であろう。「府君諱政、譙郡人也。姓能氏。曾祖諱昌仁。皇正議大夫使持節沙州諸軍事沙州刺史兼充豆盧軍使上柱国。贈太保（府君の諱は政、譙郡（亳州）の人なり。姓は能氏。曾祖、諱は昌仁。皇［唐］の正議大夫使持節沙州諸軍事沙州刺史兼充豆盧軍使上柱国なり。太保を贈らる)」。

第八節　勅　牒

一　問題の所在

勅牒は『大唐六典』の「王言之制」に「随事承旨、不易旧典」に用いると説明する。「随事承旨、不易旧典」の意味を唐人《とうひと》は理解できたであろうが、現在では正確には判らない。強いて解釈すれば、「皇帝の決裁を得るべき案件があるとき、決裁を承け処理するが、それはあくまで現行法規内においてである」という意味であろうか。

唐代の勅書は四種類がある。そのうち、勅牒は最後に位置しているから、勅牒は最も小事に用いられる王言である。勅牒より大事に用いる勅旨に皇帝の御画はない。したがって、勅旨より小事に用いる勅牒に御画はないと推定される。また、勅牒は「牒」字があることから、文書の何処かに「牒」と関連する部分があり、牒でもって皇帝の意志を伝達する王言であることを予想させる。

二 勅牒史料

勅牒とは、牒様式の中に勅が内包される王言であると想定できるが、どのような文書様式なのか、まったく見当がつかない。それゆえ、この勅牒という課題の解決には、「勅牒」とある文書を探しだすことが先決となろう。『表制集』巻一所収の「降誕日請度七僧祠部勅牒一首」は題名に「勅牒」と明記する。文書全体は次のようである。

無名僧慧通　年五十五。絳州曲沃県。俗姓王。無籍。請住千福寺。
[僧]慧雲　年二十三。京兆府長安県。俗姓段。無籍。請住大興善寺。
僧慧琳　年三十。虢州閿郷県方祥郷閿郷里。俗姓何。名光王。兄咄為戸。請往興善寺。
僧慧珍　年卅三。京兆府萬年県洪洞郷福潤里。俗姓王。名庭現。伯高為戸。請大興住善寺。
僧法雄　年廿八。京兆府富平県赤陽郷毘山里。無籍。請住静法寺。
僧法満　年十八。京兆府萬年県崇徳郷文円里。俗姓胡。祖賓為戸。
僧慧璡　年四十。
右、[大]興善寺三蔵沙門不空奏、上件僧等、自出家来、常尋法教、不闕師資、戒行精修、実堪為器。比雖離俗、

跡昌私名。今因陛下開降誕之辰、朝賀歓欣之日。伏請官《?》名《?》、以為正度、用資皇祚、以福無疆。如天恩允許、請
宣付所司。
中書門下　牒祠部
牒。奉勅、宜依。牒至准勅。故牒。
広徳二年一月一九日[牒]
中書侍郎平章事　杜鴻漸
中書侍郎平章事　元載
黄門侍郎平章事　王　使
検校侍中　李　使
検校右僕射平章事　使
大尉兼中書令　使
尚書祠部　牒三蔵不空
牒。奉中書門下　勅牒如右。牒至准勅。故牒。
広徳二年十月十九日　令史　牒
[祠部郎中某]　主事

右、興善寺三蔵沙門不空奏す。上件の僧等、出家するより来《このかた》、常に法教を尋ね、師資を闕かず、戒行精修し、実に器と為すに堪う。比ごろ俗を離ると雖も、跡は私名を昌《さか》んにす。いま陛下降誕の辰を開き、朝賀歓欣の日に因る。伏して官《?》名《?》し、以て正度を為さんことを請い、用て皇祚を資け、無疆を福さんと以《おも》う。如し天恩允許せば、

所司に宣付せんことを請う。

右の文書は、代宗皇帝の誕生日に七人の僧を得度せんことを不空三蔵が奏請し、「奉勅、宜依」とあるように承認された。その奏請結果は中書門下が尚書祠部に牒し、尚書祠部から牒によって不空三蔵に伝達する形式を採っている。

まず、題名に「勅牒」とある点から述べよう。同種の文書は『表制集』に何通かあるが、一様に「勅牒」と題名されている訳ではない。「某制」「某告牒」と題されているものもある。同一様文書に対して異なる名称があるが、これらは唐人《とうひと》の命名になるから、それは誤りではないのである。しかし、右の文書を「某制」と命名するのは如何なものかと考える。制とは王言という意味程度のものであろうか。「尚書祠部牒三蔵不空」より前の部分は「某制」「某告牒」といわれ、また「勅牒」といったのである。

右の文書において、さらに注意するべきは、尚書祠部牒において不空三蔵に伝達する王言を「中書門下勅牒」と明記していることである。題名に単に「勅牒」とあるのは「中書門下勅牒」の省略形であろう。

南宋の洪邁の『容斎三筆』巻一五には「総持寺唐勅牒」と題する一文がある。

唐世符帖文書、今存者亦少。隆興府城内総持寺有一碑。其前一紙、乾符三年、洪州都督府牒僧仲暹。次一紙、中和五年、監軍使帖僧神遇。第三紙、光啓三年十一月、中書門下牒江西観察使。其後列銜者二十四人。曰中書侍郎兼兵部尚書平章事杜遜能門下侍郎兼吏部尚書平章事孔緯。（下略）

唐世の符帖文書、今存するもの亦た少なし。隆興府城内の総持寺に一碑有り。其の前の一紙、乾符三年（八七六）の「洪州都督府僧仲暹に牒す」なり。次の一紙、中和五年（八八五）の、「監軍使僧神遇に帖す」なり。第三紙、光啓三年（八八七）一一月の、「中書門下江西観察使に牒す」なり。其の後に列銜する者二十四人なり。曰く中書侍郎兼兵部尚書平章事杜遜能・門下侍郎兼吏部尚書平章事孔緯。

右のうち、乾符三年牒と中和五年帖は通常の牒や帖であって、決して勅牒ではない。題名にいう「唐総持寺勅牒」とは、第三紙の光啓三年の文書を指す。この文書を『表制集』の中書門下勅牒に従って復元すれば次のようになる。

中書門下　牒江西観察使
牒。奉勅、云云。牒至准勅。故牒
光啓三年二月日　牒
中書侍郎兼兵部尚書平章事　杜遜能
門下侍郎兼吏部尚書平章事　孔緯
検校左僕射平章事　［使］
…………（以下省略）…………

洪邁は右のような文書を勅牒といっている。彼は南宋人であって、唐代と時代が離れており、その言に信憑性がないというならば、『五代会要』巻一三「中書門下」にある、次の史料を提示すれば勅牒は確定されよう。

後唐天成四年八月勅。朝廷毎有将相恩命、准往例、諸道節度使帯平章事兼侍中中書令、並列銜於勅牒後、側書使字。

後唐の天成四年（九二九）八月勅す。朝廷将相の恩命有る毎に、往例に准じ、諸道節度使の平章事・侍中・中書令を帯ぶれば、並びに銜は勅牒の後に列し、「使」字を側書せよ。

この史料は節度使の任にあって、宰相の任にある場合の勅牒の署名に関して述べたもので、宰相として不在であるから「使」字を側書するという。これは前掲した『表制集』文書の宰相不在の連署方法を述べたものである。『五代会要』は『表制集』にみえる文書を勅牒というのであるから、洪邁が光啓三年文書を勅牒としたのは誤りではない。

右のような文書を勅牒であるといったのは清人《しんひと》の顧炎武である。『金石文字記』巻四「嵩山会善寺戒壇勅牒」において「中書門下牒某」という文書を勅牒としている。結果として、顧炎武の見解は正解なのであるが、論証ぬきの説であるので、「中書門下牒某」で始まる文書が勅牒であることを史料を提示して確認した次第である。

以上によって勅牒は確定できた。次は勅牒と中書門下勅牒の関係を解決しなければならない。中書門下勅牒があることは、中書門下以外の官府が発する勅牒が存在することになる。ところで、皇帝の意志を牒によって伝達することはある。口勅がそれである。しかし、口勅は皇帝の私事に属する事案を宦官が伝達するものであり、「王言之制」に規定されない王言である。王朝国家の王言の一としての勅牒を発信する官府を、三省という官制機構において求めるならば、中書省は王言の起草を担当し、門下省は王言の審査を担当し、尚書省は門下省より送付された王言の施行を担当し、いずれの省も皇帝の意志を牒によって伝達する官府ではない。また唐代文献を検索するとき、三省の各自が皇帝の意志を牒によって伝達した文書は存在しないが、「中書門下牒某」とある文書は散見するのである。

北宋の陸游の撰した『老学庵筆記』巻八に、唐代の中書門下は勅の発信と関係があったことをいう。

自唐至本朝、中書門下出勅。其勅字皆平正渾厚。元豊後、勅出尚書省、亦然。崇寧間、蔡京臨平寺額作険勁体、来長而力短、省吏始効之相誇尚、謂之司空勅、亦曰蔡家勅、蓋妖言也。

唐より本朝に至り、中書門下勅を出す。其の「勅」字皆な平正渾厚なり。元豊の後（元年は一〇七八）、勅は尚書省に出ずるも、亦た然り。崇寧の間（元年は一一〇二）、蔡京の「臨平寺」額は険勁体に作り、「来」長くして「力」短し、省吏始めて之に効い相い誇尚し、之を「司空勅」と謂い、亦た「蔡家勅」と曰うは、蓋し妖言なり。

右の記事から「中書門下勅牒」を考えれば、勅牒は中書門下が発するものと、某官府が発する何種類もの勅牒が存在するのではない。「中書門下勅牒」は勅牒の正式名称であって、通称は勅牒である。

右のような文書が勅牒であるなら、右の文書は唐代文献に類例がある。たとえば、『金石萃編』巻一〇九「石刻十二経并五経文字九経字様」には次のような文書があるが、勅牒ということになろう[1]。

　　新加九経字様壱巻

右、国子監奏。得覆定石経字体官翰林待詔朝議郎権知沔王友上柱国賜緋魚袋唐玄度状、准大和柒年拾貳月伍日勅、覆定九経字体者。今所詳覆、多依司業張参五経文字為准、其旧字様、歳月将久、画点参差、伝写相承、漸致乖誤。今並依字書参詳、改就正訖。諸経之中、別有疑闕、旧字様未載者、古今体異、隷変不同。如総拠説文、即古体驚俗、若依近代文字、或伝写乖訛。今与校勘官、同商較是非、取其適中、纂録為新、加九経字様壹巻。或経典相承、与字義不同者、具引文以注解、今刊削有成。請附於五経字様之末、用証紕誤者。其字様、謹随状進上、謹具如前。

中書門下　牒国子監

牒。奉勅、宜依。牒至准勅。故牒。

　　開成二年八月十二日　牒

　　　工部侍郎平章事　陳夷行

　　　中書侍郎平章事　李石

　　　門下侍郎平章事　李固言

　　　右僕射兼門下侍郎国子祭酒平章事　覃

　　　検校司徒平章事　劉　使

　　　司徒兼中書令　使

右、国子監奏す。覆定石経字体官・翰林待詔・朝議郎権知沔王友・上柱国・賜緋魚袋唐玄度の状を得るに、「大和七年一二月五日の勅に准じ、九経の字体を覆定するものなり」と。いま詳覆する所、多く司業・張参の「五経文字」に依り准と為し、其の旧字様、歳月久しきを将て、画点参差し、伝写相い承け、漸いに乖誤を致す。いま並びに字書に依り参詳し、改め正に就き訖る。諸経の中、別に疑闕有り、旧字様未だ載せざるもの、古今の体異り、隷変同じからず。如し総《すべ》て「説文」に拠れば、即ち古体俗を驚かし、若し近代文字に依れば、或いは乖訛を伝写す。いま校勘官と、同《とも》に是非を商較し、其の適中を取り、纂録して新と為し、「九経字様」壱巻を加う。或いは経典相い承け、字義と同じからざるもの、具に文を引くに注解を以てし、いま刊削成る有り。請らくは「五経字様」の末に附し、用て紕誤を証せんとするものなり。其の字様、謹んで状に随い進上す。謹んで具すこと前の如し。

三　勅牒の異形式

以上にみた勅牒は官府・官人の奏請があって、その奏請に回答したものである。勅牒は奏請に対する勅牒だけではない。中書門下が奉勅し、一方的に出す勅牒もあった。以下には中書門下が一方的に発した勅牒の事例を示す。

敦煌発見の「職官表」（伯二五九三）の「新平闕令」の中には次のような勅牒がある。

中書門下　牒礼部
大道　至道　玄道　道本
道源　道宗　昊天　昊天
蒼天　上天　皇天　穹蒼

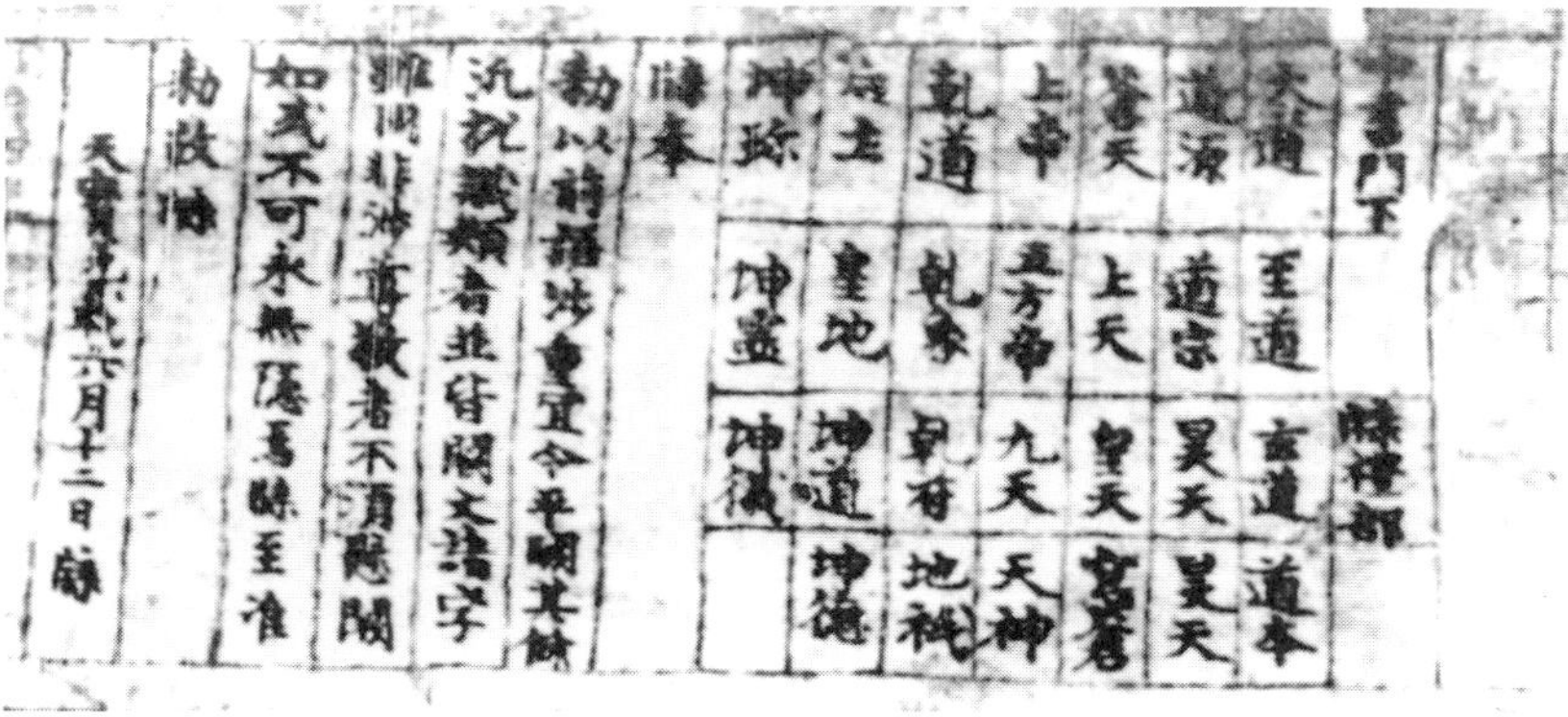

図版18　天宝元年（742）　勅牒（伯2593）

上帝　五方帝　九天　天神
乾道　乾象　乾符　地祇
后土　皇地　坤道　坤徳
坤祢　坤霊　坤儀
牒。奉
勅、以前語渉重、宜令平闕。其餘
汎説議類者、並皆闕文。諸字
雖同、非渉尊敬者、不須懸闕。
如或不可、永無隠焉。牒至准
勅。故牒。
天宝元載六月十二日　牒（天宝元年が正しい）

勅を奉ずるに、前の語重きに渉るを以て、宜しく平闕すべし。其の餘の汎説議類は、並びに皆な闕文せしむべし。諸字同じと雖も、尊敬に渉るものに非ざれば、闕を懸くるを須《もち》いず。如し或いは不可ならば、永に隠す無かれ。牒至らば勅に准ぜよ。故に牒す。

この勅牒は明らかに、奏請がなく、中書門下が一方的に牒によって礼部に対して皇帝の意志を伝達したものである。これと同じ様式の勅牒は『表制集』巻三所収の「勅置天下文殊師利菩薩院制一首」である。

中書門下　牒不空三蔵
牒。奉勅、京城及天下僧尼寺内、各簡一勝処、置大聖文殊師利菩薩院。仍各委本州府長官、即勾当修葺、并素文殊像、装飾綵画功畢、各画図其状聞奏。不得更於寺外別造。牒至准勅。故牒。

大暦七年十月十六日　牒

中書侍郎平章事　元載
門下侍郎平章事　王縉
兵部尚書平章事　李　使
司徒兼中書令　使

牒す。勅を奉ずるに、「京城及び天下僧尼寺内、各おの一勝処を簡び、大聖文殊師利菩薩院を置け。仍《よっ》て各おの本州府長官に委ね、即ち修葺を勾当せしめ、并せて素《きじ》の文殊像、装飾綵画の功畢れば、各おの其の状を画図し聞奏せよ。更に寺外に別造するを得ざれ」と。牒至らば勅に准ぜよ。故に牒す。

この勅牒も皇帝の意志を奉じて中書門下が一方的に不空三蔵に伝達したものである。『金石萃編』巻一一九所収の「賜長興萬寿禅院牒」は、一方的に発する勅牒と類似するが、興元節度使の奏請が勅牒の中にあるだけのことであり、奏請に対する勅牒である。

中書門下　牒鳳翔観察使
興元節度使張虔釗奏、薦青峰禅院、乞賜院額。
牒。奉勅。宜賜長興萬寿禅院為額。牒至准勅。故牒。

長興三年九月三日　牒

門下侍郎平章事李　（李愚）
右僕射兼門下侍郎平章事

興元節度使張虔釗奏す、青峰禅院を薦め、院額を賜わらんことを乞う。牒す。勅を奉ずるに、「宜しく長興萬寿禅院を賜い額と為すべし」と。牒至らば勅に准ぜよ。故に牒す。

四　勅牒が内包する奏文の性格

奏請を受けて発布される勅牒は、「状」と中書門下牒から構成される。しかし、勅牒に見える状は変形した状であり、状式の原形を忠実に伝えていない。これは上奏（状）があり、その状に中書門下が牒を張り継ぎ、勅牒が発信されるのではないことを示している。何故、このような変形が生じるのであろうか。この点を具体的に理解する上で絶好の史料が『八瓊室金石補正』巻六〇所収の「舜廟置守戸状」である。

舜廟置守戸状

［右］、臣謹案地図、舜陵在九疑之山、舜廟在太陽之渓。舜陵古者已失、太陽渓今不知処。秦漢已徠、置廟山下、年代浸遠。祠宇不存、毎有詔書、命州県致祭、奠酹荒野、恭命而已、豈有盛徳大業。百王師表、歿於荒裔、陵廟皆無。臣謹遵旧制、於州西山上、已立廟訖。特望天恩許蠲免近廟一両家、令歳時灑掃、永為恒式、豈独表聖人至徳及於萬代、実欲彰陛下天沢於無窮。謹録奏聞、状奏。

永泰二季三月十五日　使持節道州諸軍事守道州刺史賜緋魚袋臣元結状奏

舜廟守戸を置くの状

右、臣謹んで地図を按じるに、舜陵は九疑の山に在り、舜廟は太陽の渓に在る。舜陵は古に已に失われ、太陽渓いま処を知らず。秦漢已徠、廟を山下に置き、年代浸《うた》た遠し。祠宇存せず、詔書有る毎に、州県に命じて祭を致し、荒野を奠酹し、恭命するのみ、豈に盛徳の大業有らんや。百王師表、荒裔に歿し、陵廟皆な無し。臣謹んで旧制に遵い、州西の山上において、已に廟を立て訖る。特に天恩を望み近廟の一両家を蠲免するを許し、歳時をして灑掃せしめ、永く恒式と為さんとするは、豈に独り聖人の至徳萬代に及ぶを表わすのみならん、実に陛下の天沢、無窮に彰さんと欲するなり。謹んで録し奏聞す。状もて奏す。

右の状は、状の原形を完全に残すものである。この状は『文苑英華』巻六四四「状一七　陳請」にも「論請舜廟状元結　永泰二年」を所収しており、そこには「右、臣謹按地図、舜陵在九疑之山」とあるから、『八瓊室金石補正』は「右」を補字するべきである。この状は『元次山文集』巻一〇にも所収するが、「右、謹按地図」とあり「臣」字がない。状においては「右、臣云云」とあるのを通例とするから、『元次山文集』は「臣」字を脱字している。

右に示した状によって、勅牒に引用された状との相違点は判然としたことであろう。すなわち、勅牒に引用された状は起草年月日と起草者姓名がないのである。この事実は、上呈された状の後に料紙を張り継ぎ、勅牒が成立するのではないことを示している。状は皇帝に対して意見具申を行う文書であるから、状は皇帝に提出される。それに対し皇帝は何らかの意志表示を行うが、それは口頭による意思表示である。その意志を承けて中書門下が「奉勅、云云」の形を取り、関係官府や奏請本人に皇帝の意志を伝達するのである。

『八瓊室金石補正』巻六〇所収の「舜廟置守戸状」には、この状に対する勅牒がある。[2]

置廟戸勅（「勅」字は原勅牒に存在したものでなく、「状」の誤記であろう）

右、道州刺史元結奏、請蠲免近舜廟貳両

家、令歳時掃灑、永為恒式。

中書門下　牒道州

牒。奉勅、宜依。牒至准行（勅）。［故牒］。

永泰二季五月廿六日　牒

中書侍郎［平章事　元載］

［黄］門侍郎平［章事　杜鴻漸］

［黄門］侍［郎平章事　王縉］

［検校侍中　使］

［検校右僕射平章事　使］

［検校左僕射平章事　使］

［中書令　使］

右、道州刺史元結奏す、舜廟に近き弐両家を蠲免し、歳時をして掃灑せしめ、永く恒式と為さんことを請う。

この勅牒は元結が勅牒を受領し、それを記念して手許にあった状の草稿と到来した勅牒を一石に刻んだものである。

この史料によって、元結の状は「道州刺史元結奏、請蠲免近舜廟貳両家、令歳時掃灑、永為恒式」と簡略化されたことが歴然と理解できる。勅牒が作成される時、状はその全文が採用されたのではない。勅牒を発信する段階において、状の内容を摘記し、それに続けて「中書門下牒某」以下が書かれるのである。したがって、勅牒に引用された状は、本来の状の主意のみが摘記されたものである点に留意する必要がある。このことは「勅旨」において述べた。

五　『唐会要』の「奉勅、云云」

『唐会要』に官府・官人の奏請があって「勅旨。云云」とあるのは、勅旨文書が編纂史料となるときに変形されたものである。このことは第六節「勅旨」において言及した。同じく『唐会要』には官府・官人の奏請があって、「奉勅、云云」とある史料がある。これは、どのような王言の変形であろうか。このことが解明できれば、『唐会要』所収の史料の来源が明らかとなり、『唐会要』に所載する史料の理解が進むであろう。

「奉勅、宜依」とある例

開元四年正月、大理少卿李衢奏、奉進止、令修皇后譜牒事、伏請降明勅。奉勅、宜依。仍令戸部量事、供其紙筆。（巻三皇后雑録）

開元四年（七一六）正月、大理少卿李衢奏す、進止を奉じ、皇后の譜牒を修めしむるの事、伏して明勅を降されんことを請う。勅を奉ずるに、「宜しく依るべし。仍《よっ》て戸部をして事を量らしめ、其の紙筆を供せ」と。

「奉勅、依奏」とある例

其年（大和四年）七月、吏部奏、三銓正令史、毎銓元置七人、今請依大和元年流外銓起請、置五人、減下両人。南曹令史一十五人、今請依大和元年流外銓起請節文、減下三人。奉勅、依奏。（巻七五貢挙上雑処置）

其の年（大和四年）七月、吏部奏す、三銓の正令史、銓毎に元七人を置く、今大和元年流外銓の起請に依り、五人を置き、両人を減下せんことを請う。南曹の令史一五人、今大和元年の流外銓の起請節文に依り、三人を減下せんことを請う。勅を奉ずるに、「奏に依れ」と。

「奉勅、云云」とある例

其年（会昌五年）十一月、東都留守奏、太微宮畢、玄元館真容即欲移就、玄宗真像便合従遷。伏以聖祖尊崇、厳奉須備、移動之日、宜択良辰。伏乞天恩、降勅有司択日。奉勅、宜令所司択日聞奏。（巻五〇尊崇道教）

会昌五年（八四五）十一月、東都留守奏す、太微宮畢り、玄元館の真容即ち移就せんと欲し、玄宗の真像便ち合に遷るに従るべし。伏して以うに聖祖尊崇、厳に奉り備を須ち、移動の日、宜しく良辰を択ぶべし。伏して天恩を乞い、勅を降し有司日を択ばんことを。勅を奉ずるに、「宜しく所司をして日を択び聞奏せしむべし」と。

右の記事は勅牒の「奉勅、云云」に大変よく類似する。『唐会要』の「奉勅、云云」とある史料は、勅牒が編纂史料に採用されるとき、「年月日、某奏。云云。奉勅、云云」と変形されたものである。このうち、「年月日」は某官府・官人が上奏した時点を指すのではない。勅牒において「年月日」は一箇所であり、それは勅牒の発信年月日である。後代になって、勅牒をみて編纂史料にするとき、上奏の「年月日」は不明となっているから、「年月日、某奏。云云。奉勅、云云」の年月日は勅牒の発信年月日であることになる。

勅牒は右のような形にのみ編纂されるのではない。そのことを示す史料は『唐会要』巻二二前代帝王の記事である。

永泰二年五月、詔。道州舜廟、宜蠲近廟両戸、充埽除。従刺史元結所請也。

永泰二年五月、詔す。道州の舜廟、宜しく近廟の両戸を蠲《のぞ》き、埽除に充つべし。刺史元結の請う所に従うなり。

この記事は、前掲した元結の奏請に対する勅牒と関係がある。元結に対する勅牒が編纂史料となると、右の『唐会要』

の記事のようになることもある。したがって、『唐会要』に「年月日、詔。云云」「年月日、勅。云云」とあれば、それは直ちに詔書（制書）や発日勅の節略文と理解してはならない場合がある。

『唐会要』に「奉勅、宜依」「奉勅、依奏」「奉勅、云云」とある史料は、本来は勅牒であったものが、改変されて編纂史料になると右のような形になるのである。『唐会要』の史料において、奏請があり、裁可の語が単に「従之」「奏可」「詔従之」「詔可」「詔曰可」とある史料は「勅旨。宜依」や「奉勅、宜依」いずれかの変形であり、「奉勅、依」は「奉勅、宜依」か「奉勅、依奏」変形か、「宜」と「依」字の脱落したものであろう。

六　勅牒式の復元

勅牒には官府・官人の奏請があるものと、皇帝が一方的に発するものとの二種類がある。いま皇帝が発する勅牒によって、勅牒様式を復元すれば、次のような文書式となろう。

　中書門下　牒某

牒。奉勅、云云。牒至准勅。故牒。

　　　年月日　牒

　　　　宰相具官姓名

『唐代制勅研究』五二九頁に復元した勅牒式においては、「云云」の下に「宜依。依奏。餘依」を補字し、「云云」の内容には「宜依」とか、「依奏」とか、「云云、餘依」とかがあったであろうと想定した。これは前項の『唐会要』の検討から導かれたものであるが、公式令勅牒式の文言として、確実に存在したかは明らかではない。『唐代公文書研究』（汲古書院　一九九六）において、王言七種の文書様式の訂正を行った際に削除した（六二八頁）。本書において前回の訂正に従い削除して示す。

「宰相具官姓名」としたのは、一名の宰相が署名するという意味ではない。宰相の職にある者、全員という意味である。公式令勅牒式に「宰相具官姓名」とあったという意味において、「宰相具官姓名」と復元したのではない。宰相の連署箇所であるが、勅牒式において、宰相をどのように表記したのか不明であるため、便宜的に「宰相」と表記したのであり、絶対的なものではない。

右の復元勅牒式は『唐令拾遺補』の勅牒式（七三一頁）と同じであり、『唐令拾遺補』の編者にも賛同して頂いたと理解している。

七　勅牒の起源

『大唐六典』の「王言之制」に勅牒があるから、開元年間に勅牒は存在した。この時期をどこまで遡及できるものであろうか。この課題は唐代の政治制度とも関連する。すなわち、勅牒は中書門下（政事堂）が皇帝の意志を「奉勅」して下達するものであり、勅牒は中書門下（宰相府）の成立と密接な関連を有する。

中書門下は唐初より存在したものではない。『旧唐書』巻四三職官志二門下省・侍中の原註には、政事堂が開元一一年（七二三）中書門下に改称されたとする。

開元十一年、中書令張説改政事堂為中書門下、其政事印、改為中書門下之印也。

開元一一年、中書令の張説、政事堂を改め中書門下と為し、其の「政事印」、改めて「中書門下之印」と為すなり。

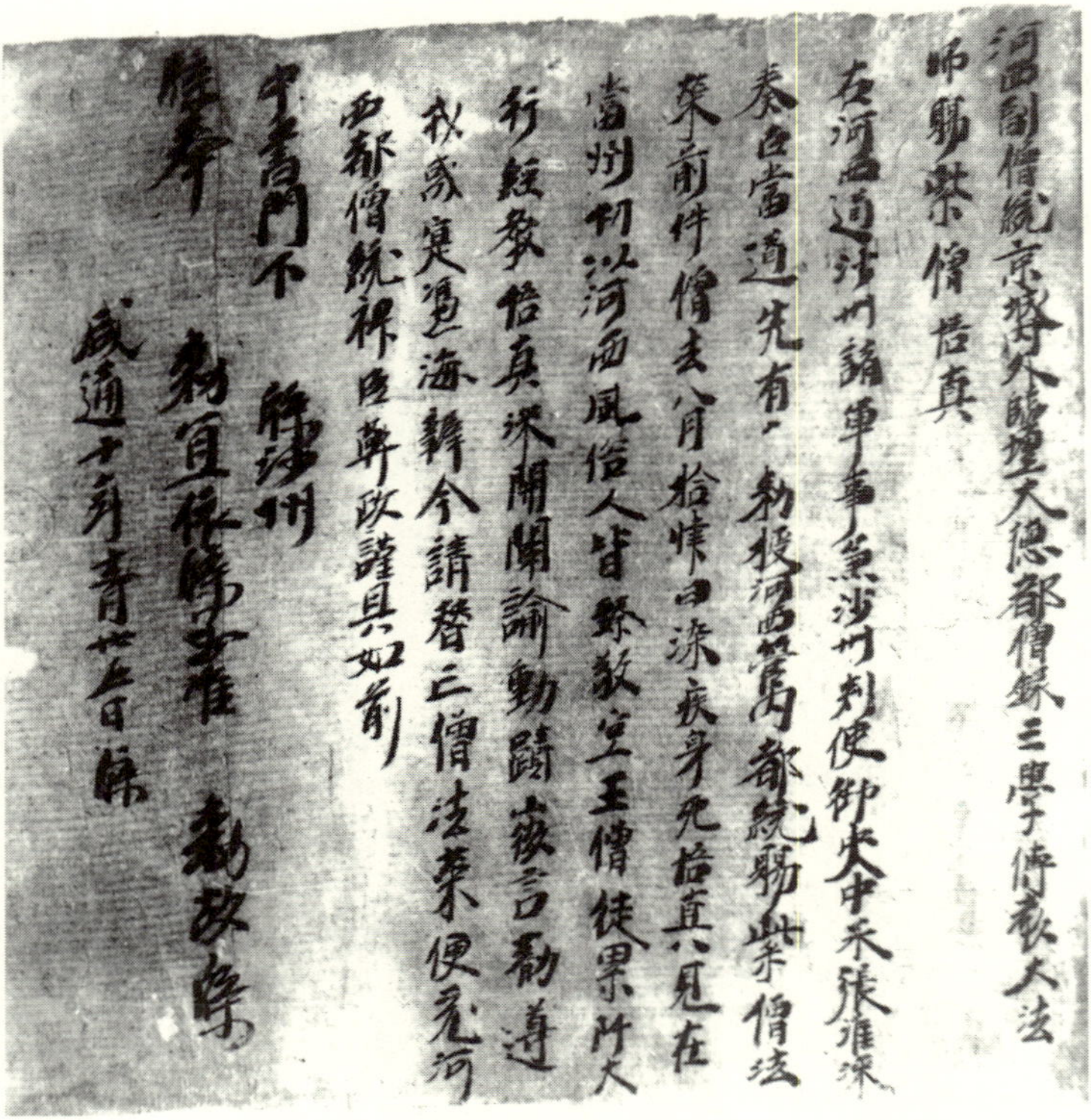
河西副僧統京城内外臨壇大德都僧録三學傳教大法
師賜紫僧悟真
右河西道沙州諸軍事兼沙州刺史御史中丞張淮深
奏臣當道先有 勅授河西管内都僧統賜紫僧法
榮前件僧去八月拾伍日染疾身死其悟真見在
當州 切以河西風俗人皆臻敬空王僧徒累阡大
行經教悟真深開闡論動躋寂言勸導
戎豪遐邇歸今請替亡僧法榮便充河
西都僧統裨臣弊政謹具如前
中書門下 牒沙州
牒奉 勅宜依牒至准 勅故牒
咸通十年十二月廿五日牒

図版19 咸通10年（869） 勅牒（伯3720）

勅牒という文書は、開元年間より公用されるようになったものではなく、唐初より存在した文書と考えられるが、「中書門下」の名称が成立する以前において、どのような名称で勅牒が伝達されたかは不明としなければならない。

現存する勅牒で最古のものは、前掲した敦煌発見の職官表所載の天宝元年（七四二）のものであり、これ以前の勅牒は残存していない。政事堂が中書門下となり、「政事印」が「中書門下之印」となったのであるから、「中書門下」以前は「政事堂 牒某」の形で、勅牒が伝達された可能性がある。

『隋書』巻一二礼儀志七の皇帝八璽を述べた箇所に「内史門下印」に関する記事がある。

常行詔勅、則用内史門下印。

常行の詔勅は、則ち「内史門下印」を用いる。

この記事によれば、隋代にすでに内史門下という宰相府が成立していたことになる。また本章第三節「制書式の起源」において、詔授の起源は開皇年間にあるとした。詔授は四品五品官の任用は宰相府が審議し、皇帝の名において任用する制度であるから、宰相府は開皇年間に存在したのである。

勅牒は宰相府の発信する牒であり、宰相府を中書門下というから中書門下勅牒というのである。宰相府を政事堂というなら、政事堂の発信する奉勅の牒は、政事堂勅牒と表現することがあったとしてよい。小事の政務に関する官府・官人の上奏は、どのような時代にもある。その回答は宰相府が奉勅して処理し、牒式文書によって回答する。それを勅牒という。宰相府を中書門下というから中書門下勅牒というなら、時の宰相府名を冠した勅牒はあってもよく、宰相府を内史門下というなら、内史門下の発信する奉勅の牒は、内史門下勅牒と表現したとしてよい。隋代に勅牒は存在すると認めてよい。そうでなければ、隋代には小事の政務に関する決済手段はないことになってしまう。

八　ま　と　め

勅牒は小事に関わる官府・官人の奏請に対する王言であり、皇帝が一方的に発する場合もある。中書門下（宰相府）が奉勅して伝達する。勅牒は『表制集』や金石史料に実例を見ることができる。『唐会要』に所載する「奉勅、云云」とある史料は、勅牒が原史料であって、史料編纂過程において『唐会要』のように改変されたものである。

勅牒の前に位置する奏文は、官府・官人の奏請であるが、その奏請は原文書のままではない。奏請の原文書においては、奏請の年月日と奏請者の署位は文書の尾部に位置する。勅牒の前にある奏請は原文書と異なっている。これは奏請が提出され、勅牒が発信されるとき主意文が作成され、それに続けて皇帝の意志が示されるのであって、奏請の原文書ではない点に留意する必要がある。

勅牒の起源に関しては史料が少なく不明である。しかし、小事に関する政務の決裁は何時の時代にもあり、勅牒は宰相府が奉勅して発信するものであることを考えれば、勅牒の起源は全くの不明という訳ではない。宰相府を中書門下と呼称する以前には政事堂といっていたのであれば、勅牒は政事堂が発信したのであり、隋代に宰相府を内史門下といっていたのであれば、内史門下が発信し、「内史門下勅牒」といっていたのであろうと推測される。

勅牒は小事の案件に回答する王言である。何が小事なのかは、例示した諸史料からは明らかにすることはできなかった。漠然とした大事・小事でなく、明確な形で何が小事に属するかを確定することが今後の課題として残る。

註

（1）『唐会要』巻六六国子監・開成二年の条と『玉海』巻四三藝文「唐九字様・五経字様」に、「新加九経字様壹巻」を所載しているが、『唐会要』『玉海』はともに、「大和七年十二月七日」を「大和七年二月七日」に誤っている。『唐会要』には裁可を「勅旨。依奏」とし、原文書を改変している。

（2）闕落した宰相名を長ながと復元したのは『表制集』巻一所収の「杜中丞請廻封入翻訳制一首（永泰元年九月）」に見える宰相名と同一であり、同書巻二所収の「請降誕日度僧五人制一首（大暦二年）」まで、同じ宰相名が見えることにより、復元した宰相が署名したことは確実である。

第九節 赦と徳音

一 問題の所在

唐代の赦に関しては、沈家本が「赦考」（『沈寄簃先生遺書 甲編』所収）において考察している。彼は赦を大赦・降（徳音）・曲赦の三種類に分類する。沈家本の分類は『宋史』巻二〇一刑法志所載の次の記事と合致する。

恩宥之制、凡大赦及天下、釈雑犯死罪以下、甚則常赦所不原罪、皆除之。凡曲赦、惟一路、或一州、或別京、或畿内。凡徳音、則死及流罪降等、餘罪釈之、間亦釈流罪。所被広狭無常。又天子歳自録京師繫囚、畿内則遣使、往往雑犯死罪以下、第降等、杖笞釈之、或徒罪亦得釈。若并及諸路、則命監司録焉。

恩宥の制、凡そ大赦は天下に及び、雑犯・死罪以下を釈し、甚だしきは則ち常赦の原《ゆる》さざる所の罪、皆な之を除《ゆる》す。凡そ曲赦は惟だ一路、或いは一州、或いは別京、或いは畿内[に及ぶ]のみ。凡そ徳音は則ち死及び流罪は降等し、餘罪は之を釈《ゆる》し、間《まま》亦た流罪を釈し、被ぶ所広狭常無し。又た天子歳に自ら京師の繫囚を録し、畿内は則ち遣使し、往往にして雑犯死罪以下、第して降等し、杖・笞は之を釈し、或いは徒罪亦た釈すを得。若し并せて諸路に及べば、則ち監司に命じ焉《これ》を録せしむ。

沈家本は宋代の赦制から唐代の赦制を考え、大赦の方が徳音《とくいん》より上位の赦であるという。この見解は妥当なものであろうか。本節は徳音に関して考察を加え、唐代の徳音と赦書との関係を明確にしたいと考える。

二　貞元二一年（八〇五）の赦書

赦は制書や発日勅で公布される。『毘陵集』巻四所収「為譙郡唐太守賀赦表」には次のようにある。

臣某言。伏奉二月五日制書、大赦天下。喜気動天、栄光被物。百神踴躍、衆庶悦豫。

臣某言う。伏して二月五日の制書を奉ずるに、天下に大赦すといえり。喜気天を動かし、栄光物に被ぶ。百神踴躍し、衆庶悦豫す。

『白氏文集』巻六一奏状四所収「為宰相賀赦表　長慶元年正月、就南郊撰進」にも次のようにある。

臣某等言。伏奉今日制書、大赦天下者。臣与百執事、奉揚宣布、与億兆衆、踏舞歓呼。

臣某等言う。伏して今日の制書を奉ずるに、天下に大赦すといえり。臣、百の執事と、奉揚宣布し、億兆の衆と、踏舞歓呼す。

右は大赦が制書で公布されたことを示す史料であるとともに、大赦が公布されると宰相や諸州刺史は、大赦を賀す表を皇帝に上呈していたことを示すものである。

右に例示した表の題名は、大赦を「赦」と表現する。「赦」とは刑罰の無効を宣言する大赦のみを指すものであろうか。『文苑英華』巻五五九「表七賀赦二」所収の令孤楚の「賀冊太子赦表」は次のようにある。

臣某言。伏奉今月九日制書、皇太子冊礼云畢、思与萬方、同其恵沢者。国慶遐宣、天波曲被。懐生之類、咸共欣栄。中賀。

臣某言う。伏して今月九日の制書を奉ずるに、皇太子の冊礼畢るを云い、思いは萬方と、其の恵沢を同《とも》にすといえり。国慶遐かに宣べ、天波曲被す。懐生の類、咸な共に欣栄す。中賀。

この表には「赦」に関して何も伝えないが、『文苑英華』の分類が「賀赦」であるから、赦に対する賀表であることは疑いない。この表の書かれた時期について、『冊府元亀』巻八九帝王部赦宥八所載の貞元二一年（八〇五）四月戊申（九日）の制書と関係がある。

詔曰、惟先格王（先哲王?）、光有天下、必正邦本、以立人極、必建儲貳、以承宗祧。所以啓廸大猷、安固洪業、斯前代之令典也。皇太子純、体仁秉哲、恭敬温文、徳叶元良、礼当上嗣。朕奉若丕訓、憲章古式。永惟社稷之重、載考春秋之義、授之匕鬯、以奉粢盛、爰以令辰、俾膺茂典。今冊礼云畢、慶感交懐、思与萬方、同其恵沢。自貞元二十一年二月二十四日巳後、至四月九日昧爽巳前、天下応犯死罪者、特降従流、流罪巳下、各減一等。文武常参官及諸州府長官、子為父後者、賜勲両転。古之所以教太子、必茂撰師友以輔翼之。俾法於訓詞、而行其典礼、右左前後、罔非正人、是以教諭而成徳也。給事中陸贄（質?）中書舎人崔枢、積学懿文、守経拠古、以参講習、庶叶于中。可充皇太子侍読。天下孝子順孫、先旌表門閭者、委所管州県、各加存恤。五岳四瀆、名山大川、委所在長吏、量加祭礼。

詔して曰く、「惟うに先の哲王、光《おおい》に天下を有つに、必ず邦の本を正し、以て人極に立ち、必ず儲貳を建て、以て宗祧を承く。大猷を啓廸し、洪業を安固する所以は、斯れ前代の令典なり。皇太子純、仁を体し哲を秉り、恭敬にして温文、徳は元良に叶い、礼は上嗣に当たる。朕は丕訓を奉若し、古式を憲章す。永く社稷の重を惟《おも》い、載《すなわ》ち春秋の義を考え、之に匕鬯を授け、以て粢盛を奉じ、爰に令辰を以て、茂典を膺《うけ》さしむ。今冊礼畢るを云い、慶感交懐、思いは萬方と、其の恵沢を同《とも》にす。貞元二一年二月二四日より已後、四月九日昧爽已前に至り、天下応《まさ》に死罪を犯す者、特に降して流に従い、流罪已下、各おの一等を減ずべし。文武常参官及び諸州府長官、子の父の後と為る者、勲両転を賜う。古の太子を教える所以は、必ず師友を茂撰し以て之を輔翼す。訓詞に法《のっと》り、而して其の典礼を行わしむるに、右左前後、正人に非ざるは罔し。是を以て教諭し徳を成すなり。給事中陸質・中書舎人崔枢、積学懿文にして、守経拠古たり、以て講習に参じ、中に叶うに庶《ちか》し。皇太子侍読に充つべし。天下の孝子順孫、先に門閭に旌表する者、所管の州県に委ね、各おの存恤を加う。五岳四瀆、名山大川、所在の長吏に委ね、量りて祭祀を加う」と。

すなわち、順宗皇帝が李純を皇太子に冊立し、その冊立にともなって布告された制書の日付と一致し、制書中の「今冊礼云畢、慶感交懐、思与萬方、同其恵沢」は、令孤楚の賀表にもあるから、貞元二一年（八〇五）四月九日の制書に対する賀赦表である。四月九日の制書が「赦」であるのは、制書の一節に「自貞元二十一年二月二十四日已後、至四月九日昧爽已前、天下応犯死罪者、特降従流、流罪已下各減一等」とあるからである。

赦は大赦だけを意味するものではなく、減刑も「赦」なのである。『唐大詔令集』巻二九所収の「貞元二十一年冊皇太子赦」は、前掲『冊府元亀』と同じ内容の制書であるが、「自貞元二十一年」の上に「可大赦天下」の五字がある。減刑がなにゆえに大赦であろうか。『順宗実録』巻三貞元二一年四月戊申の条にも、『冊府元亀』や『唐大詔令集』と同内容の制書を所載するが、そこには「可大赦天下」の五字はない。『旧唐書』巻一四順宗紀・貞元二一年四月戊申の条にも減刑を伝えるのみである。『新唐書』巻七順宗紀・貞元二一年四月戊申の条にも「以冊皇太子、降死罪以下、賜文武官子為父後者勲両転」とあり、減刑を伝えるのみであって大赦は伝えない。したがって、『唐大詔令集』の「可大赦天下」は衍字としなければならない。

貞元二一年四月九日の制書に対する賀表は『唐柳先生文集』巻三七にもある。

臣某等言。伏奉今日制、皇太子冊礼云畢、思与萬方、同恵沢者。盛典斯挙、鴻恩遂行。凡在率土、不勝抃躍。臣某等誠喜誠賀、頓首頓首。（「礼部賀皇太子冊礼畢徳音表」）

臣某等言う。伏して今日の制を奉ずるに、皇太子冊礼畢ると云い、思いは萬方と、恵沢を同《とも》にすといえり。盛典斯に挙げ、鴻恩遂いに行わる。凡そ率土に在りては、抃躍に勝えず。臣某等誠に喜び誠に賀し、頓首し頓首す。

柳宗元は当時、礼部員外郎の官にあって尚書礼部を代表して賀赦表を書いたのである。柳宗元の表の題名には「徳音表」とある。これは四月九日の制書を指しているものであるから、減刑を指示する王言は徳音というのである。

三　『翰林志』の徳音

李肇の『翰林志』にみえる徳音《とくいん》は、沈家本や『宋史』刑法志とは異なる。

凡赦書徳音立后建儲大誅討、［叙］免三公宰相、命将曰制、並用白麻紙、不用印。

凡そ赦書・徳音・立后・建儲・大誅討、三公宰相を叙免し、将を命じるは制と曰い、並びに白麻紙を用い、印を用いず。

沈家本や『宋史』刑法志は、赦書の一種に徳音があるとするが、『翰林志』は赦書とは別に徳音があるという。『翰林志』にいう徳音とは何であろうか。

『陸宣公翰苑集』巻三所収の「蝗虫避正殿降免囚徒徳音」の一節には次のようにある。

朕避正殿不御、百寮奏事、並於延英処分。尚食進膳、宜更節減。百司不急之務、一切且除。諸軍将士外、自餘応食官糧人、及諸色用度等、並委本使長官商量、権行停減、以救荒饉。仍限十日内、具元額、及所釐革、条件聞奏。

待至豊稔、却令依旧。畿内百姓、委京兆尹、切加慰撫、除正税正役外、徴科差遣、並宜禁絶。非交相侵奪、尋常訴訟、不須追擾。務且息人。京畿内外、及京兆府諸県見禁囚徒、死罪降従、流以下一切放免。

朕は正殿を避け御さず、百寮の奏事は、並びに延英において処分す。尚食の膳を進めること、宜しく更に節減すべし。百司不急の務、一切且《しばら》く除け。諸軍将士の外、自餘の応に官糧を食すべき人、及び諸色の用度等、並びに本使の長官に委ね商量し、権に停減を行い以て荒饉を救うべし。仍ち一〇日内に限り、元額及び釐革する所の条件を具し聞奏せよ。豊稔に至るを待ち、却って旧に依らしむ。畿内の百姓は、京兆尹に委ね、切に慰撫を加え、正税正役を除くの外、徴科差遣、並びに宜しく禁絶すべし。交ごも相い侵奪するに非ざれば、尋常の訴訟、追擾するを須いず。務て且に人を息む。京畿内外及び京兆府諸県見禁囚徒、死罪は従に降し、流以下は一切放免す。

右の史料は、死罪以下の減刑を宣言し「蝗虫避正殿降免囚徒徳音」と題する。この題名は唐代以降に命名されたものではない。『陸宣公翰苑集』の序文は権徳輿が書いている。権徳輿は元和一三年（八一八）に卒しているから（『旧唐書』巻一四八権徳輿伝）、『陸宣公翰苑集』の序文ができたのは元和一三年以前である。当時において、右に示した史料を徳音とするのであるから、唐代において徳音が赦書の一種であることは明白であり、李肇と同時代の権徳輿は李肇と異なる見解を示すのである。権徳輿の見解に従って、『翰林志』の記事は誤りとして却けるべきであろうか。

四　徳　音

唐代の徳音に関しては、沈家本の研究に加えて根本誠氏の研究がある。(1)

唐代では、徳音と言う語が、大赦の一種だとされて行われた。その頃には、有罪に対する大赦に、却って有功に対する旌表賞与、即ち慶賞をも併せ行うのをみたが、徳音とは、その旌表賞与に、大赦的なものを併せ行う慶賞的な特徴をもったもののことである。さきの通考は刑罰の減等を言い、軽刑の赦免を言って、その大赦的なものをば定義づけているが、その徳音という語自身は、既に『詩経』以来、言われ続けて来ているのである。而も古典の徳音は、決して刑罰の赦宥のみに狭められていたものではない。却って、一般的には、「徳音孜昭、視民不恌」（小雅鹿鳴）や、「徳音秩秩。無怨無悪」（大雅仮楽）などに於いてもわかる通り、庶政一般に就いてであり、それも、仁政的なものであり、明るいものであった。赦宥を含むことがあったかも知れないが、大赦そのものを意味してはいなかった。これが徳音の事実なのである。

根本氏は徳音には赦を含むものと、そうでないものがあると指摘する。赦を伴わない徳音は前掲した『翰林志』にいう徳音と同じ性格のものである。

『劉賓客文集』巻一四所収の「論利害表」は徳音に対する表である。

臣某言。伏准今年正月五日徳音、宜令諸道観察使刺史、各具当処利害、付駅以聞者。伏惟皇帝陛下、叡哲自天、纘成列聖。善述先志、発揚徳音。率土人臣、不勝慶幸。……（中略）……。長慶四年五月十四日。

臣某言う。伏して今年正月五日の徳音に准ずるに、宜しく諸道観察使・刺史をして、各おの当処の利害を具し、駅に付し以聞せしむといえり。伏して惟うに皇帝陛下、叡哲天よりし、列聖を纘成す。善く先志を述べ、徳音を発揚す。率土の人臣、慶幸に勝《た》えず。

長慶四年正月五日の徳音は減刑をいわないものであった。右の表にみえる「宜令諸道観察使刺史、各具当処利害、付駅以聞者」が徳音の主旨であったと考えられる。したがって、減刑をいわない徳音が存在するであろうことは、劉禹錫の表から推測可能であろう。この推測が正しいとするならば、前掲した『宋史』刑法志にいう徳音とは、徳音の有する刑法的特典の側面しか伝えていないことになるであろう。

徳音とは「天子の御徳」というのが原義である。天子の徳を示す、具体的な表われが赦である。徳音すなわち赦と理解するのは、徳音の原義からすれば末枝的理解である。すなわち、天子の徳を示す王言が公布され、時として、付随的に減刑が加えられる。減刑条項は付随的なものであって、減刑条項を付帯しなくても徳音なのである。李肇が『翰林志』において、大赦と等置している徳音は本来的な意味での徳音である。唐代において減刑条項を付帯しない徳音とは、具体的にどのようなものを想起すればよいであろうか。

この点、徳音の性格を明確に伝える唐代文献はない。しかし、徳音は制書や勅書によって布告される王言であることを想起すれば、解決の糸口は見つかるであろう。「序説」において「行大賞罰」の説明を保留しておいた。この大賞罰を行うことこそが、天子の徳を示すものではないであろうか。大賞を行うことが皇帝の徳を表現することであると肯定されても、大罰を行うことが、何故に御徳を表現することと関連するのかと、反問があるかも知れない。致仕に際して骸骨を請い、賜死に上表して恩謝することを想起すれば、大罰は天子の徳と無縁ではないのである。

『文苑英華』巻四三四「翰林制詔一五」から「翰林制詔二二」までには、「徳音」と題して六〇首の制・勅が所収されている。この徳音はさらに「宣慰徳音」「放減徳音」「賑恤徳音」「招撫徳音」「征伐徳音」「誅罪徳音」「雑徳音」に分類されている。このうち、減刑をいうものは六首のみであって、他は減刑をいわない。ここでは巻四三四の「宣慰徳音」と「放減徳音」のうちで、「宣慰湖南百姓制」と「減京兆府秋税制」を例示する。題名に「制」とありながら、本文には「勅。云云」とあるのは、制と勅の混用を示すものである。

宣慰湖南百姓制（常袞撰）

勅。震沢之南、数州之地、頃以水潦暴至、沱潜潰溢。既敗城郭、復豬原田、連歳大歉、元元重困、餒殍相望、流庸莫返。加之以師旅、煩之以賦役。哀我矜人、何以堪命。朕君臨之道猶欝、牧養之政未弘。咎之所降、諒在於此。雖天災流行、則有恒数、而夕惕若厲、豈忘責躬。夫振人育物、大易之明義也。自漢魏已来、水旱之処、必遣使巡問、以安集之。国朝因其制焉、亦命近臣慰撫、俾喩求瘼之意。用紓科泛之急。宜令中散大夫給事中賀若察往湖南宣慰処置。其百姓遭損、不能自存者、応須賑給蠲免。宜与本道観察使商量、処置訖聞奏。仍齎詔書、体問周恤、宣示郡邑、令悉朕懐。

勅す。震沢の南、数州の地、頃ごろ水潦暴かに至るを以て、沱潜潰溢す。既に城郭を敗り、復た原田に瀦《たま》り、連歳大歉す、元元重困し、餒殍相い望み、流庸して返る莫し。之に加うるに師旅を以てし、之を煩わすに賦役を以てす。我が矜人を哀れめば、何んぞ以て命に堪んや。朕、君臨の道猶お欝にして、牧養の政未だ弘まらず。咎の降る所、諒《あきらか》に此れに在り。天災流行すると雖も、則ち恒数有り、而して夕惕若し厲《はげし》ければ、豈に躬を責むるを忘れんや。夫れ「振人育物」は大易の明義なり。漢魏より已来、水旱の処、必ず使を遣わし巡問し、以て之を安集す。国朝其の制に因り、亦た近臣に命じ慰撫せしめ、求瘼の意を喩《さと》さしめ、用て科泛の急を紓《やわら》ぐ。宜しく中散大夫・給事中賀若察をして湖南に往き宣慰処置せしむべし。其れ百姓損に遭い、自ら存すること能わざる者、応に須らく賑給し蠲免すべし。宜しく本道観察使と商量し、処置し訖れば聞奏すべし。仍《よっ》て詔書を齎らし、体問し周《あまね》く恤《すく》い、郡邑に宣示し、朕が懐いを悉さしめよ。

減京兆府秋税制（常衮撰）

勅。頃以蓄寇猶虞、王師未戢。所資軍費、皆出邦畿。征調荐興、日加煩重。閭閻困竭、人転流亡。念之疚懐、旰食増懼。近者省月更之役、減歳入之租、務於恵養、冀有蘇息。尚聞告病、終未安居、深用悼懐、更思優卹。今関輔諸屯、墾田漸広、江淮転漕常数又加、在一年之儲、有太半之助。其於税地、故可従軽。其京兆府来年秋税、宜分作両等、上下各半、上等毎畝税一斗、下等毎畝税六升。其荒田如有能開佃者、宜準今年十月二十九日勅、一切毎畝税二升。仍委京兆尹及令長、明申詔旨、分牓郷閭、一一存撫、令知朕意。

勅す。頃ごろ蕃寇猶お虞うるを以て、王師未だ戢《や》めず。資する所の軍費、皆な邦畿に出ず。征調荐興し、日びに煩重を加う。閭閻困竭し、人転《うた》た流亡す。之を念い懐《こころ》を疚《や》み、旰食して懼を増す。近ごろ月更の役を省き、歳入の租を減じ、恵養に務め、蘇息有らんことを冀う。尚お病を告ぐるを聞き、終に未だ安居せず、深く用て懐を悼め、更に優卹を思う。今、関輔の諸屯、墾田漸く広く、江淮転漕の常数又た加え、一年の儲在り、太半の助有り。其れ地に税するにおいては、故《こと》さらに軽きに従うべし。其れ京兆府来年の秋税、宜しく分かちて両等を作し、上下各おの半、上等は毎畝税一斗、下等は毎畝税六升なるべし。其れ荒田能く開佃有るが如きは、宜しく今年一〇月二九日の勅に準じ、一切毎畝税二升なり。仍《よっ》て京兆尹及び令長に委ね、明らかに詔旨を申べ、分かちて郷閭に牓し、一一存撫し、朕が意を知らしめよ。

『文苑英華』巻四三四より前の「赦書」の項には、減刑を明記した徳音が所収されている。それを「赦書」に分類しているのであるから、分類上は誤っていない。減刑をいわない右の勅書は、なにゆえに徳音と分類されるのであろうか。それは諸道を宣慰し丁役や税銭を減免することも、皇帝の徳を具現したものであるからである。

『文苑英華』の「徳音」には、起草者もしくは出典を明記している。そこには個人名とともに、『玉堂遺範』、『編制』、『内制』の書名がある。『編制』と『内制』に関しては経籍志等に著録されず、その詳細は不詳であるが、唐朝の制勅を編集したものであろうと推測される。『玉堂遺範』は『宋史』藝文志八総集類に、「李琪　玉堂遺範三十巻」とあるものであろう。李琪は五代の人で『旧五代史』巻五八に列伝があり、後唐の長興年間（九三〇~九三四）に卒している。『新唐書』巻五八藝文志二・乙部史録起居注類・詔令には、『唐徳音録』三〇巻、『太平内制』五巻、『明皇制詔録』一

○巻、『元和制集』一〇巻、『唐旧制編録』六巻が著録されており、宋の雍熙四年（九八七）に成った『文苑英華』は、これらの詔令類を資料として「徳音」八巻を編集したものと推測され、「徳音」の項に採用された制勅は、唐代において人々に徳音と共通に認識されたものであった。『文苑英華』の徳音によって、減刑をいわない徳音の実体が明らかになった。この徳音の存在によって、『唐大詔令集』所収の制勅で、題名に徳音とないが実際には徳音であると断定できる制勅が、数多く存在することが判明するのである。

ここにおいて、制書の用途のうち「行大賞罰」とある意味が明白となった。大賞罰を行うとは具体的には、徳音を発して天下を「宣慰」し、「減徴」し、「賑恤」し、「招撫」し、「征伐」し、また「誅罪」することをいうのである。こうした施策の公布に付随して刑法上の恩典を与える場合がある。その大規模なものが大赦であり、小規模なものが「降」と表現され、死罪以下の犯罪の降等をいう徳音なのである。制書の用途のうち、「行大官爵」という五品以上の授官に用いる制書は、戦功による勲官授与にも使用され、いわば日常的に頻用される制書であって小事の制書である。大赦は三年に一回程度、公布される制書であり、公布回数が少ないことが、大赦の荘重さを増す所以にもなっている。とすれば、大賞罰を行う徳音こそは、「釐革旧政」に用いる制書と並んで、大赦を除く制書のうちで最も制書らしい制書ということになろう。

五　ま と め

制書の用途には大事と小事の区別がある。小事に用いられる制書は制授告身の制詞であり、「行大賞罰」「釐革旧政」「赦宥降慮」に際しては大事の場合の制書式が使用された。大事に用いる制書は、内容によって「大赦」「徳音」「赦書」「遺詔」等に分類される。赦書には大赦・徳音・曲赦がある。全刑罰の無効を宣言する大赦は、刑の減免をいう徳音より、赦としては大規模な赦であると認識されている。しかし、『翰林志』には「凡赦書・徳音」とあり、赦と徳音を等置する。李肇の理解によれば赦と徳音は別の範疇に属することになり、一般的な赦と徳音の理解と異なる。租税を減免することも徳音であり、刑罰を無効ならしめ減刑することも徳音なのであって、徳音は大赦の下位にある刑法上の恩恵的措置ではなく、徳音の一として大赦があるのである。

註

（1）　根本誠「唐代の大赦に就いて」（「早稲田大学大学院文学研究科紀要」六号）二四一頁以下を参照。

第二章　王言の公布

王言の文書様式を確定することは、王朝国家の意思決定の過程を具体的に理解することであり、王言の公布方法を明確にすることは、王朝国家の意志が末端に貫徹されて行く過程を理解する方法の一である。唐王朝の支配を具体的に理解するためには、王言の文書様式論とともに、その公布方法を解明することも極めて重要となる。

「王言之制」七種類のうち、冊書・慰労制書・論事勅書は直接臣僚個人に発する王言であり、尚書省を経由して公布伝達されない。上奏に対する回答としての勅旨と勅牒は、中書門下が個人に直接伝達するか、中書門下が文書内容に関係する官府に伝達し、その官府から上奏者に伝達される。制書と発日勅と皇帝が一方的に発する勅旨は、一般の国政と関連する王言であり、これらの王言の公布形態を解明することが重要となろう。

専制国家においては、民衆の意志や末端の行政機関の意志が中央の政策決定に反映することは、ほとんどなく、皇帝の名において上意下達方式によって統治していたのである。それゆえに、王言の伝達公布の方法を解明すれば、専制国家の統治のありかたは判明する。隋唐王朝も専制国家であるから、統治方法は王言の伝達公布を知ればよいことになる。隋唐王朝の統治は州県制を採用し、王言は中央から州、州から県と伝達されると、文献によってすでに判明しているが、その具体的様相は不明なのであり、表層的理解に止まっているのが現状である。これを打破するためには、具体的文書によって、王言の伝達公布を提示し、一般化することが重要となろう。

第一節　制勅の公布

一　問題の所在

本節において論究するのは、制書と発日勅と勅旨の公布形態である。これら三種の王言は国政と深く関連し、公布形態の解明は、国家意志が末端に貫徹して行く過程を解明することに通じる。制書と発日勅の公布には告身がある。しかし、告身は制書や発日勅によって授官するものであって、国政に関する制勅の公布とは異なる。

王言の公布は中央官府から中央官府に公布伝達する場合もあり、中央官府間における王言伝達の復元は、西域から発見・出土した文書に期待することはできない。制勅の公布形態の解明といっても、史料的に限界があることはいうまでもない。

二　尚書都省における公布手続

門下省の審査を経て定立した制勅の原本は、門下省に留め置かれ、抄本が作成されて尚書都省に送付される。制授告身の「制可」の次行、勅授告身であれば「給事中」の次行に、「月日　都事姓名受／左司郎中付某司」とあるのは、尚書都省の都事が制書や発日勅を門下省から受理し、文官であれば都省の左司郎中へ付し（武官であれば右司郎中）、左司郎中から授官に関係する尚書吏部（尚書司勲や尚書司封である場合もある）へ制勅が送付されたことを示す。

では、一般の制勅を受理した都省は、左右いずれの官府に付し、どのように文書処理されて、公布するのであろうか。文官の告身は左司に付されて施行されたが、制勅の内容は多岐に亘り、左司（吏部・戸部・礼部）と右司（兵部・刑部・工部）に明確に弁別できない。都省において公布する制勅の書写を担当するのは、令史（流外一品。定員一八人）と書令史（流外二品。定員三六人）である。

『唐律疏議』「職制律」(21)「稽緩制書」に制勅の書写に関する規定がある。

諸稽緩制書者、一日笞五十。謄制勅符移之類皆是。一日加一等、十日徒一年。

疏議曰、制書在［公式］令無有程限。成案皆云、即日行下。称即日者、謂百刻内也。写程通計符関牒、満二百紙以下、給二日程。過此以外、毎二百紙以下、加一日程。所加多者、総不得過五日。其赦書計紙雖多、不得過三日。軍務急速、皆当日並了。成案及計紙、程外仍停者、是為稽緩、一日笞五十。注云、謄制勅符移之類、謂奉正制勅更謄已出、符移関解刺牒皆是、故言之類。一日加一等、計六日杖一百、十日徒一年、即是罪止。

○諸て制書を稽緩する者は一日に笞五〇。制勅を謄す符移の類は皆な是れなり。一日に一等を加え、一〇日に徒一年。疏議して曰く、制書は公式令に在りて程限有る無し。案成れば皆な云う、「即日行下す」と。即日と称うは、百刻の内を謂うなり。写程は「符・関・牒を通計して、二百紙に満つ以下は二日の程を給す。此れを過ぐる以外は、二百紙以下毎に一日の程を加う。加うる所多きは総て五日を過ぐるを得ず。其れ赦書、紙を計るも多きと雖も、三日を過ぐるを得ず。軍務急速なるは、皆な当日並びに了る」。案成り及び紙を計るに、程外仍《な》お停むるものは、是れ「稽緩」と為す。一日に笞五〇。注に云う、「制勅を謄《うつ》す符移の類」とは、正の制勅を奉じて更に謄《うつ》し已《もっ》て出だす符・移・関・解・刺・牒は皆な是れなるを謂う。故に「之類」と言う。一日に一等を加え、六日を計らば杖一百、一〇日に徒一年、即ち是れ罪止なり。

右の公式令の逸文は、『大唐六典』巻一尚書省・左右司郎中員外郎職掌の条にも引用されているから、尚書都省の令史と書令史の規定のように思えるが、尚書各部の令史と書令史にも適用される規定である。右の史料にいう二百紙は、制勅頒下に使用する紙の総枚数が二百紙という意味であろう。すなわち、一通の制書が五紙からなるとすれば、四〇通の制書の書写は二日以内に書写を終了しなければならなかったのであり、二百紙を超える場合は二百紙毎に一日の程を加えられ、最高五日間で書写を完了し、発信しなければならなかった。赦書の場合は三日で書写を完了し、特に重大な制勅は即日公布の規定であった。

では、制書と勅書はいずれの官府から公布されたものであろうか。制勅の内容は多岐に亘り、簡単に左右司の所管を決定することは困難である。都省からの下行文書は、必ず左右司いずれかの官府が行い、左右司合同による下達は在り得ないのであるから、都省の下達文書の作成には左右司の輪番制が存在し、当番の官府が「本司」、非番の官府が「比司」となって、制勅の公布が行われたのではないかと推測される(1)。

『大唐六典』巻一尚書都省・都省職掌には次のように述べる。

凡制勅施行、京師諸司有符移関牒、下諸州者、必由於都省以遣之。若在京差使者、令使人於都省受道次符牒、然後発遣。若諸方使人欲還、亦令所由司先報尚書省、所有符牒、並令受送。

凡そ制勅の施行、京師の諸司符・移・関・牒有り、諸州に下すものは、必ず都省に由り以て之を遣わす。若し京に在りて差使するは、使人をして都省に於いて道次の符牒を受けしめ、然るのち発遣す。若し諸方の使人還らんと欲すれば、亦た所由の司をして先ず尚書省に報ぜしめ、所有《すべて》の符牒は、並びに受（授?）送せしむ。

「京師の諸司」とは京兆府ではなく、六省九寺等の中央官府をいい、これらの官府には尚書省と管隷関係にない官府もあるから、制勅の伝達には、符の他に移・関・牒を用いるのである。同条の「凡上之所以逮下、其制有六、曰制勅冊令教符」の原註に符を説明して次のようにある。

尚書省下於州、州下於県、県下於郷、皆曰符。

尚書省の州に下し、州の県に下し、県の郷に下すは、皆な符と曰う。

諸州（都督府・都護府を含む）に公布する制勅は、必ず尚書省を経由し、符式によって諸州に伝達公布するのである。

三　日本の詔書伝達

唐代の制勅公布の参考となるのは日本の例であろう。『令集解』巻三一公式令詔書式の「訖施行」の註に次のようにある。

凡施行詔書者、於在京諸司、直写詔書、副官符行下、若其外国者、更謄官符施行。

凡そ詔書を施行するは、在京の諸司においては、直ちに詔書を写し、官符を副え行下し、其れ外国の若きは、更に官符に謄《うつ》して施行す。

右の実例として『類聚符宣抄』第四「詔書事」所収の天慶九年（九四六）の詔書公布が指摘できる。(2)

○太政官符神祇中務式部治部民部兵部刑部大蔵宮内弾正左右京修理勘解由斎宮斎院等官省台職寮司

太政官符左右近衛左右衛門左右兵衛左右馬兵庫等府寮

詔書壱通　上尊号為太上天皇　皇太后曰太皇大后事

右詔書頒下如件。諸司諸衛承知。符到奉行。
左少弁　　　右大史
　　天慶九月五日一日

○太政官符五畿内七道諸国司
　頒下詔書事。
右、去月廿六日　詔称。朕恭膺聖鑒、濫握神符。上欽七廟之重、心深兢惕、下荷兆人之責、念切憂労。太上天皇、功冠百王、道光四表、華夷染化、動殖霑仁。鳳穴龍庭、咸受正朔、蟠桃榗木、尽入隄封。皇天之暦運未傾、寓県之謳歌猶至。而猒彼垂衣、期茲脱屣。遂釈天下之重負、永懐物表之高居。勤遜萬機、隔撫臨於紫極、想凝衆妙、追恬惔於玄関。令抑太上之鴻名、垂清虚之倹徳。奉順叡旨、恐虧朝章。既有恒規、何愆旧典。龔循先王之礼制、式副四海之仰瞻。宜上尊号為太上天皇、皇大后曰太皇太后。普告遐邇。令知朕意。主者施行者。諸国承知。符到奉行。
　左少弁　　　右大史
　　天慶九年五月一日
右、去月廿六日の詔に称えり。朕恭しく聖鑒を膺《う》け、濫りに神符を握る。上は七廟の重を欽み、心は兢惕に深く、下は兆人の責を荷ない、念は憂労に切なり。太上天皇、功は百王に冠たりて、道は四表に光り、華夷化に染り、動殖仁に霑う。鳳穴龍庭、咸な正朔を受け、蟠桃榗木、尽く隄封に入る。皇天の暦運未だ傾かず、寓県の謳歌猶お至る。而して彼の垂衣に猒《あ》き、茲の脱屣に期す。遂に天下の重負を釈し、永く物表の高居を懐う。勤めて萬機に遜《ゆず》り、撫臨を紫極に隔て、想いて衆妙に凝り、恬惔を玄関に追う。太上の鴻名を仰せ、清虚の倹徳に垂れしむ。奉じて叡旨に順い、朝章を虧くを恐る。既に恒規有り、何ぞ旧典に愆《たが》わんや。冀《こうねが》わくば先王の礼制に循い、式《もっ》て四海の仰瞻に副わん。宜しく尊号を上り太上天皇と為し、皇大后は太皇太后と曰うべし。普ねく遐邇に告げ、朕が意を知らしめよ。主者施行せよ。諸国承知し、符到れば奉行せよ。

右の二通の太政官符には朱雀上皇に「太上天皇」、朱雀上皇の生母・隠子に「太皇太后」の尊号を上った天慶九年四月二六日の詔書を伝達したもので、前者は神祇官・八省以下の台職寮司へ伝達した太政官符と左右近衛以下の軍事関係の府寮へ伝達した太政官符が同一様式であったため、一式にして表記したものである。前者の在京諸司に伝達する場合は、太政官符に「詔書壱通　上尊号為太上天皇　皇太后曰太皇太后事」とあるように、太政官符とは別に詔書が存在し、詔書に副えて太政官符があり、詔書の施行を命じる様式を採っている。いずれの場合も太政官符によって詔書を伝達するのは、太政官が最高官府であり、対等の官府がないからである。

後者は在外諸司に伝達するための太政官符で、詔書の本文が太政官符の中に採用された様式（謄詔官符）となっている。大宝令においては、右の伝達方法の他に「聚衆宣」（官人をあつめて宣する）、「直付省施行」（関係各省に直ちに施行を命ずる）の二種の伝達方法も存在したことが判明している。

四　京師諸司への制勅の公布

制書・発日勅・勅旨の公布はどのようなものであろうか。諸州には尚書都省の符によって公布し、京師の諸司には尚書都省の符ではない方法によって公布されたものと想定されるが、その詳細は不明である。そのような中にあって、勅旨の公布を窺う史料がある。それは『大唐貞元続開元釈教録』巻中所収の次の文書である。

醴泉寺西北角本住院一所、請為国置六波羅密経院、兼請抽僧七人常令講習

右、沙門超悟奏、伏奉去年四月十九日詔令、与僧般若等詳訳此経。又続奉進止、於千福寺講讃、兼修義疏、今已繕写奉進訖。伏以経義精深、必資開示。学徒聴習、須有指帰。今請置六波羅密経院。仍抽有義行僧七人、常令講誦、有闕続塡。乞賜名額、庶得弘宣睿旨、演暢真宗。如聖恩允許、請宣付所司。

勅旨。依奏。

貞元五年七月十九日

太尉兼中書令臣　晟　宣

中書侍郎同平章事臣　竇参　奉

中書舎人［具官封臣　姓名　行］

奉勅旨如右。牒到奉行。

貞元五年七月二十日

司徒兼侍中　馬燧

門下侍郎同平章事　董晋

給事中　鄭雲逵

祠部　牒醴泉寺大徳超悟法師

牒。奉中書門下勅如右。牒至准勅。故牒。（「中書門下勅」は「勅旨」の誤りである）

貞元五年七月二十八日　令史趙業　牒

主客員外郎判　裴佶　　　主事　張曇

醴泉寺西北角本住院一所、国の為に六波羅密経院を置かんことを請い、兼ねて僧七人を抽きて常に講習せしめんことを請う。

右、沙門超悟奏す、伏して去年四月一九日の詔令を奉じ、僧般若等と此の経を詳訳す。また続けて進止を奉じ、千福寺にて講讃し、兼ねて義疏を修め、いま已に繕写して奉進訖る。伏して以うに経義精深にして、必ず開示を資け、学徒の聴習、須らく指帰有るべし。いま六波羅密経院を置かんことを請う。仍って義行有る僧七人を抽き、常に講誦せしめ、闕有れば続塡せん。乞うらくは名額を賜わり、睿旨を弘宣し、真宗を演暢することを得んと庶《ねが》うものなり。如し聖恩もて允許せらるれば、所司に宣付するを請う。

勅旨す。奏に依れ。

右の文書は、勅旨の内容が尚書祠部に関連するため、勅旨は門下省より尚書祠部に送付された。勅旨は奏請者である超悟法師に通知する必要があるが、尚書祠部と超悟法師は管隷関係にないため、牒によって伝達されたのである。この事例から考えれば、中央の官府に王言を伝達する場合は、門下省から関連する尚書某部に王言が送付され、所管と被管の統属関係によって符・移・関・牒が使い分けられ、王言が伝達されたと考えられる。

五　絹布による公布

諸州には尚書都省の符によって公布される。『大唐六典』巻九中書省・中書令職掌の条「凡王言之制有七」の原註には、王言の発信用の料紙を述べた箇所があり、敕書の場合は絹布に謄写して頒下するという。

其赦書頒下諸州用絹。

其れ赦書諸州に頒下するは絹を用う。

また『通典』巻一六九刑法典七赦宥「大唐」に「獄官令」の逸文があり、その一節に赦書絹布をいう。

其赦書頒諸州、用絹写行下。

其れ赦書諸州に頒つに絹を用《もっ》て写し行下す。

『大唐六典』『通典』は唐代前半期の記事を中心とするから、赦書には絹布を用いるとするのも、開元年間頃までの事実を伝えたものであろう。赦書（制書・発日勅）を謄写した絹布を諸州に下達するには符式を用いる。その場合、絹布の後に黄麻紙を張り継ぎ、符式文書を作成することになるが、絹布に紙を張り継ぐのは、材質から考えて不自然である。日本の伝達例と同じように、赦書を絹布に写し、別文書として尚書省の符を添える方法、もしくは赦書を謄制符・謄勅符の形にして公布する方法があったと想定しなければならない。しかし、絹布に謄写された赦書や絹布の謄制符・謄勅符は西域から一例も発見や出土していない。

謄制符・謄勅符・謄制移・謄勅移は冒頭が「詔称」「勅称」である。謄制符・謄制移等による制書と発日勅の公布の痕跡は、『唐大詔令集』に残存しているのではないかと思う。『唐大詔令集』には冒頭が「門下」や「勅」で始まる王言とともに、冒頭が「朕」「詔曰」「制曰」という制勅があり、冒頭に「門下」や「勅」字がない、これらの制勅は一体どのように理解すればよいであろうか。『唐大詔令集』に所収する際、一方は冒頭文言を残し、一方は省略するのは、編者である宋敏求の恣意によるものであろうか。謄制符・謄制移等によって伝達された制勅が存在し、それを収録したが故に、冒頭文言のない王言が『唐大詔令集』に存在するとも考えられるのである。

六　諸州への制勅公布

1　勅旨公布の実例

制勅を諸州へ公布する方法を理解する上で、前掲した『大唐六典』巻一尚書都省・左右司郎中員外郎職掌の条に「下諸州者、必由於都省以遣之」とあり、「尚書省下於州、州下於県、県下於郷、皆曰符」とある記事は重要である。諸州には例外なく尚書都省から発信されたのであり、その具体的史料は、第一章第六節「勅旨」に引用した、『吐魯番出土文書』三冊所収の「唐貞観廿二年安西都護府承勅下交河県符為処分三衛犯私罪納課違番事」と題する文書である（一〇七頁参照）。この文書に見える勅旨の公布方法は、唐代の制勅公布を理解する上で、極めて重要な史料であり、勅旨部分を制書や発日勅に置き換え、それに付随して各所を「制書」「勅」に応じた語に置き換えれば、制書や発日勅の公布に適用することができる。

『吐魯番出土文書』三冊三一〇頁（旧版七冊一九頁）以下に所載する「唐永徽元年安西都護府承勅下交河県符」も、唐代の勅旨の公布を知る上で重要な史料である。次にその文書の符式文書までの部分を示す。

……………………………（前闕）…………

[□月□日　時都事　姓名　受]

右司郎[中付虞部]

[尚書省]

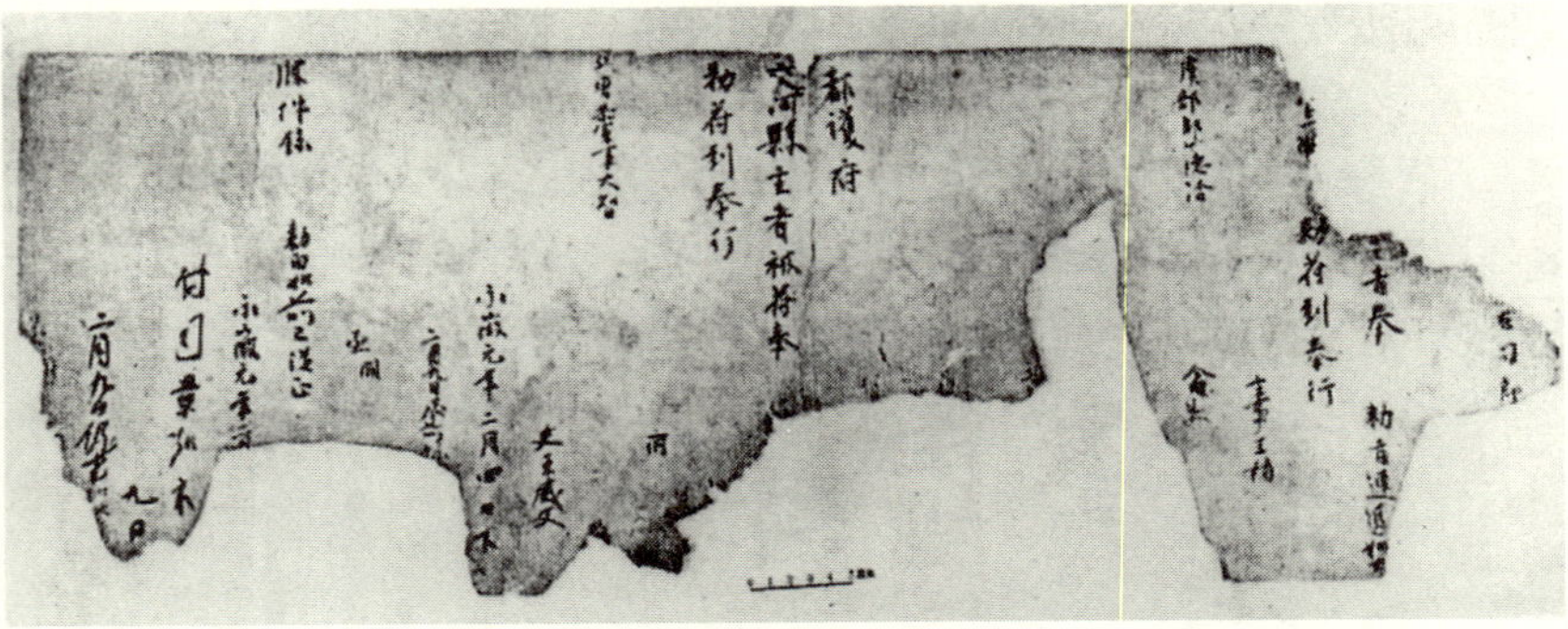

図版20　永徽元年（650）　勅旨

［安西都護府］主者。奉　勅旨連写如右。
［府］宜准勅。符到奉行。
　　　　　　　　　　　　主事　王積
　　虞部郎中　徳洽　　　　令史
　　　　　　　　　　　　［書令史］
　　　　　　［永徽元年正月□日下］
　　　　　　　　二月［□日　録事姓名　受］
　　　　　　　　功［曹判録事参軍姓名付兵曹］

都護府
交河県主者、被符奉［勅旨如右。県宜准］
勅。符到奉行。
　　　　　　　　　　府
兵曹参軍事　大智　　　史　王威文
　　　永徽元年二月四日下

安西都護府管内には、庭州と交河県の他に高昌・蒲昌・天山・柳中の各県がある。「交河県主者」を「庭州主者」と置き換えれば、庭州に対して公布された符が復元でき、「交河県主者」を「高昌県主者」「蒲昌県主者」

「天山県主者」「柳中県主者」と置き換えれば、各県に発信された符が復元できる。交河県に対して発信されたものが「唐永徽元年安西都護府承勅下交河県符」である。県の管轄下にある郷に対しては、県から改めて符によって告示することになっていたと考えられる。

2　奏抄公布の実例

大谷探検隊将来の文献には次のように復元できる文書がある。この文書は儀鳳三年（六七八）の皇太子監国時に奏抄に相当する皇太子文書を符によって公布したものである。(3)

……………………………………………………（前略）………

尚書左僕射太子賓客同中書門下三品監修国史楽城県開国公　役（従？）
尚書右僕射太子賓客同中書門下三品道国公　至徳
戸部尚書上柱国平恩県開国公　圉師
朝散大夫守相王府司馬兼検校戸部侍郎騎都尉　徳真　等啓。謹
依常式支配儀鳳四年諸州庸調、及折造雑
綵色数、并処分事条如右。謹以啓聞。謹啓。
儀鳳三年十月廿八日　朝散大夫行度支員外郎　狄仁傑　上
司議郎□□□□□□□□休家　読
朝議大夫守中允上軽車都尉□□□□□□□　郭待挙　省
金紫光禄大夫行左庶子同中書門下三品上柱国龍山県開国公　張大安　審

諾

[十月] 日酉時 都事 下直

摂□□□□□□□ 下直

尚書省

西州主者、奉旨如右。州宜任

旨、応須行下、任処分。符到奉行。

主事 劉満

金部郎中 統師 令史

書令史

儀鳳三年□月□日下

右の文書は西州に限定して発信されたものではない。「西州主者」を「涼州都督府主者」のように、他の都督府や他の州名に置き換えれば、全国に公布された文書が復元できる。右は皇太子監国時の奏抄に相当する文書であるが、奏抄といってもよい文書である。右の文書によって、奏抄は符式によって天下に頒下されたことが判明する。

3 発日勅公布の実例

『吐魯番出土文書』三冊四四九頁（旧版七冊三一六頁）には、「唐麟徳三年（六六六）東都中台下西州都督府符」と題された文書が紹介されている。全文は次のようである。

……………………（前闕）……………………

[東都]中台
西州都督府主者、件奉　勅如前。州宜
准　勅訖申。符到奉行。
主事　陳詮
[□]部郎中具官封名」　令史
書令史
麟 徳 三 年 [正 月 □ 日 下]

右は符式文書であるから、末尾の「麟徳三年」の下部には「正月□日下」と補字できる。『旧唐書』巻五高宗紀・麟徳三年（六六六）正月壬申（五日）、の条によれば、同日に「乾封」と改元し、大赦しているから、麟徳三年は五日間だけ存在した年号である。「□部郎中具官封名」の部分は、原文書では破落しており、『吐魯番出土文書』は「牒件□□□」と補字するが、この文書は明らかに、東都中台（東都尚書省）が西州都督府に発した符であるから、「牒件□□□」と補字するのは根拠がない。「某部郎中具官封名」と補字するべきである。

右の文書には「西州都督府主者。件奉勅如前。州宜准　勅訖申。符到奉行」とある。勅旨の場合は「奉　勅旨連写如右」とあり、この文書には単に「勅」とあるから、麟徳三年の勅は勅旨ではない。「勅」は発日勅であり、発日勅が符によって公布された例である。この発日勅は西州のみに公布されたものではなく、天下の諸州に公布された内の一通であり、「西州都督府」を他の州名に置き換えることが可能である。本文書は改元大赦の勅書を西州都督府へ通知した尚書某部符の末尾である。

『吐魯番出土文書』四冊八〇頁（旧版八冊　一七二頁）には、「唐開元二年（七一四）禁珠玉錦繍勅」と題する零細な文書断片が紹介されている。この文書は『唐大詔令集』巻一〇八「禁約上」所収の開元二年七月の「禁珠玉錦繡勅」と『冊府元亀』巻五六帝王部節倹に所載する開元二年七月乙未（一〇日）の記事、『文苑英華』巻四六五詔勅七「断珠玉等制　内制」と一致し、開元二年七月一〇日に公布された発日勅である。この勅書の末尾に「兵部尚書兼紫微令監修国史上柱国梁国公」の官銜を残していることは、断片ではあるが、この文書の史料的価値を絶大なものにしている。この官銜を残していることによって、本来の勅書には紫微侍郎（中書侍郎）・紫微舎人（中書舎人）の「奉・行」と門下省三官の連署もあったことが想定され、この発日勅は次のような文書形式によって西州に公布されたと推定可能である（傍線部分は「禁珠玉錦繡勅」の残存部分を示す）。

勅。朕聞珠玉者、飢不可食、寒不可衣。故漢文云、彫文刻鏤傷農事、錦繡纂組害女工。農事傷則飢之本、女工害則寒之源。又賈生有言曰、夫人一日不再食則飢、終歳不制衣則寒。飢寒切体、慈母不能保其子、君焉得以有其人哉。朕以眇身、託于王公之上、曷嘗不日旰忘食、未明求衣。思使反朴還淳、家給人足。而倉廩未実、飢饉相仍、水旱或愆、糟糠不厭。静思厥故、皆朕之咎。致有漿酒藿肉、玉石錦衣、或相夸尚、浸成風俗。夫令之所施、惟行不惟反、人之化上（人之所化）、従好不従言。是以古先哲王、以身率下、如風之靡、何俗不易。此事近有処分、当以施行。朕若躬服珠玉、自玩錦繡、而欲公卿節倹、黎庶敦朴。是使揚湯止沸、渉海無濡、不可得也。是知文質之風、自上而始。朕欲損金抵玉、正本澄源、所有服御金銀器物、今付有司、令鋳為鋌、仍別貯掌、以供軍国。珠玉之貨、無益於時、並即焚於殿前、用絶争競。至誠所感、期於動天、況於凡百、有違朕命。其宮掖之内、后妃以下、咸服澣濯之衣、永除珠翠之飾。当使金土同価、風俗大行。日用不知、克臻至道。布告天下、知朕意焉。

［開元二年七月十日］

兵部尚書兼紫微令監修国史上柱国梁国公［臣　姚崇　宣］

奉勅如右。牒到奉行。

開元二年七月十日

〔紫微侍郎具官封臣　姓名　奉〕

〔紫微舎人具官封臣　姓名　行〕

黄門監具官封　名

黄門侍郎具官封　名

給事中具官封　名

□月□日□時　都事　姓名　受

□司郎中付□部

尚書省

西州都督府主者、奉勅如前。州宜（「奉勅如前」と「州宜准勅」の間に、他の文言があった可能性がある）准勅。符到奉行。

主事　□□

某部郎中具官封名　令史　□□

書令史　□□

開元二年七月□日下

勅。朕聞くならく珠玉は、飢うるも食《くら》うべからず、寒《こご》ゆるも衣るべからず。故に漢の文に云う、「彫文刻鏤は農事を傷《そこな》い、錦綉纂組は女工を害《そこな》う。農事傷《そこな》わるるは則ち飢うるの本、女工害《そこな》わるるは則ち寒の源なり」と。又た賈生、言有りて曰く、「夫れ人一日に再食せざれば則ち飢え、終歳、衣を制《つく》らざれば則ち寒《こご》ゆ。飢寒体に切なれば、慈母も其の子を保つ能わず、君焉《いずく》んぞ以て其の人を有つを得んや」と。朕眇身を以て、王公の上に託《よ》れば、曷《なん》ぞ嘗《つね》に日旰《くれ》るも食を忘れ、未だ明らかならざるに衣を求めざらん。朴に反り淳に還り、家ごとに給し人ごとに足らしむるを思う。而るに倉廩未だ実たず、飢饉相い仍《よ》り、水旱或いは愆《あやま》り、糟糠厭《あ》かず。静かに厥の故を思うに、皆な朕の咎なり。漿酒藿肉、玉石錦衣有るを致し、或いは相い夸尚し、浸《ようや》く風俗と成る。夫れ令の施す所、行うを惟《おも》い反《そむ》くを惟わず、人の化する所、好に従い言に従わず。是を以て古先の哲王、身を以て下を率いれば、風の靡《なび》くが如く、何《いず》れの俗か易《か》わらざんや。此の事近く処分有り、当に以て施行すべし。朕若し躬ら珠玉を服し、自ら錦綉を玩《もてあそ》べば、而《すなわ》ち公卿の節倹、黎庶の敦朴を欲するなり。是れ湯を揚げ沸くを止どめ、海を渉るに濡るること無からしめんとするも、得べからざるなり。是れ文質の風を知るは、上より始む。朕は金を損い玉を抵《こば》み、本を正し源を澄ませんと欲し、有る所の服御・金銀の器物は、今有司に付し、鋳て鋌と為さしめ、仍《よっ》て別に貯掌し、以て軍国に供せん。珠玉の貨、時に益無し、並びに即ち殿前に焚き、用て争競を絶たん。至誠の感ずる所、動天に期す、況んや凡百において、朕が命に違うこと有るをや。其れ宮掖の内、后妃以下、咸な澣濯の衣を服し、永く珠翠の飾を除け。当《も》し金土をして価を同じうせしめば、風俗大いに行われん。日びに用いて知らざれば、克《よ》く至道に臻《いた》らん。天下に布告し、朕が意を知らしめよ。

4　制書公布の実例

『吐魯番出土文書』四冊五八頁以下（旧版八冊一一八頁以下）には「唐景龍三年（七〇九）南郊赦文」と題する制書がある。尾部を示すと次のようである。「景龍□年□月□日」は制書の起草年月日であり、「光禄大夫」は中書令、「朝

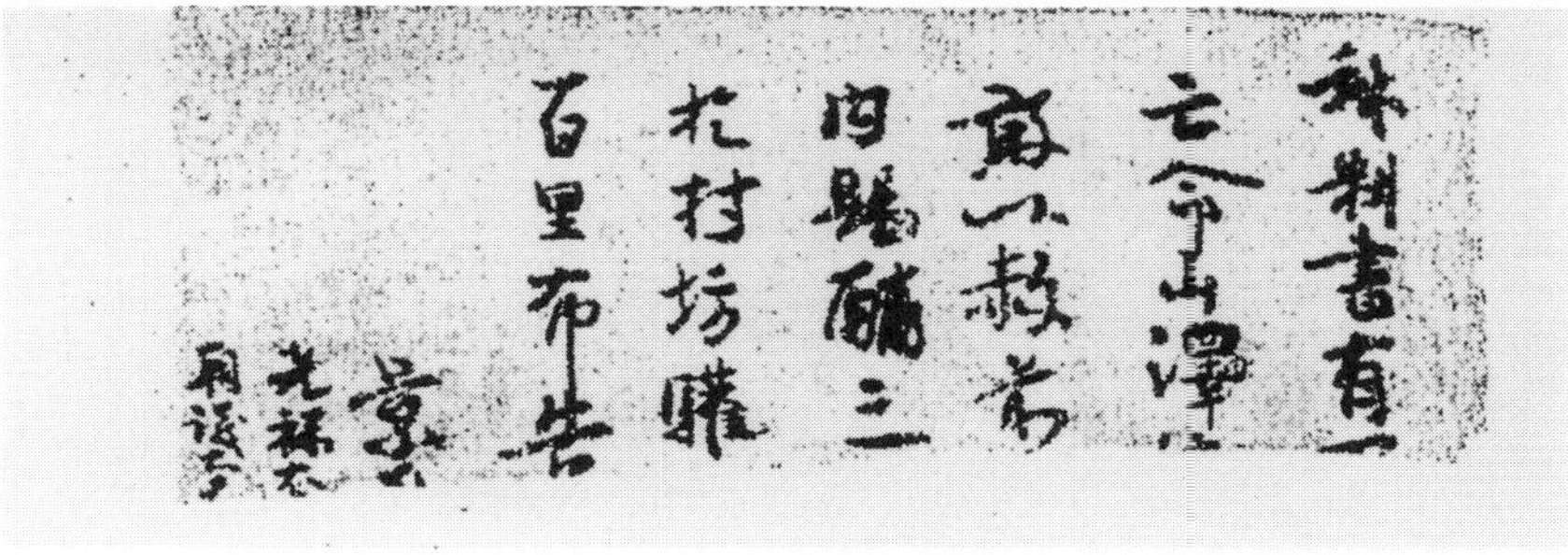

図版21　景龍 3 年（709）　南郊赦書

議大夫」は中書侍郎の文散官であり、各おの「宣」と「奉」という行為を行ったことを示す。両官が併記されていることによって、次行には「中書舎人具官封臣姓名　行」の一行もあったであろう。光禄大夫や朝議大夫が残存していることによって、この制書は謄制符ではないことは明らかである。先に見た勅旨や発日勅の公布から推定される、この制書の公布形態は次のように予想される。

□□□□□□□□□□、宜免一年差
科。制書有□□□□□□□□□。
亡命山沢、[挟蔵軍器、百日不首、復罪如初。]
敢以赦前[事相告言者、以其罪罪之。率土之]
内、賜酺三[日。□□□□□□□□□□]
於村坊驩[□□□□□□□。赦書日行五]
百里、布告[遐邇、咸使聞知。主者施行。]
　景[龍三年□月□日]
光禄大[夫行中書令□□□□□臣　□□□　宣]
朝議大[夫守中書侍郎□□□□臣　□□□　奉]（ここまでが残存部分）
中書舎人具官封臣　姓名　行（この行より以下は補足である）
侍中具官封臣　名
黄門侍郎具官封臣　名

給事中具官封臣　名　等言。
臣聞云云。臣等云云。無任云云之至。謹奉
制書如右。請奉
制付外施行。謹言。
景龍三年□月□日
制可
□月□日□時　都事　姓名　受
□司郎中付□部
尚書省
西州都督府主者、奉制書如前。府宜（「奉制書如前」と「府宜准制」の間に、他の文言があった可能性がある）
准制。符到奉行。
主事　姓名
某部郎中具官封名　令史　姓名
書令史　姓名
景　龍　三　年　□　月　□　日　下

敦煌発見の天宝七載（七四八）の「冊尊号赦」（斯四四六　紙本）と中和五年（八八五）三月の大赦（伯二六九六　紙本）は、ともに首尾が闕落しており、制書がどのように公布されたか不明であるが、絹布でなくて紙本である点と、従前に見た王言の公布例から推定すれば、景龍三年南郊赦書と同じ公布形態であったと考えられる。

七　円仁の見た勅書

『入唐求法巡礼行記』巻四会昌三年（八四三）六月一三日の条に、次の勅書を著録する。会昌三年六月当時、円仁は長安に滞在していた。長安県衙または萬年県衙の掲示板に牓示されていたものを、日記に移録したものである。

勅。銀青光禄大夫守太子詹事上柱国花（華）陰県開国男食邑三百戸韋宗卿、忝列崇班、合遵儒業、溺於邪説、是扇妖風。既開誑惑之端、全戻典墳之旨。簪纓之内、頽靡何深。況非聖之言、尚宜禁斥。外方之教、安可流伝。雖欲包容、恐傷風俗。宜従左官、猶謂寛恩。可任成都府尹、馳駅発遣。太子詹事韋宗卿、進仏教涅槃経中撰成三徳廿巻奉勅大円伊字鏡略廿巻、具已詳覧。仏本西戎之人、教張不生之説。孔乃中土之聖、経聞利益之言。而韋宗卿素儒士林、衣冠望族。不能敷揚孔墨、翻乃溺信浮屠、妄撰胡書、輒有軽進。況中国黎庶、久染此風。誠宜共遏迷聾、使其反朴。而乃集妖妄、転惑愚人。位列朝行、豈宜不自愧。其所進経、内中已焚燃訖。其草本委中書門下、追索焚燃、不得伝之於外。

会昌三年六月十三日下

勅す。銀青光禄大夫守太子詹事上柱国華陰県開国男食邑三百戸韋宗卿、忝けなくも崇班に列し、合《まさ》に儒業に遵うべきに、邪説に溺れ、是れ妖風を扇ぐ。既に誑惑の端を開き、全く典墳の旨に戻《もと》る。簪纓《さんえい》の内、頽靡何ぞ深きや。況んや非聖の言、尚お宜しく禁斥すべきをや。外方の教、安んぞ流伝すべけんや。包容を欲すと雖も、風俗を傷つくるを恐る。宜しく左官に従《よ》るは、猶お寛恩と謂うべし。成都府尹に任じ、馳駅発遣すべし。太子詹事の韋宗卿、仏教を進め、「涅槃経」中より「三徳」廿巻・「奉勅大円伊字鏡略」廿巻を撰成すれば、具さに已に詳覧せり。

仏は本より西戎の人、教は不生の説を張《ひら》く。孔は乃ち中土の聖、経は利益の言を聞す。而して韋宗卿は素儒の士林にして、衣冠の望族なり。孔墨を敷揚すること能わず、翻《ひるがえ》り乃ち浮屠に溺信し、妄りに胡書を撰して、輒ち軽がるしく進む有り。況や中国の黎庶、久しく此の風に染まるをや。誠に宜しく共に迷聾を遏《とど》め、其れをして朴に反さしむべし。而るに乃ち妖妄を集め、転《うた》た愚人を惑わす。位は朝行に列すれば、豈に宜しく自ら愧じざるべけんや。其の進むる所の経、内中にて已に焚燃し訖る。其の草本は中書門下に委ね、追索して焚燃せしめ、之を外に伝うるを得ず。

この勅書は発日勅である。論事勅書であれば韋宗卿個人に宛てて発信されるから、円仁が見ることはなく、移録も不可能である。したがって、「勅す。銀青光禄大夫守太子詹事上柱国華陰県開国男食邑三百戸韋宗卿」と読むべきである。移録された勅書の末尾に「年月日下」とあるから、この勅書は符によって公布されたものである。勅書本文は謄勅符の様式である「右、某月日、勅称」とはなく、単に「勅。云云」とあるから、謄勅符ではない。勅書の末尾に「会昌三年六月十三日下」とあるが、こうした形式の勅書の公布はあり得ない。

公文書において、年月日の下部に「下」字を有する文書は符式だけであり、これ以外の公文書は「下」字がない。吐魯番から出土した制勅の公布を示す文書から類推すれば、円仁の見た勅書は、本文に続けて公布のための符があり、次のような文書であったはずである。円仁は勅書本文と最後の部分のみを摘録したと推定すれば、すべて解決する。

勅。銀青光禄大夫守太子詹事上柱国華陰県開国男食邑三百戸韋宗卿、忝列崇班、合遵儒業、溺於邪説、是扇妖風。既開詃惑之端、全戻典墳之旨。……（中略）……。其草本委中書門下、追索焚燃、不得伝之於外。

　会昌三年六月□日

　中書令具官封臣　姓名　宣

中書侍郎具官封臣　姓名　奉
中書舎人具官封臣　姓名　行

奉勅如右。牒到奉行
会昌三年六月□日
侍中具官封　名
門下侍郎具官封　名
給事中具官封　名
六月□日　時　都事　姓名　受
□司郎中付□部

尚書省
京兆府主者、奉勅如右。（「奉勅如前」と「府宜准勅」の間に、他の文言があった可能性がある）
府宜准勅。符到奉行。
主事　姓名
某部郎中　□□
令史　姓名
書令史　姓名
会昌三年六月□日下
六月十三日　録事姓名　受
録事参軍姓名付□曹

京兆府
長安県（萬年県）主者、被符奉勅連写如右。（「奉勅如前」と「県宜准勅」の間に、他の文言があった可能性がある）
県宜准勅。符到奉行。

府　□□

史　□□

会昌三年六月十三日下

□曹参軍事　□□

八　まとめ

以上に制勅の公布を考察した。文献には赦書は絹布に謄写して公布するとし、謄制符・謄制移があるとするが、実例がないため、具体的な文書形式は不明である。王言の公布において、中央官府に公布する場合と諸州では公布形態が異なる。中央官府に公布する王言は実例がないため、詳細は不明であるが、尚書某部から公布されるであろうことは朧気ながら判明する。諸州に公布する王言に関して、敦煌文献に公布形態を示すものはないが、吐魯番出土の文書には公布形態を示す王言がある。それらによれば、王言は王言定立に関与した官人までが謄写され、それが尚書省から符によって発信されているから、こうした公布形態が一般的であったと想定できる。

『劉賓客文集』巻一七所収の「上宰相賀徳音状」は、同州刺史の劉禹錫が宰相府に上呈した賀状である。

同州状上中書門下

今月十六日徳音、右被刑部牒、宣示徳音。伏以聖沢滋深、新恩広被。……（後略）。大和九年十二月二十三日。

同州、中書門下に状上す

今月一六日の徳音、右、刑部の牒を被り、徳音を宣示す。伏して以うに聖沢滋《ますます》深く、新恩広被す。

大和九年一二月一六日の徳音は尚書刑部の牒によって同州に公布された。尚書刑部牒が伝達する徳音であるから、減刑が徳音の内容である可能性が高い。この徳音が全国的なものか、同州に限定されるものかどうかは明らかではない。加えて、奇異に感じるのは、中央から州に公布する文書は尚書省の符によると諸書に明記されている。同州は地方官府であるから、当然のこととして符によって布告されていなければならないのに、この徳音は牒によって公布されていることである。徳音という王言を伝達する尚書刑部牒とは、どのような形式をした文書であろうか。尚書刑部牒による徳音の伝達に関する復元は史料不足のため、今後の課題とする。

註

（1）『大唐六典』巻一尚書都省・左右司郎中員外郎職掌の条には「左右司郎中員外郎各掌付十有二司之事、以挙正稽違、省署符目。都事監而受焉」とあり、左司不在の場合の右司の職務代行を伝えない。

（2）『類聚符宣抄』の太政官符には「天慶九年五月一日」とあり、「下」字はないが「符」という文書様式は発信日の下に必ず「下」字があるべきものであり、当然「下」を補足して考えるべきであろう。

（3）大津透・榎本淳一「大谷探検隊吐魯番将来アンペラ文書群の復原 —— 儀鳳三年度支奏抄・四年金部旨符 ——」（「東洋史苑」二八号）と『唐令拾遺補』七〇九頁以下による。

第二節　赦書日行五百里

一　問題の所在

大赦の王言は尚書都省へ送付されてより、最大限三日で発信を完了する規定であった。通常の制書が最大限五日の書写期間であったのに対し、大赦は書写期間が短い。赦書は人命に拘るから、速やかに伝達する必要があり、尚書都省における発信手続期間も短縮されているのである。赦書が尚書都省に送付される事実は、赦書は尚書都省から符として諸州へ発信されることを示している。絹布の赦書も赦書本文のみを絹布に謄写するものではない。大赦の末尾には「赦書日行五百里、宣示中外、咸使聞知」という付帯文言があり、伝達するべき一日の距離を明記するのを特徴とする。この「五百里」は実効性があり、法的拘束力を有するものであろうか。

二　『劉賓客文集』に見える赦書の伝達速度

赦書の具体的内容は『唐大詔令集』所載の諸史料によって知ることができる。また赦書が各州へ到達したことを示す史料は多い。それは唐代の別集に「表」の項目があり、赦書公布を謝恩する表が多数収められていることによる。

これらの表によって、赦書が各州に到達したとき、刺史は皇帝に謝表を上る規定があったことが判る。唐人《とうひと》の別集によって、赦書の各州への伝達を知ることはできる。しかし、何時、赦書が到達したかを知ることは困難である。それは、別集が編纂物であり、表の本文のみを著録し、表の起草年月日を省略してしまうことにある。

唐後半期の人である劉禹錫の『劉賓客文集』所収の表は、比較的よく表の起草年月日を残している。ここでは『劉賓客文集』所収の「表」を史料にして「赦書日行五百里」の実効性を考察してみたい。劉禹錫（字は夢得）は『旧唐書』巻一六〇、『新唐書』巻一六八に列伝があり、『劉賓客文集』外集巻九に「子劉子自伝」がある。

1　連州の場合

『劉賓客文集』巻一四「表章」四所収の「賀赦牋」は元和一三年（八一八）正月元日の大赦に対する賀牋である。

使持節連州諸軍事守連州刺史劉某、惶恐叩頭、伏見今月一日制書、大赦天下者。伏以献歳布和、皇恩遠降。乾坤交泰、寰海廓清。……（中略）……。元和十三年正月二十九日。

使持節連州諸軍事守連州刺史劉某、惶恐叩頭し、伏して今月一日の制書を見るに、天下に大赦すといえり。伏して以うに献歳和を布べ、皇恩遠く降る。乾坤交泰し、寰海廓清なり。

連州までの距離は約三六〇〇里である。「赦書日行五百里」であるから、約八日間で連州に到達していなければならない。大赦が発せられたのが、元和一三年正月元日であり、大赦が連州に到達して牋を（皇太子に上呈する文書を牋という）起草したのが正月二九日である。この「正月二九日」は赦書の連州到達から、どの程度時間を経過したものであろうか。

それを知る上で参考になるのが、次に示す「夔州謝上表」「蘇州謝上表」「和州謝上表」である。

臣某言。伏奉某月日制書、授臣使持節都督夔州諸軍事守夔州刺史。跪受天詔、神魂震驚。……（中略）……。臣即以今月二日到任上訖。……（中略）……。長慶二年正月五日。（巻一四表章所収「夔州謝上表」）

○臣某言う。伏して某月日の制書を奉ずるに、臣に使持節都督夔州諸軍事守夔州刺史を授く。跪きて天詔を受け、神魂震驚す。……（中略）……。臣即ち今月二日を以て任に到り上り訖る。

臣某言。伏奉制書、授臣使持節蘇州諸軍事守蘇州刺史。始従郎署、出領郡章。……（中略）……。臣即以今月六日到任上訖。……（中略）……。大和六年二月六日。（巻一五表章所収「蘇州謝上表」）

○臣某言う。伏して制書を奉ずるに、臣に使持節蘇州諸軍事守蘇州刺史を授く。始め郎署より、出でて郡章を領す。……（中略）……。臣即ち今月六日を以て任に到り上り訖る。

臣某言。伏奉制書、授臣使持節和州諸軍事守和州刺史。臣自理巴賓、不聞善最。……（中略）……。臣即以今月二六日到所任上訖。……（中略）……。長慶四年十月二十六日。（巻一四表章所収「和州謝上表」）

○臣某言う。伏して制書を奉ずるに、臣に使特節和州諸軍事守和州刺史を授く。臣、巴・賓を理むるより、善最を聞かず。……（中略）……。臣即ち今月二六日を以て任ずる所に到り上り訖る。

夔州刺史を謝恩する表は着任三日後に起草され、蘇州・和州刺史の場合は即日起草となっている。赦書の重要性から考えて、赦書を受領すれば、できるだけ速やかに謝表を作成し発信するのが当時の常識であろう。とすれば、謝表起草は赦書受領の日、または翌日程度と考えてよいであろう。韓愈の潮州刺史着任謝表も即日起草である（『韓昌黎集』巻三九所収「潮州刺史謝上表」）。赦書の発信に関して、公式令に「其赦書、計紙雖多、不得過三日。若軍務急速、皆当日並了」（『唐令拾遺』五五八頁）とあるから、赦書定立から発信まで最大三日間の猶予があった。元和一三年（八一八）正月一日の赦書が連州に到達に要した日数は大約二七日もしくは二八日である。三日間の発信手続日数を差引いて、二四日～二五日の日数を到着までに要したことになる。長安から連州までを三六〇〇里とし、二四日間を要したとすれば一日行程約一五〇里となり、「赦書日行五百里」の文言と大きくかけ離れた結果となる。

2　夔州の場合

劉禹錫は連州刺史の次は夔州刺史に転任した。夔州は長安から約二四〇〇里である（『旧唐書』巻三九地理志夔州）。「赦書日行五百里」からすれば、約五日間で赦書が到達する州である。「賀赦表」には次のようにある。

臣某言。伏見今月三日制書、大赦天下者。大明初昇、萬物咸覩。渙汗一発、神人以和。……（中略）……。長慶四年三月二十七日。（巻一四「表章四」所収）

臣某言う。伏して今月三日の制書を見るに、天下に大赦すといえり。大明初めて昇り、萬物咸な覩る。渙汗一たび発し、神人以て和す。

長慶四年（八二四）三月三日の赦書は、三月二七日に遠くない日に夔州に到達し、「賀赦表」が起草されている。即日に「賀赦表」の起草がなされたとすれば、到着に要した日数は二四日、三日間の発信手続に要する日数を差しひくとして一日行程平均一一六里しかならず、ここでも「赦書日行五百里」とは異なる結果を得ることになる。

3　和州の場合

前掲した「和州謝上表」から明らかなように、劉禹錫は長慶四年（八二四）一〇月二六日、和州刺史に着任した。和州刺史時代の表に「賀改元赦表」がある。

臣某言。伏見今月七日制書、大赦天下者。帝遊出震、聖沢如春。神人以和、天地交泰。……（中略）……。宝暦元

年二月十六日。（巻一四「表章四」所収）

臣某言う。伏して今月七日の制書を見るに、天下に大赦すといえり。帝の遊し震に出で、聖沢春の如し。神人以て和し、天地交泰す。

長安と和州の距離は約二七〇〇里である。宝暦元年（八二五）二月七日の赦書が和州に到着したのが二月一六日、三日の書写期間があったとして、到着に要した日数は六日であるから、一日行程の平均は四五〇里となる。この数値は連州や夔州の場合と比較して四倍程度速いことになり、「赦書日行五百里」に近い数値となる。

4　蘇州の場合

大和二年（八二八）、蘇州刺史より主客郎中となった劉禹錫は、礼部郎中・集賢院学士を歴任し、大和六年（八三二）六月、再び蘇州刺史に転出した。蘇州刺史時代の表に「蘇州賀冊皇太子表」がある。

臣某言。伏奉制書、以今月十日冊皇太子。徳音遐布、盛礼畢陳。国本永安、人心同慶。……（中略）……。大和七年八月十七日。（巻一五所収）

臣某言う。伏して制書を奉ずるに、今月七日を以て皇太子を冊す。徳音遐《とくいんとお》く布べ、盛礼畢《ことごと》く陳ぶ。国の本永く安んじ、人心同《とも》に慶ぶ。

長安と蘇州との距離は約三二〇〇里である。大和六年八月一〇日の制書が蘇州到達に要した日数は、三日の書写期間を除いて七日であるから、一日行程は平均四五九里となり、和州の場合に近い数値となる。

以上、『劉賓客文集』所収の「表」を中心にして、「赦書日行五百里」の実態を考察した。その結果、「赦書日行五百里」に近い数値を示す例があり、「赦書日行五百里」は具文でないことは明らかである。仮定の上で得られた数値が「五百里」と一致しないのは、仮定に若干の誤りがあるためである。仮定の数値と「五百里」が完全に一致する必要はなく、近似する数値が算出できれば、「五百里」の規定は実効性のある規定であったとしてよい。

一方、「赦書日行五百里」の数値と遠くかけはなれた里数を示す場合もある。「五百里」の数値に近似させるために、赦書がその州に到達してから、一定の日数を置いて謝表が起草されたとすればよいわけである。その場合は近似しない数値を示す州のみに、そのような仮定を設定しなければならない。そうした場合、「五百里」に近似する数値を示す州においては到達した日を早めることによって、場合によっては「五百里」以上になってしまうことになる。これは当時の一日に進むことのできる常識的距離を逸脱するもので、容認することはできない。

したがって、「五百里」の規定とかけ離れた数値を示す州の場合にのみ、謝表の起草が遅れたとすることはできず、一日百数十里しか進むことができない、当時の実情を伝えるものと理解しなければならなくなってくる。このように考えると、「赦書日行五百里」の規定は、ある地方では実効性のある数値であり、ある地方では実効性のない数値であったことになり、大赦の王言は全国一律に一日五百里の速度で伝達されたのではないことが判明する。『劉賓客文集』の例をみる限りにおいて、「赦書日行五百里」が実施されているのは江南地方であり、辺遠州においては「五百里」の規定が守られていなかったことになる。

三　西州への赦書伝達速度

文書伝達の到達日数を記す文献はない。文書伝達の速度を知るためには、個々の文書から検証する必要がある。唐代文献が出土するのは、唐代に西州が設置された新疆省の吐魯番である。近年、吐魯番出土の文献が整理され、図版

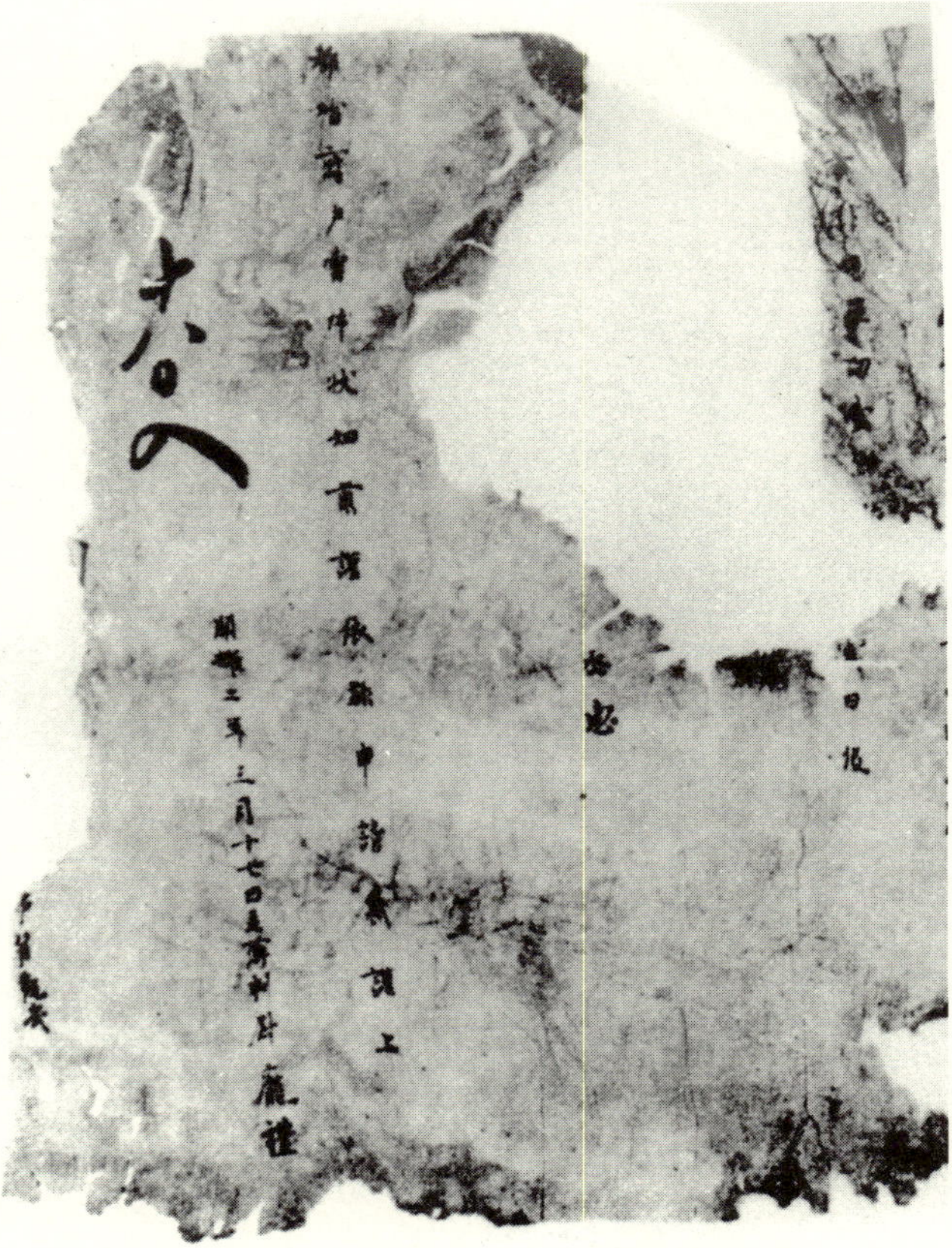

図版22　開耀２年（682）　西州蒲昌県上西州都督府戸曹牒（尾部）

を伴った『吐魯番出土文書』（文物出版社　一九九六）が出版された。ここでは吐魯番出土の文書によって、長安より西州までの赦書伝達日数の概略を考察し、「赦書日行五百里」の実効を判断する参考史料とする。

『吐魯番出土文書』二冊一八五頁の「唐永徽元年（六五〇）西州高昌県武城郷車役簿」（旧版五冊三五頁）と題される文書には「□□元年二月一日」の記年がある。この墓から永徽四年の墓誌銘が出土したことにより、「□□元年」は「永徽元年」と推定される。「永徽」の年号は永徽元年正月元日から始まるから、「永徽」の改元大赦は三〇日以内で西州高昌県に到着したことになる。

『吐魯番出土文書』二冊三〇二頁の「唐光宅元年（六八四）史李秀牒高宗山陵賜物請裁事」（旧版五冊二六六頁）には

「光宅元年十月廿日」の記年がある。嗣聖元年（文明元年）九月九日に「光宅」と改元された。改元大赦は尚書都省において公布に要する日数は最大限三日である。九月九日に公布されたとして、一〇月二〇日には西州に到着して新年号が使用されている。遅くても約四〇日を要して西州へ改元大赦の制書は到着したことになる。当時、則天武后は洛陽に在り、洛陽は長安の東方約七〇〇里であるから、約四〇日という日数は洛陽と西州間の所要日数であって、長安と西州間の所要日数は三〇日餘りということになる。永徽の改元大赦と伝達日数は近似する。

『吐魯番出土文書』一冊二六八頁の「唐開耀二年（六八二）西州蒲昌県上西州都督府戸曹牒為某駅修造駅墻用単功事」（旧版四冊補遺四〇頁）には「開耀二年三月十七日」の記年がある。開耀二年三月は存在しない。開耀二年二月癸未（一九日）に「永淳」と改元され、大赦が発布された。改元大赦の制書が到着していれば、新元号を使用するはずである。この制書は改元大赦であるから、尚書都省の公布に要する日数は最大限三日であり、二月は二九日であるから、三月一七日までは二五日間である。二五日を要して西州に伝達されていなかったため、旧年号の「開耀二年三月十七日」とあるのである。

『吐魯番出土文書』二冊二四六頁所載の「唐龍朔四年（六六四）西州高昌県武城郷運海等六人賃車牛契」（旧版五冊一四五頁）には「龍朔四年正月廿五日」の記年がある。龍朔四年正月元日より麟徳元年となった。西州の文書には「龍朔四年」の記年があるのは、改元詔書が麟徳元年正月二五日の時点において、西州高昌県武城郷に到着していなかったから、「龍朔四年」という旧年号を使用したのであり、二五日では改元大赦は西州へ到達しないと推定できる。

吐魯番出土の唐代の尚書比部符（Henry Maspero, Documents Chinois, Pletes XIII）は次のようである。

………………（前闕）………………

益思効□□□□□□□□□□□□□□□□

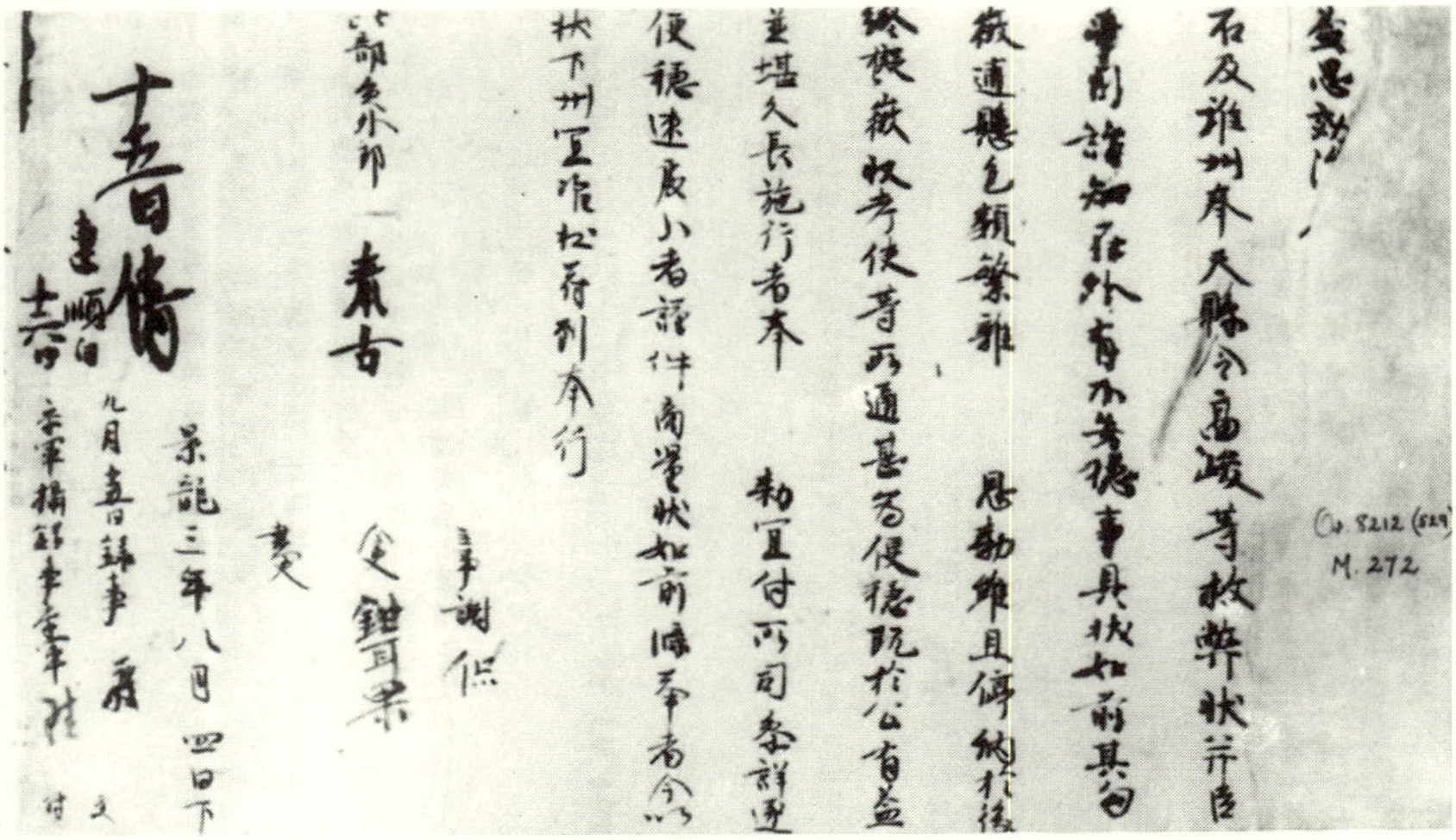

図版23　景龍３年（709）　尚書比部符

石、及雍州奉天県令高峻等、救弊状、并 臣
等司、訪知在外有不安穏事、具状如前。其勾
徴逋懸、色類繁雑。 恩勅雖且停納、於後
終擬徴収。考使等所通、甚為便穏。既於公有益、
並堪久長施行者。奉 勅宜付所司、参詳逐
便穏、速処分者。謹件商量状如前。牒奉者。今以
状下州、宜准状。符到奉行。

主事　謝侃

比部員外郎　奉古　　令史　鉗耳果

書令史

景龍三年八月四日　下

十五日　倩

連　順　白　九月十五日　録事　「押」　受

十六日　参軍摂録事参軍　「押」　付

益思効□□□□□□□□□□□□□□□□□石、及び雍州奉天県令高峻ら弊を救う状、并せて臣らの司、在外を訪知して安穏ならざる事有り、状を具すること前の如し。その勾徴逋懸、色類繁雑なり。恩勅且に納むるを停めんとすと

雖も、後において終に徴収せんと擬《はか》る。考使ら通る所、甚だ便穏為り。既に公において益有り、並びに久長の施行に堪うるものなり。勅を奉じ宜しく所司に付し、参詳して便穏を逐い、速かに処分すべきものなり。謹件、商量の状前の如し。牒奉するものなり。いま状を以て州に下せば、宜しく状に准ずべし。符到れば奉行せよ。

この尚書比部符は、景龍三年（七〇九）八月四日に発信され、西州において九月一五日に受理されているから、四〇日で西州に伝達されたことになる。この北部符は「奉制書」「奉勅」という語がないから通常の宣文書であり、宣文書も四〇日で西州に伝達されることが判明する。

以上の考察の結果、長安より西州までの到着に要する日数は、改元大赦の詔書の場合、最速で約三〇日を要した。長安より西州までの里数は『旧唐書』地理志によれば五千餘里であり、一日の速度は約一六〇里である。赦書は付帯文言として「赦書日行五百里」が付されるが、西州への赦書伝達は日行一六〇里程度が平均的速度であって、「赦書日行五百里」は実現されていなかったといわざるを得ない。

四　赦書の伝達

『隋書』巻七四酷吏列伝の田式の条に、開皇年間（五八一～六〇一）のこととして、刺史・田式の赦書の処置を伝える。

毎赦書到州、式未暇読、先召獄卒、殺重囚、然後宣示百姓。其刻暴如此。由是為上所譴、除名為百姓。

赦書州に到る毎に、式は未だ読むに暇あらず、先ず獄卒を召し、重囚を殺さしめ、然る後、百姓に宣示す。其の刻暴なること此くの如し。是れより上の譴《せ》むる所と為り、除名して百姓と為す。

この史料によれば、刺史の田式が直接に赦書を宣示していることである。隋代の赦書はどのようにして伝達され、唐代の赦書は全土へどのように伝達されたものであろうか。

唐代には告哀使という臨時の使者があった。告哀使というからには、使者は長行専使である。

及徳宗遺詔下、告哀使未至。義成軍節度使李元素以与師古隣道、録遺詔報師古、以示無外。師古遂集将士、引元素使者謂曰、師古近得邸吏状、具承聖躬萬福。李元素豈欲反、乃忽偽録遺詔以寄。師古三代受国恩、位兼将相。見賊不可以不討。遂杖元素使者、遽出兵以討元素為名、冀因国喪以侵州県。俄聞順宗即位、師古罷兵。(『旧唐書』巻一二四李師古伝)

徳宗の遺詔下るに及ぶも、告哀使未だ至らず。義成軍節度使李元素、師古と隣道なるを以て、遺詔を録し師古に報じ、以て無外に示す。師古遂に将士を集め、元素の使者を引《みちび》きて謂いて曰く、「師古近ごろ邸吏の状を得るに、具に聖躬の萬福を承く。李元素豈に反かんと欲し、乃ち忽《にわか》に偽りて遺詔を録し以て寄するか。師古三代国恩を受け、位は将相を兼ぬ。賊を見れば以て討たざるべからず」と。遂に元素の使者を杖し、遽に兵を出だし元素を討つを以て名と為し、国喪に因り以て州県を侵さんことを冀《こいねが》う。俄に順宗の即位を聞き、師古兵を罷む。

国喪にあっては告哀使が各地に発せられた。告哀は駅伝によって天下に伝達されず、長行専使によったのである。

『旧唐書』巻一五憲宗紀・元和一一年(八一六)三月の条には告哀使発遣の記事がある。

癸酉、分命朝臣、告哀于天下。

癸酉(七日)、朝臣に分命し、哀を天下に告げしむ。

この告哀は憲宗皇帝の母である荘憲皇太后の崩御を天下に告知するものである。「分命朝臣」とは「多くの朝臣に命令して」という意味であるから、諸州に告哀使が発遣されたのである。皇太后の告哀がこれであれば、皇帝の告哀使は皇太后以上の規模であると容易に推定できる。『李文公集』巻一四「唐故金紫光禄大夫尚書右僕射致仕上国柱(上柱国）弘農郡開国公食邑二千戸贈司空楊公墓誌并序」（楊於陵墓誌）に、徳宗皇帝が崩御したとき、彼が「太原幽鎮等十道告哀使」となったとあり、『旧唐書』巻一七上敬宗紀・長慶四年（八二四）二月戊子（八日）の条に、穆宗皇帝の崩御を告知する河北告哀使・高允恭の名が見える。これは河北に向けた長行の告哀使であろう。また『旧唐書』巻二〇下哀帝紀・天祐元年（九〇四）八月戊午の条に、「遣刑部尚書張禕告哀於河中、[朱]全忠号哭尽哀」とある。これは昭宗皇帝の崩御を知らせる河中告哀使のことであろう。皇帝が代わるとき、告哀があり、新皇帝の即位制書や即位勅書が公布される。この制書や勅書は王朝国家慶事であるから大赦を伴う。告哀使は長行専使であるから日行百里程度である。これに続いて、大赦を伴う即位制書や即位勅書が発せられる。大赦が日行五百里で伝達されたとすると、一日に進む速度が異なるから、告哀使は途中において、後発の大赦の長行専使に追い越されることになる。これは大変奇妙である。それゆえ、「赦書日行五百里」の実効に関しては、文言通りではなく、再考の餘地があると考えるのである。

『大唐開元礼』巻一三〇嘉礼には「皇帝遣使詣諸州宣赦書　鎮与州同」と題して、赦書公布の式次第がある。

其日、本司設使者次於州大門外道右、南向。使者至、掌次者引就次、以赦書置於案。応集之官至州門外、服朝服、非朝服者公服。本司設使者位於庁事階間、南向。設刺史位於使者位之南、北面。設応集之官位於刺史之後。文官在東、武官在西、毎等異位、倶重行北向、相封為首。又設門外位。文官於門東、毎等異位、重行西面。武官於門西、毎等異位、重行東面、倶以北為上。本司録州見囚、集於州門之外、北面西上。賛礼者引応集之官、倶就門外位。刺史朝服以出、行参軍引立於東南、西向。使者出次、賛礼者引立於門西武官之前、少北東面。史二人封挙案、立於使者西南、倶東面。立定、行参軍引刺史迎於大門外之南、北面再拝。行参軍引刺史先入、立於内門外之東、西面、州官立於其後。

賛礼者引使者入門而左、持案者従之。使者詣階間就位、南面立。持案者立於使者西南、東面。行参軍引刺史、賛礼者引応集之官、以次入就位。立定、持案者進使者前。使者取勅書、持案者退復位。使者称有制。刺史以下、皆再拝。宣勅訖、又再拝舞踏、又再拝。本司釈囚。行参軍引刺史、進使者前、北面受勅書、退復位。賛［礼］者引使者出、持案者従之、倶復門外位。行参軍引刺史、賛礼者引州官以次出、復門外位。刺史拝送。賛礼者引使者還於次、行参軍引刺史入、又賛礼者引州官各還次。

其の日、本司は使者の次を州の大門外道の右に設け、南向す。使者至り、次を掌る者は引《みちび》き次に就かしめ、勅書を以て案に置く。応に集うべきの官、州門の外に至り、朝服を服し、朝服に非ざる者は公服なり。本司は使者の位を庁事の階間に設け、南向す。刺史の位を使者の位の南に設け、北面す。応に集うべきの官の位を刺史の後に設く。文官は東に在り、武官は西に在り、等毎《ごと》に位を異にし、倶に重行して北向し、相い封じて首と為す。又た門外の位を設く。文官は門の東、等毎《ごと》に位を異にし、重行して西面す。武官は門の西、等毎《ごと》に位を異にし、重行して東面し、倶に北を以て上と為す。本司は州の見囚を録し、州門の外に集め、北面し西は上なり。賛礼者、応に集うべきの官を引《みちび》き、倶に門外の位に就く。刺史朝服もて以て出で、行参軍引《みちび》きて東南に立ち、西向す。使者、次を出で、賛礼者引《みちび》き門西の武官の前に立ち、少しく北し東面す。史二人封じて案を挙げ、使者の西南に立ち、倶に東面す。立定せば、行参軍、刺史を引《みちび》き大門外の南に迎え、北面して再拝す。行参軍、刺史を引《みちび》き先ず入り、内門外の東に立ち、西面し、州官は其の後に立つ。

賛礼者、使者を引《みちび》き門に入りて左し、案を持つ者之に従う。使者、階間に詣り位に就き、南面して立つ。案を持つ者は使者の西南に立ち、東面す。行参軍、刺史を引《みちび》き、賛礼者、応に集うべきの官を引《みちび》き、次を以て入り位に就く。立定せば、案を持つ者使者の前に進む。使者は勅書を取り、案を持つ者退きて位に復す。使者「制有り」

と称う。刺史以下皆な再拝す。赦を宣べ訖り、又た再拝して舞踏し、又た再拝す。本司は囚を釈す。行参軍は刺史を引《みちび》き使者の前に進み、北面して赦書を受け、退きて位に服す。賛礼者、使者を引《みちび》きて出で、案を持つ者之に従い、倶に門外の位に復す。行参軍、刺史を引《みちび》き、賛礼者、州官を引《みちび》き次を以て出で、門外の位に復す。刺史拝送す。賛礼者、使者を引《みちび》き次に還り、行参軍、刺史を引《みちび》き入り、又た賛礼者、州官を引き、各おの次に還る。

右の記事に諸州に遣使して赦書を公布する式次第である。唐代の赦書伝達に長行専使に依ったのである。長行専使と考えないと右の式次第を規定する意味がない。唐代の赦書は駅伝による伝達ではなかったのである。唐代の州は三百餘州あるが、その数だけ使者を派遣するのではない。都督府単位に遣使され、各都督府から管内諸州に赦書が伝達されるのであろう（唐代後半期は節度観察使に遣使され、節度使から管轄諸州に伝達）。そうでなければ赦書公布には膨大な赦書の謄写と派遣人数が必要となる。

唐代の一里は約五百米であるから、五百里は約二五〇㎞である。一日五百里進むためには当然のこととして昼夜兼行を免れない。辺遠諸州は長安から五千里以上であるから、一〇日以上の行程となる。一〇日以上に亘る昼夜兼行など現実的でない。とすれば、長行専使による「赦書日行五百里」は実現できないこととなり、「赦書日行五百里」という文言は、速やかな伝達を願う希望的文言であって、この文言を達成できなかったからといって、罰則があるものではないということになる。さきに見たように、「赦書日行五百里」が可能な場合とそうでない場合があった。赦書が一日百里程度しか伝達されない州の死刑囚は、大変な不公平と不利益を被ることになる。唐代史料において、この不条理を論じたものはないことも、「赦書日行五百里」が法的拘束力を持たないことを暗示している。

赦書が長行専使によって伝達されたことを示す史料は、『大唐開元礼』の記事に極まるといってよいが、若干の補足をしておく。『文館詞林』巻六六七所収の「貞観年中獲石瑞曲赦涼州詔一首」は、初唐の太宗皇帝の治世下に発せられた曲赦である。その一節には「仍令通事舎人一人馳駅、往宣詔」とあり、涼州を曲赦する詔書は通事舎人が長行専使であるが、馳駅して涼州に下向するが、馳駅が果たして日行五百里であったかは疑問であり、「赦書日行五百里」は実現しなかったものと考えられる。

『文苑英華』巻五五八表六所収の独孤及の撰した「賀赦表」には赦書の長行専使をいう。

臣某言。中使某至、宣示赦書、大赦天下者。

臣某言う。中使の某至り、赦書を宣示し、天下に大赦すといえり。

また、同書巻五六〇表八所収の蕭穎士の撰した「為中丞賀赦表」（玄宗幸蜀時）と題する賀表にも、赦書を伝達する長行専使をいう。

臣某言。中書省馬崇至自蜀郡、伏奉八月一日制書、大赦天下、罪無軽重、咸蒙洗滌覆宗之辜。

臣某言う。中書省の馬崇、蜀郡より至り、伏して八月一日の制書を奉ずるに、天下に大赦し、罪軽重と無く、咸な覆宗の辜を洗滌するを蒙る。

右の史料は大赦が駅伝によらないで、中使等の長行専使によって伝達されたことを示すものである。蔣楷の編集した『李相国論事集』巻一所収の「論請駅逓赦書状」には九世紀初頭の赦書伝達を次のように伝える。

元和三年三月、御丹鳳楼、大赦天下。知枢密中使劉光奇、党比同類、奏准旧例、散差中使、走馬往諸道送赦書。所貴疾速、意欲庇仮其類。使至諸道、受納財賂、俟其至也、自獲其半。翰林学士裴洎李絳等奏曰、陛下自臨御海内、事推至当、易去煩苛。今復以赦書散差、勅使耑送、是求方鎮財物。蓋非陛下意旨。請付度支塩鉄、急逓発遣。既得疾速簡便、又無求取労擾。上依絳等所奏。光奇又奏曰、旧例如此、難便改易。上曰、旧例若是、即須恭守。若不是、即須改移。豈可循旧弊耶。宜依裴洎李絳所奏。自此衆情必知慮事□可以理奪、真致治之英主也。故言時事、称貞観開元元和之政焉。

元和三年（八〇八）三月、丹鳳楼に御し、天下に大赦す。知枢密中使の劉光奇、同類と党比し、旧例に准じ、中使を散差し、走馬して諸道に往き赦書を送らんことを奏す。貴ぶところは疾速なれども、意は其の類を庇仮し、使して諸道に至り、財賂を受納し、其の至るを俟ちて、自ら其の半ばを獲んと欲するなり。翰林学士の裴洎・李絳等奏して曰く、「陛下、海内に臨御してより、事宜当を推し、煩苛を易去す。今、復た赦書を以て散差するに、勅使耑送せば、是れ方鎮は財物を求めん。蓋し陛下の意旨に非ず。度支塩鉄に付し、急逓発遣せんことを請う。既に疾速簡便を得ば、又た求取を労擾すること無からん」と。上、絳等の奏する所に依る。光奇又た奏して曰く、「旧例此くの如くんば、便ち改易し難し」と。上曰く、「旧例若し是なれば、即ち須らく恭しみて守るべし。若し是ならざれば、即ち須らく改めて移すべし。豈に旧弊に循うべけんや、宜しく裴洎・李絳の奏するところに依るべし」と。此れより衆情必ず事□を慮り、理を以て奪うべきは、真に致治の英主なるを知るなり。故に時事を言うもの、貞観・開元・元和の政と称《たた》う。

右の状は赦書の伝達に宦官が派遣されることの弊害を論じ、その中止を求めたものであるが、この状によって、元和三年（八〇八）以前においては、宦官が長行専使として赦書の伝達に従事していたことが判明するのであり、前掲した『文苑英華』にみえる赦書伝達の長行専使は例外ではなかったのである。

『元次山文集』巻一〇「広徳二年賀赦表」には、赦書の公布をいう。

臣某言。伏奉某月日赦、宣示百姓訖。伏惟[皇帝]陛下、以慈恵馭兆庶、以謙譲化天下。凡所赦宥、皆允人望。凡所敦勧、皆合大経。生識之類、不勝大幸。臣方領陛下州県、守陛下符節、不得称慶下位蹈舞闕庭。不任歓恋之至。[謹遣某官奉表陳賀、以聞]。

臣某言う。伏して某月日の赦を奉じ、百姓に宣示し訖る。伏して惟うに皇帝陛下、慈恵を以て兆庶を馭《おさ》め、謙譲を以て天下を化す。凡そ赦宥する所、皆な人望を允《かな》う。凡そ敦勧する所、皆な大経に合う。生識の類、大幸に勝《た》えず。臣、方に陛下の州県を領し、陛下の符節を守り、慶を称い位を下り闕庭に蹈舞するを得ず。歓恋の至りに勝《た》えず。謹んで某官を遣わし表を奉じ賀を陳べ、以て聞す。

元結は百姓とともに赦書を拝受し慶賀しているが、伝達者をいわない。これは道州が湖南観察使管下の一州で、湖南観察使から赦書を伝達され、元結が自ら百姓に公布したためと考えられる。『文苑英華』巻五五三表一所収の令狐楚の撰した「為桂府王拱中丞賀南郊表」も同様である。

臣某言。伏奉十一月十日制書、南郊大礼畢、大赦天下者。湛恩龐鴻、大号渙汗。際天接地、孰不慶幸。中賀。臣聞禘嘗之礼、所以仁祖禰也。……（中略）……。臣当時集軍州官吏僧道百姓等、丁寧宣示訖。

臣某言う。伏して一一月一〇日の制書を奉ずるに、南郊の大礼畢り、天下に大赦すといえり。湛恩龐鴻にして、大号渙汗す。際天接地、孰か慶幸ならざらんや。中賀。臣聞くならく禘嘗の礼は祖禰を仁《いつくし》む所以なり。……（中略）……。臣、時に当たり、軍州の官吏・僧道・百姓等を集め、丁寧に宣示し訖る。

右の大赦とは、貞元九年（七九三）一一月一〇日の大赦である。ここでも、軍州の官吏・僧道・百姓等を集めて大赦を公布したとあるのみで、伝達者を明記しない。これは伝達者を賀表において省略したか、赦書が京師より直接伝達されず、他州を経由して伝達されたためである。

赦書の公布が終了すれば、赦書の内容に沿って案件が処理されるが、赦書の制書を受理した官人には、赦書に対する賀表が残されていた。いま引用した表は赦書に対する賀表なのである。諸州からの上表は、当然、州の長官である刺史の名において行われた。賀表は刺史が個人的に表を書いて発送するといった安易な方法ではなく、上表に際しては一定の式次第が存在したことを『大唐開元礼』巻一三〇は伝えている。

五　まとめ

大赦には「赦書日行五百里」の文言が付随し、この文言が実現したと考える向きもある。この文言の実効性に関して、『劉賓客文集』を検討し、実行可能な場合があり、辺遠州において実現されていない場合があることを指摘した。吐魯番出土の文書によって、長安より西州までの赦書伝達を検討すると、二五日では伝達されず、三〇日を要する結果が得られた。「赦書日行五百里」は西州の場合は実現されていないことが確認できる。『大唐開元礼』には「皇帝遣使詣諸州宣赦書」と題する式次第があり、赦書は長行専使が伝達したのである。「赦書日行五百里」は速やかな伝達を願う希望的文言であって、法的規制力はなかったと結論される。

円仁が登州において実見した制書の伝達式は、武宗皇帝の即位赦書とする見解がある。小野勝年氏とライシャワー氏である。[2] 先の卑見では、「赦書日行五百里」が実効性のあるものなら、四～五日で登州に到着したはずで、三〇日近くも要して到着しているから、円仁の見た制書は武宗皇帝の即位赦書ではないとした。今回、「赦書日行五百里」は厳守されていないことを明らかにし、希望的文言であるとした。そうすれば、小野氏とライシャワー氏の見解は正解であるということになる。

註

（1）　旧版『吐魯番出土文書』五冊一一一頁には阿斯塔那三三七号墓出土の「唐永徽七年（六五六）西州高昌県寧昌郷令狐相□

受雇上烽契」に「永徽七年七月十五日」という記年がある。永徽七年正月壬申（七日）に、「顕慶」と改元された。七月一五日の時点において「永徽」の年号を使用しているのは、改元の詔書が西州に到着していなかったのではなく、到着してはいたが、改元の事実を知らなかったため、旧年号を使用したと考えるべきであろう。

（2）小野勝年『入唐求法巡礼行記の研究』（鈴木学術財団　一九六九）第二冊六八頁註（10）。エドウイン・O・ライシャワー著・田村完誓訳『世界史上の円仁』（実業の日本社　一九六三）一〇四頁。

第三節　慰労制書と論事勅書の伝達

一　問題の所在

慰労制書と論事勅書は尚書省から符式・移式・関式・牒式によって発信される王言ではない。すなわち、王言の末尾に符・移等を付して伝達されるものではなく、皇帝の使者が受信者に直接伝達する王言である。右の王言は七世紀から一〇世紀における東亜細亜国際関係を考える上で重要な王言である。唐王朝は対等の存在を認めない原則の上に立って周辺諸国と交流した。慰労制書と論事勅書が、どのように周辺諸国へ伝達されたかを解き明かすことは、七世紀から一〇世紀における東亜細亜世界の構造を解明する一端ともなる。慰労制書と論事勅書の相違は、一に周辺諸国に対する唐王朝の評価の差であって、大なる国勢を有する国や唐王朝が重要と考えた国に慰労制書、通常の朝貢国等には論事勅書が発信されたと理解してよい。

慰労制書と論事勅書は璽書ともいわれ、函に納め、皇帝・天子の璽が封印として使用され、受領者に直接伝達する王言であるから、伝達のための付帯文書を考える必要はない。問題となるのは、皇帝の親書ともいうべき慰労制書や論事勅書を伝達する使者であり、伝達に際しての式次第である。

二　慰労制書と論事勅書の伝達使者

慰労制書と論事勅書の伝達は、通常の制書や発日勅と異なり、符という下行文書に依らないで伝達される。両王言の伝達に関して、『大唐六典』巻八門下省・侍中職掌の条には次のようにいう。

凡制勅慰問外方之臣及徴召者、則監其封題。若発駅遣使、則給其伝符、以通天下之信。

凡そ制勅もて外方の臣を慰問し及び徴召するは、則ち其の封題を監す。若し駅を発わし使《つか》を遣わせば、則ち其の伝符を給し、以て天下の信を通ず。

右の史料にいう「制勅」は、制書や発日勅ではなく、慰労制書と論事勅書を指している。慰労制書や論事勅書で慰問し徴召する「外方之臣」とは、外国王を含めた臣僚をいい、「外方之臣」には駅を利用して、使者が派遣され王言が伝達された。両王言の定立に門下省は関与しないが、発信においては門下省が関与するのである。

では、王言を伝達するのは誰であろうか。この点に関して制度的な説明を加えた文献はない。『曲江集』巻八以下に所収される「勅書」と題する王言から、使者の判明するものを示せば次のようである。

勅書題名	使者名
勅新羅王金興光書（巻八）	金忠信（新羅王族）
勅幽州節度［使］張守珪書（巻八）	内侍趙恵琮
勅平盧［軍］使烏知義書（巻九）	趙堪（平盧軍裨将）
勅渤海王大武藝書（巻九　第一書）	内使
勅常州（当州）別駕薫徵運書（巻一〇）	内使
勅当息羌首領書（巻一〇）	王承訓（内給事）
勅渤海（瀚海）［軍］使蓋嘉運書（巻一〇）	内謁者監王尚客
勅金城公主書（巻一一）	内常侍竇元礼
勅突厥登利可汗書（巻一一）	金吾大将軍李佺
勅突厥可汗書（巻一一　第三書）	内侍趙恵琮
勅吐蕃賛普書（巻一一　第二書　慰労制書）	内常侍竇元礼
勅吐蕃賛普書（巻一二　第四書　慰労制書）	内常侍劉思賢
勅日本国王書（巻一二）	遣唐副使中臣名代
勅西南蛮大首領蒙帰義書（巻一二　第二書）	内給事王承訓
勅蛮首領鐸羅望書（巻一二）	宿衛首領王白子
勅安南首領爨仁哲書（巻一二）	掖庭令安道訓

『文苑英華』巻四六八「翰林詔制四九」以下に「蕃書」と題して慰労制書と論事勅書を所収している。そのうち、『曲

江集』と重複するものを除いて、使者名を明記するものは次の史料である。

賜回鶻可汗勅書　右金吾衛大将軍兼御史大夫王会・副使宗正卿兼御使大夫李師偃（巻四六八　李徳裕撰）
賜回鶻嗢没斯特勤等詔　鴻臚卿張賈（巻四六八　李徳裕撰）
勅吐蕃将相書　倉部郎中兼侍御史趙聿（巻四六九　陸贄撰）
勅吐蕃宰相尚結賛書　倉部郎中兼侍御史趙聿（巻四六九　陸贄撰）
与吐蕃宰相鉢闡布書　祠部郎中兼御史中丞徐復・中使劉文璨（巻四六九　白居易撰）
与吐蕃宰相尚綺心児等書　兼御史中丞李明銛・中使某（巻四七〇　白居易撰）
与紇扢斯可汗書　太僕卿兼御史[中]丞相《?》趙蕃（巻四七〇　李徳裕撰「相」衍字）
与南詔清平官書　諫議大夫兼御史中丞段平仲（巻四七〇　白居易撰）
与新羅王金重熙書　金献章（巻六七一）
与渤海王大彝震　大昌輝（巻六七一　封敖撰）

慰労制書と論事勅書の伝達使者に関し、『曲江集』と『文苑英華』を見ると、外廷の官人だけが起用されるのではなく、宦官が起用される例が多くあることが判明する。加えて、新羅や渤海に対しては、金信忠・金献章・大昌輝が起用されている。彼等は新羅や渤海の王族であり、唐王朝に宿衛（実質上は質子）していた人物で、一定年限の宿衛義務を果たして帰国を許される人達に論事勅書が寄託されたのである。

『文苑英華』の史料は唐代後半期のものである。後半期は朝臣が多く使者に起用されたような感を受けるが、後半期の使者として宦官の起用を伝える例もあり、周辺諸国への使者に朝臣が多く起用されたとすることはできない。

元和四年正月、命中官元文政往渤海、充弔祭冊立使。（『冊府元亀』巻九八〇外臣部「通行」）

○元和四年（八〇九）正月、中官の元文政に命じて渤海に往かしめ、弔祭冊立使に充つ。

[元和]八年正月、命内侍李重旻充渤海冊立宣慰使。（『冊府元亀』巻九八〇外臣部「通行」）

○元和八年（八一三）正月、内侍の李重旻に命じて渤海冊立宣慰使に充つ。

慰労制書や論事勅書に対して、受領者は謝表や謝状を上ることを慣例とする。この種の謝表や謝状を検討すれば、両王言の伝達使者は判明する場合もある。江蘇省句容《こうよう》県の『句容金石記』巻三所収の「玄静先生表奏」は玄静先生（道士の李含光）に対する玄宗皇帝の勅書と玄静先生の謝表から成っている。この「勅書」と題される内容は首尾に省略があって、本来それが論事勅書であったと明確にし難い点があるが、仮りに「勅書」の中に慰労制書があったとしても、慰労制書や論事勅書を賜われば、皇帝に謝表を上るのが当時の慣例であったことを示すものである。「玄静先生表奏」には「勅書」に対する六通の謝表を所収する。その一は次のようであり、中使による伝達を伝えている。

今月二十四日、中使啖庭瑶及道士唐若倩賚脆物并詞至山。即以二十五日、与庭瑶若倩、於華陽洞門、焼香読詞、兼蔵脆信、至暮事畢。臣又奉勅書、錫号并賜法衣。忽承聖旨、進退惶懼。臣以僥倖頻忝国恩、功微徳薄、寄情靡所。不勝悚荷之至。因投脆已了。謹遣楊慎奢、奉表陳述并謝。以聞。

天宝七載三月二十六日

今月二四日、中使の啖庭瑶及び道士の唐若倩脆物并びに詞を賚し山に至る。即ち二五日を以て、庭瑶・若倩と華陽洞門に焼香読詞し、兼ねて脆信を蔵《おさ》め、暮に至り事畢る。臣又た勅書を奉ずるに、号を錫わり并せて法衣を賜わる。忽ち聖旨を承け、進退惶懼す。臣僥倖を以て、頻りに国恩を忝くし、功微徳薄、情を寄すに所靡《な》し。悚荷の至りに勝えず。因りて投脆すること已に了る。謹んで楊慎奢を遣わし、表を奉じ陳述し并せて謝す。以て聞す。

他の五種の謝表も例外なく「中使某」「内侍某」が「勅書」を持参したと記しており、玄静先生に限っていえば、「勅書」の伝達は宦官によって行われたとしてよい。

『文苑英華』巻五九三表四一所収の「謝春冬衣禄稟付」から謝表を次に示す。

謝賜春衣及牙尺表（呂頌撰）

臣某言。中使至、伏奉某月日勅書、及所部将吏僧道百姓等、伏蒙聖恩慰労、并賜臣手詔及春衣両副金縷牙一尺面、大将衣若干者。天睠遐臨、恩波荐及。跪承寵賞、以懼以慙。

臣某言う。中使至り、伏して某月日の勅書を奉ずるに、所部の将吏・僧道・百姓等に及んで、伏して聖恩の慰労を蒙り、并せて臣に手詔及び春衣両副・金縷牙一尺面、大将に衣若干を賜うものなり。天睠遐《はるか》に臨み、恩波荐及す。跪づきて寵賞を承《う》くれば、以て懼れ以て慙ず。

寒食謝新火及春衣表（武元衡撰）

臣某言。中使至、奉宣進止、賜臣新火及春衣等。熒煌自天、繊麗同降。束帯歛衽、尽飾之道已加、捧炬廻光、照臨之栄荐及。

臣某言う。中使至り、進止を奉宣し、臣に新火及び春衣等を賜う。熒煌天よりし、繊麗同《とも》に降る。束帯し衽を歛め、尽飾の道已に加え、捧炬廻光し、照臨の栄荐及す。

右に示した史料には「進止」とあり、いま示した史料がすべて論事勅書に対する謝表と軽々に断定できない。しかし、「進止」は論事勅書の別名である。「聖旨」等の語の実体を究明するのは、この場合は重要な問題ではない。「進止」の実態が慰労制書であったとしても、慰労制書は論事勅書と同様の目的で行用される王言であり、両者の相違は様式上の相違と受信者の地位によって変わるだけである。重要なことは、これらの王言の伝達に関し、すべて「中使至」とあったように、宦官（中使）が介在することである。右に示した史料は若干例に過ぎず、『文苑英華』所収の慰労制書や論事勅書に対する謝表には、数多く「中使至」「中使某至」の文言がみられるから、官人に対する慰労制書や論事勅書の伝達には、宦官が伝達使者となることが多かったと理解してよい。

官人に対する慰労制書や論事勅書の伝達は宦官だけが関与したのではない。景雲二年（七一一）の沙州刺史の能昌仁に発信した実物の論事勅書（斯一一二八七）には「使人今還」とあり、沙州から都に派遣された使者に論事勅書を託したと理解できる文言がある。『文苑英華』巻五九八表四六所収の楊炯の撰した「為劉少傅等謝勅書慰労表　高宗」には、司馬郎中（駕部郎中？）による伝達例が見える。

臣某等言。司馬郎中王知敬至、伏奉今日手詔、璿璣下照、観天象之三光。玉検前開、見河洛之八卦。発揮珪璧、感召風雲。不知手之舞之、足之踏之者也。

臣某等言う。司馬郎中王知敬至り、伏して今日の手詔を奉ずるに、璿璣下照し、天象の三光を観《み》る。玉検前開し、河洛の八卦を見る。珪璧を発揮し、風雲を感召す。手の之を舞い、足の之を踏むを知らざるものなり。

「手詔」とは後論するように、慰労制書もしくは論事勅書の別称であり、この王言の伝達に司馬郎中（駕部郎中の別称？）が関与したのである。また、『陳伯玉文集』巻四所収「謝衣表」にも官人の伝達をいう。

臣［某言］。今月日、［羽林軍］千騎田楷至、伏奉恩勅、賜臣紫衫早衫袴等一副。

臣某言う。今月日、羽林軍千騎の田楷至り、伏して恩勅を奉ずるに、臣に紫衫・早衫・袴等一副を賜う。

手詔は慰労制書や論事勅書の別称であり、賜物を伴う恩勅は論事勅書である。右の史料によって、慰労制書や論事勅書の伝達に官人が関与していたことがわかる。したがって、両王言の伝達に宦官が独占的に関与していたとすることはできない。しかし、『文苑英華』所収の「表」をみる限りにおいては、宦官の勅書伝達例が集中する。

三　論事勅書伝達の具体例

『金石続編』巻七「青城山常道観勅并陰」は張敬忠に対する論事勅書と、それに対する謝状からなる。勅書の発信・受信日とそれ以後の処置が明瞭に看取できる貴重な史料である。第一章第七節「論事勅書」では、碑陰の張敬忠の謝状を示さなかった。次にそれを示し、論事勅書伝達を具体的に理解する史料とする。

剣南道節度使　　常道観主甘栄書

　蜀州青城山常道観

右、内品官毛懐景道士王仙卿等至、伏奉　閏十二月十一日墨勅、蜀州清城、先有常道観。其観所置、元在青城山中。聞有飛赴寺僧、奪以為寺。州既在卿節度、検校勿令相侵。還観道家、寺依山外旧所、使道仏両所、各有区分者。臣差判官宣義郎彭州司倉参軍揚璹、往青城山、准　勅処置。其飛赴寺仏事及僧徒等、以今月九日、並移於山外旧所、安置訖。又得常道観三綱甘道栄等状称。奉勅、移飛赴寺、依山外旧所、還観道家。今蒙使司対州県官及僧等、准勅、勒還観訖、更無相侵者。其山中先縁寺界所有竹木等、寺既出居山外、観今置在山中、務使区分、不令侵競。臣已牒所管州県、亦許観家収領訖。

謹附采薬使内品官毛懐景、奉状以聞。謹奏。

開元十二年正月十七日　左散騎常侍益州大都督府長史剣南道節度大使摂御史中丞本道採訪経略大使上柱国張敬忠上表

蜀州青城山常道観

右、内品官毛懐景・道士王仙卿等至り、伏して閏一二月一一日の墨勅を奉ずるに、「蜀州清城、先に常道観有り。其の観置く所、元もと青城山中に在り。聞くならく飛赴寺僧有り、奪いて以て寺と為す。州既に卿の節度に在り、検校して相い侵さしむること勿れ。観は道家に還し、寺は山外の旧所に依り、道仏両所をして各おの区分有らしめよ」といえり。臣、判官の宣義郎・彭州司倉参軍の揚璹を差《つかわ》し、青城山に往かしめ、勅に准じて処置せしむ。其の飛赴寺の仏事及び僧徒等は、今月九日を以て、並びに山外の旧所に移し、安置し訖る。又た常道観三綱の甘道栄等の状を得るに称えり。「勅を奉ずるに、『飛赴寺を移し、山外の旧所に依り、観を道家に還せ』と。今使司の州県官及び僧等に対するを蒙り、勅に准じ、勒して観に還し訖る。更に相い侵すこと無きものなり。其れ山中先に寺界の縁《よ》る所有《あらゆる》竹木等は、寺既に出でて山外に居り、観今置きて山中に在り、務めて区分せしめ、侵競せしめず。臣已に所管の州県に牒し、亦た観家の収領を許し訖る。謹んで采薬使・内品官の毛懐景に附し、状を奉じて以聞す。謹んで奏す。

右にいう論事勅書は第一章第七節「論事勅書」に全文を引用している。勅書に「勅　十一日」とあるから、開元一二年（七二四）一二月一一日に定立され、同日、成都（益州）に向け発信された。そのことは碑文の末尾に立碑時の次の加筆があることにより判明する。

開元十二年歳次甲子、閏拾貳月十壹日下。十三年正月一日至益州、二日至蜀州。専検校移寺官節度使判官彭州司倉参軍楊璹蜀州刺史平嗣先青城県令沈従簡。

「十三年正月一日至益州」とあり、約二〇日を経て、この論事勅書は成都に到達している。長安と成都との距離に関しては『元和郡県図志』等の諸書によれば、約二千餘里であるから、一日平均して約百餘里進んだことになる。この里数は二〇間休みなしとした場合であって、途中に何日かの休息日があったとすると、一日の行程は百里以下となる。

この論事勅書の伝達は宦官の毛懐景と道士の王仙卿が担当した。勅書の伝達は二人の専使によって行われた。勅使であるから、館駅の利用を許可され、駅馬を利用したと当然考えてよい。緊急の場合は一日一〇駅以上進む規定があるが、この勅書は一日百里程度の速度であるから、通常の速度によるものであり、駅馬を利用した長行専使による情報伝達速度は、一日平均百里程度であったと考えてよいであろう。開元一三年正月一日、玄宗皇帝の命令を受けた張敬忠は、その命令を実行すべく剣南節度使判官の楊某を専検行移寺官として蜀州に派遣した。勅書は正月二日には蜀州に到達している。益州と蜀州間の距離は一五〇里であり、この場合、一日で一五〇里進んだことになり、一日平均百里進むのは、そう無理な速度ではないことが理解されよう。

青城山常道観の復旧を命ずる論事勅書は、開元一三年正月九日には実行に移された。それは、碑陰にある剣南道節度使の「状」の一節に「以今月九日、並移於山外旧所、安置訖」とあることによって判明する。

興味深いのは、論事勅書に対して剣南節度使の「状」が皇帝に奉呈されていることである。碑陰の「剣南節度使」以下の文が「状」であることは、その末尾に「奉状以聞。謹奏」とあることによって明らかである。通常において、論事勅書を賜われば、「表」を皇帝に上り、その恩旨を謝するのが一般的である。しかし、この場合は、「状」を上っている。これは一体何故であろうか。

これは論事勅書が「慰諭公卿、誡約臣下」(『大唐六典』巻九中書省・中書令職掌の条「王言之制」)に用いられる文書であるのに、この場合は「慰諭公卿」の他に、常道観の復旧を張敬忠に命令した行政内容を含んでいたため、単に恩旨を謝する表ではなく、皇帝の命令を実行に移したことを報告する「状」の形式を採るのであろう。そして、その状の中には、論事勅書中に命令する内容を再引し、それに対する処置をこまごま報告している。この形式を採ることによって、皇帝の命令が確実に相手側に伝達され、その処置が正当に行われたことを確認し合うのである。

四　伝達儀礼

『大唐開元礼』巻一二九嘉礼には「皇帝遣使詣蕃宣労」という儀式次第を規定しているから、慰労制書と論事勅書が周辺諸国に伝達される場合には伝達儀式があり、単に使者から受信者に渡すという簡単なものではなく、荘重な儀式とともに王言の伝達が行われた。この儀式は官人に発する慰労制書と論事勅書にはないから、周辺諸国に対する場合だけである。次に長文ではあるが煩を厭わず、「皇帝遣使詣蕃宣労」を示す。

前一日、執事者設使者次於大門外道東、南向。

其日、使者至、執事者引就次、使者以下倶公服。蕃主朝服、立於東階東南、西面。使者出次、執事者引使者立於大門外之西、東向。使副立於使者西南、持節者立於使者之北、少退、令史二人対挙詔書案、立於使副西南、倶東面。執事者引蕃主迎使者於門外之南、北面再拝。使者不答拝。執事者引使者入、持節者前導、持案者次之、入門而左。使者詣階間、南面立。持節者立於使者之東、少南、西面。使副立於使者西南、持案者立於使者之南、北面。持節者脱節衣、持案者進使副前、使副取詔書、持案者退復位。使副進授使者、退復位。使者称有詔、蕃主再拝。使者宣詔訖、蕃主又再拝。執事者引蕃主進使者前、北面受詔、退立於東階東南、西面。持節者加節衣。執事者引使者、持節者前導、持案者次之、出復門外位。執事者引蕃主拝送於大門外。使者還於次、執事者引蕃主入。

前一日、執事者は使者の次を大門外の道の東に設け、南向す。其の日、使者至れば、執事者は引《みちび》きて次に就かしめ、使者以下、倶に公服す。蕃主は朝服し、東階の東南に立ち、西面す。使者、次を出ずれば、執事者は使者を引《みちび》き、大門外の西に立ち、東向す。使副は使者の西南に立ち、節を持つ者は使者の北に立ち、少しく退き、令史二人、対《むか》いて詔書案を挙げ、使副の西南に立ち、倶に東面す。執事者は蕃主を引《みちび》き使者を門外の南に迎え、北面して再拝す。使者答拝せず。執事者は使者を引《みちび》き入れ、節をもつ者前導し、案を持つ者之に次ぎ、門を入りて左す。使者階間に詣り、南面して立つ。節を持つ者は使者の東に立ち、少し南し西面す。使副は使者の西南に立ち、案を持つ者は使者の南に立ち、北面す。節を持つ者節衣を脱し、案を持つ者は使副の前に進む、使副は詔書を取り、案を持つ者退き位に復す。使副進み使者に授け退き位に復す。使者「詔有り」と称い、蕃主は再拝す。使者詔を宣べ訖れば、蕃主又た再拝す。執事者は蕃主を引き使者の前に進み、北面して詔を受けしめ、退き東階の東南に立ち、西面す。節を持つ者節衣を加う。執事者、使者を引《みちび》き、節を持つ者前導し、案を持つ者之に次ぎ、出て門外の位に復す。執事者は蕃主を引《みちび》き大門の外に拝送す。使者次に還り、執事者蕃主を引《みちび》き入る。

右のような儀式次第で、唐代の皇帝の意志は外国王に伝達される規定であった。『大唐開元礼』は開元二〇年（七三二）に成立した書であるが、『大唐開元礼』は先行する「貞観礼」と「顕慶礼」を折衷継承した書であるから、開元二〇年以前においても類似の規定が存したことは疑いない。右の史料には「詔」とあるから、厳密には慰労制書伝達の式次第であると考えられなくもないが、唐代において「詔」は「勅」と同義語に使用され、また慰労制書と論事勅書は同一目的に使用されたこと、論事勅書伝達の式次第を『大唐開元礼』において別に規定していない点から考えて、右の式次第によって論事勅書も伝達されたとしてよい。

『大唐開元礼』に規定された王言伝達の制が遵守されていた例として、貞元一〇年（七九四）の南詔王異牟尋の冊立と宣慰をあげることができる。(1)

明年夏六月、冊異牟尋為南詔王。以祠部郎中袁滋持節領使。成都少尹龐頎副之、崔佐時為判官、倶文珍為宣慰使、劉幽巖為判官。賜黄金印、文曰貞元冊南詔印。（『新唐書』巻二二二上南蛮伝上南詔蛮）

明年（貞元一〇年）夏六月、異牟尋を冊して南詔王と為す。祠部郎中の袁滋を以て持節して使を領せしめ、成都少尹の龐頎之が副とし、崔佐時を判官と為し、倶文珍を宣慰使と為し、劉幽巖を判官と為す。黄金印を賜い、文は「貞元冊南詔印」と曰う。

『新唐書』南蛮伝は前掲史料に続けて儀式の様子を記録しているが、簡略にすぎるため、ここでは、より詳細に伝える『蛮書』巻一〇「南蛮疆界接連諸蕃夷国名」によって示す。(2)

貞元十年十月二十七日、陽苴咩城具儀注設位、旌節当庭、東西特立。南詔異牟尋及清平官已下、各具儀礼、面北序立。宣慰南詔使東向立、冊立南詔使南向立、宣勅書読冊文訖。相者引南詔異牟尋離位受冊、次受貞元十年暦日。南詔及清平官已下稽顙再拝、手舞足踏。

貞元一〇年一〇月二七日、陽苴咩城に儀注を具《そな》え位を設け、旌節もて庭に当《なら》び、東西に特立す。南詔異牟尋及び清平官已下、各おの儀礼を具《そな》え、北に面して序立し、宣慰南詔使は東向して立ち、冊立南詔使は南向して立ち、勅書を宣し冊文を読み訖る。相者、南詔異牟尋を引き位を離れ冊を受け、次に貞元一〇年暦日を受けしむ。南詔及び清平官已下稽顙して再拝し、手舞足踏す。

右の『蛮書』にいう「勅書」が真に勅書であるとするなら、この「勅書」は論事勅書以外にあり得えず、『蛮書』に記録された儀式の様子は、論事勅書が周辺諸国において伝達される様子を伝えた唯一の貴重な史料である。論事勅書は国王だけではなく、宰相等にも発信された。しかし、宰相に対する伝達儀式は『大唐開元礼』には規定しないから、国王のみに荘重な儀式とともに伝達されたものであろう。

以上に述べたのは、唐王朝の周辺諸国王に対する慰労制書と論事勅書の伝達である。官人に対する慰労制書と論事勅書の伝達はどのようになっていたのであろうか。『大唐開元礼』巻一三〇嘉礼には「皇帝遣使宣撫諸州」「皇帝遣使詣諸州宣詔書労会」という式次第がある。式次第は引用しないが、これは特定地域に慰労制書や論事勅書を発した場合の伝達の式次第である。『陸宣公翰苑集』巻一〇所収の「慰問四鎮北庭将吏勅書」や『白氏文集』巻五六翰林制詔三所収の「与昭義軍将士勅書」「与恒州節度下将士書」等の集団に対して発せられた王言は、右の式次第によって伝達公布されるのである。節度使等の官人個人に対する伝達の式次第は『大唐開元礼』に見えないから、特段の伝達儀式はなかったのではないだろうか。

五　隋代の伝達例

『隋書』巻八二南蛮伝赤土国の条に次のような記事がある。大業三年（六〇七）一〇月、屯田主事の常駿と虞部主事の王君政は南海郡より赤土国に奉使した記事である。

月餘、至其都。王遣其子那邪迦請与駿等礼見。先遣人送金盤、貯香花并鏡鑷、金合二枚、貯香油、金瓶八枚、貯香水、白畳布四条、以擬供使者盥洗。其日未時、那邪迦又将象二頭、持孔雀蓋、以迎使人、并致金花金盤、以藉詔函。男女百人奏蠡鼓、婆羅門二人導路、至王宮。駿等奉詔書上閣、王以下皆坐。宣詔訖、引駿等坐、奏天竺楽。事畢、駿等還館。又遣婆羅門就館送食、以草葉為盤、其大方丈。

月餘にして、其の都に至る。王は其の子・那邪迦をして駿等と礼見を請わしむ。先ず人を遣わし金盤、香花并びに鏡鑷を貯え、金合二枚、香油を貯え、金瓶八枚、香水を貯え、白畳布四条を送り、以て使者の盥洗に供せんと擬す。其の日未の時、那邪迦又た象二頭を将い、孔雀蓋を持ち、以て使人を迎え、并せて金花の金盤を致し、以て詔函に藉《し》く。男女百人蠡鼓を奏し、婆羅門二人路を導き、王宮に至る。駿等詔書を奉じ閣に上れば、王以下皆な坐す。詔を宣べ訖れば、駿等を引き坐せしめ、天竺楽を奏す。事畢り、駿等館に還る。又た婆羅門を遣わし館に就いて食を送るに、草葉を以て盤と為し、其の大なること方丈なり。

右の「詔書」は、所謂政令を公布する場合に用いる詔書ではなく、赤土国王に賜う慰労詔書である。『隋書』南蛮伝の記事から看取できることは、慰労詔書の伝達においては、単に国王に手渡すという簡単なものではなく、『大唐開元礼』にみえるような規定が存在したことを予想させる。

六　まとめ

慰労制書と論事勅書を伝達する使者は、官人だけではなく、宦官が起用される例が多くある。加えて、新羅や渤海に対しては、宿衛を果たして帰国を許される王族に論事勅書が託されている。『大唐開元礼』巻一二九嘉礼には「皇帝遣使詣蕃宣労」という儀式次第をし、慰労制書と論事勅書が周辺諸国に伝達される場合には荘重な儀式とともに王言の伝達が行われた。その例が貞元一〇年（七九四）の南詔王・異牟尋の宣慰であり、隋にも伝達の儀式規定は存在したであろう。唐国内に発する慰労制書と論事勅書のうち、集団に対する王言は伝達の儀式があったが、官人個人の場合は特に伝達式の規定がないから、特別な伝達式はなかったと想定される。

註

（1）この遣南詔使の使節構成については、向達『唐代長安与西域文明』（生活・読書・新知三聯書店　北京　一九五七）一四一頁以下を参照。

（2）『蛮書』は向達『蛮書校注』（中華書局　一九六二）を利用した。

第三章　臨時的王言

「王言之制」にいう七種類の王言が、令式に規定された王言であるとするなら、本章において論じる詔書・致書・鉄券は令式に規定しない臨時的な王言である。詔書は太上皇・太上皇帝という政治権力者が出現する状況において使用される特殊な王言であり、公式令に文書様式を規定していたとは想定できない。致書（「甲致書乙」の形式を有する書簡を致書という。以下同じ）様式の書簡は、周辺諸国王に発信する王言である。この王言は皇帝と対等の者は存在しない、という中国の伝統的な天下観に立って、皇帝と対等の存在が出現したとき、窮餘の策としての王言であり、隋唐王朝と周辺諸国の関係を考察するとき、極めて興味深い国際秩序の事実を提供してくれる。鉄券は死罪の免除をいい、臣下を懐柔するために発する王言であって、王朝創設期か末期の王朝権力の基盤が極めて不安定な時期に発せられるから、令式に規定するような王言ではない。

詔書・致書・鉄券は王朝が異常事態にあるとき発せられる臨時的王言であり、如何に異常であるかは、正常時の王言様式が判明し、それと比較しないと、その差異は歴然としない。正規の公的王言が第一章において解明されたから、臨時的王言である詔書・致書・鉄券に関して論究できることとなった。

三種類の臨時的王言の中で、最も興味深いのは致書であろう。隋唐時代の書儀に関する認識が浅かったため、致書の持つ文書的意味は看過されてきた。致書がひとたび王言として用いられると、その持つ意味は大きいものがある。

第一節　誥　書

一　問題の所在

唐代の誥書は太上皇または太上皇帝の用いる王言である。皇帝を退位すると太上皇となる。唐王朝は終身皇帝制が原則であるから、新皇帝の即位ごとに太上皇が誕生するわけではない。太上皇・太上皇帝は帝位継承が異常な場合に登場する。唐代の太上皇に関しては、『容斎続筆』巻第一一「唐帝称太上皇」は次のように述べている。

唐諸帝称太上皇者、高祖睿宗明皇順宗凡四君。順宗以病廃之故、不能臨政、高祖以秦王殺建成元吉、明皇幸蜀、為太子所奪、唯睿宗上畏天戒、発於誠心、為史冊所表。

唐の諸帝、太上皇と称するは高祖・睿宗・明皇・順宗の凡そ四君なり。順宗は病廃の故を以て、政に臨む能わず、高祖は秦王の建成・元吉を殺すを以てし、明皇は蜀に幸し、太子の奪う所と為り、唯だ睿宗は上、天戒を畏れ、誠心より発し、史冊の表わす所と為るのみ。

この洪邁の言によって、唐代には高祖・睿宗・明皇（玄宗）・順宗の太上皇がいた。ただ睿宗は太上皇帝といった。太上皇帝と太上皇の相違は十分明らかではない。順宗太上皇以外は、皇子の帝位簒奪によって太上皇にされたのである。帝位継承において、太上皇の存在は異常であるから、誥書は臨時的で異常な王言ということになる。太上皇の用いる詔書は、制書とどのような関係にあり、その文書様式はどのようなものであったか、制勅と関連して考察を加える必要がある。

二　高祖太上皇

高祖は武徳九年（六二六）六月、玄武門の変によって皇帝としての実権を失い、同年八月に次子の李世民（太宗皇帝）に譲位して、太上皇となり、太安宮に隠居した。

癸亥、詔伝位于皇太子。尊帝為太上皇、徙居弘義宮、改名太安宮。（『旧唐書』巻一高祖紀・武徳九年八月）

癸亥（八日）、詔して位を皇太子に伝う。帝を尊《あがめ》て太上皇と為し、徙りて弘義宮に居し、名を太安宮と改む。

高祖は貞観九年（六三五）まで存命であった。『資治通鑑』は高祖の崩御を次のようにいう。

太上皇自去秋得風疾。庚子、崩於垂拱殿。甲辰、群臣請上準遺誥視軍国大事、上不許。（巻一九四貞観九年五月）

太上皇は去秋より風疾を得。庚子（六日）、垂拱殿に崩《みまか》る。甲辰（一〇日）、群臣は上の遺誥に準じ軍国大事を視んことを請うも、上許さず。

『資治通鑑』は高祖の遺言を「遺誥」とするが、『唐大詔令集』は高祖の遺言を巻一一「遺詔」に所収する。高祖の遺言は、『旧唐書』巻一高祖紀の貞観九年（六三五）五月庚子の条にも一部が引用されている。

九年五月庚子、高祖大漸、下詔。既殯之後、皇帝宜於別所視軍国大事。

九年五月庚子（六日）、高祖大漸にして、詔を下す。「殯既《おわ》るの後、皇帝宜しく別所に軍国の大事を視るべし」と。

『旧唐書』は高祖太上皇の遺言を「詔」とし、『唐大詔令集』も「遺詔」に分類する。『資治通鑑』は太上皇の王言は詔であるという後年の知識で、高祖太上皇の遺言を遺詔と書いたものであろう。唐初において「詔」は規定されていなかったのであり、高祖は太上皇であるが、詔書を使用しなかったと考えられる。

三　睿宗太上皇帝

睿宗皇帝は李隆基（玄宗皇帝）に譲位し太上皇帝となった。延和元年（景雲三年　七一二）八月のことである。

庚子、帝伝位于皇太子、自称太上皇帝。五日一度受朝於太極殿、自称曰朕。三品已上除授及大刑獄、並自決之、其処分事称誥令。皇帝毎日受朝於武徳殿、自称曰予。三品已下除授及徒罪並令決之、其処分事称制勅。（『旧唐書』巻七睿宗紀・景雲三年八月）

庚子（三日）、帝は位を皇太子に伝え、自らは太上皇帝と称す。五日に一度、朝を太極殿に受け、自らを称いて朕と曰う。三品已上の除授及び大刑獄、並びに自ら之を決し、其の処分事は誥令と称う。皇帝は毎日、朝を武徳殿に受け、自らを称いて予と曰う。三品已下の除授及び徒罪は並びに之を決せしめ、其の処分事は制勅と称う。

右の記事によれば、太上皇帝が「朕」と自称して、三品以上の除授と大刑獄（流罪以上）を決済し、皇帝は「予」と自称して三品以下の除授と徒罪を決裁するから、太上皇帝が皇帝より上位にあると考えられる。事実、睿宗太上皇帝が玄宗皇帝に命令をしている史料がある。(1)

上皇誥遣皇帝巡辺、西自河隴、東及燕薊、選将練卒。（『資治通鑑』巻二一〇先天元年一一月）

上皇は誥して皇帝を遣《つかわ》し巡辺せしめ、西は河隴より、東は燕薊に及び、将を選び卒を練らしむ。

この記事によっても、太上皇帝は皇帝より上位にあると理解できる。また、日常の政務に関しても誥書を出している。(2)

先天二年三月三十日、誥。制勅表状書奏牋牒、月日等数、作一十二十三十四十字。（『唐会要』巻二六牋表例）

先天二年三月三〇日、誥す。制・勅・表・状・書・奏・牋・牒の月日等の数は「一十」「二十」「三十」「四十」字に作れ。

これらの史料から見ると、先天二年（開元元年・七一三）、睿宗太上皇帝が百福殿に居を移し、事実上、引退するまでの一年間は、太上皇帝と玄宗皇帝の二人が政治を指導する変則的な政治体制であったことが判明する。この太上皇帝の権力を頼みにして、太平公主一派が玄宗皇帝に対抗することができたのである。

四　玄宗太上皇

安禄山の反乱によって、玄宗皇帝は幸蜀を餘儀なくされ、霊武に拠った皇太子は、玄宗皇帝の承認を得ることなく皇帝となった。天宝一五載（七五六）八月のことである。

癸巳、霊武使至、始知皇太子即位。丁酉、上用霊武冊称上皇、詔称誥。己亥、上皇臨軒冊粛宗、命宰臣韋見素房琯使霊武。冊命曰、朕称太上皇、軍国大事先取皇帝処分、後奏朕知。（『旧唐書』巻九玄宗紀・天宝一五載八月）

癸巳（一二日）、霊武の使い至り、始めて皇太子の即位を知る。丁酉（一六日）、上霊武を用て冊するに「上皇」と称し、詔は「誥」と称う。己亥（一八日）、上皇臨軒して粛宗を冊し、宰臣の韋見素・房琯に命じて霊武に使いせしむ。冊命に曰く、「朕は太上皇と称し、軍国の大事は先ず皇帝の処分を取り、後に朕に奏して知らしめよ」と。

玄宗皇帝は天宝一五載八月、太上皇となり、王言として誥書を用い、粛宗皇帝は制書を使用することとなった。両者の関係は「軍国大事先取皇帝処分、後奏朕知」とあるから、太上皇帝が上位にあった睿宗太上皇帝と玄宗皇帝のような関係ではなく、粛宗皇帝が政治を主導する立場にあった。

五　順宗太上皇

順宗皇帝は病弱であるがために、即位してすぐ皇太子に譲位した。貞元二一年八月庚子（四日）のことである。[3]

勅。惟皇天祐命烈祖、誕受萬国、九聖儲祉、萬邦咸休。……（中略）……。宜令皇太子即皇帝位、朕称太上皇、居興慶宮、制勅称誥。（『唐大詔令集』巻三〇順宗命皇太子即位詔）

勅す。惟れ皇天祐けて烈祖に命じ、萬国を誕受せしめ、九聖儲祉、萬邦咸な休す。……（中略）……。宜しく皇太子をして皇帝位に即けしめ、朕は太上皇と称い、興慶宮に居し、制勅は誥と称うべし。

勅書によって、皇太子の即位と自らを太上皇とし、用いる王言を誥書と呼ぶことを布告した。翌日の八月辛丑（五日）、貞元を永貞と改元する順宗太上皇として最初の誥書を公布した。

六　誥書式

『唐大詔令集』巻一一「遺誥」に所収する遺誥三首（睿宗遺誥・明皇遺誥・順宗遺誥）の文書様式を検討すれば、誥書の文書様式は解明されることになる。このうち最もよく首尾を残しているのは、睿宗太上皇帝の遺誥である。

誥。朕聞古之建皇極、承天序者、雖創業垂統、則至公之器、固不可違。而居常待終、則必定之期、固不可易。況朕以薄徳、累承聖緒、常願致虚守靖、用遂其真。……（中略）……。軍将及岳牧等所在発哀、不須来赴。百辟卿

士、孝子忠臣、送住事居、無違朕意。主者施行。開元四年六月二十日
誥す。朕聞くならく古の皇極を建て、天序を承くる者は、業を創め統を垂ると雖も、則ち至公の器、固《もと》より違うべからず。而して居常終を待つも、則ち必定の期、固《もと》より易《か》うべからず。況んや朕は薄徳を以て、聖緒を累承し、常に虚を致し靖を守り、用て其の真を遂げんと願う。……（中略）……。軍将及び岳牧等所在に哀を発し、須《すべか》らく奔赴すべからず。百辟卿士、孝子忠臣、送るに事居に住《とど》まり、朕が意に違う無《なか》れ。主者施行せよ。

右の遺誥を制書と比較した場合、制書の冒頭「門下」が「誥」に変化したものと認められる。誥は制書ではないから、制書式と同じでは両者は区別できなくなるから、冒頭に「誥」と書くのであろうか。

では、誥書の本文様式は「誥。云云。主者施行」としてよいであろうか。『唐大詔令集』巻七五親享に所収する、睿宗太上皇帝の発した「令皇帝親謁太廟誥」は次のようである。

誥。昔重華嗣徳、格于文祖。高密陟后、至于神宗。蓋所以敬履端之元、申孝享之道。皇帝初嗣大宝、允膺休命、歓洽神霊、慶溢宗社。宜躬親祀典、用展粛邕。可以今月四日謁享太廟、所司准此。先天元年十月
誥す。昔、重華徳を嗣ぎ、文祖に格《いた》る。高密后に陟《のぼ》り、神宗に至る。蓋し履端の元を敬い、孝享の道を申ぶる所以なり。皇帝初めて大宝を嗣ぎ、允《まこと》に休命を膺《う》け、歓は神霊に洽《あまね》く、慶は宗社に溢る。宜しく躬ら祀典に親しみ、用って粛邕を展《の》ぶべし。今月四日を以て太廟に謁享するを可とす、所司此れに准ぜよ。

この誥は「主者施行」の結句が省略されていると、前掲した睿宗太上皇帝遺誥から推定される。以上の例から誥の本文様式は「誥。云云。主者施行」と、いちおうは想定されるが、冒頭の「誥」字には大きな疑問がある。制書の冒頭に「門下」とあるのは、門下省に制書案の内容を審査し、可否を判断せよという意味である。誥書の冒頭が「誥」であれば、誥書は門下省の審査を必要としないで発効することになる。制書や発日勅に類似し、一般的政務に使用する

詰書は、太上皇や太上皇帝の私的意志が、そのまま国家意志になるものであろうか。

『唐大詔令集』巻三〇「伝位」所収の「順宗伝位皇太子改元誥」は、前掲した三通の誥とは異なる様式である。

門下。有天下者、伝帰於子、前王之制也。欽若大典、斯為至公。式揚耿光、用体文徳。朕獲奉宗廟、臨御萬方、降疾不瘳、庶政多闕。乃命元子、代予守邦、爰以今辰、光膺冊礼。宜令今月九日冊皇帝於宣政殿。仍令検校司徒平章事杜佑充冊使、門下侍郎平章事杜黄裳充副使。国有大命、恩俾惟新。宜因紀元之慶、用覃在宥之沢。宜改貞元二十一年為永貞元年、自永貞元年八月五日昧爽已前、天下応犯死罪、特降従流。流罪已下、各減一等。布告中外、咸使聞知。[主者施行]。

門下。天下を有つ者、伝えて子に帰すは、前王の制なり。大典を欽若し、斯れ至公と為る。耿光を式揚し、用て文徳を体す。朕、宗廟を獲奉し、萬方に臨御するも、降疾瘳《いえ》ず、庶政多く闕く。乃ち元子に命じ、予に代わり邦を守らしめ、爰《ここ》に今辰を以て、冊礼を光膺す。宜しく今月九日をして皇帝を宣政殿に冊すべし。仍って検校司徒平章事杜佑をして冊使に充て、門下侍郎平章事杜黄裳を副使に充つ。国に大命有り、恩は惟新に俾《したが》う。宜しく紀元の慶に因り、用って在宥の沢を覃《およぼ》すべし。宜しく貞元二十一年を改め永貞元年と為し、永貞元年八月五日昧爽より已前、天下の応に死罪を犯すは、特に降し流に従い、流罪已下、各おの一等を減ずべし。中外に布告し、咸な聞知せしめよ。主者施行せよ。

冒頭に「門下」とあれば結句は「主者施行」が補字される。この詰は制書式と全く同じ様式であるが、『順宗実録』は右の史料を引用し、『唐大詔令集』と同様に「誥」であるという。

永貞元年八月辛丑、太上皇居興慶宮、誥曰、有天下者、伝帰於子、前王之制也。(『順宗実録』巻五)

永貞元年八月辛丑、太上皇、興慶宮に居り、誥して曰く、「天下を有つ者、伝えて子に帰すは、前王の制なり」と。

『旧唐書』も『唐大詔令集』や『順宗実録』と同じ見解を示す。

　辛丑、誥。有天下伝帰於子、前王之制也。（『旧唐書』巻一四順宗紀・貞元二一年八月）

　辛丑（五日）、誥す。天下を有ち伝えて子に帰すは、前王の制なり。

柳宗元は貞元二一年八月五日の誥に対して尚書礼部を代表して賀表を書いた。『唐柳先生文集』巻三七所収の「礼部賀改永貞元年表」がこれである。賀表において、貞元二一年八月五日の王言は「誥」であるという。

　臣某等言。伏奉今日誥、今月九日冊皇帝、改貞元二十一年為永貞元年。自貞元二十一年八月五日昧爽以前、応犯死罪、特降従流、流已下逓降一等者。

　臣某等言う。伏して今日の誥を奉ずるに、「今月九日、皇帝に冊し、貞元二一年を改め永貞元年と為す。貞元二一年八月五日昧爽以前より、応に死罪を犯すは、特に降し流に従い、流已下は一等を逓降すべきものなり」と。

右に示した『旧唐書』『順宗実録』『唐大詔令集』『唐柳先生文集』は「門下。云云。主者施行」を誥であるという。この見解は否定できない有力な説である。同じ王朝において二種類の誥書式があるのは不自然である。「誥。云云。主者施行」と「門下。云云。主者施行」のうち、異なるのは冒頭部分である。冒頭に「誥」とあるのは、本来「門下」とあったものを制書と区別するために、史書の編纂官が「誥」字に置き換えた可能性が強い。これは唐代文献に「詔。云云」「制。云云」とあるのと同じ性質のものである。最も原形を残している。『唐大詔令集』巻三〇「伝位」所収の「順宗伝位皇太子改元誥」に準拠して、順宗皇帝治世下の誥書式を推定すれば、次のような様式が復元できる。

　門下。云云。主者施行。

　　年月御画日

　　　中書令具官封臣　姓名　宣

中書侍郎具官封臣　姓名　奉
中書舎人具官封臣　姓名　行
侍中具官封臣　名
門下侍郎具官封臣　名
給事中具官封臣　名　等言。
臣聞云云。臣等、云云。無任云云之至。謹奉
詔書如右。請奉
詔付外施行。謹言。
年月日
可　御画

七　まとめ

唐代には太上皇の誥書という王言がある。高祖太上皇の場合は、まだ太上皇と誥書との関係が成立しておらず、誥書を使用しなかったと考えられる。誥書は睿宗太上皇帝のとき創設され、用途が明確に規定され、制書の上位に位置する王言であった。玄宗太上皇の誥書は粛宗皇帝の制書と同等の効力を有するものではなかった。順宗太上皇の誥書も睿宗太上皇帝のときのような効力を有するものではなかった。誥書式は「門下。云云。主者施行」という様式を誥書と明言している文献があるから、この様式が誥書の様式を伝えるものであり、冒頭に「誥」とある誥書は、原文書

に「門下」とあったものが、後になって「誥」字に置き換えられたものであると考えられる。

註

（1）より詳細な記事は『唐大詔令集』巻七九「巡幸」所収「睿宗令皇帝巡辺詔（誥）」にある。

（2）『冊府元亀』巻六〇帝王部立制度一に「玄宗先天二年三月癸巳、詔。制勅表状書奏牋牒、年月等数、作一十二十三十四十字」とあるが、本文に「制」とあるのに布告する文書が「詔」であるのは不自然である。「詔」は「誥」の誤りであろう。

（3）『旧唐書』巻一四順宗紀。貞元二一年八月庚子に同文の「詔」がある。

第二節「致書」文書

一　問題の所在

唐初に皇帝が「致書」文書（「甲致書乙」の書簡を、以下においては致書と表現する）用いた形跡があり、隋代には致書文書の使用例が三回ある。『隋書』巻八四突厥伝に「沙鉢略遣使致書曰、辰年九月十日、従天生大突厥天下賢聖天子伊利倶盧設莫何始波羅可汗致書大隋皇帝。使人開府徐平和至、辱告言語、具聞也」とあり、これに続けて、隋の文帝の返書に「大隋天子貽書大突厥伊利倶盧設莫何沙鉢略可汗。云云」とある。辰年は開皇四年（甲辰・五八四）に当たる。また同書巻八一東夷伝倭国の条に、大業三年（六〇七）に倭国が隋王朝に遣使したときに持参した国書には「日出処天子致書日没処天子。無恙也。云云」とあり、煬帝がこの国書に激怒したと記録する。

唐代に個人が致書という書簡を用い、五代や宋初に皇帝が致書文書を用いた例はある。致書という書簡を皇帝が使用すれば、致書文書も臨時的な王言と言える。皇帝は慰労制書等の文書があるのに、何故に個人書簡である致書文書を用いるのであろうか。皇帝の致書文書は慰労制書や論事勅書とも関連し、「普天之下、莫非王土」「率土之浜、莫非王臣」という前近代中国の世界観とも大きく関連する問題である。本節では唐・五代の致書文書に検討を加える。

二　後唐の致書例

同光元年（九二三）、呉国主の楊溥は「大呉国主致書上大唐皇帝」で始まる親書を後唐の荘宗皇帝に送った（『旧五代史』巻一三四楊溥伝）。その辞旨は卑遜で箋（牋）や表と同じようであったという。広州に拠って南漢を建国した劉陟も「大漢国主致書上大唐皇帝」で始まる書簡を荘宗皇帝に送った（『旧五代史』巻一三五劉陟伝）。蜀に拠っていた王衍は、同光元年に「大蜀国主上大唐皇帝」始まる書簡を荘宗皇帝に送ったが、内容は恭順でなかった（『旧五代史』巻一三六王衍伝）。同光三年九月、荘宗皇帝の伐蜀の号令が発せられると、一一月二一日、王衍は上表して帰順を請願した。

『旧五代史』巻一三三銭鏐伝に致書例を伝える。

明宗即位初、安重誨用事。鏐嘗与重誨書云、呉越国王謹致書于某官執事。不叙暄涼、重誨怒其無礼。

明宗即位の初め、安重誨用事す。鏐嘗て重誨に書を与えて云く、「呉越国王謹んで書を某官執事に致す」と。暄涼を叙べず、重誨は其の礼無きを怒る。

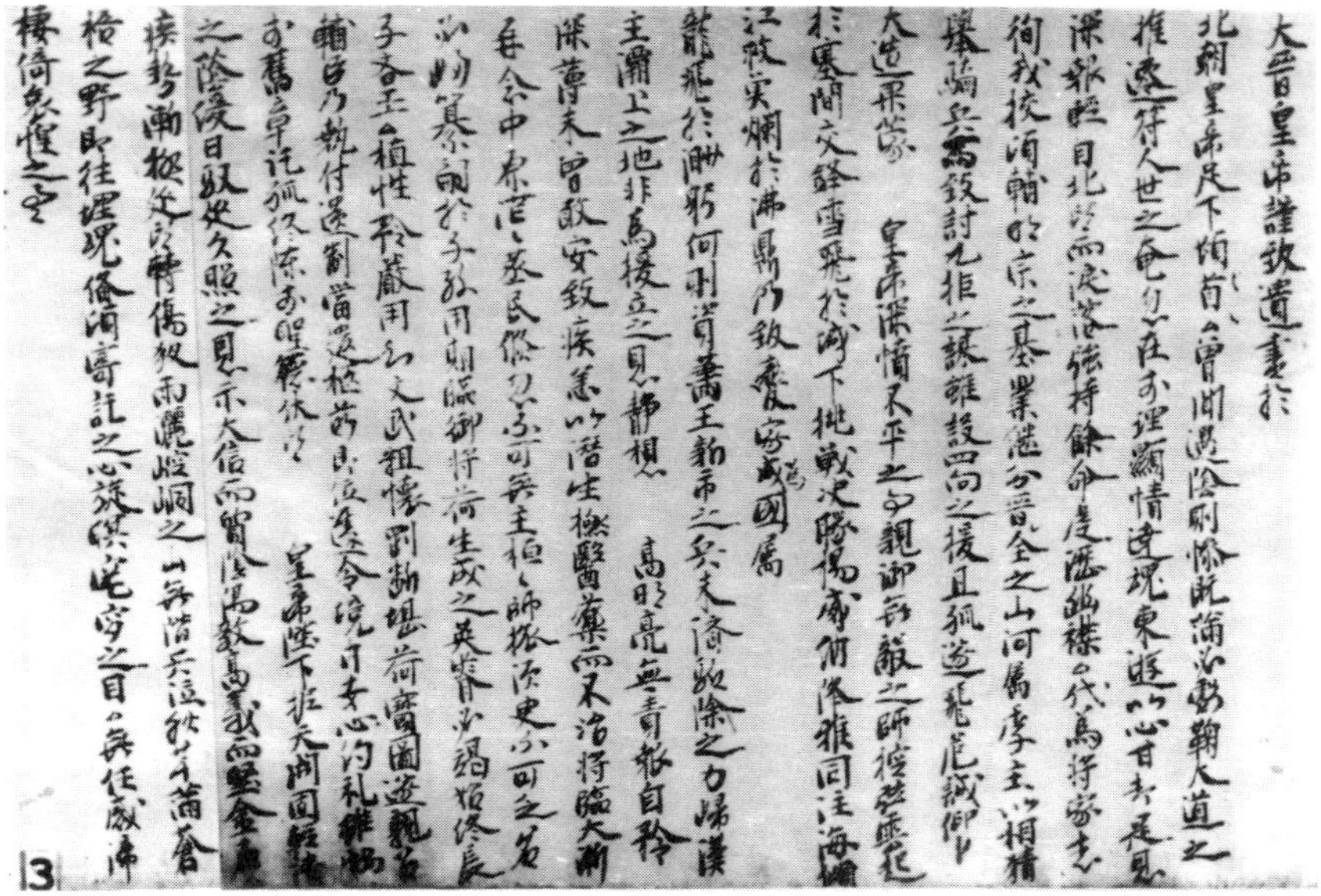

図版24　天福７年（942）「致書」草稿（斯4476）

右は致書文書の用途を知る上で重要な史料である。すなわち、これまで紹介してきた致書例は国王の致書文書である。致書は皇帝や国王が用いる文書であるようであったが、呉越国王の銭鏐が後唐の安重誨に与えた致書文書によって、致書はより広汎に使用する文書であり、王朝国家間における致書も致書用例の一にすぎないのであり、致書は君臣関係にない間において用いられる意志疎通手段であると理解される。

三　後晋の致書

清泰三年（九三六）、石敬瑭（後晋の高祖皇帝）は契丹王に後援されて後晋王朝を建て、契丹王を父とし後晋の高祖皇帝を子とする関係を樹立した。『契丹国志』巻二会同二年（九三九）八月の条には、石敬瑭の対契丹文書に言及する。

其後、遼帝屢止晋帝上表称臣、但令為書、称児皇帝、如家人之礼。

其の後、遼帝は屢しば晋帝の表を上るに「臣」と称うを止《や》め、但だ「書」と為し、「児皇帝」と称わしむるは、家人の礼の如し。

後晋王朝創設当初においては、契丹に対して「表」を用い、途中から「書」に改めた。この「書」とは、致書様式の文書のことである。後晋は実質的には契丹に臣従していたが、契丹王によって「不称臣、不上表」が許されて、「更表為書」となったのであるから、この「書」は前述した楊溥や劉陟また王衍の例から推測して、致書様式の文書であったと考えられる。『資治通鑑』巻二九〇広順元年（九五一）四月の条に、広州に建国した北漢の契丹に対する文書を伝えて、「姪皇帝致書於叔天授皇帝」とあるから、後晋の契丹に対する致書の冒頭は「児皇帝致書於父皇帝」とあったと推測される。

敦煌文献の斯四四七六は五代の別集の断巻と推定される。その断巻には致書の草稿があり、五代の致書の原形を知る上で極めて貴重な史料である。この致書草稿の起草時期はいつであろうか。草稿の冒頭は次のようである。

大晋皇帝謹致遺（遣）書於北朝皇帝足下。頓首頓首。

大晋皇帝謹んで書を北朝皇帝足下に致遣す。頓首し頓首す。

この冒頭文言は、先に推定した文言と異なる。「児皇帝」や「父皇帝」の語がない。このことから、「児皇帝致書於父皇帝」という推定は誤りであると想到されなくもない。しかし、前記の冒頭文言は、後晋の高祖皇帝と契丹王との関係において使用されたものであり、草稿は高祖以降において契丹との関係が変化した時期のものである。

『旧五代史』巻八一「晋書」少帝紀一に、天福七年（九四二）六月の条に少帝（石重貴）の即位をいう。

是歳（天福七年）六月十三日乙丑、高祖崩、承遺制命、柩前即皇帝位。

是歳の六月一三日乙丑、高祖崩《みまか》り、遺制命を承け、柩前に皇帝位に即く。

この即位は契丹の承諾なしに挙行された。『旧五代史』外国伝契丹には、契丹の反応を次のように伝える。

及少帝嗣位、遣使入契丹。徳光以少帝不先承稟、擅即尊位、所齎文字、略去臣礼、大怒、形于責譲。朝廷使去、即加譴辱。

少帝位を嗣ぐに及び、使を遣わし契丹に入らしむ。徳光、少帝の先に承稟せず、擅ままに尊位に即き、齎す所の文字、略ぼ臣礼を去るを以て、大いに怒り、責譲を形す。朝廷の使去《い》くに、即ち譴辱を加う。

後晋の少帝は、即位後に契丹政策を変更して対等策に転じた。枢前に即位したことを致書の草稿は伝え、「略去臣礼」という文言があり、少帝が契丹政策において対等策を採用した点から勘案すれば、この草稿は少帝の即位当初の天福七年（九四二）六月に起草され、契丹に発信されたものとみて大過ないであろう。

少帝の即位によって後晋王朝の契丹政策は、強硬策を採るようになった。契丹と対等関係であろうとしたことが、契丹を刺激し、契丹の南攻が開始されることになる。少帝は契丹に「致書」して旧好を請うたが拒絶される。『旧五代史』巻八二「晋書」少帝紀・開運元年（九四四）正月の条には、その経緯を次のように伝える。

己亥、遣訳語官孟守忠致書於契丹主、求修旧好。守忠自敵帳廻、契丹主復書曰、已成之勢、不可改也。

己亥（二六日）、訳語官の孟守忠を遣わし書を契丹主に致し、旧好を修めんことを求む。守忠、敵帳より廻り、契丹主の復書に曰う、「已成の勢、改むべからざるなり」と。

これに対して少帝は契丹皇帝に対し次のような表を奉じ、契丹の侵攻に対して、少帝は自らを「孫である臣」とする表を契丹皇帝に上り、臣礼をとって罪を請い陳謝するが、契丹の容認するところとはならなかった。

孫臣某曰、今月十七日寅時、相州節度使張彦沢都監傅住児部領大軍入京、……（中略）……。今遣長子陝府節度使延煦次子曹州節度使延宝管押進納、并奉表請罪、陳謝以聞。（『旧五代史』巻八五少帝紀・開運三年一二月）

孫の臣某曰く、「今月一七日寅時、相州節度使張彦沢・都監傅住児大軍を部領し京に入り、……（中略）……。今長子の陝府節度使延煦・次子の曹州節度使延宝を遣わし進納を管押せしめ、并に表を奉り罪を請い陳謝す。以て聞す」と。

以上、後晋王朝が契丹王に発信した致書を考察した。後晋王朝は契丹王の後援によって建国され、実質上は君臣関係にあった。しかし、契丹王の恩恵的措置によって、後晋の高祖皇帝は契丹に対して「不称臣、不上表」を許され、父子関係にあって致書を契丹王に奉呈することを認められた。ところが、少帝は建前上の対等に満足せず、自国の軍事力を過信して、契丹国と対等の関係を樹立しようとした。しかし、少帝の願いは契丹国の軍事力の前に脆くも頓挫し、遂には臣礼である表を奉じて罪を請うこととなった。この致書を中心とした後晋王朝と契丹国との関係をみると、致書は君臣関係にない場合に用いるものであることが理解されよう。

四　唐代の致書

唐代において致書を使用した例は文献に散見する。駱賓王の「与博昌父老書」の冒頭部分は次のようにある。(1)

月日、駱賓王致書于博昌父老等。承並無恙。幸甚幸甚。（『駱賓王文集』巻七）

月日、駱賓王書を博昌父老等に致す。承けて並びに恙無し。幸甚幸甚。

また、法琳の「与尚書右僕射蔡国公書」の冒頭も同様である。

済法寺釈法琳致書尚書右僕射蔡国公足下。法琳草衣野客、木食山人、尤類曲針、誠同腐芥。（『弁正論』巻八）

済法寺の釈・法琳書を尚書右僕射蔡国公足下に致す。法琳草衣の野客にして、木食の山人、尤も曲針に類し、誠に腐芥に同じ。

『陳伯玉文集』巻一〇「書啓」にも、二通の致書文書を所載する。「為建安王与遼東書」を示せば次のようである。

月日、清辺道大総管建安郡王攸宜致書於遼東州高都督。蕃府賢甥某至、仰知破逆賊孫萬斬、十有餘陣、并生獲夷賊一千人。三軍慶快、萬里同歓。

月日、清辺道大総管建安郡王攸宜書を遼東州の高都督に致す。蕃府の賢甥某至り、仰ぎて逆賊の孫萬斬を破ること、十有餘陣、并せて夷賊一千人を生獲するを知る。三軍慶快し、萬里歓を同《とも》にす。

『白氏文集』巻五六翰林制詔三にも二通の致書文書がある。そのうちの「代王佖答吐蕃北道節度[使]論賛勃蔵　奉勅撰」は次のようである。『陳伯玉文集』等の史料から、「大唐」の上部には「月日」があるのが本来的である。

大唐朔方霊塩豊等州節度使検校戸部尚書寧塞郡王王佖致書大蕃河西北道節度使論公麾下。遠辱来書、兼蒙厚貺。慰悚之至、難述所懐。

大唐朔方霊塩豊等州節度使・検校戸部尚書・寧塞郡王・王佖書を大蕃河西北道節度使論公麾下に致す。遠く来書を辱くし、兼ねて厚貺を蒙る。慰悚の至りにして、懐う所を述べ難し。

右は朔方霊塩豊等州節度使の王佖が吐蕃の河西北道節度使に発信した書簡であるが、国家間の書簡であり、微妙な問題もあるので憲宗皇帝が翰林学士の白居易に起草させ、王佖の名において発信したものである。表面上は王佖の個人書簡であるが、「奉勅撰」とあるから憲宗皇帝の発した書簡としてよい。

『李文饒集』巻八にも二通の致書文書がある。そのうちの「代符澈与幽州大将書意」を示せば次のようである。

某月日、河東節度使符澈致書幽州大将周都衙以下。比聞海内之論、幽州師有紀律、人懐義心、河朔諸軍、以為模楷。今之所観、異於是矣。

某月日、河東節度使符澈書を幽州大将周都衙以下に致す。比ごろ海内の論を聞くに、幽州の師は紀律有り、人は義心を懐き、河朔諸軍を以て模楷と為す。今の覩る所、是に異なる。

『資治通鑑』巻二五二咸通一一年（八七〇）正月の条に、盧耽が杜元忠に送った書簡とその内容の要約がある。書簡は「甲致書乙」の致書文書様式であろうと想定される。

南詔進軍新津、定辺之北境也。盧耽遣同節度副使譚奉祀致書于杜元忠、問其所以来之意。

南詔、軍を新津に進む、定辺の北境なり。盧耽、同節度副使の譚奉祀を遣わし書を杜元忠に致し、其の来る所以の意を問う。

右に示した諸史料によって、致書という文書は特殊な文書ではなく、唐代で汎用された書簡の一であることが明らかとなる。(2) 駱賓王や陳子昂の書簡に「月日」とあり、『李文饒集』に「某月日」とあり、『隋書』突厥伝所収の致書にも「辰年九月十日、従天生大突厥天下賢聖天子倶盧設莫何始波羅可汗致書大隋皇帝」とあったから、致書様式は冒頭に発信年月日や発信月日が記されるのが本来の書式としてよいであろう。

五　唐代皇帝の致書文書

一般論として、唐代の皇帝が臣僚に致書を発することはない。なぜなら、両者は対等ではないからである。唐王朝が周辺諸国に対して、致書を発信した明確な事実は文献に残されていない。もし、致書が発せられたとなると、唐王朝を中心とする東亜国際関係は、従来の見解に修正を加え、新しい展望が必要となり、日本の聖徳太子が煬帝に致書を発した真の意図が理解できると考える。

『新唐書』巻二一五突厥伝上に、七世紀初頭における唐と突厥関係に関する次の記事がある。

〔武徳〕八年、頡利攻霊朔、与代州都督藺謩戦新城、謩敗績。於是張瑾兵屯石嶺、李高遷屯大谷、秦王屯蒲州道。初、帝待突厥用敵国礼。及是、怒曰、往吾以天下未定、厚於虜以紓吾辺。今卒敗約、朕将撃滅之、毋須姑息。命有司更所与書為詔若勅。

武徳八年（六二五）、頡利、霊・朔を攻め、代州都督の藺謩と新城に戦い、謩敗績す。是に於いて張瑾の兵、石嶺に屯し、李高遷は大谷に屯し、秦王は蒲州道に屯す。初め帝は突厥を待するに敵国礼を用てす。是に及んで、怒りて曰く、「往《むかし》吾れ天下未だ定まらざるを以て、虜に厚くし以て吾が辺を紓《やわら》ぐ。今卒に約を敗れば、朕将に之を撃滅せんとす、姑息を須《もち》うること毋れ」と。有司に命じて与う所の「書」を更え「詔」若しくは「勅」と為さしむ。

右の史料にいう武徳八年、高祖皇帝が変更を命じた「所与書」とは何であろうか。同じことを伝えて、『冊府元亀』巻九九〇外臣部備禦三には次のようにある。

〔武徳八年〕七月甲辰、帝謂侍臣曰、往以中原未定、突厥方強、吾慮擾辺、礼同敵国。今既人面獣心、不顧明誓、方為攻取之計、無容更事姑息。其後、書改為勅詔。

武徳八年七月甲辰（一二日）、帝、侍臣に謂いて曰く、「往、中原未だ定まらず、突厥方《まさ》に強きを以て、吾れ辺を擾すを慮り、礼すること敵国に同じうす。今既に人面獣心にして、明誓を顧みず、方に攻取の計を為せば、容に更に姑息を事とすべきこと無《な》かれ。其の後、「書」改めて「勅・詔」と為す。

『唐会要』巻九四北突厥の条も次のように伝えている（『唐会要』は「武徳九年」とするが「八年」の誤りである）。

〔武徳〕九年秋七月、頡利寇辺。先是、与突厥書用敵国礼。帝欲改用詔勅、突厥遂寇霊相潞沁韓朔等州、張瑾全軍没、温彦博為虜所執。霊州都督任城王道宗撃破之。請和而退。

武徳九年秋七月、頡利辺を寇す。是れより先、突厥に与うる書は敵国の礼を用ってす。帝改めて詔勅を用いんと欲す、突厥遂に霊・相・潞・沁・韓・朔等の州を寇し、張瑾全軍没し、温彦博は虜の執る所と為る。霊州都督の任城王・道宗之を撃破す。和を請いて退く。

これら史料に見える「書」は、具体的にはどのような文書であろうか。詔書・勅書の「書」でないことは史料から明白であり、また「書」は敵国礼と深く関係するものであった。

唐王朝は太原に起義して以来、突厥に臣事しており、この両国の関係は武徳四年（六二一）まで継承された。武徳四年、両国関係に変化が生じたのは、頡利可汗が率いる突厥軍が雁門において、唐の李大恩に大敗を喫したためである。この敗戦によって、突厥は唐の使節である長孫順徳らを釈放して帰国させ、唐王朝に帰順を請願した。これに対し、唐王朝は突厥の使節である熱寒阿徳らを帰国させ、両国の和親は成立した。武徳四年以降、両国は対等であった。[3]

対等関係にあって惹起したのが、武徳八年（六二五）の頡利可汗の侵攻である。この侵攻に激怒した高祖皇帝は「命有司更所与書為詔若勅」の措置を取った。前掲史料に「いま卒《つい》に約を敗る」とある「約」とは具体的には何であろうか。『新唐書』突厥伝には「初、帝待突厥用敵国礼」とあり、『冊府元亀』や『唐会要』にも「敵国礼」を唐王朝が突厥に対して採用していたと伝えているから、「約」には領土侵犯の禁止条項に加えて「敵国礼」の採用も規定してあったに相違ない。「約を敗る」とは、約定を破棄することであり、「命有司更所与書為詔若勅」とは、突厥の約定破棄に対応する唐王朝の対抗措置であった。

従来、突厥に対して「書」を発信してきたが、武徳八年からは「詔書」や「勅書」を発信することにしたのである。この場合の「詔書」は所謂詔書ではないから、慰労詔書（慰労制書）であり、「勅書」は論事勅書を指すと想定される。

慰労詔書や論事勅書は王言であるから、これらの王言を受領することは皇帝の臣僚であることを意味する。受信する側の意識はともかく、発信する唐王朝にとって、詔書・勅書を受領する者は臣僚であるという認識があったことは確かである。武徳八年の唐王朝の突厥に対する政策の転換、すなわち、「書」から詔書・勅書への転換は、唐王朝にとって対等関係から君臣関係への転換と理解される。

武徳四年（六二一）から武徳八年まで、唐と突厥とが対等関係にあった時期、両国はどのような文書を交換したのであろうか。武徳八年の頡利可汗の唐領侵攻によって、対等関係は破棄され、唐王朝は対突厥文書を臣僚に用いるものと同じ、詔書や勅書とした。武徳八年以前の時期は「書」が交換された。この「書」は詔書や勅書より上位の文書であり、それは敵国礼に用いる文書であった。両国が「書」によって意志疎通を行っている事実は、唐と突厥両国が交換した「書」の実体を解明する上で非常に参考になる。すなわち、唐初の約四年間、両国は敵国礼を以て「書」を交換した。その「書」は致書である。唐初、皇帝は致書を使用したのである。武徳四年以前は唐王朝は突厥に臣事していた。武徳四年までは唐王朝は突厥に臣礼の文書を提出していたと想到される。

六　吐蕃の敵国礼要求

八世紀初頭、吐蕃は「敵国の礼」をもって処遇するよう唐王朝に求めた。

吐蕃既自恃兵強、毎通表疏、求敵国之礼。言詞悖慢。上甚怒之。（『旧唐書』巻一九六上吐蕃伝）

吐蕃既に自ら兵の強きを恃み、表疏を通ずる毎に、敵国の礼を求め、言詞悖慢なり。上甚だ之を怒る。

吐蕃が唐王朝に要求した「敵国の礼」と、その背後にある意識は何であろうか。当時、唐王朝は金城公主を吐蕃に降嫁させてはいたが、両国の軍隊は拮抗状態にあった。

辛丑、涼州都督王君㚟破吐蕃於青海之西。初、吐蕃自恃其強、致書用敵国礼、辞指悖慢。上意常怒之。(『資治通鑑』巻二一三開元一五年正月)

辛丑(二八日)、涼州都督王君㚟、吐蕃を青海の西に破る。初め、吐蕃自ら其の強きを恃み、書を致すに敵国礼を用い、辞指悖慢なり。上意《こころ》に常に之を怒る。

吐蕃から唐王朝に送られる書簡は「敵国の礼」の表現であったと明記している。前掲『旧唐書』吐蕃伝の記事には、「表疏を通じる毎に敵国の礼を求む」とあり、唐王朝と対等関係でありたいと願っていたのであり、開元初年以降から「致書」を対唐文書として使用していたと推測される。

開元一八年(七三〇)五月、吐蕃は唐王朝に和親を求めたとき、玄宗皇帝は不快感を表明している。

帝曰、賛普向上書悖慢。朕必滅之、毋議和。(『新唐書』巻二一六上吐蕃伝)

帝曰く、「賛普向《さき》に書を上るに悖慢なり。朕必ず之を滅さん、和を議すること毋れ」と。

吐蕃王が玄宗皇帝に送った文書を「表」といわず、「書」といっている。そして、玄宗皇帝はこの「書」に非常な不快感を示しているのであり、この「書」は敵国礼において使用される致書文書としてよいであろう。吐蕃は開元年間に致書文書を唐王朝に送り、対等外交を展開しようと意図したのである。吐蕃が唐王朝に対して敵国礼を求め、それに固執した背景には、中国西北部における両国の軍事的拮抗があった。吐蕃は唐王朝と互角の戦闘を展開していた。この自信に支えられて、対等関係の樹立を唐王朝に要求するのである。開元一八年(七三〇)頃まで、唐王朝が吐蕃王にどのような様式の文書を発信したかは明らかではない。『曲江集』には「勅吐蕃賛普書」と題する王言が七通あり、巻一一所収の第三通目の「勅吐蕃賛普書」には賨元礼の名がある。

皇帝問吐蕃贊普。自与彼蕃連姻、亦已数代。又与贊普結約、于今年五年。人使往還、未嘗有間。朕以両国通好、百姓獲安、子孫已来、坐受其福。……（中略）……。今使内常侍竇元礼。遺書、指不多及。

皇帝、吐蕃の贊普に問う。自ら彼の蕃と連姻すること、亦た已に数代。又た贊普と約を結び、今年において五年。人使の往還、未だ嘗て間有らず。朕両国通好せば、百姓安を獲え、子孫已来、坐して其の福を受くを以う。……（中略）……。今、内常侍の竇元礼をして書を遣わしむ。指は多きに及ばず。

竇元礼の名は巻一一所収の第二書と巻一二所収の第二書にも見える。『冊府元亀』巻九七五外臣部褒異二によれば、開元二三年（七三五）三月に、竇元礼が吐蕃に奉使する記事があるから、前掲の「勅吐蕃贊普書」は開元二三年の発信としてよい。また竇元礼の名が見える「勅吐蕃贊普書」も開元二三年以降の慰労制書としてよい。

ほぼ、開元二〇年以降、唐王朝は吐蕃王に対して慰労制書を発信していた。『曲江集』によれば、金城公主や吐蕃の宰相には、慰労制書より一段下がる「勅某。云云」の論事勅書を発信している。開元二〇年以前の吐蕃王に対する文書は、宰相と同格の王言であるはずはないから、やはり、慰労制書であったと考えられる。『毘陵集』巻一八所収の「勅与吐蕃贊普書　永泰二年（七六六）」は論事勅書である。

勅吐蕃贊普外甥。朕共贊普代為与国、自我玄宗至道大明孝皇帝与生（先）贊普和親、結好将六十年。

吐蕃贊普外甥に勅す。朕、贊普と代々与国と為りて、我が玄宗至道大明孝皇帝、先《とおつおや》の贊普と和親し、好を結びてより将に六〇年にならんとす。

吐蕃は論事勅書や慰労制書に不満を持ち、対等関係である「敵国の礼」を交換文書上に要求してきた。右の史料は敵国関係要求の内容が含まれていない。論事勅書や慰労制書は王言であり、臣下に発する文書であるからである。敵国礼に用いる文書とは対等の個人間に用いる致書文書であり、それを国家間の交換文書に適用しようとしたのである。

『旧唐書』巻一九六下吐蕃伝に、唐と吐蕃の建中会盟に関連して次のように伝える。

［建中］二年十二月、入蕃使判官常魯与吐蕃使論悉諾羅等至自蕃中。初、魯与其使崔漢衡至列館、賛普令止之、先命取国信勅。既而使謂漢衡曰、来勅云。所貢献物、並領訖。今賜外甥少信物、至領取。我大蕃与唐舅甥国耳、何得以臣礼見処。

建中二年（七八一）十二月、入蕃使判官の常魯、吐蕃使の論悉諾羅等と蕃中より至る。初め、魯は其の使の崔漢衡と列館に至り、賛普之を止めしめ、先ず命じて国信勅と取らしむ。既にして使いのもの漢衡に謂いて曰く、「来る勅に云う。『貢献する所の物、並びに領し訖る。今、外甥に少しく信物を賜う、至らば領取せよ』と。我が大蕃、唐と舅甥の国のみ、何んぞ臣礼を以て処せらるるを得んや」と。

右の史料に「勅」とあり、論事勅書が発信されたように理解されるが、勅は詔とよく混用されるから、「勅」とあっても、その実は慰労制書である可能性もある。その好例は前掲した張九齢の起草にかかる「勅吐蕃賛普書」である。また『文苑英華』巻四七〇翰林制詔五一所収の「与吐蕃賛普書　封敖撰」は唐代後半期の慰労制書である。

皇帝舅敬問賛普外甥。尚屈立熱論拱熱等至、得書幷物、具悉。

皇帝舅敬んで賛普外甥に問う。尚屈立熱・論拱熱等至り、書幷びに物を得、具に悉す。

賛普が崔漢衡にいったのは、勅書（もしくは慰労制書）の文言に対する苦情だけではなく、常に慰労制書や論事勅書を吐蕃に発するという文書様式を含めたものであり、致書文書が吐蕃王に発信されていないことが確認できる。

苦言を呈する根拠は「我大蕃、唐と舅甥の国のみ」であり、君臣関係にないものが、どうして臣礼で処遇されるのかと疑問を呈しているのである。吐蕃とすれば軍事的にも対等に近く、君臣関係にもないから、対等の礼で処遇するべきと主張するのである。

しかし、この主張は唐王朝にとっては絶対に容認できないものであった。唐王朝の天下観や皇帝支配の理念において、皇帝と対等の存在を認めることはできない。中国歴代王朝は自己と対等の存在を認め、またそれと意志疎通を図る文書様式を準備してはいない。国家間において、個人間で使用する致書を用いるのは、やむを得ない窮餘の便宜的措置であり、できうるならば、致書を用いないで済むような周辺諸国との関係樹立が理想であった。吐蕃は唐王朝と君臣関係にないから対等関係を求めたのである。

七　慰労制書と致書

唐王朝は周辺諸国との間で、敵国（対等）・兄弟・同族の関係を結んだ諸国に対しては、「皇帝敬問」で始まる文書を発信し、君臣関係にある諸国に対しては、「皇帝問」及び「勅某」を発信するという見解がある。この論は本節において検討した致書文書の結果と相い反する。近年、また右と同一の主旨の書が出版された。(4)

右の見解において、敵国関係に用いるとする「皇帝敬問」で始まる王言は、慰労制書であり、「勅某」で始まる王言は論事勅書である。制勅はすべて臣僚に発する王言である。臣僚に発した慰労制書は、何故に敵国関係や対等関係を示す文書なのか。「皇帝敬問」は慰労制書でないことを証明しなければ、右の所論は成立しないと思うのである。

第一章第四節「慰労制書」に示したように、「皇帝敬問」で始まる王言は高宗皇帝が青州刺史・虢王の李鳳に発信している。高祖の第一五子で青州刺史の官にあり虢王に封じられている李鳳は、右の所論によれば、高宗皇帝と敵国関係・対等関係となる。「皇帝敬問」は「王言之制」に規定されているから、李鳳だけに発信された王言ではなく、多くの臣僚に発信された王言であることは容易に想像される。これでは多くの臣僚は皇帝と敵国関係・対等関係にあることになるが、果たして、このように想定して妥当であろうか。外国王と臣僚を同列に扱うことはできないとするなら、「皇帝敬問」の用途において、外国王と一般臣僚は異なるという証明がいるのではないか。この二点が説明できなければ、「皇帝敬問」を以て対等関係を論じるのは無理があると考えるのである。

「皇帝敬問」は敵国関係にある外国王に発信する文書とする見解は、その一を否定できれば、残りの全てを否定できるという脆弱さを持っている。元和三年（八〇八）の回鶻に対する慰労制書は、愛登里羅汨密施合毗伽保義可汗に対し発せられたものである。保義可汗は愛登里羅汨密施合毗伽可汗に唐王朝が贈った徽号である。唐王朝が冊立した回鶻可汗に対して、唐王朝が対等を示す文書を発信するのは、冊立という事実と大きく矛盾する。冊立とは皇帝が臣僚を冊書で叙任することである。元和三年の慰労制書の一節には「達覧将軍等至、省表」とある。元和三年の慰労制書は、回鶻の達覧将軍らが唐王朝に将来した保義可汗の「表」に対する返書なのである。「表」は臣僚が皇帝に奉る文書の一であり、保義可汗は「表」を上呈したのであるから、憲宗皇帝に対して臣下の礼を採っていることになる。臣下の「表」に対する返書である慰労制書が何故に対等文書であろうか。元和三年当時、唐王朝は回鶻と敵国関係にあったとは認められない。四例示された対等史料は同一論旨によって構成されている。そのうち、一例は完全に否定された。残りの三例は更には論じない。

八　ま　と　め

聖徳太子の「日出処天子致書日没処天子」から始めて、一〇世紀までの致書に考察を加えた。致書様式は唐代においては個人の書簡として多用され、また対等関係にある王朝間の文書として用いられた。致書文書が王朝間で用いられるのは、当時の最先進国である中国が皇帝支配であり、その支配理念には皇帝と対抗する存在をまったく闕落させていたため、対等国に出す文書様式を設定していなかったためである。しかし、現実の東亜国際関係においては唐王朝と軍事力において対抗し得る国が出現するのであり、このような場合は緊急の措置として、対等の個人間において使用する致書文書様式を、王朝間の文書として転用して意志疎通を行ったのである。

「皇帝敬問某」が対等関係に用いる文書とする見解がある。この様式は慰労制書であり、制勅は臣僚に発信するものであるから、慰労制書を対等関係文書とする見解にはにわかには賛同できないのである。

聖徳太子の対隋書簡は対等の意思表明とされる。それは「日出処」「日没処」「天子」の観点から論議されてきた。これは焦点のずれた議論である。太子が「致書」様式の国書を隋に送ったことが、対等関係の表明なのである。太子以外に突厥可汗が致書様式の文書を隋に送っているから、七世紀初頭の東亜世界において、敵国礼には致書文書を用いることが共通の認識として存在したようである。

註

（1）『陳伯玉文集』に「日月」とあるが、これは単純な倒置であろう。日付を記すとき「日月」の順で書かれた史料はない。
（2）宋の契嵩の『鐔津文集』巻一〇所収の「与章潘二秘書書」にも「具位某致書于二名儒足下。近辱以詩見招、而叔治継之。其風調相高、皆宜其服人矣」とある。
（3）護雅夫『古代トルコ民族史研究Ⅰ』（山川出版社　一九六七）一六一頁以下を参照。
（4）金子修一『隋唐の国際秩序と東アジア』（名著刊行会　二〇〇一）

第三節　鉄　　券

一　問題の所在

鉄券は臣僚の王朝に対する功績を褒美し、刑法上の特権（恕死）を授与する王言である。常時公布される王言ではなく、王朝創設時とか末期の混乱期の皇帝権力が弱体化したとき公布される。鉄券に関しては、すでに仁井田陞氏や栗原益男氏の研究がある。[1]両氏の研究に付加するとすれば、鉄券の起草と定立に関する部分であろう。

鉄券は璽書の一であり、中書舎人や翰林学士が起草することは疑いない。『陸宣公翰苑集』巻一〇に「賜李納王武俊［田悦］等鉄券文」「賜安西管内黄姓纛官鉄券文」がある。これは偶然に陸贄が起草したのではなく、翰林学士の任にあって起草したものである。鉄券は皇帝の命によって、中書舎人や翰林学士が起草し、清書して発信すれば、すべてが終了するという性格の王言ではない。これでは皇帝の私的王言となってしまう。鉄券は臣僚の功績を褒美するためのものであるから、臣僚の功績を天下に周知させ、功績があれば刑法上の特権が与えられることを天下に知らしめる必要がある。それゆえ、皇帝と起草官のみで起草から発信までが完結するのではなく、定立の過程においては、制勅と同じく中書省の官人が関与したのではないかと想定するのである。

二　銭鏐鉄券

銭鏐は唐末五代の動乱期に生きた武人であり、唐王朝滅亡後は呉越国王となった。銭鏐が昭宗皇帝から乾寧四年（八九七）授与された鉄券文が『呉越備史』（巻一）、『輟耕録』（巻一九「銭武粛鉄券」）、『楓窗小牘』（巻上）、『西湖遊覧志餘』（巻一）、『両浙金石志』（巻三「銭武粛王鉄券」）、『金石萃編』（巻一一八「賜銭鏐鉄券」）に所載されている。『金石萃編』の鉄券文は次のようである。

維乾寧四年、歳次丁巳、八月甲辰朔、四日丁未、皇帝若曰、咨爾鎮海鎮東等軍節度浙江東西等道観察処置営田招討等使兼両浙塩鉄制置発運等使開府儀同三司検校太尉兼中書令使持節潤越等州諸軍事兼潤越等州刺史上柱国彭城郡王食邑五千戸実封壹百戸銭鏐。朕聞銘鄧隲之勲、言垂漢典、載孔悝之徳、事美魯経。則知褒徳策勲、古今一致。頃者、董昌僭偽、為昏鏡水、狂謀悪貫（悪跡）、

流（漸）染斉人、而爾披攘凶渠、盪定江表、
忠以衛
社稷、恵以福生霊。其機也氛祲清、其
化也疲羸泰、拯於粤（越）於塗炭之上、師
無私焉。保銭塘成金湯之固、政有経
矣。志奨王室、績冠侯藩。溢於旂常、流
在丹素。雖鍾繇刊五熟之釜、竇憲勒
燕然之山、未足顕功、抑有異数。是用
錫其金板、申以誓詞。長河有似帯之
期、泰華有如拳之日。維我念功之旨、
永将延祚子孫、使卿長襲寵栄、克保
富貴、卿恕九死、子孫三死、或犯常刑、
有司不得加責。承我信誓、往維欽哉。
宜付史館、頒示天下。

中書侍郎兼戸部尚書平章事臣　崔胤　宣奉

維乾寧四年（八九七）、歳次丁巳《ほしは丁巳にやどる》 八月甲辰朔、四日丁未、皇帝　若《かくのごとく》　曰う、咨《ああ》爾鎮海鎮東等軍節度浙江東西等道観察処置営田招討等使兼両浙塩鉄制置発運等使・開府儀同三司検校太尉兼中書令・使持節潤越等州諸軍事兼潤越等州刺史・上柱国・彭城郡王食邑五千戸実封壱百戸銭鏐。朕聞くならく鄧隲の勲を銘するに、言は漢典に垂れ、

孔悝の徳を載せるに、事は魯経に美《うるわ》し。則ち徳を褒め勲を策するは、古今一致するを知る。頃ごろ、董昌僭偽し、為に鏡水を昏《みだ》し、狂謀の悪跡、漸いに斉人を染む。而して爾凶渠を披攘し、江表を盪定し、忠にして以て社稷を衛り、恵むに以て生霊を福す。其の機なるや氛祲清くし、其の化するや疲羸泰くす。於越を塗炭の上に拯い、師は私無し。餘杭を保ち金湯の固を成し、政に経有り。志は王室を奨め、績は侯藩に冠たり。旂常に溢れ、流は丹素に在り。鍾繇、五熟の釜を刊《きざ》み、竇憲、燕然の山を勒すと雖も、未だ功を顕すに足らず、抑せて異数有り。是を用て其れ金板を錫い、申るに誓詞を以てす。長河、帯に似るの期有り、泰華、拳の如くの日有り。維れ我念功の旨、永く将て子孫に延祚し、卿をして長く寵栄を襲い、克く富貴を保たしめん。卿に九死、子孫に三死を恕《ゆる》し、或いは常刑を犯すも、有司、責を加うるを得ざれ。我が信誓を承け、往《のち》に維れ欽めや。宜しく史館に付し、天下に頒示すべし。

三　鉄券の定立

鉄券の定立に、中書省が関与するのではないかと想定したのは、鉄券の最後にある次の一行である。[2]

中書侍郎兼戸部尚書平章事臣　崔胤　宣奉

右の一行は、中書侍郎の崔胤が銭鏐に鉄券を伝達したことを意味するものではない。鉄券を銭鏐の所へ持参したのは、前掲した『呉越備史』によれば、中使の焦楚鍠である。また中書侍郎崔胤は鉄券の起草官ではない。起草官が王言に「宣奉」と書くことはない。起草官が「宣奉」と記入するなら、『唐大詔令集』巻六四「大臣鉄券」に所収される興元元年（七八四）正月に起草された「賜李納王武俊田悦等鉄券文」は、陸贄の起草であるから「具官封臣陸贄　宣奉」

となければならない。ところが、「賜李納王武俊田悦等鉄券文」の尾部には次のような一行がある。(3)

吏部尚書同中書門下平章事[臣]　蕭復　宣

これによって、崔胤が鉄券の起草官ではないことは明らかである。また、中書門下同平章事が鉄券の定立において、常に「宣奉」という行為をするのでもない。そのことは「賜李納王武俊田悦等鉄券文」に吏部尚書同中書門下平章事の蕭復が「宣」という行為のみ行っていることによっても明白である。

「宣」と「奉」は制勅の定立において、中書令と中書侍郎が行う行為である。鉄券に見える中書侍郎兼戸部尚書平章事臣崔胤の「宣奉」は、官銜に「臣」字があることからも王言の定立における「宣奉行」と関係があり、中書侍郎として「宣奉」を行ったと想定できる。すなわち、乾寧四年八月当時、中書令は銭鏐であり、在京の中書令は誰もいなかったため、中書令に代わって「宣」と記入し、侍郎として「奉」を記入したと考えられる。「宣奉」とあれば、「中書舎人具官封臣　姓名　行」の記入があると想定されるが、この一行はない。これは銭鏐鉄券が西湖から拾得された経緯を持ち、湖中において、鉄が腐食し金象嵌の「中書舎人具官封臣姓名　行」の部分が剝落した可能性もある。中書舎人の署名が想定できれば、中書令の署名も想定できる。当時、中書令は銭鏐であり、京師不在であったから、鉄券の中書侍郎の前行には、次のように金象嵌があった可能性がある。

中書令具官封　銭鏐　在使

そして、この箇所も中書舎人の部分と同様に剝落し、無文字のように見えたため、著録されなかったのである。

「賜李納王武俊田悦等鉄券文」の末尾に「吏部尚書同中書門下平章事臣　蕭復　宣」とあるのも奇妙である。興元元年（七八四）正月当時、蕭復が中書令であったとする記録はない。しかし、当時は奉天県に行幸し、朱泚の乱を避けていた時期であり、朝廷は大混乱の状態にあり、蕭復が中書令の職務を臨時に代行したことは予想できる。「宣」

とあるのは、銭鏐の鉄券に「宣奉」とあるのと同じ解釈、すなわち、王言定立の際の「宣奉行」の「宣」であると解釈しなければ、この一行は理解できないのである。

隋唐の詔書（制書）において「中書令具官封臣　姓名　宣」の一行のみを残す例は稀に見受ける。一例は本書第三節に引用した「隋国立舎利塔詔」である。(4)「賜李納王武俊田悦等鉄券文」の末尾に「吏部尚書同中書門下平章事臣　蕭復　宣」とあるのは「中書侍郎具官封臣　姓名　奉」と「中書舎人具官封臣　姓名　行」が、編纂史料となるとき脱落したものと理解されるのである。

右の想定が正しいとするなら、鉄券は中書三官が関与して定立され、論事勅書や慰労制書と同じように、三官までが記入されて発信されたことになる。定立における皇帝の御画日は、制書のように、制書本文の次行に位置するのではなく、冒頭に発信年月日があるから、この年月日の「日」の部分に記入し、「御画日」となるのであろう。予想される鉄券の文書式は次のようである。

維元号某年、歳次干支、某月干支朔、御画日干支、皇帝若曰、咨爾《ああ》云云。

中書令具官封臣姓名　宣
中書侍郎具官封臣姓名　奉
中書舎人具官封臣姓名　行

銭鏐の鉄券に「中書侍郎兼戸部尚書平章事臣　崔胤　宣奉」が残存し、「賜李納王武俊田悦等鉄券文」に「吏部尚書同中書門下平章事臣　蕭復　宣」がある事実は、公布される鉄券は、鉄券の全文が謄写され象嵌されたことを示している。慰労制書と論事勅書が公布されるとき、本文だけではなく文書様式全体が謄写されたことを想起すれば、奇異とするに当たらない。

四　まとめ

鉄券は皇帝と制勅起草官の二人によって、隠密に計画され公布されるものではなく、鉄券を授与するほどの功績は天下に周知させるべきものであるという前提に立って、銭鏐鉄券の末尾に「中書侍郎兼戸部尚書平章事臣　崔胤　宣奉」とある事実から、鉄券の定立には中書省が関与すると推定した。以前より、銭鏐鉄券に「中書侍郎兼戸部尚書平章事臣　崔胤　宣奉」とあるのが気になっていたのである。うまく説明できないまま現在に至った。この推論に対して、反論が出るかも知れない。その時は、私の説に対して明確な反論史料を提示して、新説が出されるわけであり、鉄券の考察は深化したことになる。王言の研究は一歩前進である。

註

（1）仁井田陞『唐宋法律文書の研究』（東方文化学院東京研究所　一九三七）第三篇第二章「鉄券」参照。また銭鏐鉄券に関しては、栗原益男「鉄券授受現象からみた君臣関係――唐朝・五代を中心として――」（「史学雑誌」六五編六号・七号）、同「鉄券補考」（『岩井博士古稀記念典籍論集』所収　一九六二）がある。

（2）この一行は「銭鏐鉄券」を所載するすべての文献にあるのではない。『両浙金石志』と『金石萃編』にある。『呉越備史』『輟耕録』『楓窻小牘』『西湖遊覧志餘』に、この一行がないのは次の理由による。すなわち、『呉越備史』は「銭鏐鉄券」の実物から移録したのであり、移録に際しては故意に中書令以下の部分を省略したと考えられる。『両浙金石志』と『金石萃編』に、この一行があるのは、西湖から回収された実物の鉄券により録文したことによるものである。

（3）この一行は「李納田悦王武俊等鉄券文」を所載するすべての文献にあるのではない。『唐大詔令集』巻六四「大臣鉄券」にある。『文苑英華』巻四七二翰林制詔五三鉄券「李納田悦王武俊等鉄券文」と『唐文粋』巻三一「唐徳宗神武皇帝賜李納田悦王武俊鉄券文」にはない。

（4）他の例は『広弘明集』巻二五「今上制沙門等致拝君親勅一首」である。勅書の末尾に「龍朔二年四月十五日／光禄大夫右相太子賓客上柱国高陽郡開国公臣　許敬宗　宣」とある。

第四章　私的王言

唐代文献には口勅・口詔・御礼・宣という王言名が登場する。口勅と口詔は、詔と勅との混用という唐代の事実から考えれば、同一の王言である可能性が高い。口勅と宣は意味から考えて、口頭による皇帝の意志であると想定できる。皇帝の言葉を「勅」とか「宣」とかに、いちいち区別できないから、本来は同じものであるが、「口勅」または「宣」と名称が異なるのは、用途かどこかに相違するところがあるのであろう。御礼は「札」であり、手札を丁寧に表現したものであり、文字化された皇帝の意志であろうと推定される。これらの王言は公式の場において使用されるのではなく、内廷において使用する私的な王言である。公的王言である「王言之制」を把握することは容易ではないのに、これらの私的王言は史料がより限定され、その実体把握はさらに困難を極める。

唐代の王言は大別して公的王言（王言之制）・臨時的王言・私的王言の三種類に分類できる。臨時的王言は例外的王言であるから、通常、使用される王言は公的王言と私的王言である。私的王言は私的な皇帝の意志であり、本来は国政に関与する王言ではない。しかし、隋唐史において私的王言が、公的王言と同じ比重を持ち、国政に登場する場合がある。両者を為政上において、公的王言・私的王言と峻別できないのが、隋唐の律令王言制と官人制の限界であり、また、これは専制国家の宿命でもある。

第一節　口　勅

一　問題の所在

唐代文献には「口勅」の語が散見する。手勅が皇帝「手ずからの勅」の意味であるなら、口勅は「口頭の王命」、すなわち「口頭の勅」ということになろう。次に示す『旧唐書』巻八〇褚遂良伝にある口勅は、その一例である。

臣近於坐下、伏奉口勅、布語臣下、云自欲伐遼。臣数夜思量、不達其理。

臣、坐下に近く、伏して口勅を奉ずるに、臣下に語を布《の》て云《べ》う「自ら遼を伐たんと欲す」と。臣、数夜思量するも、其の理に達せず。

『大唐六典』巻二五左右千牛衛・中郎将職掌の条には「口頭の王命」と理解できる口勅の記事がある。

若有口勅、通事舎人承受、伝声於階下。不聞者、則中郎将宣告之。

若し口勅有らば、通事舎人承受し、声を階下に伝う。聞えざるは、則ち中郎将之を宣告す。

では、口勅とは皇帝が口頭で行う意思表示であり、文字化されない王命とすれば、「宣」となんら変わりないものになる。「宣」と同じものが、口勅という名称を持つのはおかしい。口勅は文字化されない王命であろうか。『隋書』巻六九王劭伝には、『隋書』の編纂に口勅を多く収録したとある。

邵在著作、将二十年。専典国史、撰隋書八十巻。多録口勅。又採迂怪不経之言及委巷之言、以類相従、為其題名、辞義繁雑、無足称者。

邵、著作に在ること、将に二〇年にならんとす。専ら国史を典じ、「隋書」八〇巻を撰す。多く口勅を録し、又迂怪不経の言及び委巷の言を採り、類を以て相従い、其の題目を為るも、辞義繁雑にして、称するに足るもの無し。

右の口勅は「口頭による皇帝の意志」とすることはできない。言葉は消失するものであって、王邵が隋帝の口勅を史書に収録することができたのは、口勅が文書であったためである。隋唐の口勅は、口頭による皇帝の意志と文書化される口勅の二種類があったようである。口頭による皇帝の意志という意味での口勅は、本章第三節「宣」において述べる口宣と同じ性質の王言であろう。ここで論究しようとするのは文書化される口勅である。

二　口勅に関する史料

唐代の口勅を理解するためには、「口勅」の語がみえる文献を示し、そこから性格や用途を探るのが最善であろう。『唐大詔令集』巻一一〇「誡示諸道制　至徳二載正月三日」の一節に、財物の徴求に関する「口勅」の語がある。

朕毎命中官及諸出使、所至郡県、妄宣口勅、徴求賦斂、便即奏聞、不可容隠。

朕、毎に中官及び諸出使に命じるに、至る所の郡県にて、妄りに口勅を宣べ、賦斂を徴求するは、便ち即に奏聞し、隠すことを容《ゆる》すべからず。

右の口勅は「宣索」と関連するものである。『資治通鑑』巻二三三貞元三年（七八七）九月丁巳の条に、宰相の李泌が

「宣索」を罷めんことを徳宗皇帝に進言した記事があり、胡三省は宣索を次のように説明する。

遣中使、以聖旨就有司、宣取財物、謂之宣索。

中使を遣わし、聖旨を以て有司に就き、財物を宣取す、之を宣索と謂う。

宣索とは、内廷が必要とする物資を官物から調達することをいい、そのとき、宦官が皇帝の聖旨を奉じて調達するのであり、『唐大詔令集』の記事も宣索であり、「口勅」とは宣索を指示するときに用いる王言である。『冊府元亀』巻一六〇帝王部革弊二所載の宝暦二年（八二六）一二月庚申の詔書の一節には「罷応別詔宣索」とあり、口勅を「別詔」と表現するが、実体は同じものであろう。ここにいう別詔とは「王言之制」とは別体系の王言、すなわち、私的な王言という意味であろう。宣索に関しては日本の『令義解』公式令に次の記事がある。

凡諸司受勅、不経中務、侄来及宣口勅者、不得承用。若奉口勅索物者、不須経中務、所司承勅即進、仍附状奏。

凡そ諸司勅を受け、中務を経ず、侄《ただ》に来り及び口勅を宣ずるは、承用するを得ず。若し口勅を奉じて物を索《もと》むるは、中務を経るを須いず、所司勅を承《う》くれば即ち進め、仍りて状に附して奏せ。

「奉口勅索物」とは唐の宣索と同じであり、日本の口勅は中務省を経由しない。唐の宣索は別詔（口勅）によって行われたから、宣索に用いる別詔は「王言之制」に規定しない王言であったと想定される。

唐代の口勅は宣索にだけ用いる勅ではない。次に示す口勅史料は論事勅書と同じ用途に使用されている。

臣某言。今月日、本道監軍使内侍省宮闈令劉某至、伏奉某月日勅書。并賜臣手詔、奉宣口勅、特加奨諭、将士官吏百姓僧道等、並蒙宣慰存問者。（『文苑英華』巻五九〇表三八所収「謝奨諭表」　憑審撰）

〇臣某言う。今月日、本道監軍使・内侍省宮闈令劉某至り、伏して某月日の勅書を奉ず。并せて臣に手詔を賜い、口勅を奉宣し、特に奨諭を加え、将士・官吏・百姓・僧道等、並びに宣慰存問を蒙るものなり。

臣某言。中使某至、伏奉手詔慰諭、并宣口勅、賜臣端午衣一副及銀椀百索等、兼賜大将衣若干副者。天書綢繆、聖沢汪濊。（『文苑英華』巻五九五表四三所収「謝端午賜物表」　李嶠撰）

○臣某言う。中使某至り、伏して手詔を奉じて慰諭し、并せて口勅を宣べ、臣に端午衣一副及び銀椀・百索等を賜い、兼ねて大将に衣若干副を賜うものなり。天書綢繆し、聖沢汪濊す。

右によって、口勅の用途の一に臣僚に対する撫慰と賜物があり、伝達に中使が深く関与することが理解される。撫慰と賜物は慰労制書や論事勅書によっても行われる。なにゆえ、屋上屋を架すような口勅が存在するのであろうか。慰労制書や論事勅書は、「王言之制」に規定されていた皇帝の公的意志であり、口勅は皇帝の私的意志とすれば説明はつく。私的意志であるが故に、「王言之制」に規定されないのである。前掲史料に手詔（慰労制書や論事勅書）と口勅が併記されているのは、手詔と口勅とが別であったことを示すものである[1]。

三　口勅の文書様式

口勅には口頭によるものと、文書化されるものがある。文書化される口勅は、どのような文書様式を有する勅書であろうか。『表制集』巻一には「智炬寺修功徳制書一首　連元帥牒」と題して、次のような牒式文書を所収している。

奉勅、不空三蔵并僧弟子三人、宜於智炬寺修功徳。

八月二十五日　開府判行軍　李輔国　宣

勅天下兵馬元帥　牒不空三蔵

牒。奉勅如右。請施行者。録勅各牒所由。准勅事了日停者。故牒。

上元元年八月二十五日　牒。

開府判行軍　李輔国

元帥越王　在内

右の文書は、上元元年（七六〇）八月二五日に、「不空三蔵并びに弟子三人、宜しく智炬寺において功徳を修むべし」との代宗皇帝の意志を李輔国が定立したものである。牒文に「奉勅如右」と明言するから、「不空三蔵并僧弟子三人、宜於智炬寺修功徳」は代宗皇帝が発した意志であり、「勅」であることは動かしがたい。

右を勅と確定できれば、『表制集』巻五所収の「召念誦僧制一首」は勅であることになる。(2)

奉勅、語元琮、化度保寿興善等寺、先於故三蔵和尚辺受法僧有功業者、即具名奏来。

大暦九年七月七日　内謁者監李憲誠　宣

勅を奉ずるに、元琮に語《つ》ぐ、「化度・保寿・興善等寺、先に故三蔵和尚辺の受法僧に於いて功業有る者、即ち名を具し奏し来れ」と。

前者の上元元年の文書は勅を勅天下兵馬元帥の牒で不空三蔵に伝達しただけのことで、「奉勅」以下が勅であることに変わりはない。「奉勅」以下が勅として定立し、発信されることもある。『表制集』巻四所収の「恩賜造霊塔絹制一首」は「奉勅」以下が発信された例である。

奉勅、絹七百五十二匹、宜賜興善寺故三蔵大広智不空和尚院、充先師造霊塔直。

大暦九年六月二十八日　内侍韋守宗　宣

勅を奉ずるに、絹七五二匹、宜しく興善寺故三蔵大広智不空和尚院に賜い、先師の霊塔を造る直に充つべしと。

同書巻四の「恩賜絹七百五十二匹造塔謝表一首并答」はその謝表と批答である。

草土僧曇貞等言。今日内侍韋守宗奉宣恩勅、賜絹七百五十二匹、充先師塔直。捧戴殊旨、咸被哀栄。使有展敬之地、始起舎利之塔。竊謂微言尚存、聖朝増福。蓋陛下之道崇著、豈門人之孝克招。曇貞等不勝号擗哀荷之至。謹奉表陳謝以聞。曇貞等誠哀懼。謹言。

大暦九年六月二十八日　大興善寺草土僧曇貞　表上

宝応元聖文武皇帝批

和上領袖緇門、弘宣妙旨。永帰寂滅、宗慕良深。遠日有期、遷神斯近。施縑起塔、何有謝恩。

草土の僧曇貞等言う。今日、内侍の韋守宗、恩勅を奉宣し、「絹七五二匹を賜い、先師の塔直に充てよ」と。殊旨を捧戴し、咸な哀栄に被ぶ。使し展敬の地有らば、始めて舎利の塔を起さん。竊かに謂《おも》うに微言尚お存し、聖朝福を増す。蓋し陛下の道崇著なるは、豈に門人の孝、克《よ》く招くならんや。曇貞等、号擗哀荷の至りに勝《た》えず。謹んで表を奉じ謝を陳べ以聞す。曇貞等誠に哀懼す謹んで言う。

○和上、緇門の領袖にして、妙旨を弘宣す。寂滅に永帰し、宗慕良《まこと》に深し。遠日期有り、遷神斯れ近し。縑を施し塔を起す、何んぞ謝恩有らんや。

右に示した勅は「王言之制」に規定する何れの勅書にも該当しないことは明らかである。とすれば、右の勅は墨勅・手勅・口勅のいずれかということになる。墨勅と手勅は広く使用される語で、いくつかの王言の総称として使用され、勅の正式名称ではないから、右に示した勅は口勅以外にあり得ない。

口勅は賜物や撫慰存問に用いる勅であって、慰労制書や論事勅書と同様な性格を有する勅であるから、口勅が伝宣されれば、受信人は口勅に対する恩謝の表や状を書き、それに対して皇帝の批答があって、口勅文書の往復はいちおう完了することになる。

右の口勅に内謁者監や内侍が関与している。これは『大唐六典』巻一二内侍省に内侍の職掌を説明して「制令を宣伝」するとあり、内謁者監は「内の宣伝」を掌るとある。内侍の職掌は次のようである。

内侍之職、掌在内侍奉、出入宮掖、宣伝制令、物掖庭宮闈奚官内僕内府五局之官属。内常侍為之貳。

内侍の職、内に在りて侍奉し、宮掖に出入し、制令を宣伝するを掌り、掖庭・宮闈・奚官・内僕・内府五局の官属を惣《すべ》る。内常侍之が貳と為す。

これらの史料から判断すれば、内廷において口頭による皇帝の命令を受け、制勅として外廷に宣伝し、口勅として外部に伝達するのは内侍・内常侍・内謁者監である。

四　口勅の定立

口勅の文書様式は明らかとなった。次に解決すべき課題は口勅の定立過程である。口勅は「奉勅、云云」の形で皇帝の意志が表現される。口勅は皇帝自身は書かない。皇帝が自己の意志を表現する場合、「奉勅、云云」といわないことは自明であろう。口頭で意志を表明するから口勅というのであり、「奉勅、云云」の「云云」の部分を皇帝が口頭で述べ、それを臣僚が奉じるから「奉勅、云云」となるのである。口勅は皇帝の私的な王言であるから、口勅を成文化するのは皇帝に近侍する臣僚である。前掲した口勅においては、宦官が深く口勅と関連していることが看取される。宦官のみが口勅と関連するとは断言できないが、深い関係にあることは事実であろう。

さて、口勅本文の次行に「年月日　某官姓名　宣」とあるのは、「某年月日に某官姓名が口勅を伝宣した」と理解すべきであろうか。この部分の理解は、口勅の定立と関連して重要である。前掲した「恩賜造霊塔絹制」をみれば、

「某年月日　某官姓名　宣」と、口勅伝宣の日付は一致しているから、右の理解は正しいように思える。

前掲した『表制集』巻一所収の「智炬寺修功徳制書」は口勅を李輔国が「宣」したけれど、その伝達は李輔国が行ったのではなく、勅天下兵馬元帥が牒式で伝達している。したがって、口勅本文の次行に「某年月日　某官姓名　宣」とあるのは、必ずしも「某年月日に某官某が口勅を伝宣した」と理解する必要はない。この「某官姓名　宣」は、制書や発日勅の起草過程における「中書令具官封　姓名　宣」と同じ性格を有するものであって、口勅文書の作成が終了して、それを実施に移す段階において確認の意味において、口勅を「宣」じることを意味すると考えられる。この「宣」という行為が終了することによって、口勅は定立し実施（伝宣）に移されるのである。

『表制集』の「年月日　某官姓名　宣」までの口勅は、伝宣官が大興善寺等に至って口勅を宣読したことを示し、「恩賜造霊塔絹制」のように、「年月日　某官姓名　宣」と伝宣官が一致するのは、一つに代宗皇帝と大興善寺不空三蔵法師との親密さにあるといわねばならない。諸官の中で最も皇帝に近い位置にあるのは宦官である。『表制集』所収の口勅をみるとき、「宣」という行為を行っているのは、「内侍」や「内謁者監」であり、彼等は内侍省の幹部官人である。彼等が口勅宣布の度に伝宣地に出向することがあれば、内侍省の職務が停止することは明白であって、「宣」という行為は口勅の定立に関与すると理解するのが妥当であろう。

五　口　詔

唐代文献には、口勅とともに「口詔」という語が散見する。簡便な王命において、なお、勅と詔の区別があるのか、という疑問を持つ。制と勅は混用される事実からすれば、口詔は文書化される口勅と同じものか、あるいは口頭による王命を口詔と表現したのではないかと想定される。口詔の例は『旧唐書』巻一一四周智光伝にある。

大暦二年正月、密詔関内河東副元帥中書令郭子儀、率兵討智光、許以便宜従事。時同華路絶、上召子儀女婿工部侍郎趙縦受口詔付子儀、縦裂帛写詔置蝋丸中、遣家童間道達焉。

大暦二年（七六七）正月、関内河東副元帥・中書令・郭子儀に密詔し、兵を率いて智光を討たしめ、許すに便宜従事を以てす。時に同華の路絶え、上は子儀の女婿・工部侍郎の趙縦を召し口詔を受け子儀に付さしむに、縦は帛を裂き詔を写して蝋丸中に置き、家童を遣わし間道より達せしむ。

口詔は『旧唐書』巻一三二李抱真伝にもある。昭義軍節度使の李抱真が卒したのち、息子の李緘が昭義軍の実権を掌握しようと画策したが、朝廷は昭義軍幕僚の王延貴を後任に決定し、そのことは口詔によって王延貴に伝達された。

中使召延貴、以口詔令視事、趣遣緘赴東都。

中使、延貴を召し、口詔を以て事を視しめ、趣《うなが》して緘をして東都に赴かしむ。

右の記事では、口詔は口頭で伝える王命か、簡単な文書による王命かは明確ではない。口勅との関連において口詔を考えるとき、次のような疑問が想起されるのである。すなわち、一方に口勅という文書が存在するのに、それに加えて、なお別に口詔という文書が存在したものであろうかという疑問である。

口勅と口詔の相違点はどこに存するのであろうか。詔と勅とは唐代においては、よく混用された事実を想い起すとき、口詔とは口勅と同一のものであり、口勅というべきところを、周智光伝においては口詔と表現されたのではないかと推測される。加えて、口詔は文書化されない王命とするなら、口詔は後述する「宣」と同じとも考えることができる。口詔に関する史料は少なく、これ以上、その実体を追究することはできない。口勅に付し後考を待ちたい。

六　まとめ

唐代の口勅は、口頭の勅という意味であり、皇帝の私的な意志の表明である。口勅には文書化される口勅とそうでない口勅がある。前者は「墨勅」と表現された可能性がある。文書化される口勅は宦索と臣僚に対する撫慰と賜物のために使用された。撫慰と賜物には慰労制書と論事勅書がある。口勅は慰労制書や論事勅書と比較して、私的で簡便な皇帝の意志であったと想定される。その文書は「奉勅、云云」という様式が想定される。定立には宦官が関与する。伝達においては、牒式で伝達される場合があり、定立に関与する宦官が文書化された口勅を伝達する場合もあった。口勅を受領した臣僚等は、恩謝の表や状を書き「恩勅」「聖旨」等と表現して、その感激を表明しており、受領者からすれば、王朝国家の制書や勅書と同様の重みを有したのである。

註

（1）例示した史料以外に「口勅」の語のある史料を『文苑英華』によって指摘しておく。「謝恩存問表」（巻五九八　劉禹錫）、「謝勅書宣慰表」（巻五九八　闕名）、「為判官郭彦郎中謝手詔表」（巻五九八　闕名）、「自叙表」（巻六〇二　李嶠）、「代王僕射諫伐淮西表」（巻六一六　王計）、「為人謝問疾兼賜医薬等状」（巻六三〇　令狐楚）、「謝口勅慰問状」（巻六三〇　令狐楚）。

（2）『表制集』巻五のうちで、「勅恵勝依請制一首」と「停修旧塔地制一首」も同様な様式を有する文書である。

第二節　御　札

一　問題の所在

『宋史』巻四九〇外国伝高昌国の条に、雍熙元年（九八四）四月、高昌国に奉使した王延徳の高昌国見聞記録が引用されている。その一節に「有勅書楼、蔵唐太宗明皇御札詔勅。緘鎖甚謹」とあり、一〇世紀末の高昌国に勅書楼があり、唐の太宗皇帝や明皇（玄宗）の御札や詔勅が保管されていると伝える。御札は「札」であるから、文書化された皇帝の意志であることは予想できる。

『文体明弁序説』（明・徐師曽撰）には「御札」を次のように説明する。

按字書、札、小簡也。天子之札称御札、尊之也。古無此体、至宋而後有之。其文出於詞臣之手、而体亦不同、大抵多用儷語、蓋勅之変体也。

「字書」を按ずるに、札は小簡なり。天子の札は御札と称い、之を尊ぶなり。古は此の体無し、宋に至りてのち之れ有り。其の文は詞臣の手に出で、而して体は亦た同じからず、大抵多く儷語を用う、蓋し勅の変体なり。

「古無此体、至宋而後有之」とするのは、唐代にすでに御札があるから誤りである。札は「かきつけ」や「書札」という意味であるから、文字化された皇帝の意志であり、皇帝の私的な用途に用いる王言である。

二　御札によって禅譲したとする記事

『資治通鑑』巻二六六開平元年（九〇七）三月に禅譲に関する御札が見える。

甲辰、唐昭宣帝降御札、禅位于梁。

甲辰（二七日）、唐の昭宣帝、御札を降し、位を梁に禅《ゆず》る。

この記事によれば、唐王朝最後の皇帝である昭宣帝（哀帝）は、御札によって帝位を朱全忠に禅譲したことになる。

『資治通鑑』は唐代の基本文献であるが、右の記事は信頼できない。『資治通鑑考異』巻二八後梁紀上・太祖開平元年（九〇七）「三月甲辰、唐帝禅位」には、禅譲の日を三月甲辰とした理由を述べる。

考異曰、実録薛居正五代史唐餘録皆云、四月、唐帝御札勅宰臣張文蔚等、備法駕奉迎梁朝、而無日。

「考異」に曰く、「実録」・薛居正の「五代史」「唐餘録」皆な云う、「四月、唐帝御札もて宰臣の張文蔚等に勅し、法駕を備え梁朝を奉迎せしむ」と、而して日無し。

『実録』や『五代史』には「四月、唐帝御札勅宰臣張文蔚等、備法駕奉迎梁朝」とあり、禅譲の日を四月と記すのみで日はいわないから、三月甲辰に訂正したというのである。

『旧唐書』巻二〇下哀帝紀・天祐四年（九〇七）三月甲辰（二七日）には、哀帝の退位と禅譲に関する詔書（実は勅書）を引用し、その一節に『資治通鑑考異』と類似する記事がある。

今勅宰臣張文蔚楊渉等率文武百僚、備法駕奉迎梁朝、勉厲粛恭、尊戴明王。

今、宰臣の張文蔚・楊渉等に勅し文武百僚を率い、法駕を備え梁朝を奉迎し、勉厲粛恭して、明王を尊戴せしむ。

これは禅譲の準備を張文蔚と楊渉等に指示したものである。『旧唐書』には、禅譲は三月甲子に冊書によって挙行され、その禅譲冊文も引用されている。この事実によって、『資治通鑑考異』の「唐帝御札勅宰臣張文蔚等、備法駕奉迎梁朝」を再考すると、御札は宰相に禅譲の準備を指示したものであり、『資治通鑑』のように、御札によって禅譲したと理解するのは誤りである。禅譲という王朝国家の重大事が皇帝の私的文書で挙行されるはずはない。

三　御札史料

『旧唐書』巻一七七崔胤伝に「朱書御札」の語が見える。

［天復］三年、李茂貞殺韓全誨等、与全忠通和。昭宗急詔徴胤赴行在。凡四降詔、三賜朱書御札、称病不赴。及帝出鳳翔、胤乃迎於中路。即日降制、復旧官、知政事、進位司徒兼判六軍諸衛事。

天復三年（九〇三）、李茂貞は韓全誨等を殺し、全忠と通和を通ず。昭宗急ぎ詔して胤を徴《め》し行在に赴かしむ。凡そ四たび詔を降し、三たび朱書の御札を賜うに、病と称して赴かず。帝、鳳翔を出ずるに及んで、胤乃ち中路に迎う。即日制を降し、旧官に復し、政事を知らせしめ、位を司徒兼判六軍諸衛事に進む。

崔胤伝に見える「詔」は、崔胤を徴召するものであるから、所謂詔書（制書）ではない。臣僚の召喚に詔書を用いることはない。この詔書を字義どおり解釈するなら、慰労詔書であった可能性が大であり、制勅の混用を考慮するなら、論事勅書であった可能性もある。崔胤伝において「凡四降詔、三賜朱書御札」とあり、詔と御札が明確に区別されているから、御札は慰労詔書や論事勅書とは異なる王言と判断できる。

『旧唐書』巻二〇上昭宗紀・龍紀元年（八八九）一一月の条には、「朱書御札」が発信されたことを伝える。この

「朱書御札」は円丘を祭祀するに際して、昭宗皇帝が武徳殿に宿斎することとなったが、両軍中尉等の宦官が朝服を着て昭宗皇帝に侍奉した。これに対して、太常博士の銭翔と李綽が国朝の故事等に照合して、宦官が朝服で宿斎に侍奉する明文はないと反対し、二度にわたって状で以て直言したのを承けて、昭宗皇帝が出したものである。

状入、降朱書御札曰、卿等所論至当、事可従権。勿以小瑕、遂妨大礼。於是内四臣遂以法服侍祠。甲寅、円丘礼畢、御承天門、大赦。

状入り、朱書の御札を降して曰く、「卿等論ずる所は至当、事、権に従うべし。小瑕もて遂に大礼を妨ぐること勿れ」と。是において内の四臣遂に法服を以て侍祠す。甲寅、円丘の礼畢り、承天門に御し、大赦す。

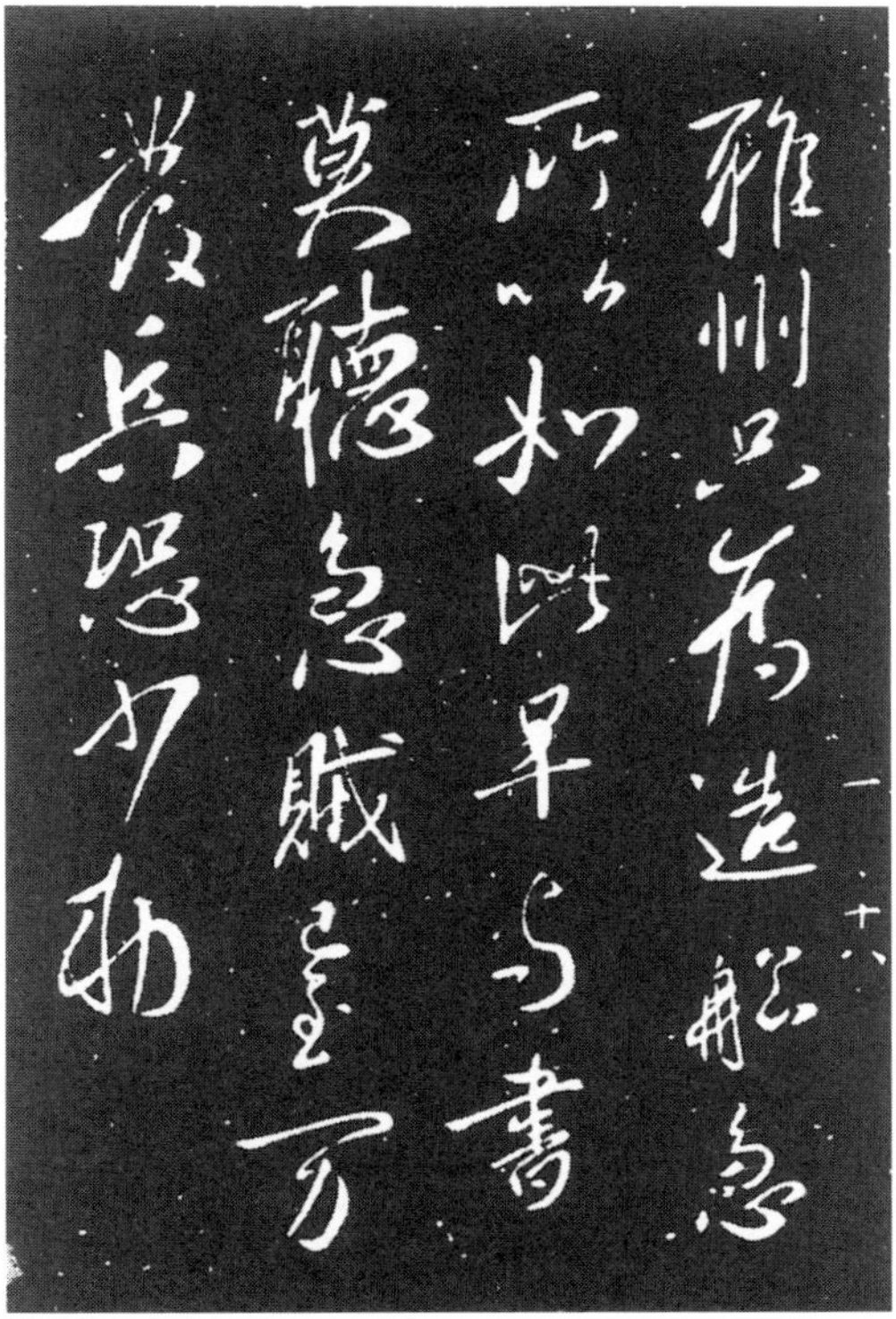

図版25　唐　御札（「淳化閣帖」第一所収）

右の史料によれば、昭宗皇帝の御札は状に対する回答であるような感を受ける。状に対して皇帝の批答が出されることはある。しかし、龍紀元年の場合は太常博士の状に対する回答ではない。その理由は、批答を御札と表現した例がなく、御札は表や状を承けて発する皇帝の意志ではないからである。龍紀元年の朱書の御札は、太常博士の状による直言を承けて、昭宗皇帝が太常博士に宛てた極めて私的な王言と考えるべきであろう。

『資治通鑑』巻二六三天復二年（九〇二）三月の条にも御札の語がある。

上以金吾将軍李儼為江淮宣慰使、書御札賜楊行密、拝行密東面行営都統中書令呉王、以討朱全忠。

上、金吾将軍李儼を以て江淮宣慰使と為し、御札を書き楊行密に賜い、行密を東面行営都統・中書令・呉王に拝し、以て朱全忠を討たしむ。

御札によって東面行営都統・中書令・呉王に任命したというのは、告身が発給されるまでの臨時的の措置であろう。中書令や呉王は告身によって叙任されるべき官や爵であるから、御札によって叙任を発令されても、告身が発給されないと正式な叙任とはならない。楊行密の御札による叙任に関連する記事は、『旧唐書』巻一四八権徳輿伝にある。

［貞元］十年、遷起居舎人、歳中、兼知制誥。転駕部員外郎司勲郎中、職如旧。遷中書舎人。是時、徳宗親覧庶政、重難除授、凡命於朝、多補自御札。

貞元一〇年、起居舎人に遷り、歳中、知制誥を兼ぬ。駕部員外郎・司勲郎中に転ずるも、職は旧の如し。中書舎人に遷る。是の時、徳宗庶政を親覧し、重《さら》に除授を難しとし、凡そ朝において命じるは、補すること多ければ自ら御札す。

徳宗は貞元一〇年（七九四）以降の時期に、叙任は御札で行ったと伝えている。『新唐書』巻一六五権徳輿伝は、右の記事の「御札」を「手制」に置き換える。手制とは「皇帝手ずからの王言」であり、御札も宸翰であるから、御札と手制は類似した王言である。ただ、手制には慰労制書や論事勅書を指すことがあるから、御札と手制は同一王言とすることはできず、『新唐書』の置き換えは誤解を生じる危険があり、賛同することはできない。

御札によって叙任するというのは、具体的にどのようなことを指すものであろうか。叙任は最終的には告身によって具現するから、御札はあくまでも仮の叙任である。御札で叙任を行うというのは、皇帝が叙任を決定し、それを親筆で叙任を命じる文書を作成し被叙任者に伝達することをいい、その後に正式な告身が発給されるのである。

『旧五代史』には、唐代の御札の使用事例を伝える。

枢密承旨段徊奏曰、臣見本朝時、或遇歳時災歉、国費不足、天子将求経済之要、則内出朱書御札、以訪宰臣。請陛下依此故事行之。（『旧五代史』「唐書」巻三三荘宗紀・同光三年閏一二月甲午）

枢密承旨の段徊奏して曰く、「臣本朝の時を見るに、或いは歳時の災歉に遇い、国費足らず、天子将に経済の要を求めんとすれば、則ち内より朱書の御札を出し、以て宰臣に訪ぬ。請うらくは陛下此の故事に依り之を行わんことを」と。

本朝というのは唐王朝を指している。災害があり国用が不足したとき、宰相に方策を尋ねる朱書の御札を用いた。

四　御札の実体

唐代の御札は臣僚を召すとき、皇帝が直々に叙任を決意したとき、災害によって国用が不足するとき宰相に出し、書簡としても用いられることが判明する。これらの事例に使用される御札は、定型化された文書様式を持つ王言であろうか。『冊府元亀』巻三一九宰輔部褒寵一に咸亨五年（六七四）八月の御札の例がある。

戴至徳為戸部尚書、郝処俊崔知悌為中書侍郎、李敬玄為吏部侍郎、並同中書門下三品。咸亨五年八月戊寅朔、御札飛白書賛、以賜至徳。詞曰、汎洪源俟舟檝。処俊曰、飛九霄仮六翮。敬玄曰、咨啓沃罄丹誠。中書侍郎崔知悌曰、竭忠節賛皇猷。議者以、戴郝寛厚、而李崔忠勤、故帝以此言褒美之。

戴至徳を戸部尚書と為し、郝処俊・崔知悌を中書侍郎と為し、李敬玄を吏部侍郎と為し、並びに同中書門下三品。咸亨五年八月戊寅朔、御札の飛白書賛、以て至徳に賜う。詞に曰く、「洪源に汎《うか》べ舟檝を俟つ」と。処俊に曰く、「九霄に飛び六翮を仮す」と。敬玄に曰く、「啓沃を咨り丹誠を罄《つ》くす」と。中書侍郎の崔知悌に曰く、「忠節を竭し皇猷を賛ける」と。議者以之らく、「戴郝は寛厚、而して李崔は忠勤、故に帝此の言を以て之を褒美す」と。

これによれば、高宗皇帝の飛白書を御札といっている。単なる飛白書を御札といい、皇帝が直々に叙任を決意し、発する王言も御札というから、御札は定型化された王言ではないことになる。

『唐語林』巻三夙慧に御札の語があるが、御札は定型化されない王言であることを確認させる史料である。

玄宗善八分書、将命相、皆先以御札書其名於案上。会太子入侍、上以金甌覆其名、以告之曰、此宰相名也。汝庸知其誰。即射中、賜若卮酒。

玄宗八分の書を善くし、将に相を命ぜんとするに、皆な先ず御札を以て其の名を案上に書く。会《たま》たま太子入侍するに、上は金甌を以て其の名を覆い以て之に告げて曰く、「此れ宰相の名なり。汝庸《あに》其の誰かを知るや。即し射《せき》中《ちゅう》せば、若《なんじ》に卮酒を賜わん」と。

これは宰相候補者を玄宗皇帝が紙に走り書きしたものを御札といっている。『表制集』巻五所収の「恩賜文殊閣額制一首」は、口勅・謝表・批答からなる文書であり、口勅は次のようである。

奉勅、八分金書大聖文殊鎮国之閣額、一宜送大興善寺翻経院。

大暦十年二月十三日　中使李憲誠　宣

勅を奉ずるに、「八分金書の『大聖文殊鎮国之閣』の額、一に宜しく大興善寺翻経院に送るべし」と。

代宗皇帝の口勅は大興善寺翻経院に「大聖文殊鎮国之閣」の額を特に賜与するという内容である。大興善寺沙門の恵朗は口勅と代宗皇帝の直筆になる「大聖文殊鎮国之閣」の額を受領して次の謝表を書いた。

謝賜額表一首

沙門恵朗言。今日伏奉中使李憲誠宣聖旨、特賜八分金書大聖文殊閣額一。御札神蹤、筆勢奇絶。名雄鎮国、字燭天文。鵠顧鸞迴、宛然飛動。龍姿武態、迴抜風雲。……（中略）……。不勝抃躍歓悚之至。謹奉表陳謝以聞。沙門恵朗誠忻誠荷。謹言。

大暦十年二月十三日　大興善寺沙門恵朗上表

沙門の恵朗言う。今日伏して中使李憲誠、聖旨を奉宣し、特に八分の金書大聖文殊閣の額一を賜う。御札は神蹤にして、筆勢奇絶なり。名は鎮国に雄たりて、字は天文を燭す。鵠顧み鸞迴り、宛然として飛動す。龍姿の武態、迴《めぐ》りて風雲を抜く。……（中略）……。抃躍歓悚の至りに勝《た》えず。謹んで表を奉じ陳謝し以て聞す。沙門の恵朗誠に忻び誠に荷す。謹んで言う。

右の恵朗の謝表の一節に「特賜八分金書大聖文殊閣額一、御札神蹤、筆勢奇絶」とあるから、代宗皇帝直筆の「大聖文殊鎮国之閣」を指して御札といっている。御札は皇帝直筆の書であり、定型化した王言でないことは明らかである。

『元氏長慶集』巻三五「状」所収の「謝御札状」に、御札の全文を引用する。

御札二十三字（「　」の部分が御札二三字）

右、泰倫重晏至、賜臣前件御札。其中聖旨云、「鎮州逆乱、枉害忠良。若与元翼鎮州節度使、是捨賊之門者」。伏以睿算若神、聖慈猶父。視凶狡之構乱、義在克清。念台輔之銜冤、期於必報。此蓋仁深天地、勇過雷霆。臣実庸愚、難議窺測。況臣謀猷失次、罪戻是憂、宸翰忽臨、天章煥発、舞鳳回翔於懐袖、飛龍顧眄於縑緗、豈独伝之子孫、便可鏤於肌骨、徴臣無任踴躍光栄之至。

右、泰倫・重晏至り、臣に前件の御札を賜う。其に中の聖旨に云う、「鎮州逆乱し、忠良を枉害す。若し元翼の鎮州節度使に与《くみ》せば、是れ賊の門に捨つるものなり」と。伏して以うに睿算は神の若く、聖慈は猶お父のごとし。凶狡の乱を構うるを視て、義は克清に在り。台輔の衝冤を念い、必報に期す。此れ蓋し仁は天地より深く、勇は雷霆に過ぐ。臣実に庸愚にして、窺測を議し難し。況や臣の謀猷次を失い、罪戾是れ憂うに、宸翰忽ち臨めば、天章煥発し、舞鳳懐袖に回翔し、飛龍縑緗に顧眄し、豈に独り之を子孫に伝うるのみならんや、便ち肌骨に鏤むべくんば、微臣踴躍光栄の至りに任《たう》る無し。

元稹は御札を賜わり、謝状を皇帝に上呈している。同様に『樊川文集』巻一五にも「謝賜御札提挙辺将表」と題して御札の謝表を所収している。

伏奉宸翰、以辺塞未静、将師乏才、唯務誅求、不謀兵食者。伏以陛下自即位已来、正朝廷而挙典法、肥天下而寿群生。故能不血刃、以収河湟、用文誥而降羌寇、干戈偃戢、遠邇安寧。

伏して宸翰を奉ずるに、「以に辺塞未だ静ならず、将師才に乏しく、唯だ誅求に務め、兵食を謀らざるものなり」と。伏して以に陛下即位より已来、朝廷を正して典法を挙げ、天下を肥やして群生を寿ぐ。故に能く血刃せず、以て河湟を収め、文誥を用いて羌寇を降し、干戈偃戢し、遠邇安寧なり。

元稹は御札を宸翰と表現していたが、杜牧も御札を宸翰というから、御札は宸翰というのである。慰労制書や論事勅書に対して謝表や謝状が書かれるが、御札の賜与に際しても、恩謝の表や状が上呈されることが判明する。

『李北海集』巻二「謝勅書及綵綾表二首」の第二首に御札の語があり、御札によって賜物されることがあった。

臣某言。伏奉去年月日御札、特賜臣章服綵綾等。

臣某言う。伏して去年月日の御札を奉ずるに、特に臣に章服・綵綾等を賜うといえり。

右の史料は御札によって章服や綵綾等を賜与された。論事勅書によって賜物されることがあるから、李邕は論事勅書と同じ感覚で、御札を勅書と表現したのであろう。

札は「ふだ」という意味に加えて、書札という言葉があるように、書簡という意味もある。『旧唐書』巻一七〇裴度伝に、開成四年（八三九）、裴度が河東節度使の任にあるとき、中書令に叙任された。しかし、病気のため太原に滞留しているとき、次のような御札が裴度に発信されたという。

仍賜御札曰、朕詩集中欲得見卿唱和詩、故令示此。卿疾恙未痊、固無心力、但異日進来。春時俗説難於将摂、勉加調護、速就和平。千百胸懐、不具一二。薬物所須、無憚奏請之煩也。御札及門、而度已薨、四年三月四日也。

仍ち御札を賜いて曰く、「朕が詩集中に、卿の唱和詩を見るを得んと欲し、故に此れに示さしむ。卿が疾恙未だ痊《いえ》ず、固より心力無くんば、但だ異日進め来れ。春時、俗に将摂に難しと説《い》い、勉めて調護を加え、速かに和平に就け。千百胸懐し、具《つぶさ》ならざること一二なり。薬物須いる所、奏請の煩を憚ること無かれ」と。御札門に及び、而して度已に薨ず、四年三月四日なり。

この御札は文宗皇帝の裴度に対する病気見舞いの書簡である。したがって、御札とは皇帝親筆にかかる私的書簡ということになる。元稹は二三字の御札に対する謝状を書いた。その二三文字は謝状の中に引用されている。すなわち、「鎮州逆乱、柱害忠良、若与元翼鎮州節度使、是捨賊之門者」というのが、御札のすべてなのである。これをみれば、御札の冒頭には「皇帝敬問某」「勅某」の語がないことが判明する。慰労制書や論事勅書は外廷を経由して出される皇帝の意志であるが、御札は外廷を経由しないで発信される皇帝の意志ということになろう。

五　まとめ

唐代の御札は臣僚を召す時、皇帝が直々に叙任を決意した時、災害によって国用が不足した時、内廷における私的王言、また皇帝の書簡や揮毫をいう。書簡と揮毫とはまったく形式が異なる。それでも、それらを御札というのであるから、御札には一定の文書様式は存在しないということになる。皇帝が任意に書いた、すべての文書が御札であり、『淳化閣帖』所載の唐代皇帝の筆影も御札であり、制勅の原案である皇帝の草詞も御札の一種ということになる。

「手札」も御札と同義語であろう。『桂苑筆耕集』巻一六「祭文書疏」の「書」の第二に、淮南節度使高駢のために書いた手札がある。これを手札とするのは発信者が皇帝ではなく、淮南節度使の高駢であるからであり、皇帝の手札は特に「御札」と名称が変わるのであろう。

第三節　宣

一　問題の所在

李徳裕の『李文饒集』所収の作品に「奉勅撰」と「奉宣撰」とするものがあるから、勅とは別に「宣」という王言があったことは明らかである。唐代の「宣」は、宣言という言葉があるように、口頭による皇帝の意志である可能性が高い。『唐会要』巻一九「百官家廟」に玄宗皇帝の口宣がある。

天宝元年四月、太子太師致仕蕭嵩、以私廟逼近曲江、因上表請移就他処。其詞曰、臣嵩言。昨日大将軍高力士奉口宣、俯令存問、以臣私廟逼近曲江、人物喧雑、非安神之所、許臣移転、更就幽間。

天宝元年（七四二）四月、太子太師致仕の蕭嵩、私廟、曲江に逼近するを以て、因りて表を上り他処に移就せんことを請う。其の詞に曰く、「臣嵩言う。昨日、大将軍の高力士口宣を奉じ、俯して存問せしめ、臣の私廟曲江に逼近し、人物喧雑、神を安んずるの所に非ざるを以て、臣に移転を許し、更に幽間に就かしむ」と。

右は宦官の高力士が皇帝の口宣を奉じ、蕭嵩に伝達したものである。

『唐会要』巻五七「翰林院」に、発日勅に似た宣の用例がある。

大順二年十月、宣。毎進書（画）詔書、別録小字本留内。永為定式。

大順二年（八九一）一〇月、宣す。詔書に、別に小字本に録して内に留めよ。永く定式と為せ。

この宣は発日勅に類似する。このような宣は本当に存在するものであろうか。

二　宣に関する史料

宣を考察する史料として『春明退朝録』巻下の記事がある。

枢密院問降宣故事、具典故申院。……（中略）……。正明年（本来は「貞明」。「貞」は宋王朝の避諱であるため「正明」に作る）、是李振為使、当時以宣伝上旨、故名之曰宣。

枢密院、降宣の故事を問うに、典故を具して院に申ぶ。……（中略）……。貞明の年（九一五年以降）、是れ李振、使と為り、当時、上旨を宣伝するを以て、故にこれを名づけて宣と曰う。

右の記事において「宣伝上旨、故名之曰宣」とあるのは、唐代の口宣を理解する上で参考になる。

問題は「旨」が口頭によるものか、文字化されたものかである。『毘陵集』の附録に、崔祐甫の撰した『毘陵集』の著者である独孤及の「朝散大夫使持節常州諸軍事守常州刺史賜紫金魚袋独孤公神道銘并序」が所載されており、「口宣詔旨」の語が見える。

時新平大長公主之子裴倣尚永清公主。初、以太子少傅裴遵慶為婚主、将行五礼、公実相焉。中使口宣詔旨、易之大長公主後夫姜慶。初常州曰、婚姻之礼、王化之階、以異姓之人主之、不可甚矣、某不奉詔。中書令汾陽王、時為五礼使、従焉。

時に新平大長公主の子・裴倣、永清公主を尚す。初め太子少傅の裴遵慶を以て婚主と為し、将て五礼を行い、公実に焉《これ》を相《たす》く。中使、詔旨を口宣し、之を大長公主の後夫・姜慶に易る。初め常州（独孤及）曰く、「婚姻の礼、王化の階、異姓の人を以て之を主らしむるは、可ならざること甚だし、某は詔を奉ぜず」と。中書令・汾陽王、時に五礼使と為り、焉《これ》に従う。

右の「口宣詔旨」は『春明退朝録』の「宣伝上旨」と同じであり、中使が詔旨を口頭で述べたという意味である。

『資治通鑑』巻二三五貞元一四年（七九八）閏五月の条に、叙任に関する「口宣」がある。

庚申、以神策行営節度使韓全義為夏綏銀宥節度使。全義時屯長武城、詔帥其衆赴鎮。士卒以夏州磧鹵、又盛夏、不楽徙居。辛酉、軍乱、殺大将王栖巖、全義踰城走。都虞候高崇文誅首乱者、衆然後定。崇文、幽州人也。丙子、以崇文為長武城都知兵馬使、不降勅、令中使口宣授之。

庚申（一一日）、神策行営節度使の韓全義を以て夏綏銀宥節度使と為す。全義は時に長武城に屯し、詔して其の衆を帥いて鎮に赴かしむ。士卒は夏州の磧鹵、又た盛夏なるを以て、徙居するを楽《よろこ》ばず。辛酉（一二日）、軍乱れ、大将の王栖巌を殺し、全義は城を踰《こえ》て走《に》ぐ。都虞候の高崇文、首乱者を誅し、衆然るのち定まる。崇文は幽州の人なり。丙子（二七日）、崇文を以て長武城都知兵馬使と為すに、勅を降さず、中使をして口宣せしめ之に授く。

この「口宣」に関して、胡三省は次のように述べる。

口宣聖旨而授之官、使掌兵。

聖旨を口宣して之に官を授け、兵を掌らしむ。

右の口宣は聖旨を中使が口頭で述べるという意味であり、『毘陵集』の「詔旨を口宣する」と同じである。聖旨や詔旨は口頭による簡便な王命と理解できる。

以上に示した口宣は中使が口宣するものであって、本節で論じようとする宣や口宣と異なる。前掲した『唐会要』には「臣嵩言。昨日大将軍高力士奉口宣」とあったから、王言としての口宣があることは動かし難い。したがって、唐代文献には王言としての口宣と、口頭で述べるという一般的な意味での口宣があることになる。

三　宣の実体

大和九年（八三五）一一月、張仲方は権知京兆尹に就任した。『資治通鑑考異』巻二一大和九年一一月の「張仲方権知京兆尹」には、口宣と権知京兆尹任官の関係をいう。これは王言としての口宣の史料である。

実録、乙丑、閤門使馬元贄已宣授仲方京兆尹、至是又言者、蓋当時止是口宣、至此乃降勅耳。

「実録」に、乙丑（二四日）、閤門使の馬元贄すでに仲方に京兆尹を宣授し、これに至りまた言うは、蓋し当時ただこれ口宣に止《とど》め、ここに至り乃ち勅を降すのみ。

張仲方は権知京兆尹に就任した。「蓋当時止是口宣、至此乃降勅耳」とは、最初は皇帝の口宣によって就任したが、権知京兆尹の勅授告身が発給されたという意味であろう。張仲方の権知京兆尹就任は口宣が端緒であった(1)。

『李文饒集』巻三所収の「討劉稹制　奉宣撰」は、李徳裕が会昌三年（八四三）に起草したものである。昭義軍節度使の劉従諫の子である劉稹を征討することになったのは、劉従諫の薨後、朝廷は劉従諫のために輟朝し、太傅（正一品）を贈官することを決定し、劉稹に詔して、父である劉従諫の霊を奉じて、洛陽に帰ることを命じたところ、昭義軍節度使になる野心のあった劉稹が、朝廷の命令を拒否したことによる。

「討劉稹制」が発布される経緯に関して、『資治通鑑』巻二四七会昌三年五月の条には次のようにある。

先是河朔諸鎮有自立者、朝廷必先有弔祭使、次冊贈使宣慰使継往商度軍情、必不可与節、則別除一官、俟軍中不聴出、然後始用兵。故常及半歳、軍中得繕完為備。至是、宰相亦欲且遣使開諭、上即命下詔討之。

是れより先、河朔諸鎮の自立する者有れば、朝廷必ず先ず弔祭使有り、次に冊贈使・宣慰使継いで往きて軍情を商度し、必ず節を与うべからざれば、則ち別に一官に除し、軍中の出ずるを聴かざるを俟ち、然るのち始めて兵を用う。故に常に半歳に及べば、軍中繕完して備を為すを得たり。是に至り、宰相また且《しばら》く使を遣わし開諭せんと欲すも、上すなわち命じて詔を下してこれを討たしむ。

右の件に関連して、『資治通鑑考異』巻二一会昌三年五月「宰相欲且遣使諭劉稹、上即命討之」には次のようにある。

献替記曰、五月十一日、徳裕疾病、先請仮在宅。李相紳其日亦請仮。李相讓夷独対、上便決攻討之意。李相帰中書後、録聖意四紙、令徳裕草制。至薄晩封進、明日遂降麻処分。

「献替記」に曰く、「五月一一日、徳裕疾病あり、さきに仮を請い宅に在り。李相紳その日また仮を請う。李相譲夷独り対するに、上便ち攻討の意を決す。李相、中書に帰る後、聖意を四紙に録し、徳裕をして草制せしむ。薄晩に至り封進し、明日遂に降麻して処分す」と。

『献替記』によって、「討劉稹制　奉宣撰」の起草事情は明らかとなる。すなわち、劉稹の措置に関して、当時の宰相に慰諭を試みたが、武宗皇帝は一人敢然として宰相の決定を覆し、劉稹の攻討を決意し、制書に記載するべき内容（詞頭）を四紙に記し、詞頭に沿って起草するよう、李徳裕に命令したのである。

当時、李徳裕は病気のため在宅であったから、使者が派遣され、制書を起草する旨の王命が口頭によって伝達された。この王命を受けたから「討劉稹制」は「奉宣撰」となっているのである。

前掲した『唐会要』巻五七「翰林院」の宣に言及しよう。同じ記事は『翰林学士院旧規』の「沿革」にもある。

大順二年十月、宣。毎進画詔書、別録小字本、首（衍字？）留内。承（永）為定式。

大順二年（八九一）一〇月、宣す。進画する詔書毎に、別に小字本を録し、内に留めよ。永く定式と為せ。

『唐会要』は「毎進書詔書」とするが、これでは意味が通じない。『翰林学士院旧規』に「毎進画詔書」とあるのに従うべきであろう。『唐会要』の史料は「某年月日、勅。云云」とあるのが通常の形であり、この場合の「宣」字は「勅」字の誤りではないかと疑われるが、『翰林学士院旧規』にも同文の史料があるから、軽々に文字を改訂することはできないから、宣という王言が存在したと認めざるを得ないであろう。

この記事は御札によって皇帝が、右の指示を出したものを、史料を編纂するときに、制勅の体例に倣って「宣。云云」の形に編纂したものであって、制書・発日勅・勅旨のように、定型化した宣の文書様式が存在する訳ではない。右の一例によって、「王言之制」以外に、隠れた王言が無数にあると考えてはならない。

四　まとめ

『李文饒集』に王言の起草に関して「奉勅撰」「奉宣撰」の別がある以上、「宣」は勅と異なる王言である。宣は「宣べる」であるから、口頭による王言である。本来的に皇帝の私的な小事に使用される口頭による王言であり、口宣と同じである。「詔旨や聖旨を口宣する」とは、口頭の王言を使者が口頭で伝達することである。同じ口頭の王言であるのに、口勅と宣に王言名が異なるのは、口勅は文書化されるからである。

註

（1）宣授に関しては、中村裕一『唐代官文書研究』（中文出版社　一九九〇）二六八頁以下を参照。

第五章　慣用的王言

『旧唐書』をはじめとする唐代文献には冊書・制書・詔書・勅・勅旨・勅牒の王言名は見えるが、慰労制書や論事勅書は絶えて見えない。慰労制書や論事勅書が唐代文献に見えないのは、これらの王言が使用されなかったのではなく、別称としての王言名が使用されているからである。唐代文献には「王言之制」以外に多くの王言名が見える。璽書・手詔（手制）・優詔（優制）・墨詔（墨制）・別詔（別制）・詔旨・書詔・璽詔・墨勅・別勅・手勅・口勅・御札・宸翰・勅旨・勅意・書意・宣・聖旨・恩勅・進止・勅批・御批というのがそれである。「王言之制」に加えて、これらの王言が独立して別個に存在し、行用されていたのではない。これらの王言は「王言之制」に規定された王言や私的王言の別称であり、慣用的名称である。本章は別称・慣用的名称として使用される王言類を取り上げ、それらの王言と前章までに論じた王言との関係を論究する。慣用的王言の実体を解明しないと、隋唐王言研究は王言の迷路から脱却できない。

『新唐書』には「璽詔」という王言名が見えるが、これが用いられていう箇所を他の唐代文献と対比すると「璽書」に相当することが歴然とする。『新唐書』は璽書を璽詔と表記するのであり、璽詔という王言が別に存在したわけではなく、『新唐書』独自の造語に過ぎない。「書詔」は王言という程度の意味であり、「宸翰」と「聖旨」は皇帝の意志を総称する語であり、本章では特に論じない。

第一節　璽　書

一　問題の所在

『旧唐書』巻九一敬暉伝に、臣下の勤務を労勉するとき璽書を用いたとする記事がある。

大足元年、遷洛州長史。天后幸長安、令暉知副留守事。在職以清幹著聞、璽書労勉、賜物百段。

大足元年（七〇一）、洛州長史に遷る。天后、長安に幸し、暉をして副留守事を知《すべ》しむ。職に在りては清幹を以て著聞せられ、璽書もて労勉し、物百段を賜う。

唐代文献には璽書という王言名が頻出する。璽書とは具体的にどのような王言であり、「王言之制」に規定する王言との関連はどのようなものであろうか。

「璽」に関して、『唐会要』巻五六符宝郎の条に次のようにある。

天宝五載六月十一日、勅。玉璽既改為宝、其璽書為宝書。

天宝五載（七四六）六月一一日、勅す。玉璽すでに改め「宝」と為す、其れ璽書は宝書と為せ。

天宝五載、璽は宝と改名され、璽書は宝書と改名された。璽とは、皇帝の八璽（伝国神璽・受命璽・皇帝三璽・天子三璽。このうち伝国神璽・受命璽は使用しない）のことであり、璽書とは「皇帝・天子の璽を有する書」という意味である。

『新唐書』は璽書を一様に「璽詔」とするが、予断を与える表記であり、好ましい表記ではない。

璽書は中書舎人が起草する。『大唐六典』巻九中書省・中書舎人職掌の条には璽書の起草をいう。

凡詔旨制勅及璽書冊命、皆按典故起草進、画既下、則署而行之。

凡そ詔旨・制・勅及び璽書・冊命、皆な典故を按じ起草し進め、画既に下らば、則ち署して之を行う。

右の記事によれば、璽書は詔旨・制勅・冊命（冊書のうちの立冊・封冊をいう）とは異なる王言であり、制・勅・冊は璽書ではないという。『大唐六典』は唐代史の基本史料であり、軽々に否定するべきではないが、右の『大唐六典』の記事は妥当な説明ではない。以下には、『大唐六典』の記事を吟味する意味において、璽書の実態を解明する。

二　璽書が冊書である事例

『旧唐書』巻一九四下突厥伝下蘇禄の条に「璽書」の語が見える。

開元三年、制授蘇禄為左羽林軍大将軍金方道経略大使、進為特勤。遣侍御史解忠順齎璽書、冊立為忠順可汗。

開元三年（七一五）、蘇禄を制授し左羽林軍大将軍・金方道経略大使と為し、進めて特勤と為す。侍御史の解忠順を遣わし璽書を齎し、冊立して忠順可汗と為す。

この場合は璽書で忠順可汗としたものであり、璽書は冊書と解釈しなければならない。唐代文献には「璽書冊立」「璽書冊命」という語が散見し、『唐大詔令集』巻一二九蛮夷「冊文」には、外国王を封ずる冊書が一三例所載されているから、璽書の一に冊書が存することは明らかである。さきに引用した『大唐六典』では、璽書の中に冊書を含めない見解を示す。これは『大唐六典』にいう璽書は、璽書の意味がより限定的意味に用いられているためである。

璽書が冊書である場合の史料は、周辺諸国王に関係する史料に集中するが、これには理由がある。『通典』巻一五選挙典「歴代制下」考績の条には冊授の範囲を伝える。

其選授之法、亦同循前代。凡諸王及職事正三品以上、若文武散官二品以上及都督都護上州刺史之在京師者、冊授。諸王及職事二品以上、若文武散官一品、並臨軒冊授。其職事正三品、散官二品以上及都督都護上州刺史並朝堂冊。訖、皆拝廟。

其の選授の法、また同じく前代に循《したが》う。凡そ諸王及び職事正三品以上、文武散官二品以上及び都督・都護・上州刺史の京師に在る者の若《ごと》きは冊授す。諸王及び職事二品以上、文武散官一品の若きは、並びに臨軒冊授す。其の職事正三品、散官二品以上及び都督・都護・上州刺史並びに朝堂に冊す。訖れば、皆な廟を拝す。

職事官三品・散官二品以上の官人の叙任には冊授が原則であった。冊授は臨軒冊授や朝堂冊授によって(1)、直接伝達するのが原則であり、外国王を冊立する場合のように冊書を伝達するために、それを収める函を封印（封璽）する必要がなかった。それゆえ、冊書すなわち璽書の例が周辺諸国の列伝以外にないのである。

璽書が冊書である諸例が外国伝に集中するのは、いま一つの理由がある。それは冊授が廃止されたことによる。『旧唐書』巻一二徳宗紀・大暦一四年（七七九）閏五月の条には郭子儀の冊礼をいう。

甲午、冊太尉子儀。自開元以来、冊礼多廃、天宝中、楊国忠冊司空、至是行子儀之冊。

甲午（二五日）、太尉の子儀を冊す。開元より以来、冊礼多く廃し、天宝中（七四二～七五六）、楊国忠を司空に冊し、是に至り子儀の冊を行う。

開元以来、周辺諸国王を除いて冊授は有名無実となった。楊国忠や郭子儀の冊授は例外に属し、特筆するべきものであり、外国伝以外の各列伝に璽書すなわち冊書の史料が少ない原因となっているのである。

三　璽書が慰労制書である事例

唐代の石刻史料を通覧して、「璽書」と明記し、その全文を伝えるのは、第一章第四節「慰労制書」に引用した、高祖の第一五子李鳳の墓誌銘である。墓誌銘の一節に次のようにある。

降璽書曰、皇帝敬問青州刺史［虢王鳳］。皇甫公義至、所推勘劉整等事者。愚人無識、不憚刑科、扇惑郷閭、軽有聚結。王情勤家国、糾察多方、推鞫罪人、咸無隠漏。部内清粛、深可。春絶已喧、王比何如也。今故遣書、指無所悉。

璽書を降して曰く、「皇帝敬んで青州刺史・虢王鳳に問う。皇甫公義至り、「劉整等の事を推勘する所なり」と。愚人識無く、刑科を憚らず、郷閭を扇惑し、軽がるしく聚結有り。王の情、家国に勤め、多方を糾察し、罪人を推鞫し、咸な隠漏無く、部内清粛なるは、深く嘉尚すべし。春絶にして已に喧か、王此ごろ何如や。今故《ことさら》に書を遣わすも、指は悉す所無し」と。

「皇帝敬問某」で始まる文書は慰労制書である。唐人《とうひと》は慰労制書を「璽書」とも別称したのである。

前掲した『大唐六典』巻九中書省・中書舎人職掌の条には制勅は璽書ではないとする。慰労制書は制書の一であるから、璽書の一に慰労制書があるのは、『大唐六典』の見解と異なることになる。これは『大唐六典』にいう制勅は、所謂制書と発日勅をいうものであり、慰労制書を含めないと理解すれば解決されよう。

四　璽書が論事勅書である事例

唐代文献に「璽書曰」として論事勅書を引用する史料はなく、論事勅書が璽書であると明示できない。しかし、論事勅書と同じ用途を持つ慰労制書が、璽書という別称を有するから、論事勅書が璽書という別称を持つ確率は高い。『翰林学士院旧規』の「答蕃書并使紙及宝函等事例」には、慰労制書と論事勅書の様式・函の制度を伝える。

> 新羅渤海書頭云、勅某国云王、著姓名。尾云、卿比平安好、遣書、指不多及。使五色金花白背紙次宝函、封使印。
> 黠戛斯書、使紙并宝函与新羅一般。書頭云、勅黠戛斯著姓名。尾云、卿比平安好、遣書、指不多及。使印。
> 回鶻天睦可汗書頭云、皇帝敬問回鶻天睦可汗外甥。尾云、想宜知悉。時候。卿比平安好。将相及部族男女、兼存問之。下同前。使印。如冊可汗、即首云、勅某王子外甥。尾云、問部族男女等。

新羅・渤海の書頭に云う、「某国云云王に勅す。王は姓名を著す」と。尾に云う、「卿比《この》ごろ平安にして好からん、書を遣わすも、指は多きに及ばず」と。五色金花白背紙・次宝函を使い、封ずるに印を使う。

黠戛斯の書、紙并びに宝函を使うこと新羅一般に与《したが》う。書頭に云う、「黠戛斯著姓名に勅す」と。尾に云う、「卿比《この》ごろ平安にして好からん、書を遣わすも、指は多きに及ばず」と。印を使う。

回鶻天睦可汗の書、頭に云う、「皇帝敬んで回鶻天睦可汗外甥に問う」と。尾に云う、「想い宜しく知悉すべし。時候。卿比《この》ごろにして好からん。将相及び部族の男女、兼ねて之を存問す」と。下は前に同じ。印を使う。可汗を冊すが如きは、即ち首に云う、「某王子外甥に勅す」と。尾に云う、「部族の男女等を問う」と。


新羅・渤海・黠戛斯には論事勅書が発信され、回鶻には慰労制書が発信される。慰労制書が璽書という別称を有するのは、慰労制書を宝函に収納し、封印として天子の璽が使用されるからである。新羅等に発信される論事勅書も宝函に入れ、璽が使用される。したがって、新羅等に発信される論事勅書は王言名は異なるが、慰労制書と同じ扱いであるから、論事勅書は璽書の一としてよい。

論事勅書と璽書の関係においては、右のように断言できない場合がある。貞元年間（七八五～八〇四）から元和年間（八〇五～八二〇）頃の制度を伝えた、『翰林志』には次のような記事がある。

諸蕃軍長吐蕃宰相廻紇内外宰相摩尼已下書及別録、並用五色麻紙紫檀木鈿函銀鏁、並不用印。

諸蕃軍長・吐蕃宰相・廻紇内外宰相・摩尼已下の書及び別録、並びに五色麻紙・紫檀の木鈿函・銀鏁を用い、並びに印を用いず。

この記事によれば、諸蕃軍長以下に発信する論事勅書は函に納め、銀の錠前を用い、印（璽）は使用しないという。これでは、論事勅書は璽書でないことになる。『翰林学士院旧規』にも次の記事がある。

牂牁書、頭云、勅牂牁著姓名。尾云、想宜知悉。時候。卿比好否。遣書、指不多及。五色牋紙、不使印。

退渾党項吐蕃使首領書、頭云、勅[云云]、与牂牁一般。使黄麻紙、不使印。（「答蕃書并使紙及宝函等事例」）

牂牁の書、頭に云う、「牂牁著姓名に勅す」と。尾に云う、「相い宜しく知悉すべし。時候。卿比《この》ごろ好きや否や。書を遣わすに、指は多きに及ばず」と。五色牋紙、印を使わず。

退渾・党項・吐蕃使の首領の書、頭に云う、「云云に勅す」と、牂牁一般に与《したが》う。黄麻紙を使い、印を使わず。

右によれば、牂牁や退渾・党項に発信する論事勅書は印（璽）を用いないという。この記事によって、論事勅書は常に璽が用いられるのではなく、唐王朝から見た受信者の地位によって璽が使用される場合と、そうでない場合があることが判明する。

五　璽書が弔祭文書である事例

『旧唐書』巻七五蘇良嗣伝に、皇帝の発する「弔祭」文書は璽書であるとする。

其日薨、年八十五。則天輟朝三日、挙哀於観風門、勅百官就宅赴弔。贈開府儀同三司益州都督、賜絹布八百段米粟八百石、兼降璽書弔祭。

其の日薨ず、年八五なり。則天朝を輟《やむ》ること三日、哀を観風門に挙げ、百官に勅し宅に就きて弔に赴かしむ。開府儀同三司・益州都督を贈り、絹布八百段・米粟八百石を賜い、兼ねて璽書を降し弔祭す。

右にいう「弔祭」は具体的にどのような王言であろうか。『隋書』巻七二薛濬伝は「弔祭」の語がある。

濬竟不勝喪、病且卒。……（中略）……。年四十二。有司以聞、高祖為之屑涕、降使齎冊書弔祭曰、皇帝咨故考功侍郎薛濬。於戯。惟爾操履貞和、器業詳敏、允膺列宿、勤謇克彰。及遭私艱、奄従毀滅。嘉爾誠孝、感于朕懐、奠酹有加、抑惟朝典。故遣使人、指申往命。魂而有霊、歆茲栄渥。嗚呼哀哉。

濬、竟に喪に勝《た》えず、病みて且つ卒す。……（中略）……。年四二なり。有司以聞し、高祖之が為に屑涕し、使を降して冊書を齎し弔祭して曰く、「皇帝、故の考功侍郎薛濬に咨《と》う。於戯《ああ》。惟うに爾、操履貞和に、器業詳敏にして、允《まこと》に列宿に膺《あた》り、勤謇克彰す。私艱に遭うに及んで、奄《たちまち》に毀滅に従う。爾の誠孝を嘉《よみ》し、朕の懐いに感じ、奠酹加うる有り、抑も惟れ朝典なり。故に使人を遣わし、往命を指申す。魂にして霊有れば、茲の栄渥を歆《う》けよ。嗚呼哀しいかな」と。

薛濬を弔祭するための冊書が公布されたとする。冊書で弔祭することがあろうか。また「弔祭」とは、死者に対する行為をいうものであろうか。「弔」に関しては『隋書』と『旧唐書』に史料がある。

性至孝、父母寝疾、輒終日不食、十旬不解衣。及丁憂、水漿不入口五日、哀慟嘔血数升。及送葬之日、会仲冬積雪、行四十餘里、単縗徒跣、号踴幾絶。会葬者千餘人、莫不為之流涕。後甘露降於庭樹、有鳩巣其廬。納言楊達巡省河北、詣其廬弔慰之、因改所居村名孝敬村、里為和順里。（『隋書』巻七二孝義伝・李徳饒）

○性は至孝、父母寝疾せば、輒ち終日食わず、十旬なるも衣を解かず。憂に丁るに及んで、水漿、口に入れざること五日、哀慟して血数升を嘔く。送葬の日に及んで、会《たま》たま仲冬にして積雪し、行くこと四〇餘里、単縗徒跣にして、号踴幾なく絶つ。会葬する者千餘人、之れが為に流涕せざるは莫し。のち甘露庭樹に降り、鳩の其の廬に巣くう有り。納言の楊達河北を巡省し、其の廬に詣り之を弔慰し、因りて居る所の村を改め孝敬村と名づけ、里を和順里と為す。

季弟萬備、有孝行、母終、廬於墓側。太宗降璽書弔慰、仍旌表其門。（『旧唐書』巻六九薛萬備伝）

○季弟の萬備、孝行有り、母終《し》すれば、墓の側に廬す。太宗、璽書を降し弔慰し、仍て其の門に旌表す。

右の二史料に見える弔慰は明らかに遺族に対するものであり、死者に対するものではない。

「祭」に関しては、『張説之文集』巻二二に「為人作祭弟文」と「為人作祭舅文」があり、『文苑英華』巻九七八以下に「祭文」を所収するが、「弔祭文」はない。これらのことから、弔祭は「弔」と「祭」からなる熟語であり、弔は弔慰であり、遺族に対するもので、祭は祭文で、死者に対する文である。弔慰と祭文は別の文書からなると判断される。したがって、『隋書』の薛濬伝に、死者に対して弔祭文書が出たとあるのは大いに疑問である。

皇帝の発する祭文は『白氏文集』の「翰林制詔」に数例がある。次に示す「祭盧虔文」はその一である。[2]

維元和四年歳次己丑、七月日、皇帝遣某官某以清酌庶羞之奠、致祭于故秘書監贈兵部尚書盧虔之霊。惟爾質性端和、風猷茂遠。名因文著、位以才升。秉大節而事君、始終一致。陳義方而訓子、忠孝両全。甲族推華、士林増美。久在貂蝉之列、近遷図籍之司。方延寵光、遽閟幽穸。褒奨之命、雖已表於哀栄、遺奠之恩、宜再申於軫悼。魂兮不昧、鑒此誠懐。尚饗。（巻五六翰林制詔三）

維れ元和四年歳次己丑、七月日、皇帝、某官某を遣わし清酌庶羞の奠を以て、祭を故の秘書監贈兵部尚書盧虔の霊に致す。惟うに爾、質性端和にして、風猷茂遠なり。名は文に因りて著われ、位は才を以て升る。大節を秉《と》りて君に事うること、始終一致す。義方を陳べて子に訓え、忠孝両《ふたつ》ながら全し。甲族華を推し、士林美を増す。久しく貂蝉の列に在り、近ごろ図籍の司に遷る。方に寵光を延べて、遽かに幽穸を閟《とざ》す。褒奨の命、已に哀栄に表わすと雖も、遺奠の恩、宜しく再び軫悼に申ぶべし。魂昧《くら》からざれば、此の誠懐を鑒《かんがみ》よ。尚饗《ねがわくばうけ》よ。

祭文と弔慰文は別文書であり、祭文は死者を祭る文であり、弔慰文は残された遺族を弔慰する文書である。『冊府元亀』巻九七五外臣部褒異二に、開元一九年（七三一）四月、突厥の闕特勒が卒したとき、玄宗皇帝が闕特勒の兄・苾伽可汗に発した弔慰文が所載されている。弔慰文書は璽書である。これは、最後に付された細註からも明白である。弔慰の璽書は慰労制書の形式である。

四月辛巳、突厥可汗弟闕特勒卒。帝降書弔之曰、皇帝問突厥苾伽可汗。国家恵綏黎蒸、保乂函夏、無有遠邇。思致和平、俾有厥休、共登仁寿之域。既罹于咎、豈忘匍匐之救。況可汗久率忠順、屢通款誠。既和好克脩、固災患是恤。今聞可汗[弟]闕特勒没喪、良用撫然。想友愛情深、家国任切、追念痛惜、何可為懐。今申弔賻、并遣致祭。喩意旨、薦茲礼物。是年十一月、詔金吾将軍張去逸都官郎中呂向賚璽書入戎弔、并為立碑文、帝自為碑文、仍立祠、刻石為像。

四月辛巳（三日）、突厥可汗の弟・闕特勒卒す。帝は書を降し之を弔いて曰う、「皇帝、突厥苾伽可汗に問う。国家、黎蒸を恵綏し、函夏を保乂するは、遠邇有る無し。和平を致さんと思い、厥の休有らしめ、共に仁寿の域に登る。既に咎に罹れば、豈に匍匐の救を忘れんや。況や可汗久しく忠順に率い、屢しば款誠を通ずるをや。既に和好克く脩めれば、固より災患是れ恤《あわれ》む。今、可汗の弟・闕特勒没喪するを聞き、良《まこと》に用て撫然とす。友愛の情深く、家国の任切なるを想い、追念して痛惜すれば、何ぞ懐いを為すべけんや。今、弔賻を申べ、并せて遣りて祭を致さす。意旨を喩《さと》り、茲の礼物を薦む」と。是の年の一一月、金吾将軍張去逸・都官郎中呂向に詔し、璽書を賫し戎に入り弔わしめ、并せて為に碑文を立て、帝自ら碑文を為り、仍ち祠を立て、石を刻みて像を為る。

弔祭の意味と弔祭の文書様式は明らかとなった。弔祭文書は常に右に示した文書様式によって、発信されるものであろうか。唐代文献には皇帝の弔祭文書は少なく、これ以上の史料は提示できない(2)。

この闕を補うのが『宣和奉使高麗図経』である。この書物は徽宗皇帝の宣和四年（一一二二）度における入高麗使の随員・徐兢の高麗見聞記である。同書巻二五「受詔」は高麗王の王楷に対する徽宗皇帝の王命伝達の記事があり、儀式次第や文書様式は元豊年間（一〇七八～一〇八五）の制度に準拠している。その中で「祭奠」と「弔慰」の記事を示すと次のようである。

祭奠

使跪宣御製祭文曰、「維宣和五年歳次癸卯、三月甲寅朔、十四日丁卯、皇帝遣使通議大夫守尚書礼部侍郎元城県開国男食邑三百戸路允迪太中大夫中書舎人清河県開国伯食邑九百戸傅墨卿、致祭于高麗国王之霊。惟王躬有一徳、嗣茲東土、孝友粛恭、恵迪神民、克紹于前文人、四国是式。而忠誠夙著、義篤勤王。旅貢在廷、服命惟謹。朕惟王外介海隅、而能知役志于享、乃心罔不在王室。嘉乃丕績、眷顧不忘。方将洊飭、使人往諭朕志、示鎮撫于爾邦。孰謂天不憖遺。遽聞大故、邦国殄瘁、震悼于懐。今錫爾恤典、用褒乃顕徳、以輯寧爾邦。尚其来止、歆我寵霊、永垂佑于爾後人、服休無斁。尚饗。
使、跪いて御製の祭文を宣べて曰く、「維れ宣和五年歳次癸卯《ほしは癸卯にやどる》、三月甲寅朔、一四日丁卯、皇帝、使の通議大夫守尚書礼部侍郎元城県開国男食邑三百戸路允迪・太中大夫中書舎人清河県開国伯食邑九百戸傅墨卿を遣わし、祭を高麗国王の霊に致す。惟うに王躬ら一徳有り、茲の東土を嗣ぎ、孝友粛恭にして、神民を恵迪し、克《よ》く前文の人を紹《つ》ぎ、四国是れ式す。而して忠誠夙《つと》に著われ、義は勤王に篤し。旅貢廷に在り、命に服すること惟れ謹なり。朕惟うに王は外介海隅なるも、能く役志を享に知り、乃心王室に在らざるは罔し。乃《なんじ》の丕績を嘉《よみ》し、眷顧して忘れず。方《まさ》に洊飭せんとし、人をして往かしめ、朕が志を諭し、鎮撫を爾の邦に示す。孰《たれ》か天の憗遺せざるを謂わん。遽かに大故を聞き、邦国殄瘁し、震いて懐より悼む。今、爾に恤典を錫い、褒を用て乃ち徳を顕し、輯を以て爾の邦を寧んず。其れ来り止り、我が寵霊を歆《う》け、永く爾が後人を垂祐し、服して無斁に休せ。尚饗《ねがわくばうけ》よ」と。

弔慰

詔曰、[勅]高麗国王王楷。惟爾先王、祇慎明徳、宜綏厥位。毗予一人、天命難諶。遽以訃諗緬。惟永慕諒劇傷摧。纂嗣之初、践修是属、勉思抑割、用副眷懐。今差国信使通議大夫守尚書礼部侍郎元城県開国男食邑三百戸路允迪副使太中大夫中書舎人清河県開国伯食邑九百戸傅墨卿、兼祭奠弔慰、并賜祭奠弔慰礼物等。具如別録、至可領也。故茲詔示。想宜知悉。春喧、卿比平安好。遺書、指不多及。

詔して曰く、「高麗国王・王楷に勅す。惟れ爾の先王、祇《まさ》に明徳に慎み、宜しく厥の位を綏んずべし。予一人を毗《たすけ》て、天命諶《まこと》に難し。遽かに訃を以て緬《はるか》を諗《おも》う。惟れ永く慕い諒《まこと》に劇しく傷摧す。纂嗣の初め、践して是の属を修め、勉て抑割を思い、用て眷懐に副う。今、国信使通議大夫守尚書礼部侍郎元城県開国男食邑三百戸路允迪・

副使太中大夫中書舎人清河県開国伯食邑九百戸傅墨卿を差《つかわ》し、祭奠・弔慰を兼ね、并せて祭奠・弔慰の礼物等を賜う。具すること別録の如し、至らば領すべきなり。故に茲に詔示す。想うに宜しく知悉すべし。春暄か、卿比ごろ平安にして好からん。書を遣わすに、指は多くに及ばず」と。

右の史料においても、祭文と弔慰が別の文書であることは明瞭である。「弔祭」は「弔」と「祭」の意味に解釈するのが至当であり、「璽書を齎し弔祭す」というのは「璽書である弔文と祭文を齎す」と理解しなければならない。また、高麗王に対する徽宗皇帝の祭文の様式は、唐代のそれと基本的に同じである。祭文の様式が一致することによって、『白氏文集』所収の「祭盧虔文」は祭文の様式としてよい。『宣和奉使高麗図経』の弔慰は、唐代の皇帝の発する弔慰文を類推する上で大いに参考になる。

高麗王に対する弔慰文は、文書として省略があることに留意しなければならない。省略は二箇所ある。第一点は「高麗王王楷」の上にあるべき文字が省略されていることであり、その第二点は文書の発信年月日がないことである。発信年月日の省略は編纂史料の通例であり、大約、宣和四年（一一二二）初頭と考えてよいであろう。

問題となるのは「高麗王王楷」の上にどのような文字を補うかである。この補う文字によって、弔慰文の様式を分類する上で異なった結果を生むことになる。前掲した「弔慰」の史料においては「副使以詔授使」とか「使以詔授王」とあり、また「詔曰」とあるから、「高麗王王楷」以下の文は、字義通り解釈すれば詔書ということになる。しかし、この詔書は宋代の詔書である点に留意する必要がある。

「高麗王王楷」以下の文は、明らかに唐代の論事勅書の様式を具備するから、本来は「勅高麗王王楷」であった蓋然性が高い。『玉海』巻二〇二辞学指南「詔」には、宋代の詔書の首尾を次のように伝える。

勅門下。或云勅某等。故茲詔示。奨諭誡諭撫諭、随題改之。想宜知悉。

門下に勅す。或いは「某等に勅す」と云う。故に茲に詔示す。奨諭・誡諭・撫諭、題に随い之を改む。想い宜しく知悉すべし。

宋代では「勅門下」「勅某等」で始まる王言を詔書といったのである。「詔曰」は編者である徐兢の編纂用語であり、本来は「勅高麗王王楷」とあったものを「詔曰、高麗王王楷」としたのである。この推定が正解であるなら、『宣和奉使高麗図経』所載の弔慰文は、唐代の論事勅書様式で書かれていたことになる。そうであれば、唐代の皇帝の発する弔文は論事勅書様式であったと推定することが可能となる。

しかし、突厥苾伽可汗に発した弔慰文書は明らかに慰労制書である。これによって、唐代の弔慰文書は慰労制書によって書かれる場合と、論事勅書による場合があったと想定される。何故に二種類の文書が使用されるかというと、論事勅書と慰労制書は同一目的に使用される王言であることによる。唐王朝が弔意する相手をどう評価するかによって、二種類の王言が使い分けられたのである。唐代文献に散見する「弔祭」の実体は明らかになった。「弔祭」とは「弔慰文」と「祭文」からなり、「璽書弔祭」とは「璽書で弔慰し、祭奠す」という意味なのである。

六　璽書が鉄券を意味する事例

『旧唐書』巻九七劉幽求伝には次のような記事がある。

景雲二年、遷戸部尚書、罷知政事。月餘、転吏部尚書、擢拝侍中。降璽書曰、頃者、王室不造、中宗厭代、外戚専政、姦臣擅国、将傾社稷、幾遷亀鼎。朕躬与王公、皆将及於禍難。卿見危思奮、在変能通、翊賛儲君、協和義士、殄殲元悪、放殛凶徒。我国家之復存、繄茲是頼、厥庸甚茂、朕用嘉焉。故委卿以衡軸、胙卿以茅土、然征賦未広、寵錫猶軽。昔西漢行封、更択多戸。東京定賞、復増大邑。故加賜卿実封二百戸、兼旧七百戸。使夫高岸為谷、長河如帯、子子孫孫、伝国無絶。又以卿忘躯徇難、宜有恩栄、故特免卿十死罪、並書諸金鉄、俾伝于後。卿其保茲功業、永作国禎、可不美歟。

景雲二年（七一一）、戸部尚書に遷り、知政事を罷む。月餘にして、吏部尚書に転じ、擢じて侍中を拝す。璽書を降して曰く、「頃者《このごろ》、王室造《な》らず、中宗は代に厭《つかれ》て、外戚は政を専らにし、姦臣国を擅《ほしいまま》にし、将に社稷を傾け、幾《ほとんど》亀鼎を遷さんとす。朕躬ら王公と、皆な将に禍難に及ばんとす。卿は危きを見て奮わんと思い、変に在りて能く通じ、儲君を翊賛し、義士と協和し、元悪を殄殲し、凶徒を放殛す。我が国家の復た存するは、繄《ああ》茲に是れ頼り、厥の庸甚だ茂《すぐ》れ、朕用て焉を嘉《よみ》す。故に卿に委ねるに衡軸を以てし、卿に胙《むくい》るに茅土を以てせんとするも、然れども征賦未だ広からず、寵錫猶お軽し。昔、西漢封を行うに、更に多戸を択ぶ。東京賞を定むるに、復た大邑を増す。故に卿に実封二百戸を加賜し、旧を兼ねて七百戸たり。使《も》し夫《か》の高岸を谷と為し、長河をば帯の如くせば、子子孫孫、国を伝えて絶ゆること無からん。又た卿の躯を忘れ難に徇《したが》うを以て、宜しく恩栄有るべし、故に特に卿に一〇の死罪を免じ、並びに諸《もろもろ》を金鉄に書し、後に伝えしむ。卿其れ茲の功業を保ち、永く国禎と作さば、美《ほめ》ざるべけんや」と。

劉幽求伝にみえる璽書の実体は何であろうか。右の璽書を理解する上で参考になるのは次の記事である。

暉等以唐室中興、武氏諸王咸宜降爵、上章論奏、於是諸武降為公。武三思益怒、乃諷帝陽尊暉等為郡王、罷知政事。仍賜鉄券、恕十死、朔望趨朝。（『旧唐書』巻九一敬暉伝）

暉等、唐室中興を以て、武氏の諸王咸な宜しく爵を降すべく、上章論奏し、是に於いて諸武降して公と為す。武三思益ます怒り、乃ち帝に諷して陽《いつわ》りて暉等を尊びて郡王と為し、知政事を罷めしむ。仍《よっ》て鉄券を賜い、十死を恕し、朔望朝に趨かしむ。

右の記事においては「恕十死」と鉄券が密接に関連している。劉幽求の場合も璽書において「十死を免ぜ」られており、この場合の璽書は鉄券であるとしてよいのではなかろうか。鉄券については仁井田陞氏と栗原益男氏の研究があるが、仁井田氏は劉幽求伝に引用された璽書を鉄券の一部とされている。(3) 従うべきである。仁井田氏が示された鉄券の諸例を通覧するとき、劉幽求伝に引用された鉄券は「維某年歳次某（干支）某月某、朔某日某。皇帝若曰、咨爾某官某」で始まる鉄券の前半部が省略されたものであることが判明するのである。

七　冊書等の王言を璽書という理由

唐代において、冊書等の王言は璽書という別称を有する。璽書とは「皇帝・天子の璽を有する書」という意味である。これらの文書を璽書というのは、皇帝の璽の形態とその用法と密接な関連がある。璽に関して『大唐六典』巻八門下省符宝郎職掌の条には、唐代の天子の璽を説明して次のようにいう。

天子之信、古曰璽、今曰宝。其用以玉、其封以泥。

天子の信、古は璽と曰い、今は宝と曰う。其れ用いるに玉を以てし、其れ封ずるに泥を以てす。

この史料によって、唐代における皇帝や天子の璽は泥に捺すものであり、封印を目的とした璽であることが判明する。したがって、璽の刻文も紙料に捺すための陽刻ではなく、秦漢の璽章と同様に陰刻であった。

ところで、冊書は竹簡や木板からなり、鉄券は鉄に黄金を象嵌したものであり、これらの文書上に押璽はできない。璽書は文書上に押璽があるから璽書というのではない。冊書等は函に入れて発信するものであり、函の封をするため璽が使用されたため、璽書という別称を有することになったのである。『唐会要』巻五四中書省・聖暦三年の条に、外国に対する賜物に関して言及する。

其年四月三日、勅。応賜外国物者、宜令中書具録賜物色目、附入勅函内。

其年（七〇〇）四月三日、勅す。応に外国に賜う物は、宜しく中書をして具《つぶさ》に賜物の色目を録し、附して勅函の内に入るべし。

外国に発信する勅書（勅に限定せず王言と理解してよい）は函に納めて発信するという。璽書といわれる王言は、唐代においては外国に限らず函に入れて発信されたとしてよい。

唐代の璽書を知る上で好個の史料は、「璽書が論事勅書である事例」に引用した『翰林学士院旧規』の「答蕃書并使紙及宝函等事例」である。新羅・渤海には五色金花白背紙を料紙とする論事勅書を発し、それを入れる函は次宝函（次璽函）を使用し、封ずるに印を用い、回鶻に対する慰労制書にも印を使用したとある。ここにいう「印」は官府印（所司印）ではなく、論事勅書や慰労制書を封ずるための印であるから「璽」のことに相違ない。

以上によって、冊書等が璽書と呼称される所以は明らかになったであろう。冊書等の王言は、その王言を収める函の封印として、皇帝・天子の璽が用いられたことによって、璽書といわれるのである。

八　隋代の璽書

『旧唐書』巻五九屈突通伝には隋代のことではあるが、論事勅書が璽書であることを示す史料がある。

及文帝崩、煬帝遣通以詔徴漢王諒。先是、文帝与諒有密約曰、若璽書召汝、於勅字之傍別加一点。又与玉麟符合者、当就徴。及発書無験、諒覚変、詰通、通占対無所屈。竟得帰長安。

文帝崩《みまか》るに及んで、煬帝、通を遣わし詔を以て漢王・諒を徴す。是れよりさき、文帝は諒と密約有りて曰く、「若し璽書もて汝を召せば、勅字の傍に別に一点を加う。又た玉麟符と合えば、当に徴に就くべし」と。書を発《ひら》くに及んで験無し、諒は変を覚り、通を詰《なじ》るに、通は占対して屈する所無し。竟に長安に帰るを得。

この史料は厳密な意味での詔と勅を混用している。文帝が漢王諒と密約して「若璽書召汝、於勅字之傍別加一点」と述べたのが正しいとすれば、煬帝が詔を以て漢王諒を召したとあるのは不可解である。真に煬帝が詔によって漢王を召したとするなら、文帝は勅書を発する約束であるから、漢王を召す王言は偽書であることに気が付いたであろう。また漢王は自分を召す文書を聞いて、密約通りになっているか点検したのであるから、煬帝が発したのは詔ではなく、勅であったとしなければならない。文帝が「於勅字之傍別加一点」と語ったのが正しいとするなら、『旧唐書』のいう「詔」は「勅」に改めるべきである。

屈突通伝にある史料によって、「勅」字を文書内に有する璽書があることが判明する。個人に発する王言で、「勅」字を有する璽書とは、論事勅書以外にはない。隋代には論事勅書を璽書といったのである。

『隋書』七三樊叔略伝に、開皇初年（元年は五八一）に璽書で褒美された記事がある。

高祖受禅、加位上大将軍、進爵安定郡公。在州数年、甚有声誉。鄴都俗薄、号曰難化、朝廷以叔略所在著称、遷相州刺史、政為当時第一。上降璽書褒美之、賜物三百段粟五百石、班示天下。

高祖受禅し、位を上大将軍に加え、爵を安定郡公に進む。州に在ること数年、甚だ声誉有り。鄴都の俗薄く、号して化し難しと曰い、朝廷、叔略の所在に著称せらるを以て、相州刺史に遷らしめ、政は当時の第一と為る。上、璽書を降して之を褒美し、物三百段・粟五百石を賜い、天下に班示す。

治績優秀の樊叔略に賜物を伴う璽書が発せられており、隋代にも璽書があったことがわかる。唐代の璽書は慰労制書や論事勅書を意味する場合があり、これらの文書でもって臣僚の治績を褒美し賜物することがあったから、隋代の璽書は唐代のそれと同一であることが判明する。

『隋書』巻八一東夷伝高麗国の条に璽書が発せられたことをいう。

開皇初、頻有使入朝。及平陳之役、［高］湯大懼、治兵積穀、為守拒之策。十七年、上賜湯璽書曰、（後略）。

開皇の初め、頻りに使の入朝する有り。平陳の役に及び、高湯大いに懼れ、兵を治め穀を積み、守拒の策を為す。一七年（五九七）、上、湯に璽書を賜いて曰く、

続いて長文の璽書の本文が引用されている。この史料によって、隋代の璽書は周辺諸国にも発信されていことが判明する。高麗に発信した璽書がどのような王言であったか、璽書の首尾が省略されているため不明である。『文館詞林』巻六六四詔三四撫慰所収の「貞観年中撫慰百済王詔一首」「貞観年中撫慰新羅王詔一首」が、ともに「皇帝問某」であり、『日本書紀』に所載する煬帝の王言が「皇帝問某」であることを考えると、開皇一七年の璽書も「皇帝問某」で始まる慰労詔書であった可能性が高い。

九　まとめ

唐代の璽書は冊書・慰労制書・論事勅書・皇帝の発する弔祭文書・鉄券を意味した。これらの王言は発信に際して、皇帝と天子の璽を封印として使用し、「璽のある書」という意味で璽書といったのである。隋代にも璽書の語が使用されているが、その用例は唐代と同じであって、唐代と同じ王言を璽書と表現すると推定される。

註

（1）臨軒冊授と朝堂冊授に関しては本書二五頁以下を参照。

（2）『表制集』巻四所収の「勅使劉仙鶴、致祭文一首」は不空三蔵に対する代宗皇帝の祭文である。

（3）仁井田陞氏『唐宋法律文書の研究』（東方文化学院東京研究所　一九三七）第三篇第二章「鉄券」。栗原益男「鉄券授受現象からみた君臣関係――唐朝・五代を中心として――」（『史学雑誌』六五編六号・七号）、同「鉄券補考」（『岩井博士古稀記念典籍論集』所収　一九六三）がある。

第二節　手詔（手制）

一　問題の所在

唐代文献には手詔（手制）という王言が頻出する。「詔」字に信をおけば、手詔は皇帝が「手ずから書いた詔」となる。このような手詔は現実には存在するものであろうか。また、詔書には詔書と慰労詔書の二種類があるが、手詔とは、いずれの詔書をいうものであろうか。手詔の実体を究明しようとする場合、手詔の用例を検討し、手詔がどのような場合に使用され、手詔に記される内容が、どのようなものかを知ることから始めなければならない。

二　手詔が詔書である事例

詔書の起草は中書舎人や翰林学士の職務である。詔書を発する権限は皇帝にあるから、時には、皇帝が深く関与する詔書があってもよい。『旧唐書』巻四高宗紀・顕慶二年（六五七）一二月の条に「手詔」の語が見える。

丁卯、手詔改洛陽宮為東都、洛州官員階品並准雍州。

丁卯（一三日）、手詔して洛陽宮を改め東都と為し、洛州官員の階品は並びに雍州に准ぜしむ。

『旧唐書』巻六則天武后紀・証聖元年（六九五）春一月の条にも「手詔」の語が見える。

庚子、以明堂災告廟、手詔責躬、令内外文武九品以上、各上封事、極言正諫。

庚子（二一日）、明堂の災を以て廟に告げ、手詔して躬を責め、内外文武九品以上をして、各おの封事を上《たてまつ》り、極言正諫せしむ。

洛陽を東都とする詔書、躬を責める詔書は皇帝自らが書いたことになる。手詔は皇帝直筆の詔書と理解される。しかし、実際は高宗や則天武后が詔書の原案を示したから、右の詔書を手詔といっているのであろう。

『旧唐書』巻九二魏元忠伝に、手詔によって左僕射を解任し、特進と斉国公を以て致仕することを許可したとある。

是時、三思之党兵部尚書宗楚客与侍中紀処訥等又執証元忠及［魏］昇、云素与節愍太子同謀構逆、請夷其三族、中宗不許。元忠懼不自安、上表固請致仕。手詔聴解左僕射、以特進斉国公致仕于家、仍朝朔望。

是の時、三思の党・兵部尚書の宗楚客、侍中の紀処訥等と又た元忠及び魏昇を執証し、素より節愍太子と同じく謀りて逆を構うを云い、其の三族を夷《ころ》さんと請うも、中宗許さず。元忠懼れ自ら安んぜず、表を上り固く致仕を請う。手詔して左僕射を解くを聴し、特進・斉国公を以て家に致仕し、仍お朔望に朝《な》せしむ。
この手詔は改官を命じる詔であるから、告身の一部としての詔書である。皇帝自らがこのような詔書を書くことはないのに、手詔と表現している。これは魏元忠の改官致仕を皇帝が自ら指示したため手詔というのである。

これによって、前掲の高宗や則天武后の手詔も皇帝が直接書いたとするより、詔書原案を提示したため、手詔と表現していると理解するべきである。以上の史料によって、手詔には所謂詔書を指す場合があり、唐代において詔と勅は混用されるから、詔書と発日勅の別称ということになる。詔書や発日勅を公布する場合に、その内容に特に深く皇帝の意志が関与したとき、手詔というのである。

三　手詔が論事勅書である事例

皇帝が臣僚個人に発する手詔がある。たとえば『旧唐書』巻七二李百薬伝の史料である。

太宗嘗制帝京篇、命百薬並作、上歎其工、手詔曰、卿何身之老而才之壮、何歯之宿而意之新也。

太宗嘗て帝京篇を制るに、百薬に命じて並作せしむ、上は其の工《たくみ》なるを歎じ、手詔して曰く、「卿何ぞ身の老して才の壮たるや、何ぞ歯の宿して意の新たなるや」と。

右の史料によって、詔には詔書という意味に加えて、臣僚個人に対して発する場合があることに留意しなければならない。手詔例を検討するとき、臣僚を褒美する場合、臣僚を撫慰する場合、碑文の撰文を命じる場合、臣僚を徴召する場合、臣僚が諫言を行った場合、また致仕等の上表を行った場合等に手詔が発信されている。

手詔は臣僚を褒美するときのように、皇帝から一方的に発せられる場合があり、上表のように臣僚から働きかけがあって公布される場合がある。上表に対する手詔は批答である可能性があるが、両方の要件を満たす手詔とは、批答以外の王言であると推測される。

手詔とは具体的にどのような様式文書を有するものであろうか。「詔」字を信頼すれば、詔書以外の手詔は慰労詔書ということになる。果たして、このように結論してよいものであろうか。『表制集』巻二所収の「同年（大暦五年）七月十三日与三蔵手詔一首」は次のようである。

勅大広智三蔵和上。久修定慧、早契瑜伽、遠訪霊山、躬祈聖道。至霊必応、玄感遂通、青蓮喩心、了証斯在。秋景餘熱、善加珍衛也。遺書、指不多及。

　　十三日

大広智三蔵和上に勅す。久しく定慧を修め、早く瑜伽を契り、遠く霊山を訪ねて、躬ら聖道を祈る。至霊必ず応じ、玄感遂に通じ、青蓮心に喩え、了証斯に在り。秋景餘熱なれば、善く珍衛を加うなり。書を遣わすも、指は多きに及ばず。

唐人《とうひと》の円照は右の王言を「手詔」とする。右の王言は論事勅書であり、唐人は論事勅書を手詔といったのである。

論事勅書が手詔であることを示す史料は、権徳輿の『権載之文集』巻四六所収の「応縁遷奉状制書手詔等」である。それは権徳輿が、家廟を洛陽に建設するに当たり、両親の墓が潤州にあるので、その墓を洛陽に移したいと願うが、権徳輿は山南西道節度使の任に在って、両親の墓の移転を営護することができないので、彼の子弟を潤州に派遣することを「状」によって奏請した文書があり、それに続けて次の憲宗皇帝の回答と権徳輿の謝表がある。

勅某。省所奏請、遷祔事具悉。卿移孝為忠、嘗竭弼諧之志、慎終追遠、毎増霜露之恩。無忘在公、載陳誠懇。眷言倚属、喜歎良深。所請令子弟専往営護、允依来奏。想宜知悉。春煖、卿比平安好。遺書、指不多及。

二月十五日

臣徳輿言。伏奉今月十五日手詔、許臣遷祔。并合（令？）子弟専往営護者。捧承詔書、曲遂私志。感泣嗚咽、激於肝心。（後略）

某に勅す。奏請する所を省みるに、遷祔の事具に悉す。卿は孝を移して忠と為し、嘗《つね》に弼諧の志を竭し、終りを慎み遠きを追い、毎に霜露の恩を増す。公に在るを忘るる無く、載《すなわ》ち陳《のぶ》ること誠懇なり。眷言属に倚り、喜歎良《まこと》に深し。請う所、子弟をして専往営護せしめるは、来奏に依るを允《ゆる》す。想うに宜しく知悉すべし。春煖か、卿比ごろ平安にして好からん。書を遣わすも、指は多きに及ばず。

臣徳輿言う。伏して今月一五日の手詔を奉ずるに、臣が遷祔、并びに子弟をして専ら営護に往かしむるを許すといえり。詔書を捧承し、曲て私志を遂ぐ。感泣嗚咽し、肝心に激す。

憲宗は奏請に対して論事勅書で回答を行い、それに対して権徳輿は謝表を書いた。その表において、論事勅書を「手詔」と表現している。論事勅書を手詔と表現するのは、前掲した『表制集』と同じであって、唐代においては論事勅書には手詔という別称があったと断定してもよい。

『表制集』と『権載之文集』の史料によって、手詔の実体は明らかとなった。すなわち、論事勅書を手詔といったのであり、次に示す謝表や謝状にみえる手詔も具体的に理解できるようになる。

臣某言。中使某至、伏奉手詔慰諭、并奉宣聖旨、賜臣端午衣一副銀椀百索等大将衣両副者。（『文苑英華』巻五九五表四三「謝端午賜衣表」）

○臣某言う。中使の某至り、伏して手詔を奉じ慰諭し、并せて聖旨を奉宣し、臣に端午衣一副・銀椀・百索等、大将に衣両副を賜うものなり。

右、監軍使李輔光廻、伏奉勅書手詔、慰問臣及将士等者。臣自守大藩、未申微効。毎承渥沢。実所慙惶。（『文苑英華』巻六三〇状三「謝勅書手詔慰問状」　令狐楚撰）

○右、監軍使李輔光廻《かえ》り、伏して勅書・手詔を奉じ、臣及び将士等を慰問するものなり。臣自ら大藩を守り、未だ微効を申《のべ》ず。毎に渥沢を承け、実に慙惶す所なり。

論事勅書を手勅と別称するのは理解できるとしても、何故に手詔というのであろうか。この問題を解決しなければ、手詔の実体を解決したことにはならない。論事勅書を手勅と呼ぶなら、手詔と呼ぶべきは論事勅書と同様の用途と性格を有する慰労制書であろう。慰労制書の別名を手詔とする史料は、現在のところ見い出してはいない。しかし、史料がないのは慰労制書を手詔と別称しないがためではない。これは一に史料の残存の問題である。論事勅書と同様の用途を有する慰労制書を、手詔と別称したとするのは無理のない推論と考える。論事勅書は勅書であり、手勅という別称を有しているのは何ら問題はないのに、何故に手詔といわれるのであろうか。

この事態は唐代の詔と勅との混用から生じたものである。詔と勅の混用は、「序説」において詳論したから再度は述べない。詔と勅との混用が論事勅書をして「手詔」といわしめた所以であり、用語と用法からすれば慰労制書のみを手詔と呼ぶのが正しいのであり、詔と勅ともに「詔」と呼んだがために、論事勅書も同様な用途と性格を有する慰労制書と関連づけられて、手詔といわれるようになったのである。すなわち、「詔」の拡大解釈に起因して、論事勅書を手詔と呼ぶようになったのであり、「手勅」の実体は慰労制書である可能性は十分あり得る。

四　手詔が批答である事例

『張説之文集』巻一五には「請八月五日為千秋節表并勅旨」と題する作品がある。これは玄宗皇帝の生日である八月五日を千秋節という節日にしたいという上表と批答からなる。全文は本章第九節「勅旨と勅意」に示すが、「勅旨」以下の部分が批答である。これによって、批答は勅旨ともいわれたことが判明する。

『唐会要』巻二九節日には次のようにあって、批答を「制曰可」と表現している。

開元十七年八月五日、左丞相源乾曜右丞相張説等上表、請以是日為千秋節、著之甲令、布于天下、咸令休仮。群臣当以是日進萬寿酒、王公戚里進金鏡綬帯、士庶以絲結承露嚢、更相遺問、村社作寿酒宴楽、名賽白帝、報田神。制曰可。

開元一七年（七二九）八月五日、左丞相源乾曜・右丞相張説等、表を上り、「是日を以て千秋節と為し、之を甲令に著し、天下に布べ、咸な休仮せしめんと請う。群臣当に是日を以て萬寿酒を進め、王公戚里、金鏡絲帯を進め、士庶、糸結承露嚢を以て、更ごも《こも》相い遺問し、村社寿酒を作り宴楽し、「賽白帝」と名づけ、田神に報ぜん」と。制して曰く可。

右の上表の批答に当たる「勅旨」部分を『冊府元亀』巻二帝王部「誕聖」所引の史料では「手詔」と表記する。

（表文省略）。帝手詔報曰、凡是節日、或以天気推移、或因人事表紀。……（後略）……。

帝手詔して報じて曰く、凡そ是れ節日は、或いは天気の推移を以てし、或いは人事の表紀に因る。

右の史料によって、批答は手詔という別名があることが判明するのである。

五　隋代の手詔

『隋書』巻四八楊素伝に「手詔」の語がある。

[漢王] 諒退保并州、[楊] 素進兵囲之。諒窮蹙而降、餘党悉平。帝遣素弟修武公約齎手詔労素曰、我有隋之御天下也、于今二十有四年、雖復外夷侵叛、而内難不作。修文偃武、四海晏然。……（後略）……。

漢王諒退き并州を保つ、楊素は兵を進め之を囲む。諒は窮蹙して降り、餘党悉く平らぐ。帝は素の弟・修武公約を遣し手詔を齎し素を労して曰く、「我が有隋の天下を御するや、今において二十有四年、復た外夷侵叛すと雖も、而して内難作《おこ》らず。修文偃武、四海晏然たり」と。

右に楊素伝を引用したのは、「手詔」が隋代にあることを示すためである。楊素に手詔が発せられたのは、仁寿四年（六〇四）に文帝の皇子・漢王諒が并州に拠って反乱を起したとき、并州道行軍総管・河北道安撫使となって、その反乱を平定した功績に対するものである。楊素は手詔を受領して「上表陳謝」している。その上表の一節には「曲蒙使臣弟約、齎詔書問労」という文言があり、隋代には手詔を発して臣僚の治績を問労することがあり、手詔の受領者はそれに対し上表陳謝した。皇帝が手詔を発し、それに対し受領者が「詔書問労」と表現しているのであるから、文字通りに理解すれば、問労に使用する詔書は「慰労詔書」しかない。楊素は第一の功臣であることを考えれば、楊素に与えた手詔とは慰労詔書以外にない。

『隋書』巻四一蘇威伝にも「手詔」の語が見える。蘇威伝の手詔は楊素の場合とは異なる。

歳餘、帝下手詔曰、玉以潔潤、丹紫莫能渝其質、松表歳寒、霜雪莫能凋其采。可謂温仁勁直、性之然乎。房公威器懐温裕、識量弘雅、早居端揆、備悉国章、先皇旧臣、朝之宿歯。棟梁社稷、弼諧朕躬。守文奉法、卑身率礼。昔漢之三傑、輔恵帝者蕭何、周之十乱、佐成王者邵奭。国之宝器、其在得賢、参燮台階、具瞻斯允。雖復事藉論道、終期献替、銓衡時務、朝寄為重。可開府儀同三司、餘並如故。

歳餘にして、帝、手詔を下して曰く、「玉は潔潤を以てし、丹紫能く其の質を渝《かわ》る莫し、松は歳寒を表し、霜雪能く其の采を凋《しぼ》む莫し。温仁勁直、性の然るを謂うべきや。房公の威は器にして温裕を懐き、識量弘雅にして、早《つと》に端揆に居し、備さに国章に悉し、先皇の旧臣、朝の宿歯なり。社稷に棟梁し、朕躬を弼諧す。文を守り法を奉じ、身を卑くし礼に率う。昔漢の三傑、恵帝を輔くるは蕭何なり、周の十乱に、成王を佐《たす》くは邵奭なり。国の宝器、其れ賢を得るに在り、台階を参燮し、具瞻斯れ允《ゆる》す。復た藉に事え道を論じると雖も、終いに献替に期し、時務を銓衡し、朝寄重と為す。開府儀同三司を可とし、餘は並びに故《もと》の如し」と。

この場合は蘇威を開府儀同三司とする手詔であるから、詔授告身の詔書である。蘇威を開府儀同三司とする詔書を煬帝が直筆したか、直々に詔書の起草を指示したため、手詔というのであろう。隋代において、手詔は慰労詔書を意味する場合と詔書を意味する場合があったことが判明する。

六　ま と め

手詔は詔書と論事勅書もしくは慰労詔書の別称である。これらの王言は皇帝の真筆ではない。そのことを端的に示すのは唐人《とうひと》の別集である。そこには制書案・慰労詔書案・論事勅書案が収められている。別集に制勅案があるのは、その草稿を官人が起草したからである。それにも拘らず、これらの王言を「手ずからの詔」というのは、これらの王言に皇帝が深く関与し、皇帝の特別な思し召しによって、詔書（制書）や慰労詔書（慰労制書）等が公布されたという思いがあるためである。また手詔は優詔ともいわれた。

第三節　優　詔

一　問題の所在

唐代文献には優詔（優制）という語が見える。優詔とは「手厚い詔」「ねんごろな詔」という意味である。『千唐誌斎蔵誌』上冊六一三所収の「唐故銀青光禄大夫和州刺史上柱国琅瑘県開国伯顔府君墓誌銘」（顔謀道墓誌銘、開元九年一〇月建）に「優詔」の語がある。

俄而遷涪州刺史。又以銅梁地、偏剣閣天険、優詔転和州刺史、改封琅瑘県開国伯、加銀青光禄大夫。

俄にして涪州刺史に遷る。又た銅梁の地、剣閣天険に偏《かたよ》るを以て、優詔して和州刺史に転じ、封を琅瑘県開国伯に改め、銀青光禄大夫を加う。

「優詔」は唐代に使用された語であり、唐代の編纂官が造語したものでないことが、この墓誌銘によって確認されるが、具体的にはどのような詔書をいうのであろうか。

二　優詔が詔書である事例

顔謀道碑によれば、優詔によって和州刺史に就任したから、優詔は制授告身や勅授告身を意味し、制授告身は制書、勅授告身は発日勅を内包するから、詔書や発日勅の別称と判断される。次の優詔も顔謀道碑と同じ用例である。

神龍元年、拝駙馬都尉、遷太常卿、兼左衛将軍。降封酇国公、仍賜実封五百戸、尋徙封鎬国公。二年、兼太子賓客、摂左衛将軍。及為節愍太子所殺、優制贈開府儀同三司、追贈魯王、謚曰忠。（『旧唐書』巻一八三武崇訓伝）

神龍元年（七〇五）、駙馬都尉を拝し、太常卿に遷り、左衛将軍を兼ぬ。降して酇国公に封ぜられ、仍って実封五百戸を賜い、尋いで徙して鎬国公に封ぜらる。二年、太子賓客を兼ね、左衛将軍を摂《か》ぬ。節愍太子の殺す所と為るに及んで、優制して開府儀同三司を贈られ、魯王を追贈せられ、謚して忠と曰う。

これは優制を用いて、武崇訓を開府儀同三司の官と爵・魯王を追贈し、「忠」と謚したものであり、顔謀道碑と同じ用例であり、この優詔は制授告身の制詞を指すと理解できる。

優詔が告身である例は他にもある。『旧唐書』巻八四裴行庭伝に、優制でもって太師を贈官された例、『旧唐書』巻九〇李彭年伝に、優制でもって礼部尚書を贈官された例、『旧唐書』巻一〇〇解琬伝に、優詔によって金紫光禄大夫となった例がある。これら史料によって、優詔が告身の制詞を指すことは明らかである。これらの例は、皇帝によって特別に贈官されたという意味から、「詔（制）」に「優」が付随しているのである。

顔謀道の場合は、皇帝の特別な意志によって和州刺史となったものであろうか。この点は史料がないから明言できない。しかし、一般論として次のことはいえる。勅授以上の官は制度上、その任用権は皇帝にある。勅授官以上の任用は皇帝の特別な意志を享受することである。したがって、顔謀道が優詔によって和州刺史となったと書いても、任用の一般論から容認される。奏授告身で任用される場合、「優詔」の語を使用するのは正しくない。なぜならば、奏授官の任用発議権は皇帝ではなく尚書吏部にあるからである。[1]

『旧唐書』巻六一竇誕伝に「手詔」の語がある。

復為殿中監、以疾解官、復拝宗正卿。太宗常与之言、昏忘不能対、乃手詔曰、朕聞為官択人者治、為人択官者乱。竇誕比来精神衰耗、殊異常時。知不肖而任之、覩尸禄而不退、非唯傷風乱政、亦恐為君不明。考績黜陟、古今常典、誕可光禄大夫還第。

復た殿中監と為り、疾を以て官を解かれ、復た宗正卿を拝す。太宗常《かつ》て之と言うに、昏忘して対《こた》う能わず、乃ち手詔して曰く、「朕聞く、官の為に人を択ぶは治まり、人の為に官を択ぶは乱ると。竇誕比来《このごろ》精神衰耗し、殊だ常時と異なる。不肖を知りて之を任じ、尸禄を覩て退かざるは、唯だは風を傷《そこな》い政を乱すのみに非ず、亦た君が不明為るを恐る。考績して黜陟するは、古今の常典、誕は光禄大夫を可とし第に還せ」と。

この手詔の実体は光禄大夫という官（従二品）からして制授告身の制詞部分である。これを手詔と表現するのは、この叙任が太宗の直々の指示によるためである。告身の制詞・勅詞部分を優詔と表現することは前述の通りであり、優詔と手詔は同じということになる。

三　優詔が慰労制書と論事勅書である事例

『旧唐書』巻八五張文琮伝にも「優詔」の用例がある。

永徽初、表献太宗文皇帝頌、優制褒美、賜絹百匹、徴拝戸部侍郎。

永徽の初め、表して太宗文皇帝頌を献じ、優制もて褒美せられ、絹百匹を賜い、徴されて戸部侍郎を拝す。

右の記事は優制（優詔）で臣僚を褒美した例であり、この場合の優詔は告身の王言部分を意味しない。こうした例は賈耽伝（『旧唐書』巻一三八）にもある。賈耽は『海内華夷図』を献じて優詔と賜物があり、令孤楚伝（『旧唐書』巻一七二）に、令孤楚の奏請に従い、優詔して彼を嘉《よみ》したとある。

また、上表致仕に対する優詔例は多い。『旧唐書』巻七七韋待価伝に次のようにある。

[垂拱二年]六月、拝文昌右相、依旧同鳳閣鸞台三品。既累登非拠、頗不自安、頻上表辞職、則天毎降優制不許之。

垂拱二年（六八六）六月、文昌右相を拝し、旧に依り同鳳閣鸞台三品たり。既に累《しき》りに非拠に登り、頗る自ら安んぜず。頻りに表を上り職を辞さんとするも、則天毎に優制を降して之を許さず。

すなわち、則天武后は韋待価の度重なる辞職願いに対して、優制（優詔）して許可しなかったのである。一方、『旧唐書』巻六五長孫無忌伝には、辞職慰留に手詔を用いたとある。

永徽二年、監修国史。……（中略）……。時無忌位当元舅、数進謀議、高宗無不優納之。明年、以旱上疏辞職、高宗頻降手詔敦喩、不許。

永徽二年（六五一）、国史を監修す。……（中略）……。時に無忌の位元舅に当たり、数々謀議を進め、高宗之を優納せざるなし。明年、旱を以て疏を上り職を辞せんとするに、高宗頻りに手詔を降し敦く喩《さと》し、許さず。

同じ辞職慰留に対して、前者は優詔を用い、後者には手詔を用いている。優詔とは「手厚い詔」「ねんごろな詔」であり、手詔とは「皇帝の意志が深くこもった詔」であるから、字が異なるだけで意味に大差はない。『旧唐書』巻七二李玄道伝に、手詔と優詔と同じ意味の「詔」の用例がある。

未幾徴還、為常州刺史、在職清簡、百姓安之。太宗下詔褒美、賜以綾綵。

未だいくばくもなく徴されて還り、常州刺史と為り、職に在りて清簡、百姓之に安んず。太宗は詔を下して褒美し、賜うに綾綵を以てす。

李玄道は治績を認められ、詔によって褒美され賜物された。この詔は李玄道個人に対する詔であるから、所謂詔書ではない。詔は無数・無原則に存在しないという前提に立つとき、この「詔」は手詔・優詔の省略形であろうと容易に想定できる。であれば、手詔は慰労詔書や論事勅書の別称であるから、優詔も慰労詔書や論事勅書の別称ということになる。

四　隋代の優詔

唐代の優詔は、軍功や治績、献書、奏請、上表致仕等に対して発するもので、皇帝の恩恵を及ぼすものであり、その実体は慰労詔書や論事勅書であり、皇帝発意による授官の制勅であった。『隋書』にも「優詔」の語は見える。それは唐代の優詔と同一であるかどうかを検証する必要がある。

1　優詔が詔書である事例

遷為臨潁令、清名善政、為天下第一。尚書左僕射高熲言其状、上召之。及引見、労之曰、天下県令固多矣。卿能独異於衆、良足美也。顧謂侍臣曰、若不殊奨、何以為勧。於是下優詔、擢拝莒州刺史。（『隋書』巻七三劉曠伝）

○遷りて臨潁令と為り、清名善政、天下第一為《た》り。尚書左僕射高熲、其の状を言い、上之を召す。引見に及び、之を労して曰く、「天下の県令固《もと》より多し。卿能く独り衆より異なるは、良《よし》に美とするに足るなり」と。顧《かえりみ》て侍臣に謂いて曰く、「若し殊奨せずば、何を以て勧と為さん」と。是において優詔を下し、擢でて莒州刺史を拝す。

煬帝遣戸曹郎郭子賤討［厚］破之、以贇亡身殉節、嗟悼不已。上表奏之。優詔褒揚、贈朝散大夫本郡通守。（『隋書』巻七一松贇伝）

○煬帝、戸曹郎の郭子賤を遣わし楊厚を討ち之を破るに、贇の身を亡いて節に殉ずるを以て、嗟悼して已まず。上表して之を奏す。優詔もて褒揚し、朝散大夫・本郡通守を贈る。

右の記事は、善政を褒揚され優詔されて刺史を拝し、大業末年に北海郡の兵を率いて農民反乱軍と戦い、優詔して褒揚され、贈官された。これらの記事によって、優詔は隋代にすでに存在し、臣僚の功績を賞美し、官に叙任する王言であることが判明する。この場合の優詔は告身の詔書を意味する。唐代においても優詔は告身の詔書である例があるから、唐代と同じ用例であることが看取できる。

2　優詔が慰労詔書である事例

徴授営新都副監、尋拝工部尚書。其年、突厥復犯塞、以行軍総管従竇栄定撃之。子幹別路破賊、斬首千餘級。高祖嘉之、遣通事舎人曹威齎優詔労勉之。子幹請入朝、詔令馳駅奉見。（『隋書』巻五三賀婁子幹伝）

○徴されて営新都副監を授り、尋いで工部尚書を拝す。其の年、突厥復た塞を犯し、行軍総管を以て竇栄定に従い之を撃つ。子幹は別路に賊を破り、斬首千餘級なり。高祖之を嘉《よみ》し、通事舎人の曹威を遣わし優詔を齎し之を労勉す。子幹入朝を請い、詔して馳駅して奉見せしむ。

及受禅、進位大将軍、拝汴州刺史、甚有能名。上聞而善之、優詔褒揚、賜帛百匹。（『隋書』巻六〇于仲文伝）

○受禅するに及び、位を大将軍に進め、汴州刺史を拝し、甚だ能名有り。上聞きて之を善とし、優詔して褒揚し、帛百匹を賜う。

未幾、検校汾州事、俄拝邢州刺史。仁寿中、吏部尚書牛弘持節巡撫山東、以穎為第一。高祖嘉歎、優詔褒揚。（『隋書』巻五五侯莫陳穎伝）

○未だ幾もならずして、汾州事を検校し、俄に邢州刺史を拝す。仁寿中（六〇一～六〇四）、吏部尚書の牛弘持節して山東を巡撫するに、穎を以て第一と為す。高祖嘉歎し、優詔して褒揚す。

右の優詔例は軍功や治績に対するものであり、この優詔は唐代と同様に慰労詔書か論事勅書である可能性が高い。

3　上表致仕に対する優詔

開皇初、詔徴入朝、訪以政術、拝汝南太守。郡廃、転曹州司馬。在職数年、以老病乞骸骨、優詔不許。（『隋書』巻七三公孫景茂伝）

○開皇初め、詔して徴して入朝せしめ、訪うに政術を以てし、汝南太守に拝す。郡廃し、曹州司馬に転ず。職に在ること数年、老病を以て骸骨を乞うも、優詔して許さず。

仁寿中、奉詔持節為河南道巡省大使。及還、以奉使称旨、授儀同三司、賜物三百段。昌衡自以年在懸車、表乞骸骨、優詔不許。（『隋書』巻五七盧昌衡伝）

○仁寿中（六〇一～六〇四）、詔を奉じ持節して河南道巡省大使と為る。還るに及んで、奉使旨に称うを以て、儀同三司を授り、物三百段を賜う。昌衡自ら年懸車に在るを以て、表して骸骨を乞うも、優詔して許さず。

歳餘、起為信都太守、上表乞骸骨、優詔許之。（『隋書』巻六〇崔仲方伝）

○歳餘、起きて信都太守と為り、上表して骸骨を乞い、優詔して之を許す。

致仕に対する優詔は、唐代においては慰労制書や論事勅書であった。隋代の優詔も唐代と同じと理解して矛盾はない。

4　上表に対する優詔

［開皇］七年、転光州刺史、上取陳五策、又上表曰、臣聞夷凶翦暴、王者之懋功、取乱侮亡、往賢之雅誥。是以苗民逆命、爰興両階之舞、有扈不賓、終召六師之伐。皆所以寧一宇内、匡済群生者也。……（中略）……。高祖覧表嘉之、答以優詔。（『隋書』巻五五高勱伝）

開皇七年（五八七）、光州刺史に転じ、陳を取る五策を上り、又た表を上りて曰く、「臣聞くならく凶を夷《ほろぼ》し暴を翦《ほろぼ》すは、王者の懋功にして、乱を取り亡を侮るは、往賢の雅誥なり。是を以て苗民命に逆い、爰《ここ》に両階の舞を興し、有扈賓せず、終いに六師の伐を召くと。皆な宇内を寧一し、群生を匡済する所以なり。……（中略）……」と。高祖表を覧て之を嘉《よみ》し、答うに優詔を以てす。

右の優詔は上表に対する批答ではない。批答とは異なる特別の回答を行ったのである。致仕を願う上表に優詔で回答し、それが慰労制書や論事勅書であるなら、一般の上表に対して慰労制書や論事勅書で回答しても不都合はない。

五　ま　と　め

優詔とは「手厚い詔」という意味である。唐代文献にみえる「優詔」の用例を検討すると、手詔の用例とまったく同じであることが確認できる。それゆえ、優詔は手詔の別表現と判断され、告身の制詞・勅詞や慰労制書・論事勅書の別称としてよい。隋代の優詔も、唐代の優詔と同じ用法であることが確認できた。

『旧唐書』巻一四〇韋皐伝に、韋皐の「皇太子牋」に対して「優令」して回答したとある。この優令の意味が長年不明であったが、優詔の意味が判然としてくると、皇太子の発する文書を「令書」というから、皇太子は「手厚い令」で回答したという意味であることが明らかとなる。もっとも、皇太子には慰労制書と論事勅書に相当する文書はないから、どのような文書であったかは明らかではない。皇太子の手厚い意志を「優令」と表現する可能性も考えられる。

註

（1） 奏授告身に関しては、仁井田陞『唐令拾遺』（東方文化学院　一九三三）公式令に復元された奏授告身式と、大庭脩氏「唐告身の古文書学的研究」（『西域文化研究』第三所収　法蔵館　一九六〇）を参照のこと。

第四節　墨　詔

一　問題の所在

手詔は慰労詔書や論事勅書の別称である。手詔と関連して、唐代には「墨詔」（墨制）という語が見える。たとえば、『唐柳先生集』巻三七所収の「為京兆府請復尊号表三首」の第二表に「墨詔批」の語がある。(1)

京兆府長安等県耆老臣石霊等言。伏奉墨詔批、臣所請復尊号、未蒙允許者。捧対惶遽、不知所裁。天実命之、於臣何有。臣等誠懇誠懼、頓首頓首。

京兆府長安等県の耆老臣石霊等言う。伏して墨詔批を奉ずるに、臣請う所の尊号を復すること、未だ允許を蒙らざるものなり。捧対惶遽し、裁く所を知らず。天実に之を命じ、臣に於いて何をか有らんや。臣等誠に懇ろに誠に懼れ、頓首し頓首す。

皇帝の批答のうち、皇帝直筆の批答を「墨詔批」と表現している。これによって、墨詔とは「皇帝直筆の意志」と理解することが可能となる。残る課題は墨詔の種類である。

二　墨詔が詔書である事例

『文苑英華』巻五五八表六所収の崔融の撰した「賀赦表」に「墨制」の語がある。

臣某言。臣伏奉□□（久視）元年十月十日墨制、以二（一）月為正［月］、大赦天下。服周之冕、衣冠混於無外、行夏之時、正朔覃於有截。

臣某言う。臣伏して久視元年一〇月一〇日の墨制を奉ずるに、一月を以て正月と為し、天下に大赦すといえり。周の冕を服し、衣冠、無外に混り、夏《か》の時を行い、正朔、有截に覃《なが》し。

右の墨制は一月を正月とし、天下に大赦したものである。関連する記事は『旧唐書』巻六則天皇后紀・久視元年（七〇〇）一〇月の条には次のようにある。(2)

冬十月甲寅、［制］。復旧正朔、改一月為正月、仍以為歳首、正月依旧為十一月、大赦天下。

冬一〇月甲寅（一〇日）、制す。旧の正朔に復し、一月を改め正月と為し、仍《よ》って以て歳首と為し、正月は旧に依り一一月と為し、天下に大赦す。

すなわち、崔融の表にいう墨制は、久視元年一〇月甲寅の制書のことを指しているのである。制書の別称として墨詔が使用される場合があることが判明する。

『金石萃編』巻七五所収の「大唐故右武衛将軍上柱国乙速孤府君碑銘」（乙速孤行儼）の一節に「墨制」の語がある。

神龍二年、墨制授忠武将軍守右武衛将軍員外置同正員、特勅停南衙上下、専委北軍、事羽林之任。

神龍二年（七〇六）、墨制して忠武将軍守右武衛将軍員外置同正員を授け、特に勅して南衙の上下を停め、専ら北軍を委ね、羽林の任に事しむ。

右の墨制は制授告身の制書部分を指す。この墨制に関して、銭大昕は『潜研堂金石文跋尾』巻六「右武衛将軍乙速孤行儼碑　開元十三年二月」において次のように述べている。

墨制猶云墨勅、不由中書門下、而出自禁中者也。中宗之世、政出多門、後宮貴戚、墨勅斜封。凡員外同正試摂検校判知官、大都以賄得之。[乙速孤]行儼殆亦以賄進歟。

墨制は猶お墨勅と云うがごとし、中書・門下に由らず、而して禁中より出だすなり。中宗の世、政多門に出で、後宮貴戚、墨勅斜封す。凡そ員外・同正・試・摂・検校・判・知官、大都《すべて》賄を以て之を得。乙速孤行儼殆んどまた賄を以て進むか。

当時の風潮からいえば、乙速孤行儼は賄によって授官したことになるが、果たして、事実であったかは不明である。

銭大昕の見解において「墨制猶云墨勅、不由中書門下、而出自禁中者也」とするのは疑問である。墨制は常に禁中から出る王言であろうか。授官の制書を墨制と表現するのは、特に皇帝の恩命によって授官したという思いがあるからであり、改元大赦の制書を墨制と表現するのは、改元大赦が皇帝の慈悲深い措置と思うからである。制勅は原則的には皇帝が発布するものであり、すべての制勅は墨制であり、墨勅といってよいのである。

三　墨詔が手詔である事例

『文苑英華』巻五九六表四四節朔謝物二の「謝賜新暦日及口脂面薬等表　邵説撰」に「墨詔」の語がある。

臣某言。中使某至、伏奉某月日墨詔、賜臣新暦日一通并口脂面薬紅雪紫雪等。窮溟之上、寵詔忽臨、大蜡之辰、慶賜爰及。跪承慈渥、戦汗失容。

臣某言う。中使の某至り、伏して某月日の墨詔を奉ずるに、臣に新暦日一通并びに口脂・面薬・紅雪・紫雪等を賜う。窮溟の上、寵詔忽ち臨み、大蜡の辰、慶賜爰《ここ》に及ぶ。慈渥を跪承し、戦汗容を失う。

右は墨詔で新暦・口脂・面薬等を下賜されたものである。この墨詔は皇帝から一方的に臣僚に賜物を行い、撫慰存問するためのものである。この墨詔例は皇帝直筆の詔書という意味に加えて、他の意味があることを予想させる。

『文苑英華』巻五九六表四四節朔謝物二「謝勅書賜臘日口脂等表　呂頌撰」に「手詔」とある。

臣某言。中使某至、伏奉勅書手詔、并賜臣暦日薬物及銀合［子］等。千年聖暦、忽降遐荒萬里、天書更臨下土。

臣某言う。中使某至り、伏して勅書手詔を奉ずるに、并びに臣に暦日・薬物及び銀合子等を賜う。千年の聖暦、忽ち遐荒萬里に降り、天書更に下土に臨む。

同じ節朔賜物の謝表において、墨詔とあり、また手詔とあるは、墨詔と手詔が同じ王言であることを推定させる。

『文苑英華』巻六三〇状三謝恩三所収の「謝勅書手詔状　常袞撰」は次のようである。(3)

謝勅書手詔状

右、今月十一日、中使劉庭玉至、奉宣恩命、賜臣前件書詔。臣謬忝防虞、未申戎効、寄分廉察、又乏吏能、尸素実深、咎責難逭。聖慈弘貸、栄渥累霑。俯降天書、兼賜墨詔、睿詞寵飾、曾無毫髪之労。宸旨密臨、特受腹心之寄、自驚朽骨。遠被殊恩、捧承戦悚、擎跪踴躍。駑蹇之力、過負已多、鴻私未酬、慙懼弥積。軍州同慶、恵沢溥将、慰勉載加、感悦交集。無任欣抃惶悚之至。

右、今月一一日、中使の劉庭玉至り、奉じて恩命を宣べ、臣に前件の書詔を賜う。臣謬りて防虞を忝《かたじけなく》し、未だ戎効を申べず、廉察を寄分するも、また吏能に乏しく、尸素実に深く、咎責逭に難し。聖慈弘貸し、栄渥累霑す。天書を俯降し、兼ねて墨詔を賜い、睿詞寵飾し、曾て毫髪の労無し。宸旨密に臨み、特に腹心の寄を受け、自ら朽骨を驚かす。遠く殊恩を被り、捧承して戦悚し、擎跪して踴躍す。駑蹇の力、過負已に多く、鴻私未だ酬ず、慙懼弥々積む。軍州同《とも》に慶び、恵沢溥将し、慰勉載々加え、感悦交集す。欣抃惶悚の至りに任《た》う無し。

「謝勅書手詔状」が状の題名であり、それを受けて「右」とあるのである。状の本文に「書詔」とあるのは「勅書手詔」のことである。題名に「手詔」と明記しながら、状の本文において「墨詔」と表現するのは、手詔と墨詔が同一の王言であるからである。

四　まとめ

唐代文献にみえる墨詔（墨制）に検討を加えた。その結果、墨詔は皇帝の直筆の批答・制書・墨勅・手詔の別名であることが明らかとなった。批答と制書を墨詔というのは、これらは本来的には皇帝が起案するべきものであったからである。墨勅を墨詔とするのは勅と詔の混用から生じたものである。手詔を墨詔とするのは、手詔が慰労制書と論事勅書を意味し、この二種の王言も本来は皇帝が発するものであったからである。

註

（1）『文苑英華』巻五五五表三尊号二所収の柳宗元の撰した「代京兆府耆老請復尊号表」の第二表には「墨批答」とあるが、これは「詔」字が脱落したものであろう。
（2）『資治通鑑』巻二〇七久視元年（七〇〇）一〇月の条には「甲寅、制。復以正月為十一月、一月為正月、赦天下」とある。
（3）『文苑英華』巻五九六表四四節朔謝物二所収の令孤楚の撰した「謝勅書賜臘日口脂等表」、同巻の権徳輿の撰した「謝勅書賜臘日口脂等表」、巻六三〇状三謝恩三所収の令孤楚の撰した「為人謝宣慰状」「謝勅書手詔慰問状」、巻六三一状四謝恩四所収の李商隠の撰した「為安平公謝端午賜物状」「為滎陽公端午謝賜物状」に「手詔」の語がみえている。

第五節　手　勅

一　問題の所在

『旧唐書』巻六二李綱伝には「手勅」という王言が見える。

高祖以綱隋代名臣、甚加優礼、毎手勅未嘗称名、其見重如此。

高祖、綱は隋代の名臣なるを以て、甚だ優礼を加え、手勅する毎に未だ嘗て名を称わず、其の重んぜらること此の如し。

この手勅は李綱個人に対して発信されたものである。臣僚個人に対して発信される手勅とは、具体的にはどのような勅書であろうか。字義から理解すれば「皇帝手ずからの勅書」ということになる。右の史料によって、手勅には宛名である個人名があることが判明する。「手ずからの勅書」であって、臣僚に発する勅書は、勅書四種類のうち論事勅書しかない。手勅は論事勅書の別称としてよいものであろうか。

二　手勅史料

『旧唐書』巻八三薛仁貴伝には、彼が高句麗との戦役に立功したとき、高宗皇帝は手勅で慰労したと伝える。

高宗手勅労之曰、金山大陣、凶党実繁。卿身先士卒、奮不顧命、左衝右撃、所向無前。諸軍賈勇、致斯克捷。宜善建功業、全此令名也。

高宗手勅もて之を労して曰く、「金山の大陣、凶党実に繁たり。卿身ずから士卒に先んじ、奮いて命を顧ず、左衝右撃、向かう所前無し。諸軍の賈勇、斯の克捷を致す。宜しく善く功業を建て、此の令名を全すべきなり」と。

この場合は、手勅を発して薛仁貴の軍功を慰労したものである。同書巻九三王晙伝に、彼が開元一一年（七二三）朔方軍節度大使の任にあったときのこととして次のように伝える。

其年冬、上親郊祀、追晙赴京、以会大礼。晙以時属冰壮、恐虜騎乗隙入寇、表辞不赴。手勅慰勉、仍賜衣一副。

其の年の冬、上親ら郊祀し、晙を追して京に赴かしめ、以て大礼に会せしむ。晙は時冰壮に属するを以て、虜騎隙に乗じ入寇するを恐れ、表して辞し赴かず。手勅して慰勉し、仍って衣一副を賜う。

この場合は、手勅を発して王晙の考えを慰勉したものである。これは論事勅書の用途のうち「公卿を慰諭する」に当たるに相違ない。臣僚個人を慰労し褒美し賜物する王言は、慰労制書と論事勅書であるから、右の手勅は慰労制書か論事勅書を指すとしてよく、「手勅」という字義に拘泥するならば、論事勅書ということになる。

では、何故に論事勅書は手勅とされたのであろうか。それは「手勅」の字が示すように、皇帝直筆の勅書ということによる。『旧唐書』巻一九〇中・文苑伝・徐安貞の条に次のような話を伝える。

開元中、為中書舎人集賢院学士。上毎属文乃作手詔、多命安貞視草、甚承恩顧。

開元中（七一三～七四一）、中書舎人・集賢院学士と為る。上、属文し乃ち手詔を作る毎に、多く安貞に命じて草を視さしめ、甚だ恩顧を承く。

手詔を実際に玄宗皇帝が書くこともあったと伝える。本章第二節「手詔」において明らかにしたように、手詔は慰労制書や論事勅書の別名であるから、手詔は手勅と表現してよく、手詔と手勅は同一王言であるとしてよい。

三　慰労制書や論事勅書ではない手勅

『旧唐書』巻八八陸元方伝に次のような記事がある。

使還称旨、除殿中侍御史。即以其月擢拝鳳閣舎人、仍判侍郎事。俄為来俊臣所陥、則天手勅特赦之。

使して還り旨に称い、殿中侍御史に除せらる。即ち其の月を以て擢でて鳳閣舎人を拝し、仍《よ》って判侍郎事たり。俄に来俊臣の陥す所と為り、則天手ずから勅して特に之を赦す。

この場合の手勅は慰労制書や論事勅書ではない。犯罪を赦す勅書であるから、一般の政務に使用する勅書である。この勅書を則天武后が自ら作成したか、作成を命じたから手勅というのであろう。

『旧唐書』巻六八尉遅敬徳伝にも「手勅」の語が見える。

　南衙北門兵馬及二宮左右、猶相拒戦。敬徳奏請降手勅、令諸軍兵並受秦王処分、於是内外遂定。

南衙・北門の兵馬及び二宮の左右、猶お相い拒戦す。敬徳奏して手勅を降し、諸軍の兵をして並びに秦王の処分を受けしめんことを請い、是において内外遂に定まる。

右の事件は玄武門の変に関連するものである。この場合の手勅も慰労制書や論事勅書ではなく、文字通り理解するなら皇帝が直々に出す手勅、すなわち、一般の勅書を意味する。

『旧唐書』巻六八段志玄伝には、宮殿の門を開閉することに関する手勅がある。

太宗即位、累遷左驍衛大将軍、封樊国公、食実封九百戸。文徳皇后之葬也、志玄与宇文士及分統士馬出粛章門。太宗夜使宮官至二将軍所、士及開営内使者、志玄閉門不納。曰、軍門不可夜開。使者曰、此有手勅。志玄曰、夜中不弁真偽。竟停使者至暁。太宗聞而歎曰、此真将軍也。周亜夫無以加焉。

太宗即位し、左驍衛大将軍に累遷し、樊国公に封ぜられ実封九百戸を食《は》む。文徳皇后の葬るや、志玄は宇文士及と士馬を分統し粛章門に出ず。太宗夜に宮官をして二将軍の所に至らしむるに、士及は営を開き使者を内《い》れ、志玄は門を閉ざして納れず。曰く、「軍門夜開くべからず」と。使者曰く、「此に手勅有り」と。志玄曰く、「夜中真偽を弁ぜず」と。竟に使者を停め暁に至る。太宗聞きて歎《ほめ》て曰く、「此れ真の将軍なり。周亜夫以て加う無し」と。

この手勅は「衛禁律」の「奉勅夜開宮殿門」に関する勅である。夜に宮殿の門を開く勅は墨勅であり、皇帝が直々に開門の勅書を書いたから手勅というのであろう。

四　まとめ

詔と勅は混用された事実がある。手詔が慰労制書や論事勅書の別称であるなら、手勅は手詔と同じで慰労制書や論事勅書の別称ということになる。それに加えて、一般の政務に関する皇帝直々の勅書という意味もあり、手勅は前後の文脈の中で、その意味を決定する必要がある。

第六節　墨　勅

一　問題の所在

唐代文献には「墨勅」という語が見える。『大漢和辞典』（大修館書店）には、墨勅を「天子親筆の詔。外廷を経ないで禁中から直ちに発する勅書。朱色の印信を押さないもの。墨詔」とする。『文苑英華』巻五九八表四六「謝詔勅書慰問」所収の「代河南裴尹謝墨勅賜衣物表」に「墨制」の語が見える。

臣某言。今月日、進磁器官某郎行河南尹（府？）鞏県主簿蔣清還、伏奉墨制、仍賜臣衣一副錦一端。

臣某言う。今月日、進磁器官の某郎行河南尹府鞏県主簿の蔣清還り、伏して墨制を奉ずるに、仍ち臣に衣一副・錦一端を賜う。

題名に「墨勅」とありながら、表には「墨制」とある。表の題名は『文苑英華』が編纂された一〇世紀に命名されたものであるから、一〇世紀には墨勅と墨詔は同じ、という認識があったことが判る。墨詔は手詔や優詔と同じであるから、墨勅も手詔や優詔と同じとなる。以下には墨勅史料を検討し、果たして、手詔等と同義などうかを検討する。

二　論事勅書を「墨勅」とする事例

『金石続編』巻七所収の「青城山常道観勅并陰」は、開元一二年（七二四）に益州長史の張敬忠に発信した論事勅書と張敬忠の謝状からなる。ここでは碑陰の張敬忠の謝状の一部を示す。

剣南節度使　常道観主甘栄書

蜀州青城山常道観

右、内品官毛懐景道士王仙卿等使至、伏奉閏十二月十一日墨勅、蜀州清城先有常道觀。其観所置、元在青城山中。

右、内品官毛懐景・道士王仙卿等の使至り、伏して閏一二月一一日の墨勅を奉ずるに、「蜀州清城、先に常道観有り。其の観置く所、元もと青城山中に在り」と。

右に示した張敬忠の謝状において、毛懐景らが益州に将来した論事勅書を墨勅と表現している。論事勅書は墨勅という別称を有することは疑いない。そうすれば、『文苑英華』巻五九八表四六所収の「謝手詔許受吐蕃信物表　楊於陵撰」に見える墨勅は、論事勅書である可能性が高い。

臣某言。奏事官載誠廻、伏奉墨勅、慰問臣、并以臣所進助山陵材木収納訖、及吐蕃東道都元帥尚乞悉羅与臣及邵崇政等信物、並蒙聖慈、許令収領者。

臣某言う。奏事官の載誠廻《かえ》り、伏して墨勅を奉ずるに、臣を慰問せられ、并せて臣進む所の助山陵の材木を以て収納訖り、及び吐蕃東道都元帥・尚乞悉羅の臣及び邵崇政等に与える信物、並びに聖慈を蒙り、収領せしむるを許すといえり。

題名には「手詔」とあり、本文には「墨勅」とあるのは、手詔と墨勅が同一であることを示すものである。

三　批答を「墨勅」とする事例

玄奘三蔵法師の『寺沙門玄奘上表記』に「請太宗文皇帝作経序并題経表」が所収され、表に続けて「太宗文皇帝報請作経序勅書」と題して、次のような太宗皇帝の批答がある(1)。

省書、具悉来意。法師夙標高行、早出塵表、泛宝舟而登彼岸。捜妙道而闢法門、弘闡大猷、蕩滌衆罪。是故慈雲欲巻、舒之蔭四空、慧日将昏、朗之照八極。舒明之者、惟法師乎。朕学浅心拙、在物猶迷、況仏教幽微。豈孰能仰測。請為経題、非己所聞。又云新撰西域記者。当自披覧。勅奘和尚。内出与玄奘法師。

書を省《み》るに、具に来意を悉す。法師夙《つと》に高行を標《しる》し、早に塵表より出で、宝舟を泛べて彼岸に登る。妙道を捜して法門を闢《ひら》き、大猷を弘闡し、衆罪を蕩滌す。是の故に慈雲巻かんと欲し、之を舒べ四空を蔭い、慧日将《まさ》に昏《くれ》んとし、之を朗らかにし八極に照す。之を舒朗するは、惟れ法師か。朕は学浅く心拙く、物に在りて猶お迷う、況んや仏教幽微なるをや。豈に孰が能く仰測せんや。経題を為さんと請う、己の聞く所に非らず。また新たに「西域記」を撰すと云う。当に自ら披覧すべし。奘和尚に勅す。内出して玄奘法師に与《あた》う。

右の批答に続けて「謝太宗文皇帝勅書表」と題して次のような玄奘三蔵法師の謝表がある。

沙門玄奘言。伏奉墨勅、猥垂奨喩。祇奉綸言、精守振越、玄奘誠惶誠恐。玄奘業尚空疎、謬参法侶、幸属九瀛有截、四表無虞、憑皇霊以遠征、恃国威而訪道、窮遐冒険。雖励愚誠、慕異懐荒、寔資朝化。所獲経論、奉勅翻訳、見成巻軸、未有詮序。（後略）

沙門玄奘言う。伏して墨勅を奉ずるに、猥りに奨喩を垂る。祇《つつし》みて綸言を奉ずるに、精守振越し、玄奘誠に惶れ誠に恐る。玄奘の業、尚お空疎にして、謬りて法侶に参じ、幸にして九瀛有截、四表に虞い無きに属し、皇霊に憑って以て遠征し、国威を恃みて道を訪ね、遐を窮め険を冒す。愚誠に励むと雖も、異を慕い荒を懐うは、寔《まこと》に朝化に資けらる。獲る所の経論、勅を奉じて翻訳し、巻軸を見成すも、未だ詮序有らず。

この一連の文書は、玄奘三蔵法師が翻訳した仏典に対し、上表して太宗皇帝に序文と経題を請願した。それに対して太宗皇帝は批答において辞退したが、その批答に対し、再上表したものが「謝太宗文皇帝勅書表」である。再上表において「沙門玄奘言。伏奉墨勅」とある「墨勅」は、明らかに太宗皇帝の批答をいうものであり、玄奘三蔵法師は批答を墨勅としている。[2] これは唐人《とうひと》が批答を墨勅と言ったから、玄奘三蔵法師もそれに従い、墨勅といったのである。

四　墨勅斜封について

劉餗の『隋唐嘉話』下に「墨勅斜封」の語がある。[3]

景龍中、多於側門降墨勅斜封、以授人官爵。時人号為斜封官。

景龍中（七〇七～七一〇）、多く側門に於いて墨勅の斜封せるを降し、以て人に官爵を授く。時人、号して斜封官と為す。

斜めに封した授官の墨勅を受領しても、授官したことにはならない。斜封の墨勅とは告身の制詞・勅詞の性格をいうのである。『通典』巻一五選挙典三歴代制下「大唐」には、神龍年間（七〇五～七〇七）の「特勅斜封」をいう。

時中宮用事、恩沢横出。除官有不由宰司、特勅斜封便拝。於是内外盈溢、居無廨署、時人謂之三無坐処。言宰相御史及員外官也。

時に中宮用事し、恩沢横《みだり》りに出ず。除官、宰司に由らざる有り、特勅の斜封もて便拝す。是に於いて内外盈溢して、居するに廨署無し、時人之を「三無坐処」と謂う。宰相・御史及び員外官を言うなり。

『通典』は『隋唐嘉話』の墨勅を特勅とし、特勅官の任用は宰相の裁量に依らないとする。

右の史料だけでは墨勅斜封は判然としない。『資治通鑑』巻二〇九景龍二年（七〇八）七月の条に、安楽公主等が専横であることを伝えて次のような記事がある。

安楽長寧公主及皇后妹郕国夫人上官婕妤婕妤母沛国夫人鄭氏尚宮柴氏賀婁氏女巫第五英児隴西夫人趙氏、皆依勢用事、請謁受賕、雖屠沽臧獲、用銭三十萬、則別降墨勅除官、斜封付中書、時人謂之斜封官。……（中略）……。時斜封官皆不由両省而授、両省莫敢執奏、即宣示所司。

安楽長寧公主及び皇后の妹・郕国夫人・上官婕妤・婕妤の母の沛国夫人鄭氏・尚宮の柴氏・賀婁氏・女巫の第五英児・隴西夫人趙氏、皆な勢に依り用事し、請謁して賕を受け、屠沽臧獲と雖も、銭三〇萬を用て、則ち別に墨勅を降して官に除し、斜封して中書に付す、時人之を斜封官と謂う。……（中略）……。時に斜封官、皆な両省に由らずして授くるも、両省敢えて執奏する莫く、即ち所司に宣示す。

これは墨勅斜封の墨勅を理解する上で重要である。「斜封付中書」とあるのは「斜めに封をした皇帝の授官案（墨勅）を中書省に付す」という意味である。

通常、勅授以上の官は中書門下（宰相府）において授官案が作成され、中書省に付し、告身の勅詞・制詞が起草される。墨勅授官の場合は、禁中において皇帝が授官を指示し（詞頭）、詞頭を斜封して中書省に付し、告身の勅詞・制詞が起草されるのである。「時斜封官、皆不由両省而授、両省莫敢執奏、即宣示所司」とあるのは、告身の制詞勅詞が起草される過程を述べたものである。ただ、「両省」とある箇所には疑問がある。両省は中書省と門下省ではなく、中書門下のことである。『通典』には宰司とある。「両省」の語は「中書門下」に置き換えれば意味は判然とする。「即宣示所司」とは、詞頭を中書舎人に宣示し、告身の制詞勅詞を起草させることをいう。

墨勅授官は皇帝直々の文書（墨勅）によって授官する、特殊な勅書のような印象を受けるが、実はそうではない。告身の発給があって、授官は初めて有効であり、告身なくしての授官はない。墨勅斜封は告身発給の端緒をいうに過ぎない。勅授以上は宰相府が擬官して、皇帝の裁可を仰ぎ、授官の勅書制書が作成され、門下省の異議がなければ、告身として発給され授官に至る。墨勅授官の場合は、擬官するのが宰相府ではなく、皇帝である点が相違するだけのことである。制勅は皇帝に発議権があるから、墨勅授官は皇帝本来の権限を行使しているに過ぎない。制勅の成立には門下省の審査があるが、墨勅授官の場合は、皇帝直々の意志ということで審査が忌避され、墨勅による授官は告身という正式文書となり、授官が実現したのである。以上によって、告身で授官するのに、なぜ八世紀初頭の特別な授官を墨勅斜封官と呼ぶかは明らかになったであろう。

この墨勅斜封官は、景雲元年（七一〇）八月に至って墨勅官は罷免させられ、収拾に向かう。

先是、中宗時官爵渝濫。因依妃主、墨勅而授官者、謂之斜封。至是、並令罷免。（『旧唐書』巻七睿宗紀）

是れよりさき、中宗の時、官爵渝濫す。因りて妃主に依り、墨勅して官を授くる者、之を斜封と謂う。是れに至り、並びに罷免せしむ。

同書景雲二年二月の条には「戊子、詔。中宗時斜封官、並許依旧」とあるから、再び復活している。この復活の背景には、皇太子李隆基と太平公主の権力闘争が絡んでいるようである。墨勅官は開元七年（七一九）、玄宗がかつての藩邸故吏の岐山県令・王仁琛に五品官を与えようとした事件を以て収拾するが、唐代後半期には宣授として復活し、唐末の墨勅除官となるのである。(4)

五　隋代の墨勅

隋代にも墨勅は存在した。厳可均の『全隋文』巻二八には『宣州総集』に出ずるとして、鄭弁志の撰した「宣州稽亭山妙顕寺碑銘」を引用しており、その一節に「墨勅」の語がある。

［開皇］十一年秋八月、帝降墨勅、遣大将軍楊栄送師帰山。所居処可立伽藍、度弟子七人扶持、賜銭五千貫絹二千疋、充乳薬。

開皇一一年（五九一）秋八月、帝は墨勅を降し、大将軍の楊栄をして師を送り帰山せしむ。居処する所、伽藍を立て、弟子七人を度し扶持するを可とし、銭五千貫・絹二千疋を賜い乳薬に充てしむ。

『隋書』巻一二儀志七には、大業元年（六〇五）、吏部尚書牛弘らをして服章を議定させ、冕の制度に議が及んだとき「是時、虞世基奏曰、云云」とあり、兼内史侍郎の虞世基が提案を行い、これに対して煬帝は「墨勅曰可」としたとある。上奏に対し、墨勅して「可」としたとあるのは、文書の様式論からして、随分と奇妙である。唐代史料においては、上奏に対して「制曰可」「制可」「可」「従之」とある史料が多数あるが、上奏に対して、実際の文書上において、このような裁可を皇帝が下すことは決してあり得ない。このような裁可の語は、原史料から編纂史料になる段階で改変されたものである。臣僚の上奏に対して、皇帝は「聞」と答えるか、または間接的な形ではあるが、「勅旨。云云」「奉勅、云云」としか、自己の意志を表明しないのであり、「可」と答えるのは詔書の場合にしかない。また発日勅に「可」と書く個所はない。隋唐の詔書が基本的に同一であったことはすでに述べた。また、唐代の奏抄式が隋代にすでに存したことも判明している。[5]したがって、隋代においても皇帝が「可」と裁可するのは、詔書をおいて他にはないのである。このように考えてくれば、右に示した『隋書』に、上奏に対して墨勅して「可」とあったのは、現実の文書上では在り得ることではなく、墨勅で虞世基の奏に全面的に賛成したという意味であろう。

ここで問題となるのが、この場合の墨勅の実体であろう。上奏に対して「王言之制」以外の特別な勅書と理解するのが一つの解釈である。他の解釈は、皇帝への意見具申は文書による場合（上書）と、口頭による場合（奏事）とに分かれるが、虞世基の場合は口頭であって、それに対して煬帝が賛意を与えたと理解するものである。口頭による意見具申は、その場限りで消滅するものではなく、文書による意見具申と同じく、文書によって奏文を提出しておくのであり、裁可を得れば文書の場合と同じように、文書によって処理され皇帝の意思が客観化される。上奏は勅旨式か勅牒式の様式をとる。両様式を墨勅とした例はないから、口頭による上奏に「墨勅曰可」としたとすれば、煬帝が裁可において、虞世基の上奏を口頭で是とした点に力点がおかれ、それを墨勅と表現した可能性が強い。いずれを是とすべきか、史料が少なく俄に判断を出すことはできないが、墨勅は墨詔と同様に、皇帝直々の意志であろうことは、『隋書』の史料から知ることができる。

六　まとめ

唐代の墨勅は墨詔と同義であり、手詔・優詔・手勅とも同じである。墨勅は批答を指す場合もあるから、手詔等にも批答という意味があることになる。墨勅官は特殊な叙任という印象があるが、皇帝が直接擬官するものであって、告身が発給される点においては通常の叙任と変わりはない。

本節では言及しないが、この他に宮城諸門の開閉に用いる墨勅や『淳化閣帖』巻一には太宗皇帝や高宗皇帝の書が所収されており、それらの書は墨勅というべきものであろう。また『表制集』にも墨勅に関する文書がある。

註

（1）太宗皇帝の批答末尾「内出与玄奘法師」に付された『大正新脩大蔵経』巻五二史伝部の註記には、知恩院所蔵本（八世紀写本）には「貞観廿年七月十三日、内出与玄奘法師」とあるという。貞観二〇年（六四六）の文書である。

（2）批答はまた「批詔」「批勅」とも表現される。「批詔」の例は『文苑英華』巻五七五表二三宰相譲官四所収の「代史館王相公譲相位第二表　銭珝」「為中書崔相公譲官第二表　銭珝」「為中書崔相公譲官第四表　銭珝」「為中書崔相公譲官第六表　銭珝」、『文苑英華』巻六〇九表五七雑上請三所収の「熒惑退舎宰相請復常膳表　銭珝」「為宗正卿請復常膳表　銭珝」にあり、「批勅」の例は『文苑英華』巻五七九表二七譲起復所収の「第七　謝免起復表　独狐及」にある。

（3）『朝野僉載』巻一にも「景龍中、斜封得官二百人、従屠販而践高位。景雲践祚、尚書宋璟御史大夫畢構奏停斜封人官。璟構出、後見鬼人彭卿受斜封人賄賂、奏云、見孝和（中宗）怒曰、我与人官、何因奪却。於是斜封皆復旧職」とある。

（4）唐代後半期には宣授に関しては、中村裕一『唐代官文書研究』（中文出版社　一九九〇）二六八頁以下を参照。

（5）『大唐六典』巻八門下省・侍中職掌の条「凡下之通于上、其制有六」の原註に「隋令有奏抄奏弾露布等、皇朝因之」とあり、隋令に奏抄式があったことは明らかである。

第七節　唐末における藩鎮の墨勅除官

一　問題の所在

墨勅による叙任は神龍元年（七〇五）以降の一時期に行われた。所謂「墨勅斜封」である。唐末の文献には再び「墨勅除官」の語が登場する。すなわち、『資治通鑑』巻二五四中和元年（八八一）正月の条に次のようにある。

丁丑、車駕至成都、館於府舍。上遣使趣高駢討黄巣、道路相望、駢終不出兵。上至蜀、猶冀駢立功、詔駢巡内刺史及諸将有功者、自監察至常侍、聴以墨勅除訖奏聞。

丁丑（二八日）、車駕成都に至り、府舎に館《やど》る。上、遣使して高駢に趣《うなが》し黄巣を討たしめんとし、道路相い望むも、駢は終《つい》に兵を出ださず。上、蜀に至り、猶お駢の功を立つるを冀い、駢に詔して巡内の刺史及び諸将の功有る者、監察より常侍に至るまで、墨勅を以て除し訖れば奏聞するを聴す。

この墨勅除官は八世紀初頭の墨勅除官と、どのように相違するものであろうか。八世紀の墨勅除官は墨勅によって除官が決定し告身が発給された。唐末の墨勅除官は告身が発給されたのであろうか。

二　墨勅除官に関する史料

唐末の「墨勅除官」は高駢の例だけではない。『資治通鑑』巻二六三天復二年（九〇二）三月の条にもある。

上以金吾将軍李儼為江淮宣慰使、書御札賜楊行密、拝行密東面行営都統中書令呉王、以討朱全忠。以朱瑾為平盧節度使、馮弘鐸為武寧節度使、朱延寿為奉国節度使、加武安節度使馬殷同平章事。淮南宣歙湖南等道立功将士、聴用都統牒承制遷補、然後表聞。

上、金吾将軍李儼を以て江淮宣慰使と為し、御札を書き楊行密に賜い、行密を東面行営都統・中書令・呉王に拝し、以て朱全忠を討たしむ。朱瑾を以て平盧節度使と為し、馮弘鐸を武寧節度使と為し、朱延寿を奉国節度使と為し、武安節度使・馬殷に同平章事を加う。淮南宣歙湖南等道の立功の将士、都統の牒を用て承制遷補し、然る後《のち》表聞するを聴す。

この天復二年の史料によって、唐末の墨勅除官の実体はほぼ明白となる。天復二年に昭宗皇帝は楊行密を東面行営都統に任じ、行営都統の牒を用いて立功の将士を承制遷補せしめ、遷補ののち皇帝に報告することを聴したのである。「承制遷補、然後表聞」は、中和元年の高駢に関する史料に、「以墨勅除訖奏聞」とあるのと同じことをいっているのである。唐末の「墨勅除官」とは、皇帝が藩帥に官人の任用権を付与し（承制）、藩帥は任用権の付与を法的根拠にして遷補（除官）することを指すのである。したがって、八世紀初頭にも墨勅除官の事例が存するが、同じ「墨勅」の語を使用しながら、八世紀初頭と唐末の場合とでは、まったく性格が異なるものである。

三　墨勅除官の文書様式

唐末の藩帥が実施した「墨勅除官」の具体的文書様式は、どのようなものを想定したらよいであろうか。被任用者には任官文書が発給されたはずである。しかし、その叙任文書は藩帥の発するものであるから、中央政府の発する告身式の様式でないことは十分予想される。前掲した『資治通鑑』天復二年の記事に、行営都統の牒を用いて承制遷補するとあったのは、「墨勅除官」の文書様式を理解する上で重要な史料である。

『桂苑筆耕集』巻一三所収の「行墨勅授散騎常侍牒詞」は、次のような広明二年（八八一）の牒式文書である。[1]

勅淮南節度塩鉄転運等使東面都統兼指揮京西京北神策諸道節度兵馬制置等使　牒

某官乙（原文は「某官乞」とするが、「乙」に改める）

右、可検校右散騎常侍。餘如故。如将軍須言員外置同正員。

牒。准今年二月九日詔、応諸州有功刺史及大将軍等、如要勧奨者、従監察御史至常侍、便可墨勅授、訖分析聞奏者。大君降命、元帥従権。但云能立勲労。特許先申奨勧。漢祖則手無刓印、不阻論功、武侯則心若懸衡、必能挙職。用示軍中之賞、式資闕下之恩。前件官、夙蘊壮図、久従戎事、将救奔沈之患、固憑檎縦之能。桓栄祖之馳名、不唯馬矟。周盤龍之受爵、允称貂冠。事須准詔、授検校右散騎常侍。仍具申奏、并牒如者。故牒。

広明二年六月十二日　［牒］

使兼都統検校大（太）尉平章事燕国公　［高押］

勅淮南節度塩鉄転運等使東面都統兼指揮京西京北神策諸道節度兵馬制置等使　牒

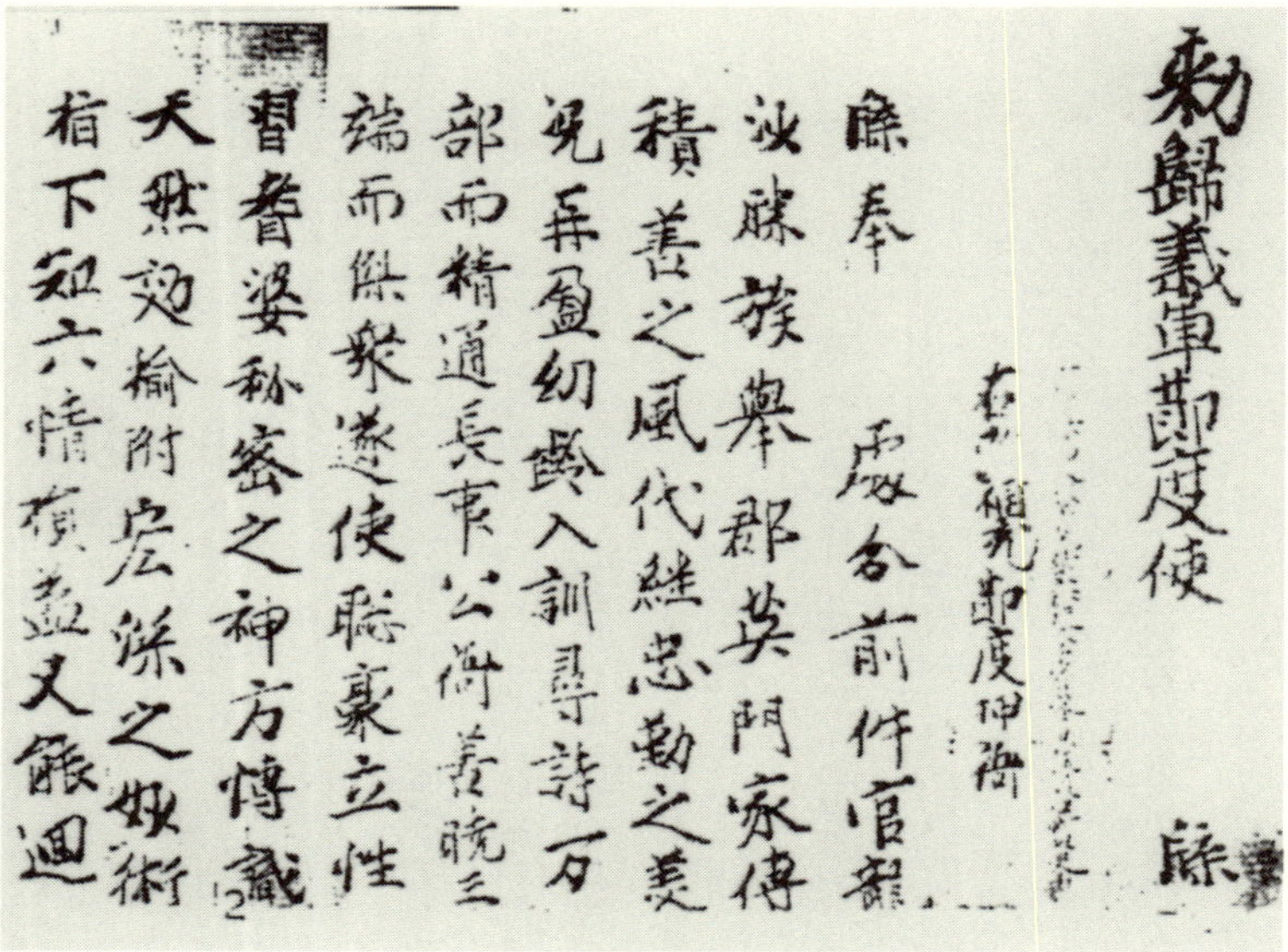

図版26　天福７年（942）勅帰義軍節度使牒（斯4346）首部

某官乙

右、可検校右散騎常侍を可とす。餘は故の如し。

将軍の如きは須らく員外置同正員と言うべし。

牒す。今年二月九日の詔に准ずるに、「応に諸州有功の刺史及び大将軍等、勧奨を要するの如き者は、監察御史より常侍に至るまで、便ち墨勅もて授くるを可とし、訖れば分析聞奏するものなり」といえり。大君は命を降し、元帥は権に従う。但し云う能く勤労を立て、特に先ず奨勧を申《のべ》るを許すと。漢祖は則ち手に刓印無く、論功を阻《はば》まず、武侯は則ち心は懸衡の若く、必ず能く職を挙ぐ。用て軍中の賞を示し、式して闕下の恩を資す。前件の官、夙《つと》に壮図を蘊《つ》み、久しく戎事に従い、将て奔沈の患を救い、固より檎縦の能に憑る。桓栄祖の名を馳るや、唯だに馬稍のみならず。周盤龍の爵を受くるは、允《まこと》に貂冠に称《かな》う。事須らく詔に准じ、検校右散騎常侍を授くべし。仍《よ》って具に申奏し、并せて牒如《いた》るものなり。故に牒す。

崔致遠は右の文書を「行墨勅授散騎常侍牒詞」と題して

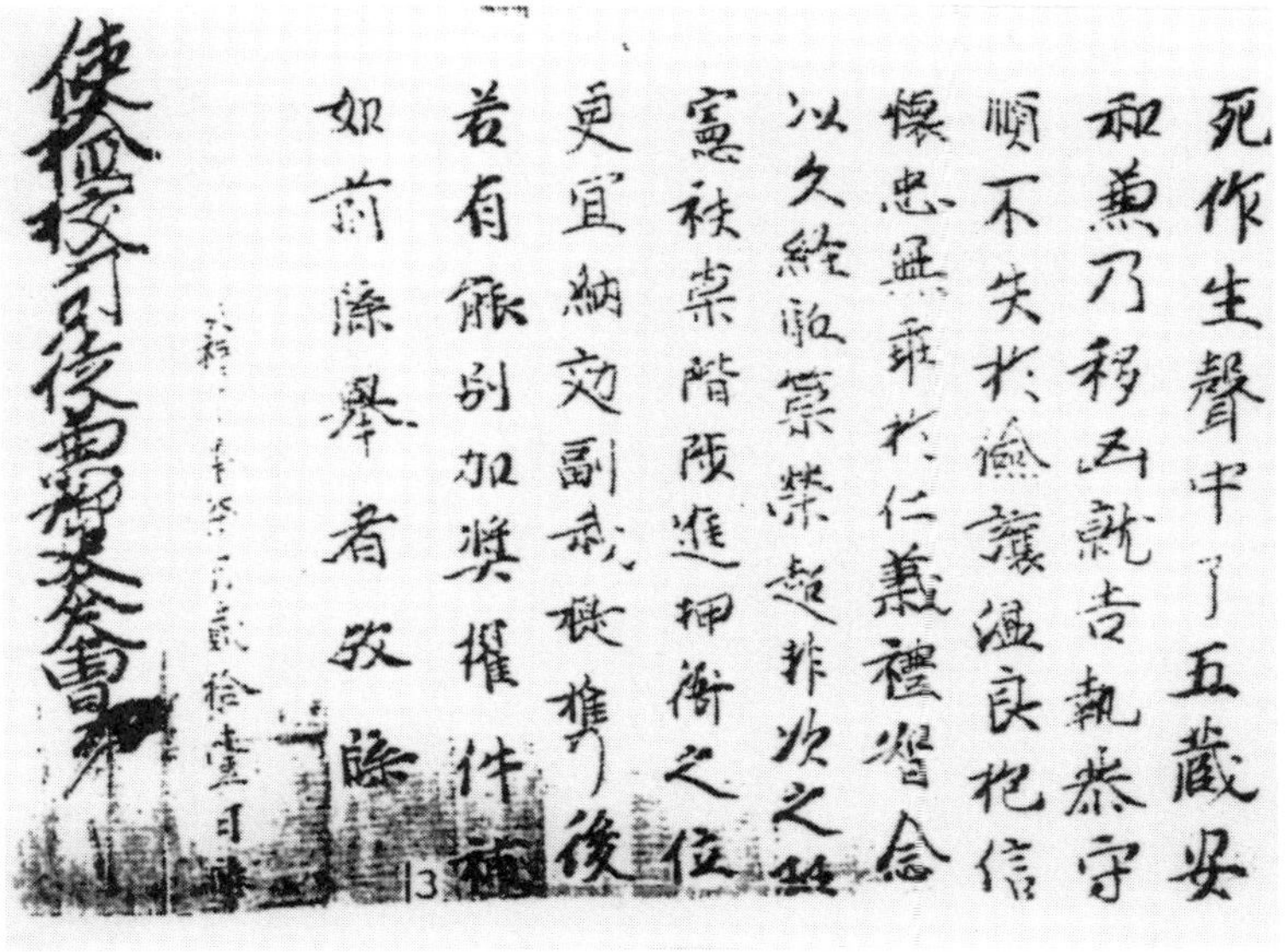

敕帰義軍節度使牒尾部

いるから、右の文書が「墨勅除官」の具体的文書様式であると断言してよい。右の文書において、「某官乙」に右散騎常侍の官を授与する法的根拠を述べて「准今年二月九日詔、応諸州有功刺史及大将軍等、如要勧奨者、従監察御史至常侍、便可墨勅授訖、分析聞奏者」とあり、広明二年二月九日の詔に准じて行うことを明記している。

前掲した『資治通鑑』巻二五四中和元年正月丁丑（二八日）の条には、高駢に対して墨勅除官の権限を与えるとあった。広明二年七月に中和元年と改元された。したがって、『資治通鑑』にいう中和元年正月は広明二年正月と同じである。『資治通鑑』は中和元年正月丁（二八日）に、僖宗の車駕が成都に到着し、高駢に「墨勅除官」の権限も付与されたかのように伝えるが、両者の間には時間の経過が無視されて記されていると考えられ、広明二年正月丁丑は僖宗が成都に到着した日を指し、高駢に「墨勅除官」を認める詔書が発布されたのは、右の文書にいうように、広明二年二月九日であったに相違ない。それは詔の内容と『資治通鑑』に伝える詔の内容がほぼ一致するからである。とすれば、右の文書は『資治通鑑』巻二五四中和元年正月の条に伝えられた、高駢に対する「墨勅除官」の権限付与に基づいて作成された牒式の除官文書ということになり、中央の文献と地方の文献が一致する極めて稀有で貴重な史料である。

『桂苑筆耕集』巻一三には、右に示した文書の他に「授盱眙鎮将鄒唐御史中丞」「楚州刺史張雄将軍」「授高覇権知江州軍州事」「許勍妻劉氏封彭城郡君」と題する墨勅除官文書の牒詞部分を所収している。崔致遠が右の四種の文書の全文を移録せず、牒詞部分のみを収録したのは、最初に右散騎常侍文書の全文を示したことによって、他の四種の省略部分は自明と考えた結果であろう。

墨勅によって除官される官はどのような官であろうか。高駢に与えられた叙任範囲は、監察御史から散騎常侍までであったが、前掲した『桂苑筆耕集』巻一三所収の牒詞によれば、御史中丞や右武衛将軍員外置同正員に任じている例もあり、彭城郡君という邑号の授与もある。実際には、どの官までの範囲であったか明確にし難いといわねばならない。しかし、次の一点は明白に予測できる。それは中央政府に深く関与しない官であろうという点である。墨勅除官できる官は、職事官の中でも実質を伴わない、員外官もしくは検校官であったと推測される。

右の牒式文書は藩帥が属僚を任用する所謂「牒補列将」に用いる文書と同じである。高駢は墨勅によって、令制官を叙任する権限を与えられた。しかし、彼は藩鎮の組織しか持たないため、令制官を叙任するに際しては、中央政府が発する告身を発することはできなかった。彼の有する組織における叙任文書は牒式文書しか存在しなかったため、中央令制官を牒によって補任したのである。令制官の叙任は三省が関与する告身で行う。本来、叙任権を有しない藩帥が令制官を叙任している事実は、唐王朝の末期を端的に示すもの以外の何者でもない。

四　まとめ

唐末における「墨勅除官」について検討を加えた。唐末の「墨勅除官」は墨勅斜封とは異なって、皇帝が各地の藩帥に令制官の任用権を付与し、藩内有功の将士を令制官に藩帥の牒で任官させることをいうのであり、その牒による任官文書様式も『桂苑筆耕集』から復元可能である。唐末の「墨勅除官」は唐初にも存する。唐初では軍政・民政に「便宜行事」とか「便宜従事」の権限を付された総管が存したのであり、皇帝の命令をいちいち奉じなくても、その場で決裁する権限を与えられ管内を統治した。そして、唐王朝が安定化するとともに、「便宜行事」の権限は中央に回収されていくことになるが、藩鎮の出現によって、再び「便宜行事」が生じることになる。「墨勅除官」の出現は唐王朝最後の依り拠であった、令制官の任用権をも放棄したことを意味し、唐王朝の衰退を示す象徴的現象といってよいだろう。

註

（1）「広明二年六月十二日」の下に「牒」字を補ったのは、敦煌発見の帰義軍節度使の発した幕職・軍職に任じる牒式任用文書に「牒」字があることによっている。牒式文書の末尾の発信者を示す部分に「使」とあるのは、「勅淮南節度塩鉄運等使東面都統兼指揮京西京北神策諸道節度兵馬制置等使」の省略形である。「燕国公」の下には、当然、高駢の姓名があったであろう。それが「高（押）」であったか「押」だけであったかは明らかでない。彼は大尉に任官しているから、姓をいわず、「駢」の花押だけを記していた可能性も多分にある。なお、節度使の幕職・軍職任用文書の実例は敦煌文献中にある。その一端は中村裕一『唐代官文書研究』（中文出版社　一九九〇）を参照。

第八節　詔旨と詔意

一　問題の所在

唐代文献には詔旨（制旨）・詔意・書意の語が散見する。通常、詔旨とは「詔書の主旨」という意味である。唐代文献に見える詔旨は、右の意味では解釈できない場合が多々あり、別の意味があることを予想させる。詔旨等の意味を確定するには、文脈を考えて意味を決定する必要がある。詔意と書意も同様である。では、詔旨・詔意・書意とは、どのような王言であろうか。

二　詔　旨

『文苑英華』巻五七七表二五「文官讓官」所収の「讓地官尚書表　李嶠撰」には「制旨」の語が見える。

臣某言。伏奉制旨、以臣為地官尚書。無涯之恩、忽降霄極、非拠之惕、坐驚魂宇。

臣某言う。伏して制旨を奉ずるに、臣を以て地官尚書と為す。無涯の恩、忽ち霄極に降り、非拠の惕、坐して魂宇を驚かす。

この詔旨は李嶠を地官尚書（戸部尚書）に任じるものであり、制授告身の制詞を指している。

また、『大唐六典』巻九中書省・中書舎人の条にも「詔旨」の語が見える。

　中書舎人掌侍奉進奏参議表章。凡詔旨制勅及璽書冊命、皆按典故起草進、画既下、則署而行之。

　中書舎人、侍奉し進奏し表章を参議するを掌る。凡そ詔旨・制勅及び璽書・冊命、皆な典故を按じ起草し進め、画既に下らば、則ち署して之を行う。

この史料にいう、「制勅」は制書・発日勅である。「冊命」は冊書であり、「璽書」は慰労制書・論事勅書・弔祭文書・鉄券を総称するものである。詔旨は、制・勅・冊命・璽書以外の王言である。では、中書舎人が起草する王言には、どのようなものがあるであろうか。唐代文献には右の王言以外に、手詔・手勅・墨詔・墨勅・優詔・口勅・口宣・御札・批答という王言がある。このうち、手詔・手勅・墨詔・墨勅・優詔は制書・発日勅・慰労制書・論事勅書の別称であり、前掲した『大唐六典』にいう制勅に含まれるから、詔旨は手詔・手勅・墨詔・墨勅・優詔ではない。したがって、「詔旨」とは、口勅・口宣・御札・批答のうちの、どれかの別称ということになる。

口勅・口宣・御札は皇帝が私的に発する王言であり、内廷において、宦官が関与して作成される王言であり、公的王言を担当する中書舎人は起草に関与しない。このように条件の整合しないものを消去していけば批答が残る。

批答は中書舎人や翰林学士が原案を起草した。『白氏文集』巻五六「翰林制詔三」、巻五七「翰林制詔四」の巻頭題名に「勅書・批答・祭文・賛文付」とあり、巻五六「翰林制詔三」には「答李遜等謝恩令付入籍表」等一七例があり、巻五七「翰林制詔四」には「答元義等請上尊号表」等二四例がある。これによって、詔旨は中書舎人や翰林学士の起草になることが確定され、『大唐六典』巻九中書省・中書舎人の条にいう詔旨は、批答であると決定される。『陸宣公翰苑集』巻一七所収の「請許台省長官挙薦属吏状」の一節にも「詔旨」の語がある。

国朝之制、庶官五品已上、制勅命之。六品已下、則並旨授。制勅所命者、蓋宰相商議、奏可而除拜之也。旨授者、蓋吏部銓材署職、然後上言。詔旨但画聞、以従之而不可否者也。

国朝の制、庶官五品已上、制勅もて之を命ず。六品已下、則ち並びに旨授す。制勅もて命ずる所の者は、蓋し宰相商議し、奏して可なれば而ち之を除拝するなり。旨授の者は、蓋し吏部材を銓《はか》り職に署し、然る後《のち》上言す。詔旨は但だ「聞」を画き、以て之に従いて可否せざるものなり。

この詔旨は旨授（奏授）告身において、皇帝が「聞」と書くことを意味する。

『旧唐書』巻一七〇裴度伝に、元和七年（八一二）、魏博節度使の田季安が卒し、小将の田興が留後となった時のことを伝えて、次のような記事がある。

［元和］七年、魏博節度使田季安卒。其子懐諫幼年、不任軍政、牙軍立小将田興為留後。興布心腹於朝廷、請守国法、除吏輸常賦。憲宗遣度使魏州宣諭。興承僭侈之後、車服垣屋、有踰制度。視事斎閤、尤加宏敞。興悪之、不於其間視事、乃除旧採訪使庁居之。請度為壁記、述興謙降奉公、魏人深徳之。興又請度偏至属郡。宣述詔旨、魏人郊迎感悦。使還、拝中書舎人。

元和七年（八一二）、魏博節度使田季安卒す。其の子の懐諫は幼年にして、軍政に任えず、牙軍は小将の田興を立て留後と為す。興は心腹を朝廷に布べ、国法を守り、吏を除し常賦を輸せんことを請う。憲宗、度をして魏州に使し宣諭せしむ。興、僭侈の後を承け、車服垣屋、制度を踰《こえ》る有り。事を斎閤に視み、尤も宏敞を加う。興は之を悪み、其の間に於いて事を視ず、乃ち旧《もと》の採訪使庁を除《とりさ》り之に居す。度に壁記を為らんことを請う。興の謙降奉公を述ぶれば、魏人深く之を徳とす。興また度に偏《ひとえ》に属郡に至り、詔旨を宣述せんことを請うに、魏人郊迎して感悦す。使より還り、中書舎人を拝す。

右の詔旨は慰撫したり慰労したりするものであって、慰労詔書もしくは論事勅書の別称である可能性が強い。

三　詔　意

『李文饒集』巻六と巻七に「賜某詔意」と題する作品がある。巻七「詔勅下」所収の作品名を例示すれば次のようである。書かれた時期は会昌三年（八四三）から四年である。

○賜石雄詔意　○賜劉沔詔意　○賜李石詔意　○賜王宰詔意
○賜張仲武詔意　○賜王元逵詔意　○賜王元逵何弘敬詔意　○賜縁辺諸鎮密詔意

右の「詔意」はすべて個人に宛てた王言である。告身を除いて個人に詔書が発信されることはない。個人には慰労詔書が発せられる。この場合の詔意の「詔」を厳密に解釈すれば、「詔」は慰労制書となる。しかし、「賜石雄詔意」（一通目）と「賜劉沔詔意」（二通目）は冒頭に「勅」字があるから、これらの王言は論事勅書であることは歴然としている。『李文饒集』所収の作品には、題名に「某詔」とあるが、その本文の冒頭には「勅某。云云」とある作品が多数ある。詔と勅は混用されるから、ここにいう「詔」は慰労制書と論事勅書を指すものである。いま一例として「賜李石詔意」（一通目）を例示する。

訪聞近日賊中、転更窮蹙、自相殺戮、人心不安。即目軍権多在郭誼、因此誘動、必応事機。李丕是郭誼親密、尤合相信、卿宜暫追赴使、令与郭誼書、諭以利害。遣其自図劉稹、早務帰降。倘効誠款、必重酬賞。卿宜面看李丕手疏、兼令便自封題、分付王逢。遣密作計、召軍人百姓送入沢潞。其書草、卿宜封進。

訪ね聞くならく、近日、賊中転《うた》た更に窮蹙し、自ら相い殺戮し、人心安んぜず。即目するに軍権多く郭誼に在り、此れに因り誘動すれば、必ず事機に応ず。李丕は是れ郭誼と親密尤も合い相信す、卿宜しく暫らく使を追赴し、郭誼に書を与えしめ、諭すに利害を以てすべし。其れをして自ら劉稹に図り、早く帰降するに務めしめよ。倘《も》し誠款を効《いた》さば、必ず重く酬賞せん。卿宜しく李丕の手疏を面看し、兼ねて便ち自ら封題せしめ、王逢に分付すべし。密かに計を作さしめ、軍人・百姓を召し沢潞に送入せしめよ。その書草、卿宜しく封進すべし。

四　書　意

書意に関する史料は『李文饒集』に四例ある。巻五「詔勅上」に「賜回鶻書意　奉宣撰」と「賜回鶻可汗書意」があり、巻六「詔勅中」には「賜潞州軍人勅書意」があり、巻八「制詞」に「代忠順報回鶻宰相書意」と「代符澈与幽州大将書意」がある。これらの中で冒頭部分を残すものは、後に示すように「代符澈与幽州大将書意」である。次に「賜回鶻書意　奉宣撰」を例示する。

朕想可汗公主以久修鄰好、累降嘉姻、望我国家、如帰親戚。朕毎弘容納之意、固無纎芥之嫌。但以将相大臣累陳公議、以可汗代居絶漠、臨長諸蕃、名声既雄、部伍甚衆。今逗留塞上、逼近辺城、百姓不安、人心疑惑、耕種尽廃、士馬疲労。朕二年以来、保護可汗一国、内阻公卿之議、外遏将帥之言。朕於可汗、心亦至矣。可汗亦須深見事体、早見帰還。所求種粮及安存摩尼、尋勘退渾党項劫掠等事、並当応接処置、必遣得宜。惟是擬借一城、自古以来、未有此事。天地以沙漠山河限隔南北、想蕃中故老亦合備知。只如長安東有潼関、西有散関、南有藍田関、北有蒲関。今四海一家、天子所都、猶有限隔。況蕃漢殊壌、豈可通同。且天下者、高祖太宗之天下、朕守祖宗成業、常懐兢畏。豈敢上違天地之限、中堕祖宗之法。毎欲発一号施一令、皆告于宗廟、不敢自専。所借一城、理絶言議。想可汗便須息意、勿更披陳。其餘令楊観専往視喩朕意。

朕想うに、可汗・公主、久しく鄰好を修むるを以て、累《しき》りに嘉姻を降せば、我が国家を望むこと、親戚に帰するが如しと。朕毎に容納の意を弘め、固より繊芥の嫌無し。但だ以て将相大臣累りに公議を陳ぬのみ。以うに可汗代々絶漠に居し、長く諸蕃に臨めば、名声既に雄にして、部伍甚だ衆し。いま塞上に逗留し、辺城に逼近せば、百姓安んぜず、人心疑惑し、耕種尽く廃し、士馬疲労す。朕は二年以来、可汗一国を保護し、内に公卿の議を阻み、外に将帥の言を遏ぐ。朕、可汗に於いて心亦た至れり。可汗また須らく事体を深見し、早く帰還せらるべし。求むるところの種粮及び摩尼を安存し、退渾・党項の劫掠らの事を尋勘し、並びに当に応接の処置、必ず宜しきを得しむべし。惟うに是れ一城を擬借するは、古えより以来、未だ此の事あらず。天地は沙漠山河を以て南北を限隔す、想うに蕃中の故老、亦た合に備《つぶさ》に知るべし。只だ長安の東に潼関あり、西に散関あり、南に藍田関あり、北に蒲関あるが如し。今四海一家、天子都とするところすら、猶お限隔あり。況んや蕃漢壌を殊《こと》すれば、豈に通同すべけんや。かつ天下は高祖・太宗の天下にして、朕は祖宗の成業を守り、常に兢畏を懐う。豈に敢えて上は天地の限に違い、中は祖宗の法を堕さんや。一号を発し一令を施さんと欲する毎に、皆な宗廟に告げ、敢えて自ら専らにせず。借るところの一城、理は言議を絶す。想うに可汗便ち須らく意を息め、更らに披陳することなかるべし。其の餘は楊観をして専ら往視し、朕が意を喩すべし。

右の「書意」と題する文書は首尾が完全でないから、ここにいう「書」とは具体的にどのような文書を指すのか明らかではない。しかし、さきに述べた「代符澈与幽州大将書意」の冒頭部分は次のようである。

某月日、河東節度使符澈致書幽州大将周都衙以下。

同書巻八所収の「代劉沔与回鶻宰相頡于伽思書」の首部も次のようにある。

会昌三年八月二十日、大唐河東節度使検校右僕射劉沔致書于九姓回鶻頡于相公閣下。

この例からみれば、ここにいう「書」とは致書様式文書のことを指す可能性が高い。しかし、巻五所収の「賜回鶻可汗書意」の冒頭に次のようにある。

勅。我国家統臨萬寓、列塞在陰山之南。先可汗物率本部、建牙於大漠之北、各安土宇、二百餘年。此天所以限隔内外、不可逾越。

勅す。我が国家萬寓に統臨し、列塞は陰山の南に在り。先の可汗は本部を惣率し、牙を大漠の北に建て、各おの土宇を安んずること、二百餘年なり。此れ天の内外を限隔し、逾越すべからず所以なり。

これは明らかに発日勅の冒頭部分であるから、『李文饒集』にいう「書」が、すべて致書様式の文書とはいえず、発日勅の意味もあることは明らかである。

五 『石林燕語』にみえる詔意

詔意と書意に関する史料は以上のようである。詔意と書意には、発日勅・慰労制書・論事勅書・致書文書の意味があり、それらの未完成作品であることは漠然と判明した。しかし、これだけでは「詔意」等の意味は十分ではない。『李文饒集』巻五の巻首に「詔勅上」の原註には次のようにある。

詔書凡有勅字者便行、無勅字者、請翰林添奨飾語。他皆倣此。

詔書凡そ勅字あるもの便ち行い、勅字なきもの、翰林に請いて奨飾の語を添う。他は皆な此れに倣う。

この意味は、以下に所収する各詔勅のうち、詔勅の冒頭に「勅」字があるものは、中書省に付して施行されたものであり、「勅」字のないものは翰林院に回付して、翰林学士に文章を直して貰ったものであり、他の場合も此に倣う、というものである。これでは詔意と書意の意味は深化しない。

葉夢得の『石林燕語』巻五に「詔意」に関して、次のように説明する。

唐詔令雖一出於翰林学士、然遇有辺防機要大事、学士所不能尽知者、則多宰相以其処分之要者、自為之辞、而付学士院、使増其首尾常式之言而已、謂之詔意。故無所更易増損、今猶見於李徳裕鄭畋集中。近歳或尽出於宰相。進呈訖、但召待詔、即私第書写。或詔学士、宰相面授意、使退而具草、然不能無改定也。

唐の詔令は一に翰林学士に出ずと雖も、然れども辺防機要の大事有るに遇えば、学士、尽知する能わず所は、則ち多く宰相その処分の要を以て、自ら之が辞を為り、而して学士院に付し、その首尾常式の言を増さしむるのみ、之を「詔意」と謂う。故に更易増損するところ無く、いま猶お李徳裕（『李文饒集』）・鄭畋の集（『玉堂集』）の中に見る。近歳或いは尽く宰相に出ず。進呈訖れば、但だ待詔を召し、私第に即きて書写せしむ。或いは学士に詔し、宰相は意を面授し、退きて具草せしむ、然れども改定なきを能わざるなり。

右の記事によれば、辺防機要の大事に関する王言の主文は、事情を熟知している宰相が書き、それを翰林院に送付して、翰林学士に文飾してもらい正式な王言とするが、詔意とは宰相が書く王言の主文をいうのであるという。これによって、詔意は判然とした。書意の「書」が致書文書を指すものならば、翰林院に送付する前の致書文書の主文という意味であることになる。そして、詔意と書意は李徳裕の『李文饒集』と鄭畋の『玉堂集』に見えるといっている。「詔意」の冒頭に「勅」字があるものは、『李文饒集』においては「賜石雄詔意」の第一通目と「賜劉沔詔意」の第二通目である。これは『李文饒集』巻五の巻首の原註に「詔書、凡そ勅字あるもの便ち行う。勅字なきもの、翰林に請いて奨飾の語を添う。他は皆な此れに倣う」とある記事と一致しない。「詔意」は翰林院に送付して添削してもらう王言の主文の意味である。一方、『李文饒集』巻五巻首の註記には、「勅」字のあるものは翰林院に送付しないで実施したものであるといっている。『李文饒集』巻五巻首の原註によれば、「賜石雄詔意」の第一通目と「賜劉沔詔意」の第二通目は翰林院に送付しないで直ちに実施した王言であるから、この二種類の王言は『石林燕語』にいう「詔意」には相当しないものであることになる。

このように、『李文饒集』の詔意と書意は、『石林燕語』の説明と完全に一致しない場合もあるが、『李文饒集』にみえる詔意と書意の意味は『石林燕語』の説明によって、ほぼ明らかとなったと考える。

六 ま と め

詔旨と書意に検討を加えた。詔意と書意は『石林燕語』の説明によって疑問が氷解した。詔意と書意は、公布する王言の主旨である。通常、王言は翰林学士が起草する。しかし、翰林学士は文章作成能力に優れていても、現実の政治に精通しているわけではないから、それに精通する宰相等が王言の要である本体部分を起草し、それを翰林院に送付して文飾してもらい、正式な王言として公布する場合もあったのである。王言起草担当官以外の官が皇帝の委嘱を承けて王言を起草する場合は「奉勅撰」「奉宣撰」と註記される。『李文饒集』にも、この例は多くみられる。しかし、『李文饒集』の詔意には「奉勅撰」「奉宣撰」と註記されるものがない。この点において、『李文饒集』の詔意・書意は、「奉勅撰」「奉宣撰」との関係において十分解明されてはいない。

第九節　勅旨と勅意

一　問題の所在

唐代文献に「勅旨」の語が多く見える。勅旨とあれば、それはすべて「勅書の主旨」や勅旨式の「勅旨」と理解してはならない。勅旨には上記の意味に加えて、他の意味に使用される場合があり、文章全体の中で勅旨の意味を判断する必要がある。勅は詔と混用されるから、勅を詔に置き換えて理解できる場合と、そうでない場合がある。

二　勅旨が告身を意味する場合

『文苑英華』巻五八四表三二藩鎮謝官一「為昭義王大夫謝知節度観察等留後表　令孤楚撰」には「勅旨」の語がある。

臣某言。中使第五守進至、奉宣勅旨、擢臣知節度観察等留後。臣即以今月十八日上訖。非常之命、降自宸裏、不次之恩、猥加賤質、奉戴兢惕、罔知所図。

臣某言う。中使の第五守進至り、勅旨を奉宣し、臣を知節度観察等留後に擢ず。臣即ち今月一八日を以て上り訖る。非常の命、降るに宸裏よりし、不次の恩、猥りに賤質を加え、兢惕を奉戴し、図る所を知る罔し。

同じく『文苑英華』巻五八六表三四藩鎮謝官三「衡州刺史謝上表」にも「勅旨」が見える。

臣某言。去九月十五日、於宣州伏奉某月日勅旨、貶授臣使持節衡州諸軍事守衡州刺史、散官勲賜如故、仍馳駅発遣者。

臣某言う。去る九月一五日、宣州に於いて伏して某月日の勅旨を奉ずるに、「臣を使持節衡州諸軍事守衡州刺史に貶授し、散官勲賜故の如し、仍って馳駅発遣す」といえり。

右の「勅旨」は勅授告身（もしくは制授告身）の別称として用いられたものであり、制書や発日勅の主文という意味である。

三　勅旨が批答を意味する場合

『張説之文集』巻一五に「請八月五日為千秋節表并勅旨」と題して次のような上表を所載している。

左丞相臣説右丞相臣璟等言。臣聞聖人出則日月記其初、王沢深則風俗伝其後。故少昊著流虹之感、商湯本玄鳥之命、孟夏有仏生之供、仲春脩道祖之籙。追始尋源、其義一也。伏惟開元神武皇帝陛下、二気含（合）神、九龍浴聖。清明総於玉霊（露）、爽朗冠於金天。月惟仲秋、日在端五。恒星不見之夜、祥光照室之朝、群臣相賀誕聖之辰也、焉可不以為嘉節乎。比夫曲水禊亭、重陽射圃、五日綵綖、七夕粉筵。豈同年而語也、臣不勝大願、［請］以八月五日為千秋節、著之甲令、布於四方（天下）、［咸令宴楽、休暇三日］。群臣以是日献甘露醇酎、上萬歳寿酒、王公戚里、進金鏡綬帯、士庶以結絲承露嚢、更相遺問、村社作寿酒宴楽、名賽白帝、報田神。上明玄天、光啓大聖。下彰皇化、垂裕無窮。異域占風、同見美俗。

勅旨。凡是節日、或以天気推移、或因人事表紀。八月五日、［当］是朕生辰。感先聖之慶霊、荷皇天之眷命。卿等請為令節、上献嘉名。勝地良遊、清秋高興、百穀豊（方）熟、萬実（宝）已成。自我作古、挙無越礼。朝野同歓、足（是）為美事。依卿来請。宜付所司。（［ ］内の字は『冊府元亀』巻二帝王部「誕聖」より補字した）

左丞相臣説・右丞相臣璟等言う。臣聞く「聖人出ずれば則ち日月、其の初めを記し、王沢深ければ、則ち風俗其の後に伝う」と。故に少昊、流虹の感を著わし、商湯、玄鳥の命に本づき、孟夏に仏生の供有り。仲春に道祖の籙を脩む。始めを追い源を尋ぬるは、其の義一なり。伏して惟うに開元神武皇帝陛下、二気合神し、九龍聖に浴す。清明、玉露に総め、爽朗、金天に冠たり。月惟れ仲秋、日は端五に在り。恒星不見の夜、祥光照室の朝、群臣相い誕聖の辰を賀するなり、焉んぞ以て嘉節と為さざるべけんや。夫れ曲水の禊亭、重陽の射圃、五日の綵縋、七夕の粉筵に比べ、豈に同年にして語らんや、臣、大願するに勝えず。八月五日を以て千秋節と為し、之を甲令に著わし、天下に布べ、咸な宴楽せしめ、休暇三日ならんことを請うものなり。群臣、是日を以て甘露の醇酎を献じ、萬歳の寿酒を上り、王公戚里、金鏡の綬帯を進め、士庶、結絲を以て露嚢を承け、更も相い遺問し、村社寿酒を作り宴楽し、賽白帝と名づけ、田神に報ぜん。上は玄天を明らかにし、大聖を光啓し、下は皇化を彰にし、裕を無窮に垂る。異域風を占い、同《とも》に美俗を見ん。

勅旨。凡そ是れ節日は、或いは天気の推移を以てし、或いは人事の表紀に因る。八月五日、当に是れ朕の生辰なるべし。先聖の慶霊に感じ、皇天の眷命を荷う。卿等、令節と為さんと請い、嘉名を上献す。勝地良遊し、清秋高く興り、百穀方に熟し、萬宝已に成る。我より古《はじめ》を作し、挙ぐるに礼を越える無し。朝野同《とも》に歓び、是れ美事と為す。卿の来請に依る。宜しく所司に付すべし。

玄宗の生日を千秋節と制定したのは、開元一七年（七二九）八月五日（癸亥）である。

癸亥、上以降誕日、讌百僚于花蕚楼下。百僚表請以毎年八月五日為千秋節、王公已下、献鏡及承露囊、天下諸州咸令讌楽、休暇三日、仍編為令、従之。（『旧唐書』巻八玄宗紀・開元一七年八月）

癸亥、上は降誕日を以て、百僚を花蕚楼下に讌す。百僚表して「毎年八月五日を以て千秋節と為し、王公已下、鏡及び承露囊を献じ、天下の諸州咸な讌楽せしめ休暇三日、仍《よ》って編して令と為さん」と請い、之に従う。

右の上表は開元一七年八月五日であるとしてよいだろう。左丞相・張説と右丞相・宋璟が百官を代表して行った上表に対して、玄宗は「勅旨」で回答している。右の史料をみれば、勅旨は上表に対する回答として用いられると考えられなくもないが、右の史料にみえる「勅旨」は慎重に検討しなければならない。皇帝と宰相との意志疎通において、勅旨を使用するかという疑問がまず生じる。何か事を奏上する場合は表や状様式で文書が作成され、それが上呈されるか、または口頭で陳述するかのいずれかであろう。それに対して皇帝の回答がある。

右にみえる勅旨は上表に対する批答である。批答が「勅旨」と表現されているのである。批答は御批・批詔・批勅・詔旨とも表現される(1)。詔と勅は混用されるから、批答の別称である詔旨が勅旨と表現されても奇異とするには当たらない。したがって、右の史料にある勅旨は、勅書四種類のうちの「勅旨」ではなく批答の別称であり、『張説之文集』が編纂されるとき編纂者が玄宗の批答に対し新たに付した題名であると結論される。これによって、批答は勅旨とも表現されることが明らかとなる。

四　『李文饒集』に見える勅旨

『李文饒集』には、「詔意」に加えて、いま一つ解決しなければならない難問がある。それは巻七の「停帰義軍勅書」（会昌三年三月作）、「置孟州勅旨」（会昌三年八月作）、「李回宣慰三道勅旨」（会昌三年七月作）と題する勅書である。このうち、「停帰義軍勅書」は四部叢刊本は「停帰義軍勅書」とし、叢書集成本は「停帰義軍勅旨」とあり、版本によって題名に異同がある。右の三種の王言はいずれも冒頭に「勅。云云」とある同形の王言である。以下には「置孟州勅旨」を例示する。

勅。昔憑異之守盟津、已建軍号、近光弼之保伊洛、先拠三城。蓋以河有造舟之危、山有摧輪之険、左右機軸、表裏金湯、既当形勝之地、実為要害之郡。令所置制、豈限常規。積萬庾於敖前、尤資地利。到二矛於河上、須壮軍声。其河陰県、宜割属孟州、仍改為望県。其河清県、却還河南府、県官等並准前勅処分。其東都鎮遏兵馬、依前属東都防禦使、鄭滑汝州防戍兵、各一千人、令弘敬権指揮、事平後続有処分。

勅す。昔憑異の盟津を守るや、已に軍号を建て、近ごろ［李］光弼の伊洛を保つに、先ず三城に拠る。蓋し河に造舟の危あり、山に摧輪の険あるを以て、機軸を左右し、金湯と表裏すれば、既に形勝の地に当たり、実に要害の郡と為る。置制するところをして、豈に常規に限らしめんや。萬庾を敖前に積み、尤も地利を資け、二矛を河上に到らしめ、須らく軍声を壮んにすべし。其れ河陰県は、宜しく孟州に割属せしめ、仍って改めて望県と為すべし。其れ河清県は河南府に却還し、県官らは並びに前勅の処分に准ぜよ。其れ東都鎮遏の兵馬、前に依り東都防禦使に属し、鄭・滑・汝州の防戍兵、各々一千人、［何］弘敬をして権りに指揮せしめ、事平ぐの後、続けて処分あるべし。

右に示した勅旨は題名どおりに、唐代王言の一としての「勅旨」と理解してよいものであろうか。唐代の州県の廃置は発日勅によることが規定されており、右の勅旨は発日勅の様式を有し、規定と合致している。しかし、右の勅旨の題名は「置孟州勅旨」なのであって、題名と内容は明らかに矛盾するが、右の文書は規定からいえば、発日勅であって勅旨ではない。この題名は実に難解である。

唐代の勅旨には臣僚の奏請に対する皇帝の回答としての勅旨と、皇帝が一方的に発する勅旨がある。奏請に対する勅旨は奏請の要旨が前文にあって、「勅旨。宜依」となる。皇帝が一方的に発する勅旨は、冒頭が「勅旨。云云」となる。しかし、「置孟州勅旨」は「勅。云云」とあって、唐代の一般的な勅旨でないことは明らかである。『李文饒集』の勅旨は題名と内容が一致しない。この勅旨は題名に合わせようとすれば、本文の「勅。云云」は「勅旨。云云」の誤りではないかと考えられるのである。そうすれば、勅旨の内容と抵触することになる。勅旨は右の事柄に使用される王言ではないからである。例示しなかった「李回宣慰三道勅旨」「停帰義軍勅旨」も冒頭は「勅。云云」とある。この三種の「勅旨」は、唐代王言の一である「勅旨」ではなく、発日勅と想起されるのである。『李文饒集』の撰者は、このような命名を何故にしたのか疑問である。

前述のとおり、詔意と書意が発日勅・慰労制書・論事勅書・致書文書の主旨という意味であるから、勅旨は発日勅の主旨という意味ではないかと推定される。しかし、慰労制書・論事勅書の主旨を詔意といい、巻五の発日勅の主旨を書意とするのであるから、発日勅の主旨は書意もしくは勅意とするのが、命名方法からみて妥当であろうと想定されるのであるが、『李文饒集』巻七の発日勅の場合のみ、勅旨とするのか不明というほかはない。しかし、この勅旨は、表現は異なるが詔意・書意と同じ意味であると想定される。そうすれば、翰林院に送付して添削してもらう勅書の冒頭になにゆえ「勅」字があるのであろうか。疑問は尽きないが、現在のところ、こう考える以外に、『李文饒集』の「勅旨」の解釈は思い浮かばない。

五　勅　意

『資治通鑑』巻二五一咸通九年（八六八）九月の条に勅意が見える。

先是朝廷屢勅崔彦曾、慰撫戍卒擅帰者、勿使憂疑。彦曾遣使以勅意諭之、道路相望。勛亦申状相継、辞礼甚恭。

是より先、朝廷屢しば崔彦曾に勅し、戍卒の擅帰する者を慰撫し、憂疑せしむること勿らしむ。彦曾、使を遣わし勅意を以て之を諭すこと、道路相い望む。［龐］勛亦た申状相い継ぎ、辞礼甚だ恭《うやうや》し。

この事件は桂州守備に就いた募兵が長年の勤務に嫌気がさし、勝手に帰郷を開始し、ついには龐勛の乱に発展することになる、序段の状態を伝えたものである。ここにある勅意は、詔意のように難解ではなく、諭すための勅は論事勅書であるから、右の勅意は論事勅書の主旨を指す。

六　ま　と　め

勅旨には「勅書の主旨」や「勅旨式の勅旨」という意味に加えて、制勅授告身・批答という意味もある。『李文饒集』に見える勅旨は、難解であるが発日勅の主旨という意味であろう。勅は詔と混用されるから、勅旨は詔旨と同じ意味で使用される場合がある。勅旨の意味は一つの意味だけでなく、勅旨が使用されている場面を考えて決定する必要がある。

註

（1）批答を御批とする例は『曲江集』巻一四巻一五と『文苑英華』巻六〇九表五七雑上請三所収の「代人奉御批不許請罪謝恩表一首」を参照。批詔と批勅に関しては本章第六節の註（2）を参照。

第一〇節　中書制誥と翰林制詔

一　はじめに

白居易の起草した王言は、『白氏文集』の「試策問制誥」「中書制誥」「翰林制詔」に所収される。白居易は中書舎人の起草する王言を制誥とし、翰林学士の起草する王言を制詔と表現し、『文苑英華』も王言を中書制誥と翰林制詔と分類する。制誥は唐代文献に見える語であるが、翰林制詔は『白氏文集』『文苑英華』以外に見えない王言名である。翰林制詔とは、どのような王言であろうか。本節は制詔の実態を考究する。

二　王言の起草官

唐代前半期においては、中書舎人と皇帝から特に起草を委嘱された官人が、王言の起草を担当した。

其［掌］画事繁、或以諸司官兼者、謂之兼「知」制誥。（『大唐六典』巻九中書省・中書舎人職掌の原註）

其れ画を掌るに、こと繁なれば、或いは諸司の官を以て兼ねる者は、これを「兼知制誥」と謂う。

『新唐書』巻四七百官志二中書省・中書舎人の条には、知制誥の制度は開元初年（元年は七一三年）に始まるとする。中書舎人と知制誥の起草する王言は、中書の起草する王言という意味で中書制誥というのであろう。中書舎人と知制誥に加えて、唐代後半期になって、二言を起草する吏職として創設されたのが翰林学士である。

三　『文苑英華』の中書制誥と翰林制詔

『白氏文集』は王言を中書制誥と翰林制詔に分類する。また『文苑英華』は巻三八〇から巻四一九までを中書制誥とし、巻四二〇から巻四七二までを翰林制詔に分類する。『文苑英華』の中書制誥は、通常の除授に関する制勅（告身の制勅詞）で占められ、翰林制詔は、南朝の陳王朝より以降の赦書・徳音・天下に号令を発する制勅・将相の任免に関する制勅（告身の制勅詞）・上表に対する批答・周辺諸国王らに発する王言・冊文・鉄券・青詞・歎文からなる。このことから、中書舎人や知制誥の起草する中書制誥は、王言のなかでも餘り重要でない王言であり、翰林学士の起草する翰林制詔は、王朝国家にとって重要な王言であったと想定可能かも知れない。しかし、これは宋人《そうひと》の考えに基づく分類であって、唐代の現実を反映したものではない。

『文苑英華』の翰林制詔は、王朝国家にとって重要な王言とするのが、宋人の考えによるものであることは、礪波護氏によって指摘されている。(1)『文苑英華』の分類が宋人の考えによることは、次の例から肯首できよう。翰林学士創設以前の、中書舎人らによって起草された赦書や徳音らの重要王言が、『文苑英華』においては、翰林制詔に分類するのはどうしたことか。上述した原則からいえば中書制誥に分類するべきではないか。極めつけは次に示す、白居易の起草した「封太和長公主制」（巻五三）である。

勅。公主之封号也、或以善地、或以嘉名。立愛展親、茲惟旧典。第四妹端明成性、和順禀教。静無違礼、故組紃有常訓、動必中節、故環珮有常声。歳茂穠華、日新淑問。乃眷粛雍之徳、俾開湯沐之封。可封某公主。

勅す。公主の封号たるや、或いは善地を以てし、或いは嘉名を以てす。愛を立て親を展ぶること、茲れ惟れ旧典なり。第四妹、端明にして性を成し、和順にして教を禀く。静にして礼に違うこと無し、故に組紃に常訓有り、動けば必ず節に中たる、故に環珮に常声有り。歳々穠華を茂くし、日々淑問を新たにす。乃ち粛雍の徳を眷みて、湯沐の封を開かしむ。某の公主に封ずるを可とす。

起草した本人が「中書制誥六」に所収するのに、『文苑英華』は「翰林制詔二七」に分類する。翰林制詔に分類するのは明らかに誤りである。『文苑英華』は中書制誥を通常の除授に関する制勅を配当し、翰林制詔には重要王言を配当する、という意図を持って編纂された書であり、『文苑英華』の分類は唐代の王言分類として適当ではない。

四　『白氏文集』所収の王言

1　中書制誥

「制誥」という語は、『旧唐書』巻七二李百薬伝に付伝された李安期伝に、「自徳林至安期三世、皆掌制誥（徳林より安期に至る三世、皆な制誥を掌る）」とあるように、唐代文献に散見する語であり、王言と同義語である。

『白氏文集』巻四八以下の中書制誥に所収された王言は、白居易が長慶元年（八二一）から長慶二年の主客郎中知制誥、中書舎人知制誥の官にあるとき起草したもので、そのほとんどは勅授告身の勅詞である。勅授告身とは「散官六品以下守職事五品以上及視五品以上」の授官に用いる告身であるが、[2] 開元四年（七一六）以降は、尚書員外郎・監察御史・供奉官も勅授対象官となり、唐代後半期にこの原則は遵守されなくなり、勅授の範囲が拡大し、六品以下の官（原則は奏授）でも勅授されるようになった。[3]

中書制誥において、勅授告身の勅詞でないのは四作品である。「冊新廻鶻可汗文」（巻五〇）、「冊廻鶻可汗加号文」（巻五〇）、「贈劉総太尉冊文」（巻五一）、「祭廻鶻可汗文」（巻五一）がそれである。「祭廻鶻可汗文」は憲宗の祭文であり、祭文は唐代法制においては王言ではない。この祭文を中書制誥に所収したのは、憲宗の指示で起草し、皇帝の意志はすべて王言と白居易が理解したからである。他はともに冊書である。

2　翰林制詔

『白氏文集』の「翰林制詔」四巻のうち、最初の二巻は制授告身の制詞と擬制（習作の制勅）からなる。制授告身は、本来は四品官と五品官を除授する場合に用いる文書である。勅授の原則が唐代後半期以降、遵守されなくなったように、制授の原則も崩れ、重要人事である将相の除授に用途が限定されるようになった。

「翰林制詔一」の「除郎官分牧諸州制」（巻五四）より以下、「翰林制詔二」（巻五五）の全作品は、冒頭に「門下」または「勅」字がなく、巻首の註記に「擬制」とある。[4] また「除郎官分牧諸州制」の題下に、次の白居易の自註がある。[5]

自此已下、擬諸制詞、并在翰林中作。

此より已下の擬諸制詞、并びに翰林中に在りて作る。

擬諸制詞とは彼の習作であり、それは翰林学士のときから開始されていた。岑仲勉氏は、この註記を無視して偽作説を展開し、中国における近年の白居易研究者も岑氏の説に追従している。[6] しかし、この偽作説は白居易の自註に「擬制」とある以上、成立不可能であり、白居易の習作と理解するのが至当であろう。[7]

『白氏文集』巻五四以下の翰林制詔は、勅書・批答・祭文・讃文（讃詞）・歎文・青詞を所収する。批答は勅批また御批ともいい、上表に対する皇帝の回答であり、唐代法制に規定された厳密な意味での王言ではない。祭文は死者を悼むときの文であり、これも皇帝の意志には相違ないが、制度に規定される厳密な意味での王言ではない。讃文（讃詞）は個人を誉めたたえる文であり、これも「王言之制」では王言に分類しない。歎文・青詞も同様である。

巻五四と巻五五の翰林制詔において、右に述べた以外の全作品のなかで白居易によって勅書と分類される作品は、「与某詔」「与某勅書」「与某書」「代某甲答某乙書」と一般化できる。「試策問制誥」（巻四七）所載の「金陵立功将士等勅書」と「与崇文詔」（巻四七）もこの分類に入る。「与某詔」と「与某勅書」と分類される作品は、通覧するとすべて冒頭に「勅某。云云」とあるから、「王言之制」にいう論事勅書に該当する。唐人《とうひと》は制と詔、制と勅（詔と勅）を混用するから題名に「与某詔」とあっても異とするには当たらないであろう。近年、中国から出版された活字本は、すべて「勅す。某。云云」と読むが、「某に勅す。云云」と読むべきである。[8]

「与某書」と分類される作品は「翰林制詔」に六通ある。「与昭義節度親事将士等書」（巻五六）「与吐蕃宰相尚綺心児等書」（巻五六）「与新羅王金重熙等書」（巻五六）「与驃国王雍羌書」（巻五七）「与南詔清平官書」（巻五七）「与迴鶻可汗書」（巻五七）がそれである。「与迴鶻可汗書」以外の書は、冒頭に「勅某。云云」とあるから、「与某詔」と「与某勅書」と分類される作品と同じく論事勅書である。同じ形式の王言であるのに、白居易が題名に「詔」といい、或いは「勅書」といい、単に「書」と表現し、題名を異にするのは理解に苦しむ。「与迴鶻可汗書」は冒頭に「皇帝敬問迴鶻可汗」とあるから、この王言は慰労制書である。

残るのは「代某甲答某乙書」と分類される文書の性格である。この種の文書は二通ある。「代王佖答吐蕃北道節度［使］論賛勃蔵書」（巻五六）と「代忠亮答吐蕃東道節度使論結都離等書」（巻五七）がそれである。「代王佖答吐蕃北道節度使論賛勃蔵書」の冒頭部分を示すと次のようである。

大唐朔方霊塩豊等州節度使検校戸部尚書寧塞郡王王佖致書大蕃河西北道節度使論公麾下。

大唐朔方霊塩豊等州節度使検校戸部尚書寧塞郡王の王佖、書を大蕃河西北道節度使論公麾下に致す。

この二通の文書は対等の関係にある者の書簡である。白居易がこの私的書簡を翰林制詔に所収したのは、ともに「奉勅撰」と註記があるから、憲宗皇帝の勅命を奉じて起草したからである。発信者は王佖と朱忠亮となっているが、書簡の内容は憲宗皇帝の意志を代弁したものであり、書簡は実質上、憲宗皇帝の意志と考えたからである。

五　別集の王言分類

白居易は起草した王言を『白氏文集』に所収するに際し、それを「中書制誥」と「翰林制詔」とに分類したことを、唐代の王言全体に位置づける上において、『文苑英華』と対比するだけでは不十分であり、唐人の王言分類と幅広く比較することが白居易の分類を正しく認識する途であろう。『文苑英華』に所収されたものは、宋人の考えによって分類されたものであり、宋人の分類がそのまま唐代に適応できるかどうかはよく吟味してみる必要がある。

唐人の王言分類を理解する上で大きな参考となるのは、別集に所収された王言である。『樊川文集』巻一七以下には、彼の起草した王言を所収しているが、巻首の分類題名がなく各作品の題名があるのみであり、各作品をどのように分類したかは不明である。以下には、別集に明確に分類された王言に関して考察し、『白氏文集』の「中書制誥」と「翰林制詔」の実態を理解する手だてとしよう。

陸贄は『旧唐書』巻一三九に本伝がある。本伝によれば、建中二年（七八一）、祠部員外郎・翰林学士となり、以後、貞元七年八月までに考功郎中知制誥・翰林学士、諫議大夫・翰林学士、中書舎人・翰林学士、権知兵部侍郎・翰林学士を歴任し、貞元八年（七九二）四月、中書侍郎同中書門下平章事となった。陸贄は、知制誥や翰林学士の職にあるとき多くの王言を起草し、その作品は『陸宣公翰苑集』の巻一から巻一〇に所収されている。白居易が「翰林制詔」と分類した王言を含めて、陸贄は彼の起草した王言をすべて「制誥」と分類している。

元稹は『旧唐書』巻一六六や『新唐書』巻一七四の本伝と、『元稹年譜』（斉魯書社　一九八〇）によって、彼の略歴はほぼ判明している。元和一五年（八二〇）五月に祠部郎中知制誥となり、長慶元年（八二一）には中書舎人・翰林学士となった。元稹の『元氏長慶集』は、王言を「制誥」と題して、巻四〇から巻五〇に所収し、単に「制誥」と分類しているのは実に興味深い。

白居易が『白氏文集』において「翰林制詔」という分類をしたのは、彼の起草した王言を中書と翰林に二分割し、中書舎人の時の作品に「中書制誥」という名称を付したため、翰林学士として起草した王言にも名称を付さなければならないから「翰林制詔」と命名したまでのことであって、制誥と制詔の意味に違いはないのであり、単なる修辞上、言葉を変化させただけのことと理解するのが正解であろう。翰林学士の起草する王言を「制誥」と分類するのは、陸贄の『陸宣公翰苑集』にもみられるように、一般的分類であったのである。奇異とするべきは、『白氏文集』の王言分類である。

『白氏文集』の「翰林制詔」という分類を継承したのは『文苑英華』であった。唐代の文献として著名な二書によって、翰林学士の起草する王言は「制詔」であるという理解が後世の人々に生じたのである。翰林制詔という語が使用されている唐代文献は、上記二書のみである。『白氏文集』と『文苑英華』が唐代文献として餘りにも信頼があり、著名であるため、翰林制詔の語が、唐代後半期において一般的に使用されたと後世の人々が錯覚したのである。

錯覚といえば、『文苑英華』がすでに翰林制詔という語を錯覚し、また誤解しているふしがある。それは、翰林学士は王朝国家の大事に関する王言を起草するという予断によって、赦書や徳音に関する制勅であれば、すべて「翰林制詔」に分類する。その例は巻四二四翰林制詔五に所収する南朝・陳の沈約の撰した「赦書」や「南郊恩詔」である。南朝の陳王朝に翰林院はなく、沈約は翰林学士になったことはない。例示はしないが、唐代前半期の明らかに翰林院が成立していない時期の制書も「翰林制詔」に分類されている。このように『文苑英華』の「中書制誥」と「翰林制詔」は予断をもって王言分類しており、所収された王言自体は信頼できても、その分類は全面的には信頼することはできない。翰林学士は王朝国家の大事に関する王言のみを起草すると、『文苑英華』が理解するのも誤りであり、翰林学士は一般の王言も起草するのである。

『陸宣公翰苑集』『元氏長慶集』の王言分類を検討した。検討したのは二文集であり、数は少ないが唐代の王言分類に関する概要は理解できたと考える。『陸宣公翰苑集』は翰林学士として起草した王言も、中書舎人として起草した王言も区別せず、同じように「制誥」（王言もしくは制勅の意味）と分類している。『元氏長慶集』も同じである。白居易が翰林学士の時に起草した王言を「翰林制詔」と分類したのと対照的である。翰林学士が起草する王言を翰林制詔というのが一般的であったなら、元稹も彼が翰林学士のときに起草した王言を「翰林制詔」と分類したと考えるのであり、元稹が「翰林制詔」という分類を設けなかったのは、その語が当時において一般的でなかったためである。

「翰林制詔」という分類は『白氏文集』と『文苑英華』にみえる王言の分類であり、『白氏文集』が唐代の文学作品集として餘りにも著名であるため、翰林学士が起草する王言を「翰林制詔」と分類する、という印象を与え、それが一般的となっているように思える。しかし、それは後世の人の恣意的な判断であって、白居易は翰林学士として起草した王言と中書舎人・知制誥として起草した王言を分類するため、便宜的に「翰林制詔」と「中書制誥」とに分類したのであり、「翰林制詔」は当時において定着した語ではなかった。

七　まとめ

『白氏文集』は王言を「中書制誥」と「翰林制詔」とに分類し、翰林学士のときに起草した王言を「翰林制詔」とした。この分類が『文苑英華』の分類に大きな影響を与えることになり、『文苑英華』をして翰林制詔がより重要な王言であることを予断させることになり、翰林院や翰林学士が成立していない唐代前半期や南朝・陳の重要な王言も、『文苑英華』において「翰林制詔」に分類する事態を生むことになったのである。

白居易と同時代の陸贄や元稹は翰林学士となった。彼らの文集に所収された王言の分類をみるとき、翰林学士のときに起草した王言は単に「制誥」と分類されるのみであって、「翰林制詔」という分類はない。この事実からすると、「翰林制詔」という分類は、当時にあっては一般的ではない分類と想到される。「翰林制詔」という分類は白居易が作った独自の分類であると結論される。

註

（1）礪波護『唐代政治社会史研究』（同朋舎　一九八六）第Ⅱ部第二章「唐代の制誥」を参照。

（2）制授告身と勅授告身に関しては、大庭脩「唐告身の古文書学的研究」（『西域文化研究』三所収　法蔵館　一九六〇）を参照。

（3）『通典』巻一五選挙典三歴代制下「大唐」の条。

（4）「贈吉甫先父官并与一子官制」（巻五四）の冒頭に「勅」字があるが、「杜佑致仕制」と同じく、後世の付加によるものであろう。

（5）蓬左文庫本『白氏文集』巻三七翰林制詔一「除郎官分牧諸州制」の校記による。

（6）岑仲勉「白氏長慶集偽文」（『歴史語言研究所集刊』第九本）。

（7）平岡武夫「杜佑致仕制札記　――白居易の習作――」（『鈴木博士古稀記念東洋学論叢』所収　一九七二）、花房英樹「白氏文集校訂餘録」（『京都府立大学学術報告』人文一八号）。

（8）顧学頡校点『白居易集』（中華書局　一九七九）、朱金城箋校『白居易集箋校』（上海古籍出版社　一九八八）。明治書院の新釈漢文大系所収の『白氏文集六』（一九九三）は「勅。某（人名）、云云」とある部分を「某に勅す。云云」と釈読するのには疑問がある。中書制誥所収の勅書は発日勅であり、発日勅の場合の冒頭の「勅」は「勅す。某、云云」と読むのが妥当と考える。

本書のまとめ

『旧唐書』等を初めとする唐代文献には多くの王言名が見える。これらの王言名は、すべて独立して存在する王言と考えてはならない。あるものは他の王言の別称や異称である場合がある。唐代の王言は、大別すると令式に規定される公的王言（所謂「王言之制」）、令式に規定されない臨時的王言、内廷等で用いる私的王言、他の王言の別称や異称として用いる慣用的王言に分類できる。

第一章は「王言之制」に規定する七種類の王言に関して、文書様式を復元し、その起源を考察した。七種類の王言は令式に規定された公的王言であり、唐王朝の政治の根幹を形成するものである。冊書は伝統的な王言であり、本文を見る限りにおいては時代的変化はない。唐代冊書の定立のため文書様式を復元した。この文書様式は漢王朝の冊書式と相違するはずである。この相違に漢唐の時代的相違点を見て取れる。

冊書は唐代中期において廃止された。また制授告身も唐代後半期には宰相と節度使のみに用いられるようになり、用途が縮小された。一方、定立過程が簡便な発日勅は広範囲に使用される王言となった。この事実を見ても、唐代の王言に消長があり、次の宋王朝に残っていく王言は発日勅であることが看取できる。

制書には大事と小事がある。小事の制書は制授告身に用い、それ以外はすべて大事の制書であり、公式令制書式に規定されていたであろう制書式は大事の制書式である。唐代制書式は隋代のそれを継承したのであるが、門下省給事中が大業定令時に創設された官であることを考慮すれば、唐代の制書式は大業令詔書式を直接継承したことになる。慰労制書・発日勅・論事勅書も隋代に起源を求めることができる。唐代の王言に関する知識によって、『隋書』に見える王言を解釈しても誤りではない。それゆえ、隋唐の王言は、ほぼ同質な王言と想定することは可能である。

隋の大業令は異端であるという有力な見解があって、隋唐の律令継承関係は開皇律令から武徳律令となったと理解されている。本書は、唐代王言の起源を積極的に隋代に求め、両王朝の王言は連続することを証明した。王言が連続するということは、隋唐王朝の支配理念は基本的に同じであることになる。大業令が異端と強調するなら、唐王朝の制勅は大業令を継承しているから、唐王朝の王言は異端となり、その支配理念も異端ということになる。唐王朝の王言を異端とする者は誰もいないであろう。とすれば、大業令は異端とする前提が誤っていることになる。確かに、文献には、唐初の法典は「開皇の旧に従《よ》る」とある。これは大業律令を全廃し、開皇律令を採用したという意味ではない。大業律令において改悪された部分は「開皇の旧に従る」という意味であって、大業律令が全廃されたのではなく、部分的に改訂されたのである。隋唐律令の継承においては、「開皇の旧に従る」という言葉を金科玉条とし、真の継承関係を探る作業が停止していることは遺憾なことである。

第二章は王言の公布を考察した。王言のうち、冊書・慰労制書・論事勅書は個人に発信される王言であるから、伝達の使者が派遣された。課題となるのは、諸州に公布される制書や発日勅である。これらの王言の公布は、吐魯番出土の公文書から推定可能であり、ほぼ符式による公布過程が復元できたと考える。

円仁の『入唐求法巡礼行記』に、彼が長安において見た発日勅が移録され、勅書の末尾に「会昌三年六月十日下」とある。この勅書の公布方法が積年理解できなかった。これは勅書本文と「年月日下」の間に省略があると想定すれば解決される。

大赦に見える「赦書日行五百里」という文言は、赦書の速やかな伝達を願うものであって、違反すれば罰則があるのではない。これは『劉賓客文集』や吐魯番出土の公文書を検討して判明したことである。王言の伝達方法は謄制符・謄勅符・謄制移・謄勅移があり、符式による伝達の一端が判明したに過ぎない。

第三章は臨時的王言として誥書・致書・鉄券があることを指摘した。誥書は太上皇や太上皇帝の発する王言であるが、太上皇や太上皇帝が唐代の皇帝制度において異常な存在であるから、誥書も異常な王言である。皇帝の発する書簡形式の致書も、致書が対等の関係において往復される書簡であることを想起するとき、中国の皇帝制度においては存在してはならない王言である。鉄券も同様である。鉄券は漢代から存在するが、それは王朝権力が弱体なとき、臣僚を懐柔するために公布される王言である。鉄券が公布されるとき、唐王朝の支配は危険な状態にあると考えてよい。

第四章は私的な王言を考察した。私的王言には口勅・御札・宣がある。宣は口頭の王命であるから形として残らない。これらの王言は聖旨という別称で、宮廷内を駆けめぐることになり、一般の制勅と入り交じって、様相を複雑にする。

	璽書	手詔	優詔	墨詔	手勅	墨勅	詔旨	詔意	勅旨	勅意	書意
冊書	○										
鉄券	○										
致書											○
弔祭文書	○										
制書		○	○	○	○		○		○		
発日勅		△	△	△	○						○
慰労制書	○	△	○	△	△	△	△	○		△	
論事勅書	○	○	○	△	○	○	△	○	○	○	
批答		○		○		○	○		○		
御札						○					

△は可能性のあるもの

特に御札は制勅の原案にもなるし、御札として賜物を伴なって出ることもあり、用途を限定しない王言である。このことが原因となるのかは判然としないが、御札は五代・宋になると独自の展開を見せ、王言の一として発展していくことになるのは注目すべきことである。

第五章は文献に見える璽書等の王言の実体を検討した。結果は前頁の表のようになる。

『唐代制勅研究』においては勅牒と関連して、宰相府の起源に言及し、唐初に宰相府が存在したかは明らかではないとしたが、詔授告身が隋代に存在する可能性が高いから、宰相府は隋代に成立していたと想定される。すなわち、四品五品官の除授は宰相の審議事項であるからである。宰相府が存在したとすれば、隋代にも勅牒があったと判断される。

本書においては、『唐代制勅研究』と『唐代公文書研究』の記述を数箇所訂正した。

その改訂箇所の一は発日勅である。『唐代制勅研究』と『唐代公文書研究』においては「発日勅書」としたが、「発日勅」と改めた。また、発日勅式の通則部分を改めた。この部分は『唐代公文書研究』において、すでに改訂しておいたが（六二五頁）、『唐代制勅研究』においては、『大唐六典』巻九中書省・中書令職掌の条に引用する「凡王言之制有七」の発日勅の註記によって次のように復元した。

右、増減官員、廃置州県、徴発兵馬、除免官爵、授六品已下官、処流已上罪、用庫物五百段銭二百千倉糧五百石奴婢二十人馬五十疋牛五十頭羊五百口已上則用之。

右のうち「授六品已下官」とあるのは大いに疑問である。六品以下の官を叙任する文書には奏抄告身式があり、発日勅で六品以下の官を叙任するのであれば、六品以下の官を叙任する文書様式は二通りあることになってしまう。奏抄告身式によって六品以下の官を叙任することは動かすことのできない事実であるから、『大唐六典』の発日勅の註記に問題があることになる。

発日勅によって叙任するのは例外的措置であり、勅授告身式は本来は公式令に規定しない例外的告身式である。『通典』巻一五選挙典に唐代の選授の方法を述べた箇所に「自六品以下旨授」とあり、六品以下の官は旨授（奏授＝奏抄告身式による叙授）と明記し、勅授に関しては「六品以下守五品以上及視五品以上、皆勅授」とある。すなわち、例外に属する勅授対象官は、本品（散官）六品以下で職事官が五品以上である場合と視品五品以上を叙任する場合に限定されていたのである。それゆえ、『大唐六典』の発日勅の註記の「授六品已下官」は省略された記事であると判断され、『唐代制勅研究』の発日勅式の通則部分の「授六品已下官」の箇所は「授［散官］六品已下［守職事五品已上及視五品已上］」と訂正しなければならない。

改訂箇所の二は論事勅書の「御画」である。『唐代制勅研究』と『唐代公文書研究』に復元した論事勅書を改訂し、『唐令拾遺補』の復元を参照し、新しい復元文書式を提示した。

改訂箇所の三は太上皇の誥書である（『唐代制勅研究』三九四頁以下）。誥書の復元は誤りであった。前稿では「誥。云云。」とある史料に幻惑され、それが史官によって書き換えられた史料とは気付かず、誥書の冒頭は「誥。云云」であるとしたが、これは明らかな誤解であり、誥書の首尾は「門下。云云。主者施行」と訂正しなければならない。

改訂箇所の四は円仁の見た詔書である（『唐代制勅研究』三九四頁以下）。円仁が登州において実見した武宗皇帝の「詔書」は到着までに約三〇日を要している。赦書日行五百里を信頼するなら、三〇日は遅きに失するとして「詔書」は赦書でないとした。今回は赦書の伝達速度を検討し、長行専使の日行五百里は無理と結論し、円仁の見た詔書は即位に伴う赦書であってもよいとした。

『唐代制勅研究』三九四頁以下の「口号」は「くちずさみ」であり、口号を王言の一としたのは完全な誤解であり、本書では王言から削除した。

新史料の発見によって訂正した部分もある。大英図書館から新たに発見された景雲二年の実物論事勅書によって、論事勅書の「御画日」の位置を訂正した。論事勅書の御画日の復元は制書・慰労制書・発日勅の御画日に影響されていた。景雲二年の実物論事勅書によって、より正しい復元に近づくことができたと確信する。

隋唐王朝の王言は公的王言と私的王言に区分され、整然とした王言体系であり、文書主義によって皇帝の意志が末端まで貫徹するようになっていた。問題はこの王言体系を運営する皇帝と官人である。皇帝と官人は公私の王言を厳密に区別しない。官人は皇帝が発した王言を、手詔・手勅・墨詔・墨勅と呼び、皇帝から直接に王言を授与されることを無上の光栄とした。これはまさに恩寵の世界であり、恩寵は専制国家の特徴である。皇帝から言葉を賜わり、褒美されることを喜びとするのは、国家即皇帝という観念の所産である。支配のための王言体系は整備されているのに、それを運営する皇帝と官人は近代法とは異なる公私の観念によっている。一見すると、隋唐王朝は近代的な官僚制と統治体系を有するが、内実は近代官僚制とは似て非なるものであると結論され、隋唐王朝も所詮は専制的王朝国家の一と結論される。

本書の出版にあたっては、汲古書院の坂本健彦氏に無理をお願いした。深く感謝したい。

二〇〇二年一〇月

中村裕一

引用文献

経部

(1)『釈名』八巻　漢　劉熙撰　四部叢刊初編所収

史部

(2)『漢書』一〇〇巻　後漢　班固撰　中華書局排印標点本　一九六二
(3)『隋書』八五巻　唐　魏徴等撰　中華書局排印標点本　一九七三
(4)『旧唐書』二〇〇巻　後晋　劉昫等撰　中華書局排印標点本　一九七五
(5)『新唐書』二二五巻　北宋　欧陽脩撰　中華書局排印標点本　一九七五
(6)『旧五代史』一五〇巻　北宋　薛居正等撰　中華書局排印標点本　一九七六
(7)『宋史』四九六巻　元　脱脱等撰　中華書局排印標点本　一九七七
(8)『資治通鑑』二九四巻　北宋　司馬光撰　中華書局排印標点本　一九七五
(9)『資治通鑑考異』三〇巻　北宋　司馬光撰　四部叢刊初編所収
(10)『順宗実録』五巻　唐　韓愈撰　『昌黎先生文集』所収本　四部叢刊初編所収
(11)『隋唐嘉話』一巻　唐　劉餗撰　中華書局排印標点本　一九七四
(12)『唐語林』八巻　北宋　王讜撰　中華書局排印標点本　一九八七
(13)『契丹国志』二七巻　南宋　葉隆礼撰　上海古籍出版社排印標点本　一九八五
(14)『呉越備史』四巻　北宋　范坰林禹同撰　四部叢刊続編史部所収

(15)『唐大詔令集』一三〇巻（原闕二三巻）　北宋　宋敏求輯　適園叢書第四集所収
(16)『唐陸宣公翰苑集』二二巻　唐　陸贄撰　四部叢刊初編所収
(17)『李相国論事集』六巻遺文一巻　唐　蔣偕輯　叢書集成初編（覆指海本）
(18)『元和郡県図志』四〇巻　唐　李吉甫撰　中華書局排印標点本　一九八三
(19)『蛮書』一〇巻　唐　樊綽撰　向達編『蛮書校注』中華書局　一九六三
(20)『宣和奉使高麗図経』四〇巻　北宋　徐兢撰　乾道三年江陰郡学刊本景印　故宮博物院　一九七三
(21)『茅山志』三三巻　元　劉大彬撰　『正統道蔵』洞真部記伝類所収
(22)『西湖遊覧志餘』二四巻志餘二六　明　田汝成撰　中華書局排印標点本　一九五八
(23)『大唐六典』三〇巻　唐　李林甫等奉勅注　中華書局排印標点本　一九九二
(24)『翰林志』一巻　唐　李肇撰　知不足斎叢書第一三集本
(25)『翰林学士院旧規』一巻　唐　楊鉅撰　知不足斎叢所第一三集本
(26)『通典』二〇〇巻　唐　杜佑撰　中華書局排印標点本　一九八八
(27)『唐会要』一〇〇巻　北宋　王溥撰　中華書局排印標点本　一九五五
(28)『五代会要』三〇巻　北宋　王溥撰　上海古籍出版社排印標点本　一九七八
(29)『大唐開元礼』一五〇巻　唐　蕭嵩等奉勅撰　光緒一二年洪氏唐石経館叢書刊本景印　汲古書院　一九七二
(30)『故唐律疏議』三〇巻　唐　長孫無忌等奉勅撰　岱南閣叢書本
(31)『春明退朝録』三巻　北宋　宋敏求撰　中華書局排印標点本　一九八〇
(32)『石林燕語』一〇巻　北宋　葉夢得撰　中華書局排印標点本　一九八四
(33)『楓窻小牘』上下巻　宋　袁□撰　『重較説郛』所収本
(34)『金石文字記』六巻　清　顧炎武撰　台湾新文豊出版公司印行「石刻史料新編」所収

(35)『金石萃編』一六〇巻　清　王昶撰　台湾新文豊出版公司印行「石刻史料新編」所収
(36)『潜研堂金石文跋尾』巻二〇　清　銭大昕撰　台湾新文豊出版公司印行「石刻史料新編」所収
(37)『金石続編』二一巻　清　陸燿遹撰　陸増祥校訂　台湾新文豊出版公司印行「石刻史料新編」所収
(38)『八瓊室金石補正』一三〇巻　清　陸増祥撰　台湾新文豊出版公司印行「石刻史料新編」所収
(39)『匋斎蔵石記』四四巻　清　端方撰　台湾新文豊出版公司印行「石刻史料新編」所収
(40)『句容金石記』一〇巻　清　楊世沅輯　台湾新文豊出版公司印行「石刻史料新編第二輯」所収
(41)『両浙金石志』一八巻　清　阮元撰　台湾新文豊出版公司印行「石刻史料新編」所収
(42)『隴右金石録』一〇巻　民国　張惟纂　台湾新文豊出版公司印行「石刻史料新編」所収

子部

(43)『淳化閣帖』一二巻　粛府本
(44)『容斎随筆』七四巻　南宋　洪邁撰　上海古籍出版社排印標点本　一九七八
(45)『老学庵筆記』一〇巻　北宋　陸游撰　中華書局排印標点本　一九七九
(46)『続事始』五巻　前蜀　馮鑑撰　百巻本「説郛」所収
(47)『南村輟耕録』三〇巻　元　陶宗儀撰　四部叢刊三編子部所収
(48)『冊府元亀』千巻　北宋　王欽若等奉勅撰　明崇禎一五年黄国琦刊本景印　中華書局　一九六〇
(49)『玉海』二〇四巻　南宋　王応麟撰　至元三年慶元路儒学刊本景印　華文書局　一九六四
(50)『朝野僉載』六巻　唐　張鷟撰　中華書局排印標点本　一九七九
(51)『続高僧伝』四〇巻　唐　釈道宣撰　『大正新脩大蔵経』巻五〇史伝部所収
(52)『広弘明集』三〇巻　唐　釈道宣輯　『大正新脩大蔵経』巻五二史伝部所収

(53)『弁正論』八巻　唐　釈法琳撰　『大正新脩大蔵経』巻五二史伝部所収
(54)『国清百録』四巻　隋　沙門潅頂纂　『大正新脩大蔵経』巻四六諸宗部三所収、『永楽大典』本（巻一九七三七〜一九七四〇）
(55)『代宗朝贈司空大弁正広智三蔵和上表制集』六巻　唐　釈円照集　『大正新脩大蔵経』巻五二史伝部所収
(56)『大唐貞元続開元釈教録』三巻　唐　円照集　『大正新脩大蔵経』巻五五目録部所収
(57)『歴代三宝記』一五巻　隋　費長房撰　『大正新脩大蔵経』巻四九史伝部所収

集部

(58)『寺沙門玄奘上表記』一巻　唐　釈玄奘撰　『大正新脩大蔵経』巻五二史伝部所収
(59)『駱賓王文集』一〇巻　唐　駱賓王　四部叢刊初編所収
(60)『陳伯玉集』一〇巻　唐　陳子昂撰　四部叢刊初編所収
(61)『張説之文集』二五巻　唐　張説撰　四部叢刊初編所収
(62)『唐丞相曲江張先生文集』二〇巻　唐　張九齢撰　四部叢刊初編所収
(63)『李北海集』六巻附録一巻　唐　李邕撰　四庫全書珍本四集
(64)『王右丞集』二八巻首一巻末一巻　唐　王維撰　清　趙殿成箋註　中華書局香港分局排印標点本　一九七二
(65)『唐元次山文集』一〇巻　唐　元結撰　四部叢刊初編所収
(66)『毘陵集』二〇巻　唐　独狐及撰　四部叢刊初編所収
(67)『権載之文集』五〇巻　唐　権徳輿撰　四部叢刊初編所収
(68)『朱文公校昌黎先生文集』四〇巻　唐　韓愈撰　四部叢刊初編所収
(69)『増広註釈音弁唐柳先生集』四三巻　唐　柳宗元撰　四部叢刊初編所収
(70)『劉賓客文集』三〇巻外集一〇巻　唐　劉禹錫撰　四部叢刊初編所収

(71)『李文公集』一八巻　唐　李翺撰　四部叢刊初編所収
(72)『元氏長慶集』六〇巻　唐　元稹撰　四部叢刊初編所収
(73)『白氏文集』七一巻　唐　白居易撰　北京図書館蔵宋刊本景印　文学古籍刊行社　一九五五
(74)『李文饒文集』二〇巻別集一〇巻外集四巻　唐　李徳裕撰　四部叢刊初編所収
(75)『樊川文集』二〇巻外集一巻別集一巻　唐　杜牧撰　四部叢刊初編所収
(76)『桂苑筆耕集』二〇巻　新羅　崔致遠撰　四部叢刊初編所収
(77)『鐔津文集』二二巻　北宋　釈契嵩撰　四部叢刊三編所収
(78)『全上古三代秦漢三国六朝文』七四一巻　清　厳可均撰　光緒二〇年黄岡王氏刊本景印　中華書局　一九六五
(79)『全唐文』千巻　清　嘉慶一九年序内府刊本景印　中華書局　一九八二
(80)『文館詞林』残二七巻付巻次未詳断巻　唐　許敬宗等奉勅撰　弘仁一四年鈔本景印　汲古書院　一九六九
(81)『文苑英華』一〇〇〇巻　北宋　李昉等奉勅輯　用北京図書館宋刊本景印闕巻用隆慶刊本景印　中華書局　一九六六
(82)『唐文粋』一〇〇巻　宋　姚鉉輯　光緒一六年杭州許氏刊本景印　世界書局　一九六二
(83)『文体明弁序説』不分巻　明　徐師曾撰　人民文学出版社排印標点本　一九八二

日本

(84)『日本書紀』三〇巻　舎人親王奉勅撰　日本古典文学大系本　岩波書店　一九六五
(85)『続日本紀』四〇巻　藤原継縄等奉勅撰　新訂増補国史大系本
(86)『延喜式』五〇巻　藤原忠平等奉勅撰　新訂増補国史大系本
(87)『令義解』一〇巻　清原夏野等奉勅撰　新訂増補国史大系本
(88)『令集解』四一巻付逸文　惟宗直本撰　新訂増補国史大系本

(89)『類聚符宣抄』一〇巻　新訂増補国史大系本

(90)『入唐求法巡礼行記』四巻　円仁撰　小野勝年著『入唐求法巡礼行記の研究』本　鈴木学術財団　一九六九

索　　引

ろ

A Study of Imperial Edects（王言）
of
the Sui（隋）and the T'ang（唐）Dynasties

Nakamura Hiroichi

Kyuko Shoin

Tokyo

著者紹介

中　村　　裕　一（なかむら　ひろいち）

1945年生まれ

武庫川女子大学教授

博士（文学）

著　書

『唐代制勅研究』（汲古書院　1990）

『唐代官文書研究』（中文出版社　1990）

『唐代公文書研究』（汲古書院　1996）

汲古叢書48

隋唐王言の研究

二〇〇三年七月　発行

著　者　中村裕一

発行者　石坂叡志

整版印刷　富士リプロ

発行所　汲古書院

〒102-0072　東京都千代田区飯田橋二-五-四

電　話　〇三（三二六五）九七六四

ＦＡＸ　〇三（三二二二）一八四五

ISBN4 - 7629 - 2547 - 0　C3322

31	漢代都市機構の研究	佐原　康夫著	本体 13000円
32	中国近代江南の地主制研究	夏井　春喜著	20000円
33	中国古代の聚落と地方行政	池田　雄一著	15000円
34	周代国制の研究	松井　嘉徳著	9000円
35	清代財政史研究	山本　進著	7000円
36	明代郷村の紛争と秩序	中島　楽章著	10000円
37	明清時代華南地域史研究	松田　吉郎著	15000円
38	明清官僚制の研究	和田　正広著	22000円
39	唐末五代変革期の政治と経済	堀　敏一著	12000円
40	唐史論攷－氏族制と均田制－	池田　温著	近　刊
41	清末日中関係史の研究	菅野　正著	8000円
42	宋代中国の法制と社会	高橋　芳郎著	8000円
43	中華民国期農村土地行政史の研究	笹川　裕史著	8000円
44	五四運動在日本	小野　信爾著	8000円
45	清代徽州地域社会史研究	熊　遠報著	8500円
46	明治前期日中学術交流の研究	陳　捷著	16000円
47	明代軍政史研究	奥山　憲夫著	8000円
48	隋唐王言の研究	中村　裕一著	10000円
49	建国大学の研究	山根　幸夫著	8000円
50	魏晋南北朝官僚制研究	窪添　慶文著	近　刊
51	「対支文化事業」の研究	阿部　洋著	近　刊
54	王権の確立と授受	大原　良通著	8500円

（表示価格は2003年７月現在の本体価格）

汲古叢書

1	秦漢財政収入の研究	山田　勝芳著	本体 16505円
2	宋代税政史研究	島居　一康著	12621円
3	中国近代製糸業史の研究	曾田　三郎著	12621円
4	明清華北定期市の研究	山根　幸夫著	7282円
5	明清史論集	中山　八郎著	12621円
6	明朝専制支配の史的構造	檀上　寛著	13592円
7	唐代両税法研究	船越　泰次著	12621円
8	中国小説史研究－水滸伝を中心として－	中鉢　雅量著	8252円
9	唐宋変革期農業社会史研究	大澤　正昭著	8500円
10	中国古代の家と集落	堀　敏一著	14000円
11	元代江南政治社会史研究	植松　正著	13000円
12	明代建文朝史の研究	川越　泰博著	13000円
13	司馬遷の研究	佐藤　武敏著	12000円
14	唐の北方問題と国際秩序	石見　清裕著	14000円
15	宋代兵制史の研究	小岩井弘光著	10000円
16	魏晋南北朝時代の民族問題	川本　芳昭著	14000円
17	秦漢税役体系の研究	重近　啓樹著	8000円
18	清代農業商業化の研究	田尻　利著	9000円
19	明代異国情報の研究	川越　泰博著	5000円
20	明清江南市鎮社会史研究	川勝　守著	15000円
21	漢魏晋史の研究	多田　狷介著	9000円
22	春秋戦国秦漢時代出土文字資料の研究	江村　治樹著	22000円
23	明王朝中央統治機構の研究	阪倉　篤秀著	7000円
24	漢帝国の成立と劉邦集団	李　開元著	9000円
25	宋元仏教文化史研究	竺沙　雅章著	15000円
26	アヘン貿易論争－イギリスと中国－	新村　容子著	8500円
27	明末の流賊反乱と地域社会	吉尾　寛著	10000円
28	宋代の皇帝権力と士大夫政治	王　瑞来著	12000円
29	明代北辺防衛体制の研究	松本　隆晴著	6500円
30	中国工業合作運動史の研究	菊池　一隆著	15000円